中国教育发展战略学会终身教育工作委员会
职业技能认证研究中心指定培训用书

财经类职业技能培训考证系列

外贸跟单基础理论与实务

BASIC THEORIES AND PRACTICE ABOUT THE FOREIGN TRADE PERFORM

主编 ◎余世明

暨南大学出版社
JINAN UNIVERSITY PRESS
中国·广州

图书在版编目（CIP）数据

外贸跟单基础理论与实务/余世明主编．—广州：暨南大学出版社，2011.5（2016.12 重印）
（财经类职业技能培训考证系列）
ISBN 978－7－81135－821－6

Ⅰ.①外…　　Ⅱ.①余…　　Ⅲ.①对外贸易—市场营销学—资格考试—自学参考资料
Ⅳ.①F740.4

中国版本图书馆 CIP 数据核字（2011）第 067937 号

外贸跟单基础理论与实务
WAIMAO GENDAN JICHU LILUN YU SHIWU
主　编：余世明

出 版 人：徐义雄
责任编辑：张仲玲　陈绪泉
责任校对：李　艺
责任印制：汤慧君　周一丹

出版发行：暨南大学出版社（510630）
电　　话：总编室（8620）85221601
　　　　　营销部（8620）85225284　85228291　85228292（邮购）
传　　真：（8620）85221583（办公室）　85223774（营销部）
网　　址：http：//www.jnupress.com　http：//press.jnu.edu.cn
排　　版：暨南大学出版社照排中心
印　　刷：湛江南华印务有限公司
开　　本：787mm×1092mm　1/16
印　　张：28.25
字　　数：706 千
版　　次：2011 年 5 月第 1 版
印　　次：2016 年 12 月第 4 次
印　　数：6001—7000 册
定　　价：49.00 元

（暨大版图书如有印装质量问题，请与出版社总编室联系调换）

目　录

下编 外贸跟单实务

编写说明

我国"入世"后对外贸易迅猛发展，2004 年我国的进出口贸易额达到 11 500 亿美元，相当于"入世"前 2001 年全年贸易规模的 2.3 倍，首次突破 1 万亿美元大关，2007 年又一举突破 2 万亿美元大关，2008 年更是达到 2.56 万亿美元，增长 17.8%，位列世界第三大贸易国。随着我国外经贸的快速发展，我国外经贸人才的需求缺口增大。社会急需一大批懂得外贸业务知识，特别是系统了解国际商务基础知识，掌握国际贸易实务、国际商务单证实务和国际商务英语函电等专业知识，从事外贸业务的跟单和生产跟单的外贸跟单员。本书就是为了满足我国外经贸发展对外贸跟单员的需要而编写的。

本书的编写具有如下特点：

（1）内容翔实。无论是外贸跟单基础知识，还是实务专业知识，都能对最新修订的国际贸易惯例（如《Incoterms 2010》、《UCP 600》）和我国的最新外贸政策进行解释，采用的案例和单证实例大多数是近几年外贸公司的实际业务资料。

（2）案例丰富。针对基层外贸人员的特点，本书汇集了大量的案例或例题，精简理论知识部分，增加案例分析的比例，力求通过案例说明问题，而且案例分析深入浅出，做到一个案例解释一个知识点。

（3）实用性强。书中的跟单案例、外贸单证和外贸英语函电介绍贴近实际，并且尽可能采用公司实际外贸单证，避免人为编造，提高学习者的感性认识，方便业务员工作时模仿参考。

本书不仅可作为全国外贸跟单员培训认证的指定用书，还可作为涉外各类考证和各类干部培训国际商务基础知识的参考书，也可作为在岗外贸跟单员案头的工具书，以及有志于从事国际商务工作人员的自学用书。

本书由余世明担任主编，赖瑾瑜、冼燕华担任副主编，参加编写的老师和公司人员有杨泽利、刘生峰、杨青、刘松涛、余佩珊等。本书在编写过程中参考了大量的专著和资料，还引用了很多外贸公司的材料，深圳成明塑胶五金工艺厂曾雪玲经理为本书的编写提出许多宝贵意见，并提供了部分资料，在此谨向有关作者和提供材料的企业的厂长、经理、业务员、单证员表示衷心的感谢！由于编者水平有限，错误之处敬请批评指正。

编　者

2011 年 3 月

上　编

外贸跟单基础知识

概　述

随着我国外经贸的迅猛发展，社会对外贸跟单员的需求也不断增加。所谓外贸跟单员，是指在国际贸易过程中，根据已签署的商务合约中有关出口商品的相关要求，选择生产加工企业，指导、监督其完成生产进度，以确保货物按合约要求如期装运发货的人员。进出口业务中，在贸易合同签订后，依据合同和相关单证，需要对货物进行加工、装运、保险、报检、报关，然后进行结汇，这些工作都需要外贸跟单员来完成。

在以市场经济为主导的体制下，企业之生存与发展都是以订单为主线的。外贸跟单员的工作跨越了进出口企业运作的每个环节，它是企业内各部门之间、企业与客户及企业与生产部门之间相互联系的中心枢纽和桥梁，其工作质量的好坏直接影响公司的服务品质和企业形象。外贸跟单员素质是进出口企业核心竞争力的直接体现。

在国际贸易中，由于特殊的空间、时间间隔，贸易作业环节更加复杂，贸易双方更注重风险的防范和控制，跟单作业的优势也表现得更加完善。作为一个企业的窗口，外贸跟单员必须非常熟悉整个进出口的流程和工厂生产环节的情况，所以，外贸跟单员既是业务经理的助理，也是客户的助理，同时又是生产部门的助手，是贯穿整个外贸业务环节的支柱。

一、外贸跟单员的工作内容

外贸跟单员的基本工作就是货物进出口的业务跟进和生产跟单。从产品资料的收集、新客户的寻找和老客户的跟踪、企业营销策略的运用、接单及外贸函电的回复、审单、产品生产跟进、货物出运的跟踪、报检和报关的跟进、保险的落实、制单结汇的办理等，每一个环节都离不开外贸跟单员的辛勤工作。简单地说，外贸跟单员就是要经常对国际商品市场进行调查研究，落实订单，签订合同，同时，按进出口贸易业务程序，按时、按质、按量交货履约，安全收汇。

（一）出口货物前期跟单

1. 寻找客户

寻找客户是外贸跟单员在接单前的准备阶段，通过收集资料，选择交易对象，取得与客户的联系，这是外贸跟单的前提，没有客户，也就没有外贸跟单。寻找客户的途径很多，常用的有：

（1）第三方介绍、推荐。通过商务参赞、银行或贸易伙伴的介绍及推荐，与客户建立业务关系。

（2）企业网站。出口企业一般都有自己的网站，企业通过自己的网站发布商务信息，内容包括出口企业的简介、主要产品及型号、产品图片、包装要求等，客户通过访问出口企业的网站，了解产品的基本情况，并通过该网站与出口企业取得联系。

（3）互联网搜索。出口企业通过互联网输入有关的产品名称、贸易国或地区等信息，利用互联网的搜索软件进行搜索，确定有关的贸易对象后，向对方发送出口企业和产品的资料，与对方建立业务关系。

（4）展览会和博览会。出口企业通过广州出口商品交易会或其他国内外的展览会和博览会，宣传本企业的产品并与客户建立业务关系。该途径对于比较专门的产品，效果比较明显。

（5）广告。出口企业根据营销需要，在一定的时期和一定的国家或地区，利用各种媒体进行广告宣传，客户在获知出口企业的信息后主动与出口企业建立业务关系。

2．接待客户

（1）接待客户准备工作。在客户到来之前，外贸跟单员必须做好前期的准备工作，包括准备资料，如报价单、样品或有关样品的资料、商品的资料、说明书、公司的宣传材料等，如有问题不能解决，应立即向主管领导请示。

（2）应客户所需，外贸跟单员要代订宾馆，并于客户到来之前一天再与宾馆联系落实，不得有误。

（3）客户到来时，外贸跟单员应到机场或车站接应，将客户接到公司。

3．洽谈业务，拟定合同

客户到达公司后，外贸跟单员和业务经理一起与客户进行业务洽谈，对客户挑选出来的产品，外贸跟单员应立即记录详细资料及产品编码、规格、包装明细、最近工厂价格，特别是对报价或客户特别要求的规格、形态、大小、尺寸、数量等更应该详细记录，必要时画上该产品草图。对客户感兴趣的产品，外贸跟单员应整理出报价单，经主管领导审核后交给客户。若客户对合同的各项条款均无异议，则谈判基本完成，双方拟定合同。

4．通过函电与客户洽谈业务

国外客户一般很少当面洽谈业务，大多数出口企业通过外贸跟单员与客户进行函电的往来，经过询盘、发盘、还盘、接受几个环节的洽谈，最终双方达成一致的意向，并签订合同。

（二）生产跟单

订立合同后，跟单员就要按照合同的要求向生产部门制作并发放生产计划及生产通知单，协助工厂安排生产。在生产跟单过程中，要多到车间走走，向各工序的管理人员了解各款货在生产过程中碰到的问题，必要时，要向客户反映问题，提出建议，或征求意见，确保货期和质量。

（三）外贸业务跟单

外贸跟单员对外贸业务的环节应逐项落实到位，下面以 CIF 条件出口成交，并按信用证支付方式付款为例说明。

1. 落实信用证

在凭信用证付款的交易中，落实信用证即催证、审证和改证，尤其是审证工作在任何情况下，都是一项不可缺少、必须认真对待的重要工作。

（1）催证。在按信用证付款条件成交时，买方按约定时间开证是卖方履行合同的前提条件，尤其是大宗交易或按买方要求而特制的商品交易，买方及时开证更为重要。在实际业务中，由于种种原因买方不能按时开证的情况时有发生，因此，外贸跟单员应结合备货情况认真做好催证工作，及时提请客户按约定时间办理开证手续，必要时，也可请驻外机构或有关银行协助代为催证，以利于出口合同的履行。

（2）审证。在实际业务中，由于种种原因，如工作的疏忽、电文传递错误、贸易习惯不同、市场行情发生变化或买方有意利用开证的主动权加列一些对其有利的条款，致使开立的信用证条款与合同规定不符，或在信用证中加列一些实际上无法满足信用证付款条件的"软条款"等。为了确保安全收汇和顺利履行合同，跟单员应依据合同进行认真的核对和审查，共同完成审证任务。

（3）改证。在审证过程中，如发现信用证内容与合同规定不符，应区分问题的性质，分别同有关部门研究，妥善处理。一般地说，如发现有不能接受的条款，应及时提请开证申请人修改。对国外来证不符合规定的各种情况，还要进行具体分析，不一定要坚持全部办理改证手续，只要来证内容不违反政策原则和不影响安全顺利收汇，也可酌情灵活处理。

2. 办理货运

按 CIF 或 CFR 条件成交时，跟单员应及时办理租船订舱工作，联络船务公司或运输公司，制作装箱单，选择货柜，协助安排装货，并通知客户货已装船，传递资料给客户。

3. 报关

报关是指货物通过关境前向海关办理申报手续。按照我国《海关法》规定：凡是进出国境的货物，必须经由设有海关的港口、车站、国际航空站进出，并由货物的发货人或其代理人向海关如实申报，交验规定的单据文件，请求办理查验放行手续。经过海关放行后，货物才可提取或装运出口。

无论是自行报关，还是由报关行来办理，跟单员都必须填写出口货物报关单，必要时，还需提供出口合同副本、发票、装箱单或重量单、商品检验证书及其他有关证件，向海关申报出口。

4. 投保

买卖双方如按 CIF 价格成交时，跟单员在装船前，须按买卖合同规定和国际贸易惯例，及时向保险公司办理投保手续，填制投保单。出口商品的投保手续，一般都是逐笔办理。投保人投保时，应将货物名称、保额、运输路线、运输工具、开航日期、投保险别等一一列明。保险公司接受投保后，即签发保险单或保险凭证。

5. 制单结汇

出口货物装运之后，跟单员即应按信用证要求缮制单据并在信用证规定的交单有效期内，向有关银行办理议付手续。

二、外贸跟单员的工作特点

外贸跟单员的工作具有如下特点：

1. 涉及面广

外贸跟单员不仅要面对国外的客户，而且还要面对国内出口企业内部和企业外部的各个机关单位。任何一个部门出现问题，最终都会影响到合同的顺利履行。外贸跟单员涉及的主要部门和单位可以通过下图表示。

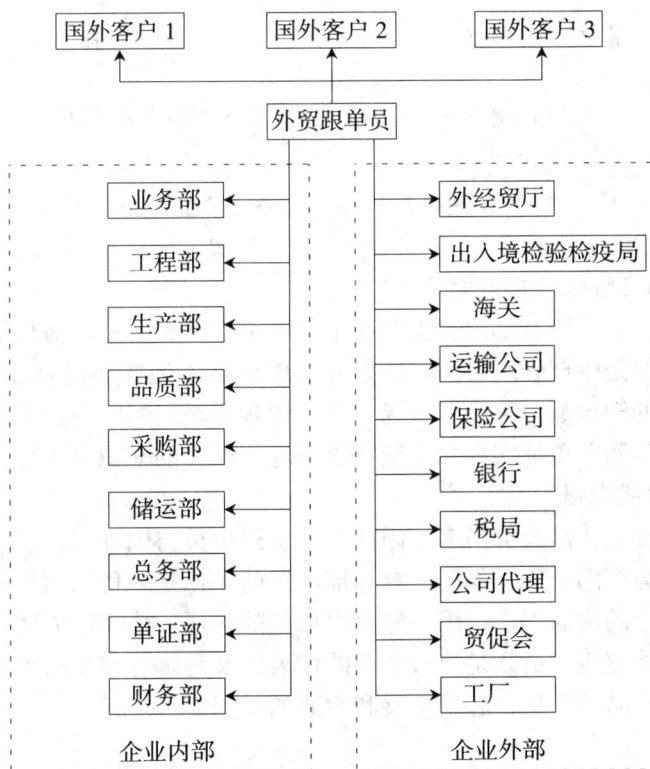

外贸跟单员涉及的主要部门和单位图

2. 业务环节多

与一般的跟单比较，外贸跟单经历的业务环节比较多。它不但要经历一般跟单的程序，还要涉及进出口许可证申领、用汇申请、出口外汇核销或进口付汇核销、进出口报关、出入境检验检疫、国际货物运输及保险、单证缮制、出口结汇或进口付汇、出口退税等环节。我们可通过下图表示。

```
                进出口企业
     ┌────────────────────┬──────────────────────┐
     │   样品制作与确认         出口退税              │
     │         ↑          许可证申领    外汇核销      │
     │   工厂评估与验收         结汇               │
     │         ↓                产地证申领          │
     │     下单生产              保险               │
     │         ↓                进出口报关          │
     │     材料跟进              检验检疫            │
     │         ↓                                   │
     │     质量控制                                 │
     │         ↓                                   │
     │     成品检验                                 │
     │         ↓                                   │
     │     验收入库  ──────────→  出口托运          │
     └────────────────────┴──────────────────────┘
        企业内部业务环节         企业外部业务环节
```

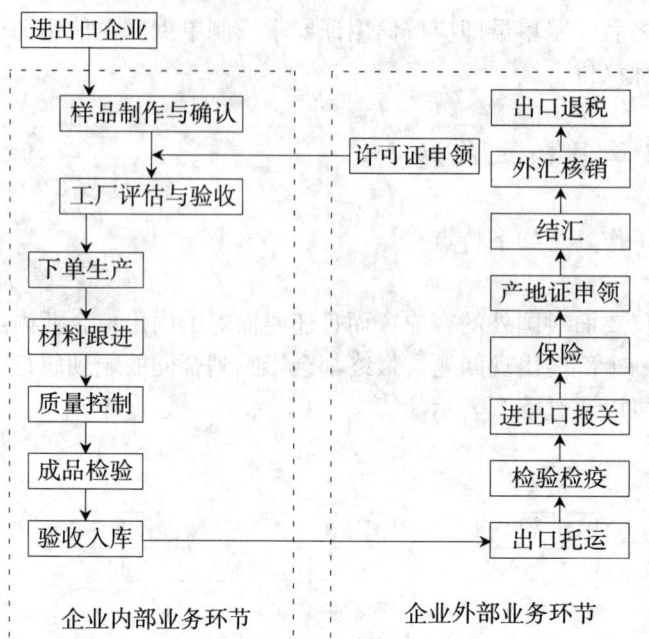

外贸跟单员经历的业务环节图

3. 专业性、综合性强，知识面要求广

跟单员工作涉及企业所有部门，由此决定了其工作的综合性。对外执行的是销售人员的职责，对内执行的是生产管理协调，所以外贸跟单员不但要懂得企业生产管理的知识，还要懂得国际贸易的知识，包括国际市场营销、国际金融、国际商法、国际贸易，特别是国际贸易实务、国际商务单证实务和外贸英语函电等课程的知识。

4. 沟通与协调能力强

由于外贸跟单员工作涉及部门多，因此，外贸跟单员与国外客户、生产部门、工程部门、品质部门、储运部门、单证部门、财务部门等的工作是一种沟通与协调，都是在完成订单的前提下而进行的沟通工作，因而外贸跟单员的沟通、协调能力要求比较高。在整个外贸跟单工作中，外贸跟单员既是出口企业的代表，又是国外客户的参谋和代表，代表国外客户向工厂反映产品的意见，起着桥梁和沟通的作用。

5. 责任重大

外贸跟单员的工作是建立在订单与客户的基础上的，订单是企业的生命，客户是企业的上帝，失去订单与客户将危及到企业的生存，因此，外贸跟单员的工作责任重大。

三、外贸跟单员的素质

（一）职业素质

（1）热爱祖国，发扬爱国主义精神，坚决维护国家的主权和利益，维护民族尊严。

（2）在对外活动中严格按照党的方针政策办事。

（3）站稳立场，坚持原则，严守国家机密。

（4）谦虚谨慎，不卑不亢，讲究文明礼貌，注意服饰仪容。

（5）对工作认真负责，责任心强，忠于职守，努力学习，积极开拓，锐意进取。

（二）专业素质

外贸跟单工作是一门专业要求十分高的行业，既要求外贸跟单人员具备广博的综合知识，又要求有很强的专业知识。具体要求如下：

（1）熟悉我国对外贸易的方针、政策、法规以及有关的国别、地区政策。

（2）掌握国际贸易专业知识。外贸跟单员应掌握国际贸易的相关知识，包括国际贸易理论、进出口业务、国际金融、市场营销学、国际贸易地理等专业知识，还要熟悉商检、海关、运输、保险等方面的相关知识。

（3）了解合同法、票据法、经济法等与跟单工作有关的法律知识，做到知法、守法、懂法、用法。

（4）了解相关的商品的知识，对商品的属性、品质、用途以及商品的生产过程、工艺过程等必须熟悉；了解产品的原材料特点、来源及成分，知道产品的特点和款式，便于和客户及生产人员沟通，并要非常熟悉该商品在国际市场的供求情况，价格变动的趋势等。

（5）要了解商品销往国的政治、经济、文化、习俗，以及该国的有关法规、法令等。

（6）具有广博的综合知识。作为外贸跟单员，除了掌握我国和对方国家的外贸方针政策和法律法规外，还必须有广博的知识，这会使你在和外商的闲谈中获得对方的尊重，从而加大你在谈判中的分量。

（三）能力素质

（1）分析能力。外贸跟单员应具有较强的分析能力，头脑机敏，眼光敏锐，决策力强，能较好地分析出客户的特点及产品的价格构成，以利于报价。

（2）预测能力。能预测出客户的需求、企业的生产能力及物料的供应情况，便于接单、生产及交货的安排。

（3）表达能力。善于用语言、文字与客户沟通，在与外商交往时，应口齿清晰，语言亲切随和，仪表端庄，并熟悉对方的语言和风俗习惯。

（4）处事能力。外贸跟单员应胸怀宽阔、头脑冷静、处事稳健，能克制自己，并且不好大喜功，不要太多表露自己。

（5）人际关系处理的能力。处理好与客户、上级、同事以及外单位人员的关系，通过他们来完成自己想要做的事。

（6）推销能力。能利用各种方法宣传自己的产品，扩大影响，要善于掌握客户的心理，寻求贸易机会。

第一章
外贸跟单员的社交礼仪

第一节　外贸跟单员的人际交往

外贸跟单员的工作不仅要涉及企业内部的各个部门，如销售、生产、物料、财务、人事到总务等部门，还要涉及企业外部的一系列单位，如海关、银行、保险公司、出入检验检疫局等部门都会有跟单员的身影出现。在跟单员的工作中，需要与许多人、许多部门打交道，他们的工作就像一部机器，良好的人际关系就像润滑剂，能使跟单员工作顺利运转。外贸跟单员的良好人际关系，主要体现在五个方面。

一、与上级主管领导的交往

跟单员要取得工作的顺利进展，就一定要得到上级主管的支持，因此，如何与上级领导交往是跟单员工作的重要方面。跟单员本身是个权利小的职位，因此，要注意常请示、常汇报，遇事不可擅自主张。在与领导的交往中，态度要恭谦，多听领导意见，遇有不同意见时，也要及时提出，以商量的口气协商解决。向领导汇报工作时，表达要全面，要用简短的语言表达出何时、何地、何人、何事、如何、为何等。

在对外谈判中，当外商的职务较高时，应邀请我方相应职务的领导人出席会见，并把来访外商商谈事项经整理后向领导提出洽谈方案，经同意，再进入商谈。

在与外商谈判时，应以领导为主谈，如有必要，在我方主谈同意后，外贸跟单员可补充发言，在未获主谈人员允许前，不要擅自插嘴。外贸跟单员认为需及时提醒主谈人员，可写小纸条递给主谈人员参考。

二、与企业各部门之间的交往

跟单员在工作中会遇到各种困难，而最让跟单员头疼的事就是与横向部门的交往，因为跟单员对横向部门的权力有限。这时，千万不要抱怨，不必斤斤计较，凡事以商量的口吻，尽量说服他配合你的工作，如果说服不了，也没必要用强硬的态度，你可以找他的主管，一级一级地找上去，让他的上司来安排。另外，你可以站在公司的立场上，对那些分工不是很明确和交代不是很清楚的事情自己不妨做多点，让大家看在眼里，以便对你产生好感，从而有利于工作的进行。

要与其他部门相协调，还要学会开会。如果跟单员是总经理助理，不是其他部门的上司，这种情况下，利用开会，便可提醒相关部门要做的工作，并且站在公司的角度要他配合，这样，有些事情做起来就会顺利很多。对一些较大的公司，部门分工较细，开会的作用尤其明显。通过开会，一方面让主管了解你的工作进度和工作上的困难；另一方面，可以通过讨论，对工作作出修正；同时得到相关部门的合作。此外，要把需要其他部门配合的工作表述得很清楚，除了口头的表述外，最好有文字的阐述，并要求有签名接受，这样，你要他做什么事，做到什么程度，就都十分清楚明了。

三、与生产部门的交往

与生产部门的交往，主要是产品或物料的跟催。对生产部门的跟催工作相当复杂，因为一项工作往往由多个人或多个部门共同完成。这时，跟单员就必须小心谨慎，有时你可能以为某件事有某个人或部门在负责跟踪，而实际上却根本没有人在跟踪，结果事情被拖下来了；或者你可能错误地认为某件事已经安排某个人去做了，而实际上他并没有按你的要求去做，使事情出现麻烦。所以，在对生产的跟催工作中，跟单员必须有计划、有安排，什么时候工作应该做到哪里，要心中有数，要及时了解情况，掌握生产的第一手资料，这样才不至于造成工作上的阻碍。例如，对一个工厂来讲，生产计划科除了安排生产流程外，还有责任跟踪物料使之及时上线，但在实际工作中，可能由于各部门的协调有问题，或是物料管理的物料员或物控员工作的疏忽，常常使物料停留在仓库而没有及时上线。因此，作为跟单员，必须时时记住要对物料采购人员及物料管理人员进行跟催，使物料能以最快的速度发到制造部，保证生产顺利进行。

四、与外商的交往

对外贸企业来说，客户就是上帝，因此与外商的交往同样是外贸跟单员的一项非常重要的工作，它涉及面广，外贸跟单员一定要认真对待。与外商交往，主要涉及以下四个方面问题：

（一）接待工作

首先要了解客户到访的人数、时间、目的，并通知企业相关领导。代客户订好酒店，若需到机场迎接，跟单员应向总务部协调安排接机事宜，并应于飞机抵达前两个小时与航空公司办事处联络确定班机到达时间，并至少提早 5 分钟抵达机场，将客户接到公司。在客户还未到达企业前，跟单员应将有关资料、档案、样品等置于业务洽谈室。客户到达企业后，应礼貌接待，简要介绍公司的情况，带领客户参观车间、样品室，并介绍企业的作业流程、质量管理流程，以增强客户的信心。如客户要到工厂察看，跟单员应事先与工厂联络，安排行程。若客户需要游览名胜古迹，跟单员应事先安排观光行程。

对客户挑选出来的产品，跟单员应立即记录详细资料及产品编码、规格、包装明细、工厂价格。对报价及客户特别要求的规格、形态、大小等跟单员均应详细记录，必要时画上该产品的草图。

客户如有询问应立即答复，如不能立即答复，也要向客户说明原因并告以何时答复。

（二）商务洽谈

在商务洽谈中，首先接待人员应把参加洽谈的我方人员逐一介绍，外方人员可由外方负责人自行介绍，并互换名片。外贸跟单员坐于我方负责人身旁，以我方负责人为主谈。会谈时，外贸跟单员应做好记录，会谈告一段落，应把会谈情况做简要整理，以便下一阶段的谈判顺利进行。

商务洽谈中，当涉及到金额、交货条件和日期时，除了洽谈当时要用口头复述加以确认外，合约拟好后，更要详细地过目一遍。一旦发现疑点，应立刻询问对方："Is this what we decided？"（这是我们说定的吗？）合约内容真的错得离谱，就应告诉对方："I'll have to return this contract to you unsigned."（我得将这份合约退还给你，不能签名。）以示抗议。任何合约上的问题，宁可啰唆一点，也决不可含糊。

在对外谈判中，举止要落落大方、端庄稳重，表情要自然诚恳、和蔼可亲，不能不拘小节。站时，身体不要东歪西靠，不要斜靠在桌面或椅背；坐时，姿势要端正，不要跷脚、摇腿，也不要显出懒散的样子，女性不要支开双腿；走时，脚步要轻，如遇急事可加快脚步，但不要慌张奔跑；说话时，手势不要过多，也不要放声大笑或高声喊人。

在与外商交谈时，表情要自然，态度要诚恳，用语要文明，表达要得体。别人在与他人个别交谈时，不要凑前旁听。若有事需与某人谈话，应待别人说完。交谈中若有急事需要离开时，应向对方打招呼，表示歉意。同外国人交谈，最好选择喜闻乐道的话题，诸如体育比赛、文艺演出、电影电视、风光名胜、旅游度假、烹饪小吃等方面的话题，大家都会感兴趣。这类话题使人轻松愉快，受到普遍欢迎。如果外国人主动谈起我们不熟悉的话题，我们应该洗耳恭听，认真请教，千万不要不懂装懂，更不要主动同外国人谈论自己一知半解的话题。

邀请来访，一般需做一次宴请，宴请规格以来宾身份、职务及商务洽谈进展情况作适当考虑。商务宴会一般采用即席祝酒。参加宴会的我方经主管领导同意，可以向外商敬酒，但不要向外商劝酒。宴请的时间一般安排在一个半小时左右。宴请结束，如宾主还需继续交谈，可在休息室继续进行。宴请结束后，需先让外商退席。我方主持宴请的负责人和参加宴请的主要人员可在宴会厅门口送别，也可送外商至电梯口告别。

（三）沟通技巧

在与外商的交往中，要善于向对手表示善意和欢迎。尽量给外商提供一切的方便，使沟通一开始便在友善和谐的气氛中进行。尤其是当你的沟通对手是远道而来的，你热心地告知他："I will arrange everything."（我会安排一切。）不但表现出你的诚意，也能使他在不必顾虑食宿等琐事的情况下，专心与你进行沟通。

当听不懂对方所说的话时，务必请他重复。英语不是我们的母语，听不懂是很自然的。听不懂又装懂，那才是有害的。其实请人家重复或再讲清楚一点并不难，你只要说："Would you mind repeating it?"（您介意再讲一遍吗？）相信对方不但会再说一遍，而且连速度都会放慢些。如果你还是没听懂，那么仍然要用这个老方法："Could you explain it more precisely?"（您能解释得更明白一点吗？）

另外，作为跟单员，在与外商接触之前，一定要对相关的资料准备充实、完备，如果你平时资料搜集得全面，便能有问必答，这在商务沟通上是非常有利的。

（四）注意事项

与文化背景、风俗习惯、社会制度和自己有很大差别的外国人交往，一条行之有效的方法，就是要在与对方进行交往和沟通时，遵循国际社会中约定俗成的交际惯例。

1. 信守承诺

与外国朋友打交道，小到约会的时间，大到生意往来，都要讲信用，守承诺，不随便许愿，失信于人。这样才能巩固双方的友谊。

2. 热情有度

中国人在人际交往中，一直主张朋友之间应当"知无不言，言无不尽"，但是在国外，人们普遍主张个性至上，反对以任何形式干涉个性独立，侵犯个人尊严。对他人过分关心，或是干预过多，则会令对方反感。所以与外国友人打交道时，既要热情友好，又要以尊重对方的个人尊严与个性独立为限。

3. 尊重隐私

外国人普遍认为，要尊重交往对象的个性独立，维护其个人尊严就要尊重其个人隐私。即使是家人、亲戚、朋友之间，也必须相互尊重个人隐私。所以与外国友人相处时，应当自觉回避对对方个人隐私的任何形式的涉及。不要主动打听外国朋友的年龄、收入、婚恋、家庭、健康、经历、住址、籍贯，以及宗教信仰、政治见解、正在忙什么等。

五、与其他相关机构的交往

在与海关、银行、商检、运输等部门交往的过程中，跟单员的形象代表着企业的形象，因此，在与这些部门工作人员的交往中，应不卑不亢，所交资料应认真反复复核，做到完整、整洁、明确，如有错漏，应虚心接受，认真修改，若有不明之处，要虚心请教，有不同看法，应力求协商解决，尽量减少冲突，使工作顺利进行。

第二节　外贸跟单员的礼仪

礼仪是人类为维系社会正常生活而要求人们共同遵守的最起码的道德规范，它是人们在长期共同生活和相互交往中逐渐形成，并且以风俗、习惯和传统等方式固定下来的。对一个外贸跟单员来说，由于与之打交道的很多都是外国人，因此，礼仪不仅是一个人的思想道德水平、文化修养、交际能力的外在表现，也是一个国家社会文明程序、道德风尚和生活习惯的反映。

一、着装礼仪

服饰反映了一个人文化素质之高低，审美情趣之雅俗。具体说来，它既要自然得体、协调大方，又要遵守某种约定俗成的规范和原则。服装不但要与自己的具体条件相适应，而且还必须时刻注意客观环境、场合对人的着装要求，即着装打扮要优先考虑时间、地点和目的三大要素，并努力在穿着打扮的各方面与时间、地点、目的保持协调一致。

外贸跟单员在涉外交往中，着装应注意下列事项：

（1）任何服装都应做到清洁、整齐、挺直。上衣应熨平整，下装熨出裤线。衣领、袖口要干净，皮鞋应上油擦亮。穿中山装要扣好领扣、领钩、裤扣。穿长袖衬衣要将前后摆塞在裤内，袖口不要卷起，长裤裤筒也不允许卷起。男性在任何情况下均不应穿短裤参加涉外活动。女同志夏天不可光脚穿凉鞋，穿袜子时，袜口不要露在衣、裙之外。

（2）参加各种涉外活动，进入室内场所均应摘去帽子和手套，脱掉大衣、风雨衣等送入存衣处。西方妇女的纱手套、纱面罩、帽子、披肩、短外套等，作为服装的一部分允许在室内穿戴。在室内外，一般不要戴黑色眼镜。有眼疾须戴有色眼镜时，应向客人或主人说明，并在握手、交谈时将跟镜摘下，离别时再戴上。

（3）在家中或旅馆房间内接待临时来访的外国客人时，如来不及更衣，应请客人稍坐，立即换上服装、穿上鞋袜，不得赤脚或只穿内衣、睡衣、短裤、拖鞋接待客人。

二、言谈举止礼仪

言谈作为一门艺术，也是个人礼仪的一个重要组成部分。在言谈中，态度要诚恳、亲切，声音大小要适宜，语调要平和沉稳，要尊重他人。要努力养成使用敬语的习惯，如日常使用的"请""谢谢""对不起"，第二人称中的"您"字等。初次见面为"久仰"；很久不见为"久违"；请人批评为"指教"；麻烦别人称"打扰"；求给方便为"借光"；托人办事为"拜托"，等等。现在，我国提倡的礼貌用语是十个字："您好""请""谢谢""对不起""再见"。这十个字体现了说话文明的基本的语言形式。

三、仪态礼仪

1. 谈话姿势

谈话姿势往往反映出一个人的性格、修养和文明素质。所以，交谈时，首先双方要互相正视、互相倾听，不能东张西望、看书看报、面带倦容、哈欠连天。否则，会给人心不在焉、傲慢无理等不礼貌的印象。

2. 站姿

站立是人最基本的姿势，是一种静态的美。站立时，身体应与地面垂直，重心放在两个前脚掌上，挺胸、收腹、收颌、抬头、双肩放松。双臂自然下垂或在体前交叉，眼睛平视，面带笑容。站立时不要歪脖子、斜腰、屈腿等，在一些正式场合不宜将手插在裤袋里或交叉在胸前，更不要下意识地做些小动作，那样不但显得拘谨，给人缺乏自信之感，而且也有失仪态的庄重。

3. 坐姿

坐，也是一种静态造型。端庄优美的坐，会给人以文雅、稳重、自然大方的美感。正确的坐姿应该是腰背挺直，肩放松。女性应两膝并拢；男性膝部可分开一些，但不要过大，一般不超过肩宽，双手自然放在膝盖上或椅子扶手上。在正式场合，入座时要轻柔和缓，起座要端庄稳重，不可猛起猛坐，弄得桌椅乱响，造成尴尬气氛。不论何种坐姿，上身都要保持端正，如古人所言的"坐如钟"。若坚持这一点，那么不管怎样变换身体的姿态，都会优美、自然。

4. 走姿

行走是人生活中的主要动作，走姿是一种动态的美。"行如风"就是用风行水上来形容轻快自然的步态。正确的走姿是轻而稳，胸要挺，头要抬，肩放松，两眼平视，面带微笑，自然摆臂。

四、见面礼仪

1. 握手

握手是大多数国家相互见面和离别时的礼节。此外，它还含有感谢、慰问、祝贺或相互鼓励的意思。

握手的标准方式是行至距握手对象1米处，双腿立正，上身略向前倾，伸出右手，四指并拢，拇指张开与对方相握，握手时用力适度，上下稍晃动三四次，随即松开手，恢复原状。与人握手时，神态要专注、热情、友好、自然，面含笑容，目视对方双眼，同时向对方问候。

在握手时不要戴着手套、墨镜，另一只手也不能放在口袋里。只有女士在社交场合可以戴着薄纱手套与人握手。握手时不宜发长篇大论、点头哈腰和过分客套，这只会让对方不自在，不舒服。与基督教徒交往时，要避免交叉握手。这种形状类似十字架，在基督教信徒眼中，被视为不吉利。与阿拉伯人、印度人打交道，切忌用左手与他人握手，因为他们认为左手是不洁的。除长者或女士，坐着与人握手是不礼貌的，只要有可能，都要起身站立。

2. 鞠躬礼

鞠躬,意即弯身行礼,是对他人敬佩的一种礼节方式。鞠躬时必须立正、脱帽,不要边鞠躬边说与行礼无关的话。鞠躬前视对方,以表示尊重的诚意。

3. 致意

致意是一种不出声的问候礼节,常用于与相识的人的场合打招呼。在社交场合里,人们往往采用招手致意、欠身致意、脱帽致意等形式来表达友善之意。

五、名片递送礼仪

名片是一个人身份的象征,当前已成为人们社交活动的重要工具。因此,名片的递送、接受、存放也要讲究社交礼仪。

在社交场合,名片是自我介绍的简便方式。交换名片的顺序一般是"先客后主,先低后高"。当与多人交换名片时,应依照职位高低的顺序,或由近及远,依次进行,切勿跳跃式地进行,以免对方误认为有厚此薄彼之感。递送时应将名片正面面向对方,双手奉上。眼睛应注视对方,面带微笑,并大方地说:"这是我的名片,请多多关照。"名片的递送应在介绍之后,在尚未弄清对方身份时不应急于递送名片,更不要把名片视同传单随便散发。

接受名片时应起身,面带微笑注视对方。接过名片时应说:"谢谢!"随后有一个微笑阅读名片的过程,阅读时可将对方的姓名职务念出声来,并抬头看看对方的脸,使对方产生一种受重视的满足感。然后,回敬一张本人的名片,如身上未带名片,应向对方表示歉意。在对方离去之前,或话题尚未结束,不必急于将对方的名片收藏起来。

名片的存放。接过别人的名片切不可随意摆弄或扔在桌子上,也不要随便塞在口袋里或丢在包里,应放在西服左胸的内衣袋或名片夹里,以示尊重。

第二章
我国对外贸易宏观管理基础知识

我国对外贸易宏观管理改革和调整的目标是转变外贸宏观管理职能，建立以法律手段为基础，以经济调节手段为主，辅以必要的行政手段的对外贸易宏观管理体系。

第一节　对外贸易宏观管理的法律手段及经济调节手段

一、对外贸易宏观管理的法律手段

我国加入世界贸易组织以来，对外贸易立法建设进一步加快，2001 年 12 月以来，已修订了《中华人民共和国技术进出口管理条例》《中华人民共和国货物进出口管理条例》等一系列重要外贸规章。

（一）《中华人民共和国对外贸易法》

1994 年 5 月 12 日，八届全国人大常委会第七次会议通过了《中华人民共和国对外贸易法》，2004 年进行了修订。这是我国第一部外贸法，是我国对外贸易法制的重要基石，是外贸领域的基本法。

《中华人民共和国对外贸易法》规定了我国基本的对外贸易制度与开展对外贸易关系的准则，明确了从事货物、技术进出口及国际服务贸易的基本原则，规定了促进我国对外贸易的主要措施，同时对违反外贸法法律责任也作出了明确规定。外贸法是我国管理货物、技术进出口、国际服务贸易的一部基本法，是我国各级外贸管理部门和对外贸易经营单位最基本、最重要的法律准则。

（二）中国外贸宏观管理的其他法律和法规

1. 外贸经营权管理立法
改革开放后，随着对外贸易经营权的不断下放，我国先后颁布了一系列有关对外贸易经营许可的法律、法规，随着我国对外贸易体制改革的推进，国家对对外贸易经营者的资格管理，逐步从审批许可制向登记核准制过渡，即遵循自主申请、公开透明、统一规范、依法监督的原则，对各类所有制企业进出口经营资格实行统一的标准和管理办法。外经贸部2001年7月发布了《关于进出口经营资格管理的有关规定》，对进出口经营资格管理从审批许可制向登记核准制过渡的有关措施作了规定。

2. **进出口商品管理立法**

《中华人民共和国对外贸易法》确立了我国实行进出口商品管理制度，并规定对限制进出口的商品实行配额许可证管理。我国进出口商品管理法规主要有2001年12月加入世界贸易组织之际颁布的《中华人民共和国货物进出口管理条例》《货物进口许可证管理办法》《出口商品配额管理办法》等。

3. **进出口商品检验制度立法**

进出口商品检验制度是我国实行对外贸易管理的主要手段之一。为了使进口商品检验工作适应改革开放后我国对外贸易迅速发展的需要，国家于1989年和1991年先后颁布了《进出口商品检验法》《进出境动植物检疫法》及一系列配套法规。2002年我国修订了《中华人民共和国进出口商品检验法》及相应的《实施细则》。

4. **海关和关税管理立法**

改革开放后，为了适应国际政治、经济及对外贸易发生重大变化的需要，我国对海关管理制度进行了一系列的改革与完善，并相应制定和颁布了大量有关的法律和法规，逐渐形成了以《海关法》为核心的海关法律体系。2002年我国修订了《海关法》，并陆续对相应的实施条例与管理方法作了修订。

5. **外汇管理立法**

改革开放后，我国加强了外汇管理立法，颁布了大量的外汇管理方面的法律和法规。1994年我国外汇体制进行了关键性的改革，即实现汇率并轨，实行以市场供求为基础的、单一的、有管理的浮动汇率制度，与此相适应，实行银行结汇、售汇制。根据外汇体制改革的需要，我国于1996年发布并于1997年进一步修订了新的《外汇管理条例》。条例对我国外汇管理机构、经营机构、管理内容及违反外汇管理行为的法律责任都作出了明确的规定，是我国现行外汇管理的基本法。

6. **技术转让和保护知识产权立法**

积极引进国外先进技术是我国对外开放政策的基本内容之一。为了促进技术贸易的顺利进行和维护双方当事人的合法权益，我国制定和颁布了调整涉外技术转让行为的法律和法规，如《技术进出口管理条例》等。

我国在积极引进国外先进技术的同时，还努力建立健全保护知识产权的法律体系，其中最重要的是颁布了《商标法》《专利法》《著作权法》以及这三个法的《实施细则》。这些法律和法规比较全面地对知识产权保护进行了规范，不仅使知识产权领域中能做到有法可依、有章可循，而且使我国的知识产权法律体系与世界知识产权法律体系接轨。

7. **涉外经济贸易仲裁立法**

改革开放后，随着我国对外经济贸易的扩展，中外经济贸易纠纷日益增多，而其中的绝大多数纠纷案件都采取仲裁方式解决。为了适应这一变化，我国颁布并进一步完善了一系列涉外经济贸易仲裁制度，1994年又颁布了《中华人民共和国仲裁法》，这是我国第一部仲裁法律。这些都是我国进行涉外经济贸易仲裁的重要法律依据。

8. 对外贸易救济的立法

我国以《建立世贸组织协议》为基础，借鉴市场经济国家的做法，并考虑到实际国情，逐步建立了对外贸易救济法律规范。国务院于 2001 年 12 月 10 日、11 日和 12 日分别颁布了《反倾销条例》《反补贴条例》和《保障措施条例》，商务部公布了《对外贸易壁垒调查规则》，作为中国对外贸易法律体系和贸易政策的重要组成部分。它不仅是中国在改革开放过程中按照世贸组织原则采取积极防御贸易和投资壁垒的重要措施，更是在国内经济融入全球经济大循环过程中法制建设的一个重要的里程碑，标志着中国反倾销、反补贴、保障措施法律制度与世贸组织规则的全面接轨，进一步为企业创造了公平的贸易环境，更加有效地促进对外贸易的健康发展。

二、对外贸易管理的经济调节手段

在强化经济调节手段方面，国家主要通过进一步改进和完善税收、汇率、信贷、价格等方面的机制，更好地发挥经济杠杆对外贸活动的调控作用。

（一）税收制度

1. 关税制度

关税是一个国家根据本国的关税政策制定的海关税则，由海关对进出境的货物和物品所征收的一种税。关税政策体现一个国家的经济发展战略、外贸发展战略和经济政策。同时，运用关税手段可以促进产业结构的优化和加速国产化进程。关税已成为中国调节进出口贸易和管理对外贸易的重要手段之一。

我国的进出口关税采取从价税。《海关法》第 38 条规定："进口货物以海关审定的正常到岸价格为完税价格，出口货物以海关审定的离岸价格计征。"到岸价格包括货价，加上货物运抵中华人民共和国关境内输入地点起卸前的包装费、运费、保险费和其他劳务费用。

我国进口关税设最惠国税率、协定税率、特惠税率、普通税率、关税配额税率。最惠国税率适用原产于与我国共同适用最惠国待遇条款的世贸组织成员的进口货物，或原产于与我国签订有相互给予最惠国待遇条款的双边贸易协定的国家或地区的进口货物。协定税率适用原产于与我国参加的含有关税优惠条款的区域性贸易协定的有关缔约方的进口货物。特惠税率适用于与我国签订有特殊优惠关税协定的国家或地区的进口货物。普通税率适用于原产于上述国家或地区以外的国家和地区的进口货物。按照国家规定实行关税配额管理的进口货物，关税配额以内的，适用关税配额税率。

从 1986 年 4 月开始，我国对进口关税税率进行了多次调整，1991 年开始多次大幅度下调，到 2002 年我国进口关税的平均税率已降至 12%，达到了发展中国家的平均水平，2003 年起，我国平均关税水平进一步下降到 11%，到 2005 年下降到约 10%。

2. 出口退税制度

出口退税制度是指国家对出口商品在国内所征收的各生产环节累计间接税（如增值

税、消费税）实行退还的政策。实行退税的目的，是采用国际上普遍接受的方式，逐步消除国内外两个价格体系的差异，缓解由此带来的对出口商品结构的扭曲，以端正企业的出口动机，从而扩大制成品出口，优化出口商品结构。

加强出口退税管理，有利于正确执行国家的出口退税政策，监督检查出口退税政策的执行情况，既保证国家财政税收收入不致流失，又保证出口企业充分、及时、足额地享受国家鼓励、支持外贸事业发展的税收优惠政策；正确处理中央和地方、国家和出口企业的关系，充分发挥税收的职能作用，调动各方面的积极因素，支持和促进外贸事业和国民经济的发展。

（二）外汇管理制度

外汇管理是一国政府对外汇的收支、结算、买卖和使用所采取的限制性措施。主要目的是为了集中使用该国的外汇，防止外汇投机，限制资本的流出流入，稳定货币汇率，改善和平衡国际收支。

从 1994 年 1 月 1 日起，我国的外汇管理体制进行了重大的改革。自 2005 年 7 月 21 日起，我国开始实行以市场供求为基础，参考一篮子货币进行调节、有管理的浮动汇率制度。人民币汇率不再盯住单一美元，形成更富弹性的人民币汇率机制。人民币汇率调整有利于缓解中国对外贸易不平衡，改善贸易条件，扩大内需，增强货币政策独立性，提高金融调控的主动性和有效性；促使企业转变经营机制，增强自主创新能力，加快转变外贸增长方式，提高国际竞争力和抗风险能力；有利于优化利用外资结构，提高利用外资效果。

（三）出口信贷制度

出口信贷政策是有效地发挥出口信贷对进出口贸易的促进作用的指南与保证。我国出口信贷政策的基本内容是：积极支持有信誉的国有进出口企业发展有效益、有市场的进出口业务；支持国有大中型企业、企业集团的发展；支持外贸企业推行代理制；严禁对盲目竞争、没有效益、挪用银行资金的企业贷款；支持国家重点建设企业技术进步；支持机电产品、成套设备出口；支持高利税、高创收、高销售额的外商投资企业；支持效益好、产品结构合理的国家级经济技术开发区。

中国进出口银行和中国银行是我国提供出口信贷的主渠道。另外，我国一些国有商业银行、区域性商业银行及其他金融机构，经国家外汇管理局批准，也可以对进出口企业发放一定数量的外汇贷款及人民币贷款。

第二节　对外贸易宏观管理的行政手段

我国进一步弱化了外贸行政管理，并使行政管理符合国际贸易规范的要求。通过完善行政管理立法，我国的行政管理基本实现了世界贸易组织所要求的制度化、规范化和透明化；不断缩小了进出口配额和许可证管理的商品范围；按照效益、公正、公开的原则对部分商品实行配额招标、拍卖或规范化分配；外贸经营正在由许可制向登记制过渡；取消外贸指令性计划，全面实行指导性计划等。

（一）海关管理

我国海关管理的主要任务是货运监管和查缉走私，是国家管理对外贸易的重要手段之一。

1. 货运监管

货运监管是指海关对进出我国国境的所有货物和运输工具进行监督管理。根据《海关法》的规定，海关接受进出境货物，物品和运输工具的申报、查验、征税、放行，是货运监管的基本制度。目的是使货物、物品和运输工具合法进出关境，保证关税的征收，制止走私违法，同时为征税和统计业务提供可靠数据。

我国的配额管理、进出口许可管理、进出口商品检验管理、外汇管理措施的贯彻落实，都离不开海关在口岸对进出口货物、物品和运输工具的实际监督管理。

海关对一般进出口货物的监管制度包括货物的申报、查验、征税和放行。

2. 查缉走私

查缉走私是海关的基本职责，也是维护国家主权和利益、保障改革和开放健康发展的重要手段。

走私是一种逃避国家对国际贸易的管理，非法牟取暴利的严重经济犯罪活动。近年来，在我国一些地区，特别是一些沿海地区走私日趋猖獗，大案要案明显增多。我国必须高度重视反走私工作，严厉打击走私犯罪，为改革开放和社会主义市场经济建设创造良好的社会环境。

（二）进出口商品管理

进出口商品管理，即以国家的法律、法令和政策规定为依据，从国家宏观经济利益以及对内和对外政策需要出发，对进出口商品实行管理。

随着对外开放和我国对外贸易管理体制改革的逐步深化和外贸企业数量的不断增加，国家加强了进出口贸易的宏观管理，采用配额、许可证等手段控制对外贸易，达到既与我国社会主义市场经济相适应又符合国际贸易规范的对外贸易管理体制。

1. 出口商品管理

我国出口商品管理主要是依据1992年12月29日对外经济贸易部发布并于1993年1月1日起执行的《出口商品管理暂行方法》进行的。出口商品管理采取少数商品由国家管理，大部分商品放开经营。国家管理的出口商品包括实行计划配额、主动配额、被动配额、许可证管理的商品。

（1）出口配额管理。

所谓配额，是国际贸易过程中，一些国家为了维护本国的利益，对一些敏感性商品的进口或出口实行数量限制。目前，我国只对部分出口商品实行配额管理。我国出口配额管理分为以下三种情况：

①计划配额。对关系国计民生的大宗资源性商品以及在我国出口中占有重要地位的大宗传统出口商品，实行计划配额管理。

②主动配额。我国在国际市场或某一市场上占主导地位的重要出口商品，外国要求我国主动限制的出口商品，实行主动配额管理。

③被动配额。国外对我国有配额的出口商品，继续实行被动配额管理，每年出口数量按双边协议执行。

（2）出口许可证管理。

出口许可证管理就是国家规定的某些商品的出口，必须从国家指定的机关领取许可证，没有许可证的一律不准出口。

我国实行出口许可证管理的出口商品包括实行计划配额、主动配额和一般许可证管理的商品。

2. 进口商品管理

按照国务院关于外贸体制改革决定的精神，参照国际通行做法，商务部（原外经贸部）和国家有关部门多次对进口配额、许可证管理办法进行调整。

（1）进口配额管理。

1994 年，国家计委和外经贸部发布了《一般商品进口配额管理暂行办法》。《暂行办法》规定，对尚需适量进口以调节市场供应，但过量进口会严重损害国内相关工业发展的商品和直接影响进口结构、产业结构调整的商品，实行配额管理。2005 年 1 月 1 日起，世贸组织废止了《纺织品与服装协议》，纺织品已实行无配额制。

（2）进口许可证管理。

根据《中华人民共和国进口货物许可证制度暂行条例》及《施行细则》，中国目前对部分商品实行进口许可证：一是对部分商品实行进口配额管理的商品同时实行进口许可证管理；二是对部分商品实行单一的进口许可证管理，其目的在于遵守有关国际公约且及时有效地对进口货物进行监管，保护国内相关产业。

进口许可证是国家管理货物进口的法律凭证。凡属于进口许可证管理的货物，除国家另有规定外，各类进出口企业应在进口前按规定向指定的发证机构申领进口许可证，海关凭进口许可证接受申报和验放。

（三）进出口商品检验制度

进出口商品检验管理就是对进出口商品的质量、重量、数量和包装等严格按照合同和标准规定进行检验和管理。进出口商品检验是国家对对外贸易活动实行监督管理的一个重要方面，也是一项国际性业务。它是保证进出口商品质量，维护对外贸易有关各方合法利益，促进对外经济贸易关系顺利发展的重要措施之一。

国家质检总局主管全国进出口商品检验工作。国家质检总局在省、自治区、直辖市以及进出口商品的口岸、集散地设立的进出口商品检验局及其分支机构，管理所负责地区的进出口商品检验工作。

国家商检部门可以按照国家有关规定，通过考核，许可符合条件的国内外检验机构承担委托的进出口商品检验鉴定工作，并依法对经国家商检部门许可的检验机构的进出口商品检验鉴定业务活动进行监督，可以对其检验的商品抽查检验。

我国进出口商品检验工作，主要有三项任务：法定检验、监督管理和对外贸易公证鉴定。

（四）进出口外汇管理

根据《中华人民共和国外汇管理条例》的规定，国家对经常性国际支付和转移不予限制，经常性国际收支主要指国际收支平衡表中"经常项目"项下的国际收支，包括贸易收支、劳务收支、单方面转移等。经常项目项下的外汇管理主要包括对境内机构、个人、驻华机构和来华人员的管理。对境内机构经常项目的外汇管理规定主要有：

1. 对境内机构经常项目外汇收入的管理

我国对经常项目外汇收入实行银行结汇制，即中国境内所有中资企业、机关和社会团体的外汇收入都必须按银行挂牌汇率，卖给外汇指定银行，银行收取外汇，兑换人民币的制度。

根据《中华人民共和国外汇管理条例》的规定，境内机构的经常项目外汇收入必须调回境内，不得违反国家有关规定，将外汇擅自存放在境外。这是我国对经常项目外汇收入管理的首要原则，适用于所有境内机构。如果擅自将外汇收入存入境外，则属于逃汇行为，将会受到法律的制裁。

2. 对境内机构经常项目外汇支出的管理

我国对经常项目外汇支出实行银行售汇制，是指有关主体持合同、支付通知或凭证到外汇指定银行购汇，外汇指定银行按规定售给外汇的制度。境内机构的经常外汇支出，要按照国务院关于结汇、售汇及付汇管理的规定，到指定银行购汇支付。

3. 实行进出口收付汇核销制度

1991年1月1日，中国开始实行出口收汇核销制度；1994年1月1日开始，又实行了进口付汇核销制度。出口收汇核销和进口付汇核销制度成为监督进出口外汇资金流动，进行经常项目下银行结售汇真实性审核，防范外汇资源流失和违规资本流动冲击的重要手段。1999年5月1日起实行出口收汇考核办法，以出口收汇率和交单率为主要考核指标，对出口企业收汇情况分等级进行评定，并对不同等级的企业采取相应的奖惩措施，并督促企业足额、及时收汇。

（五）进出口商品原产地管理

1. 中国出口货物原产地管理

为了加强对出口货物原产地工作的管理，我国于1992年公布了《出口货物原产地规则》《出口货物原产地规则实施办法》及《含有进口成分出口货物原产地证标准制造、加工工序单》，对原产地实行了统一管理。

按照我国《出口货物原产地规则》的规定，商务部是出口货物原产地工作的主管部门，对全国出口货物原产地工作实施统一监督管理。《出口货物原产地规则》将判定货物原产地的标准分为两大类，即完全在中国原产的货物和含有进口成分的货物。

原产地证一般可分为一般原产地、普惠制原产地证、专用（配额）产地证、地区经济集团协定产地证等。我国签发的原产地证书分为三种：①普惠制原产地证；②一般原产地证；③纺织品配额原产地证。原产地证书的签发由国家质检总局设在地方的商检机构和贸促会及其分会负责。

2. 中国进口货物原产地管理

我国把进口货物原产地标准划分为进口货物的"完全获得或生产"和"实质性加工或制造"。

（1）"完全获得或生产"标准。

根据《规定》第 2 条，下述货物视为"完全获得或生产"：该国领土或领海内开采的矿产品；该国领土上收获或收集的植物产品；该国领土上出生或由该国饲养的活动物及从其所得产品；该国领土上狩猎或捕捞的产品；从该国的船只上卸下的海洋捕捞物，以及由该国船只在海上取得的其他产品；该国加工除上述所列物品所得的产品；在该国收集的只适用于做再加工制造的废碎料和废旧物品；在该国完全使用上述各项所列产品加工成的产品。

（2）"实质性加工或制造"标准。

根据《规定》第 3 条，"实质性加工或制造"标准适用于生产涉及几个国家加工、制造的进口货物。在这种情况下，经历最后的实质性加工或制造的国家，被视为货物的原产国。所谓实质性加工是指产品加工后，在税则中四位数税号一级的税则归类已经有了改变，或在加工增值部分所占新产品总值的比例已超过 30% 及其以上者。

第三章
外汇与外汇汇率

第一节 外 汇

一、外汇的概念和主要形态

外汇（Foreign Exchange）是国际金融最基本最重要的概念。外汇的概念有动态和静态之分，动态的外汇指国际汇兑，一国或地区的对外经济活动，必然产生国际间的债权债务；国际汇兑就是指将一国的货币兑换为另一国货币，以清偿国际间债务的金融活动。

静态的外汇是指外币（Foreign Currency）及以外币所表示的用以进行国际结算的支付凭证和信用凭证。其具体内容包括外币，存放在国外银行的外币存款、以外币表示的汇票、本票、支票等支付凭证，以及随时可以在国外兑现的外国政府国库券、债券、股票等有价证券。如我国在美国的留学生所购买的美国政府发行的美元国库券。

1997 年 1 月修订实施的《中华人民共和国外汇管理条例》对外汇的解释是：①外国货币：包括纸币、铸币；②外币支付凭证：包括票据、银行存款凭证、邮政储蓄凭证等；③外币有价证券：包括政府债券、公司债券、股票等；④特别提款权；⑤其他外汇资金：各种外币的投资收益，如股息、利息、红利等。

二、外汇的种类

（一）根据货币兑换的限制程度不同，可以分为自由兑换外汇和记账外汇

自由兑换外汇或称自由外汇，是指可以自由兑换成任何一种外国货币，或者是可以向第三国办理支付的外汇。在国际商务活动中，最常用的可自由兑换外汇主要包括美元、欧元、英镑、日元、瑞士法郎、加拿大元、澳大利亚元、港元、新加坡元等。在国际贸易中，用可自由兑换的货币结算的进出口贸易叫做现汇贸易。

记账外汇也叫协定外汇，是指签有双边或多边清算协定的成员国之间由于进出口贸易引起的债权和债务不用现汇逐笔结算，而是通过当事国的中央银行账户相互抵消所使用的

外汇。在国际贸易中，用记账外汇清算结算的进出口贸易叫做记账外汇贸易。

（二）根据外汇的来源与用途不同，可分为贸易外汇与非贸易外汇

贸易外汇是指一国进出口贸易所收入或支出的外汇，以及与进出口贸易有关的从属费用外汇，如样品费、宣传费和推销费等。贸易外汇是一国外汇收支的主要项目。

非贸易外汇是指进出口贸易以外所收支的一切外汇，包括侨汇、旅游、港口、航空、铁路、海运、邮电、海关、保险、银行、对外工程承包等方面收入和支出的外汇。非贸易外汇是一国外汇收支的重要组成部分。

（三）根据外汇汇率的走势不同，可分为硬币和软币

硬币是指币值坚挺、汇率趋升的外汇，如果一个国家的经济情况较好，国际收支为顺差，黄金和外汇储备较多，则其货币在国际金融市场上就坚挺，汇率趋升。

软币是指币值疲软、汇率趋跌的外汇。软币和硬币并不是一成不变的，只是在某一段时期内趋软或趋硬。

三、国际结算中常用的几种外币

（一）美元（United States Dollar）

美元是美国 1792 年创立的本位货币单位，美元的货币单位名称是"元"，辅币单位名称是"分"，1 美元等于 100 美分。

美元是当今世界的主要国际货币，布雷顿森林体系之后，世界进入浮动汇率时代，有人称之为"没有体系的体系"。在这一体系下，依仗着美国雄厚的经济实力，美元的霸主地位仍得以保留。直至现在，美元仍是主要的国际计价单位和支付与储备手段。在世界经济中，使用美元所占比重很大。据统计，在当代世界商品与劳务贸易、国际银行贷款、各国中央银行外汇储备中，使用美元的比重均在 60% 左右。

（二）欧元

欧元是欧洲联盟的统一货币，1999 年 1 月 1 日，根据欧洲联盟的有关条约和欧洲货币一体化的时间表，欧元在欧洲联盟的 15 个成员国中的 11 个国家正式启动。2002 年 7 月 1 日，欧元成为欧元区的唯一法定货币，各国的货币不再具有交换价值，彻底退出流通领域。2004 年 11 月国际外汇市场上 1 欧元 = 1.317 8 美元。各国中央银行在外汇储备中增加欧元，使欧元在全球货币储备结构中所占的份额大大增加。目前，欧元成为仅次于美元的重要结算货币。

（三）日元（Japanese Yen）

日元是日本创立于1871年5月1日的本位货币单位，日元的单位名称为"元"，辅币单位为"钱"，1日元等于100钱。日元纸币的正面文字全部使用汉字，中间上方均印有"日本银行券"字样。背面则有拉丁文拼音的行名"日本银行"及单位名称"元"的字样。

20世纪80年代以来，日本经济实力越来越强，日元的大幅度升值急剧地推进了日本经济国际化的发展势头。无论是在海外的直接和间接投资方面，还是在日元国际化和东京成为国际金融中心方面都取得令人瞩目的进展。日元已成为国际贸易结算的主要货币之一，它作为国际储备货币的地位呈上升趋势。

（四）英镑（Pound Sterling）

英镑是英国的本位货币单位，英镑的单位名称为"镑"，辅币的单位名称为"新便士"。1英镑等于100新便士。

第二次世界大战前，英镑曾经是最主要的国际储备货币，几乎垄断了各国外汇储备的绝大部分。第二次世界大战后，英镑的国际地位大大削弱。由于英国具有发达的国际金融市场，因此，英镑在国际结算中仍还有一席之地。我国对外贸易中，对英国及一些过去属于英镑区的第三世界国家，仍有一部分使用英镑计价、结算和支付。

（五）港币（Hong Kong Dollar）

港币是香港地区1861年以银为本位设立的本位货币单位。港币的单位名称为"元"，辅币单位名称为"毫、仙"，1元等于10毫，1毫等于10仙。现行流通的港币分别由香港上海汇丰银行、香港渣打银行和中国银行香港分行发行。面额有5、10、50、100、500及1 000元六种。流通的辅币有1、2、5毫及1、2、5元等。我国内地与香港的贸易在我国的外贸总额中所占的比重较大，使用港币汇兑支付的数额较大。

第二节 外汇汇率

一、外汇汇率的概念

外汇汇率（Foreign Exchange Rate）是指一国的货币折算成另一国（或地区）的货币的比率、比价或价格，即两国货币的比价。如2006年1月25日的美元对日元的汇率为1美元兑换112.56日元。通常人们习惯用货币标明某种商品的价格，外汇是一种特殊的商品，即将一种货币看成商品，用另一种货币标明其价格。

二、外汇汇率的标价方法

确定两种货币的比价，首先要确定以哪个国家的货币作为标准，根据作为标准的货币不同，汇率的标价方法可以分为直接标价法、间接标价法和美元标价法。

（一）直接标价法（Direct Quotation）

直接标价法是指用一定单位（1 或者 100）的外国货币作为标准，折算成若干单位的本国货币的标价方法，即以外国货币为标准来计算应付多少本国货币，因此，也叫做应付标价法。直接标价法下，外币是基准货币，本币是报价货币。目前，我国和世界上绝大多数国家都采用这种标价方法。

在直接标价法下外汇的数额固定不变，汇率的升跌都以本币数额变化而变动。如果本币数额变大，说明单位外币兑换的本币增加，即外币升值，本币贬值；反之，说明单位外币兑换的本币减少，即外币贬值，本币升值。

（二）间接标价法（Indirect Quotation）

间接标价法是指用一定单位（1 或者 100）的本国货币作为标准，折合成若干单位的外国货币的标价方法，即以本国货币为标准来计算应收多少外国货币，因此，也叫做应收标价法。在间接标价法下，本币是基准货币，外币是报价货币。英国、美国等少数国家采用这种标价法。

在间接标价法下，本币的数额固定不变，汇率的升跌都以外币数额变化而变动。如果外币数额变大，说明单位本币兑换的外币增加，即本币升值，外币贬值；反之，说明单位本币兑换的外币减少，即本币贬值，外币升值。

因为直接标价法与间接标价法之下汇率升跌的含义正好相反，所以，在运用某种外汇汇率时，一定要弄清楚其属于哪个外汇市场，采用什么标价方法，以免混淆。

三、外汇汇率的种类

（一）根据银行买卖外汇价格的不同，可划分为买入汇率、卖出汇率、中间汇率和现钞汇率

1. 买入汇率（Buying Rate）

买入汇率又称买入价，是指银行购买外汇时所使用的汇率。如中国某贸易公司出口商品获得外汇按国家规定到银行结汇时所采用的汇率是买入汇率。

2. 卖出汇率（Selling Rate）

卖出汇率又称卖出价，是指银行卖出外汇时所使用的汇率。如中国居民个人出外旅游需要从外汇银行买入美元时，使用银行的卖出汇率。

外汇银行通常采用双向报价，左边是基准货币，右边是标价货币，有两栏价格表示买卖价格，买卖价格之间习惯用"－"或者"／"间隔，第一个数字较小，第二个数字较大，买卖汇率的差价即银行赚取的利润。有时外汇银行采取简便报价，如 1 美元 = 7.653 8/58 港元，即表示 1 美元 = 7.653 8/7.655 8 港元。通常外汇银行的买卖差价在千分之一到千分之五左右。不同标价方法的买卖价格的位置不同，直接标价法中为前买后买，间接标价法为前卖后买。

3. 中间汇率（Middle Rate）

中间汇率又称中间价，是买卖汇率的算术平均数。国际货币基金组织所公布的各国汇率表中，均采用中间汇率，西方报刊公布汇率时，也常采用中间汇率，多用于分析、预测、比较和参考。

4. 现钞汇率（Bank notes Rate）

现钞汇率又称现钞价，是指银行买卖外币现钞的价格。外币现钞的价格又分现钞买入价和现钞卖出价。因为银行买入现钞，要积累到一定数额后才能将其运送并存入外国银行以供调拨使用，这就涉及到为运送外币现钞而产生的运费、保险费、包装费等项费用的支出。因此，银行要扣除调入现钞时所支付的系列费用，现钞的买入价一般低于外汇牌价的买入价，而现钞卖出价一般等于外汇牌价的卖出价。

（二）根据外汇管制程度不同，可划分为官方汇率和市场汇率

1. 官方汇率（Official Rate）

官方汇率又称官价或法定汇率，是指一国货币当局规定并予以公布的汇率。在外汇管制严格的国家，一切外汇收入须按官方汇率结售给外汇银行，所需外汇须向国家或其指定的银行申请批准。官方汇率比较稳定，一般偏向于高估本国货币的价值，如前苏联的卢布。

2. 市场汇率（Market Rate）

市场汇率是外汇市场上进行外汇买卖的实际汇率，它随市场的外汇供求关系而自由浮动。市场汇率的高低取决于外汇的实际供求状况，市场汇率一般高于官方汇率，能客观地反映本国货币的对外比值。

（三）根据汇兑方式不同，可划分为电汇汇率、信汇汇率和票汇汇率

1. 电汇汇率（Telegraphic Transfer Rate，简称 T/T Rate）

电汇汇率，是指以电报解付方式买卖外汇时所用的汇率。银行卖出外汇后，立即用电报通知国外分支行或代理行将款项解付给收款人。银行在国内收进汇款与在国外付出外汇的时间相隔只有一两天，银行不能利用汇款资金，且须付电报费用，所以电汇汇率最高。现在国际支付绝大多数用电讯传递，因而电汇汇率成为基础汇率，其他汇率的制定均以此为基础。一般外汇市场上所公布的汇率，多为银行的电汇汇率。

2. 信汇汇率（Mail Transfer Rate，简称 M/T Rate）

信汇汇率是指用信函方式买卖外汇时所用的汇率。银行卖出外汇后，通过信函通知国

外分支行或代理行将款项解付给收款人。由于这种付款方式所需的邮程较长，银行可以利用顾客的汇款资金，因此信汇汇率比电汇汇率低。信汇汇率主要用于香港和东南亚，其他地区较少采用。

3. 票汇汇率（Demand Draft Rate，简称 D/D Rate）

票汇汇率是指银行买卖外汇汇票、支票和其他票据时所使用的汇率。由于汇票从售出到付款有一段时间，票汇汇率也比电汇汇率低一些。票汇汇率可分为即期票汇汇率和远期票汇汇率两种，因为银行所占用顾客的资金时间更长一些，所以远期票汇汇率比即期票汇汇率低。

（四）根据外汇市场开、收盘时间的不同，可划分为开盘汇率和收盘汇率

1. 开盘汇率（Opening Rate）

开盘汇率是指每个营业日外汇市场第一笔交易的汇率。

2. 收盘汇率（Closing Rate）

收盘汇率是指每个营业日外汇市场最后一笔交易的汇率。开盘汇率和收盘汇率可以大致反映当天外汇汇率涨跌变化的趋势。

（五）根据外汇买卖交割期限的不同，可划分为即期汇率和远期汇率

交割是买卖双方履行交易合同，进行钱货两清的行为。外汇买卖的交割是指购买（出售）外汇者付出本国货币（外国货币），出售（购买）外汇者付出外汇（本币）。由于交割的日期不同，汇率就有差异。

1. 即期汇率（Spot Exchange Rate）

即期汇率也叫现汇汇率，是指在外汇市场上，买卖双方成交后，原则上在两个营业日内办理交割所使用的汇率。电汇汇率、信汇汇率和票汇汇率都属于即期汇率的范围。

2. 远期汇率（Forward Exchange Rate）

远期汇率也叫期汇汇率，是指在外汇市场上，买卖双方事先约定的，据以在未来的一定时期进行外汇交割的汇率。交割的期限一般为一个月至六个月，最长的达一年，期满后还可展期。即期汇率是制定远期汇率的基础。

（六）根据适用于不同来源用途，可划分为单一汇率和复汇率

1. 单一汇率

单一汇率是指一国货币对某种外国货币只有一种汇率，该国的各种对外经济交易的收支都按照这一汇率进行结算。大部分国家都使用单一汇率。

2. 复汇率

复汇率是指一国货币对某种外国货币有两种或两种以上汇率，不同的汇率用于不同的国际经贸活动。

四、汇率变动对一国经济的影响

一方面外汇汇率变动受各种经济因素的影响，另一方面，汇率的变动又会对一国的经济产生广泛的影响。

（一）汇率变动对国内经济的影响

通常，汇率变动首先是引起国内物价的变动，进而影响整个国民经济的各个部门。一国的货币汇率的变动会影响一国进出口商品的国内价格，若本币贬值，外币升值，则国内以本币表示的进口商品的价格必然上升，外币的购买力也有所提高，国外进口商就会增加对本国出口商品的需求，因此出口商品的国内价格可能上涨，这样就可能提高国内的整体物价水平，进而导致通货膨胀。反之，若外币贬值，本币升值，可能降低国内的物价水平。

（二）汇率变动对国际收支的影响

1. 汇率变动对一国贸易收支的影响

如果本币汇率下降，即本币贬值，外币升值，会扩大该国的出口，减少进口，增加外汇收入，因为本币贬值会降低本国产品在国际市场上的价格，诱发国外居民增加对本国产品的需求，减少本国居民对外国产品的需求。

2. 汇率变动对非贸易收支的影响

如果本币汇率下降，即本币贬值，外币升值，会增加该国的旅游等外汇收入。因为本币贬值后，外币的购买力相对提高，该国的商品、交通、导游和住宿等相对便宜，可以改善旅游和其他劳务收支的状况。

3. 汇率变动对一国资本流动的影响

一般来说，汇率稳定有利于资本输出输入的正常进行，保证投资者能够获得稳定的利润收入，筹资者可以减少外汇风险，能以合理的价格筹集所需要的资本。反之，若汇率变动频繁，会影响国际资本的正常流动，同时给投机者以可乘之机，进行外汇投机活动，使国际金融市场动荡不安。如果本币贬值，外币升值，会引起资金外流或资本外逃；如果本币升值，外币贬值，会使外国资本大量流入，进而引起国内通货膨胀。

（三）制约汇率变动发生作用的基本条件

1. 一国对外开放的程度

汇率作用的大小与该国对外开放的程度成正比，通常用对外贸易依存度来进行对比，对外贸易依存度是指一国的对外贸易总值在国民生产总值中所占的比重。如日本属于"贸易立国"的国家，对外贸易在其国民经济中占的比重巨大，对外贸易依存度较大，汇率变动对其经济的影响也较大。

2．一国商品品种的丰富程度

汇率变动对商品生产多样化的国家影响程度较小；反之，对商品生产单一的国家影响的程度较大。

3．一国与国际金融市场的联系程度

汇率作用的大小和一国与国际金融市场的联系程度成正比。如国际金融中心所在的国家美国、英国和日本等受汇率变动的影响相对较大。东南亚金融危机的一个重要原因也是因为东南亚过早开放了资本市场，实行货币完全可兑换，导致货币政策失效，同时对上市公司的审查不够严格，从而加大了风险。

4．一国货币的可兑换性

一般来说，一国的货币可自由兑换，在国际结算中使用较多者，影响较大；反之，影响较小。通常美元、欧元、日元、英镑等国际最常用的货币汇率变动产生的影响会较大，而目前不能自由兑换的货币汇率变动产生的影响较小。

第四章
市场营销概述

第一节　市场与市场营销

一、市场的概念

市场营销学认为，市场是指现实的和潜在的购买者，是由人构成的，有人的地方就有市场。对于一切既定的商品而言，市场包含三个要素：人口、购买力和购买欲望。用公式表示就是：

市场 = 人口 + 购买力 + 购买欲望

可见，作为市场，首先应有一定数量的人口，没有人口就谈不上市场，但仅仅有人口还不够，构成市场的人必须有购买欲望和购买能力。有购买欲望而无购买能力或有购买能力而无购买欲望都不能形成现实的市场，最多只能称为潜在的市场。

二、市场的分类

对于市场而言，可以按不同的标准，从不同的角度进行划分。例如，按购买者来分，可以分为消费者市场、生产者市场、中间商市场和政府市场；按市场区域来分，可以分为国内市场和国外市场；按国别来分，可以分为中国市场、美国市场等；按性别来分，可以分为男性市场和女性市场。

消费者市场是指为满足个人或家庭生活需要而购买商品或劳务的市场。生产者市场也叫产业市场，是指为满足生产上的需要而购买商品或劳务的市场。

三、市场营销的概念

美国营销学权威菲利普·考特勒认为："营销最重要的内容并非是推销，推销只不过是营销冰山上的顶点……，如果营销者把认识消费者的各种需求，开发适合的产品，以及定价、分销和促销等工作做得很好，这些产品就会很容易地销售出去。"美国营销协会将其定义为：营销是一个计划，是执行知识、货物以及服务的形成、定价、推广和分拨的全过程，目的是通过交换来满足个人和组织的需求。

市场营销就是指在市场上经营销售的业务活动。国际市场营销就是指在国际市场上经营销售的业务活动。

国际市场营销是企业跨越国界在更大范围内以更广阔的视野和更高的目标实现企业营销的过程。它可以是企业经营的国际化，即企业的产销活动和市场范围跨越国境，也可以是以国际需求为导向，在全球范围内制定营销战略并进行产品开发、生产、销售、投资等一系列活动，更加合理地优化资源配置，实现全球范围内的利润最大化的跨国公司。跨国公司是国际营销发展的高级阶段。

四、市场营销观念的演变

市场营销观念是指企业从事市场营销活动的基本指导思想或经营哲学。它属于意识形态的范畴，企业从事的任何营销活动都是在一定的营销观念指导下进行的。

市场营销观念是随着商品经济的发展和市场供求关系的变化而发生变化的。在商品经济的发展过程中，市场营销观念也不断地发生变化，其中最重要的变化是从"以产定销"到"以销定产"的转变。企业的演变，大体上经历了以下几个发展阶段：

（一）生产观念（Production Concept）

生产观念是指导企业营销活动最古老的观念。该观念认为，顾客可以接受任何买得到且买得起的产品，因此企业的主要任务就是努力提高劳动生产率，扩大生产规模，降低产品成本。

生产观念产生于19世纪末20世纪初。由于社会生产力水平还比较低，商品供不应求，市场经济呈卖方市场状态。正是这种市场状态，导致了生产观念的流行，表现为企业生产什么产品，市场上就销售什么产品。在这种营销观念指导下，企业的经营重点是努力提高生产效率，增加产量，降低成本，生产出让消费者买得到且买得起的产品。因此，生产观念也称为"生产中心论"。

（二）产品观念（Product Concept）

产品观念是一种与生产观念类似的经营思想，该观念认为，顾客喜欢质量优、性能好和有特色的产品，产品销售情况不好是因为产品质量不好。只要产品质量好，别具特色，就一定能够获得经营成功。因此，企业应持续地改进产品质量，不断制造出好的产品。"酒香不怕巷子深"是这种观念的形象说明。这种现象被称为"更好的老鼠夹"——认为只要老鼠夹做得更好，消费者就会大量购买，把门前的路上都摆满老鼠夹。

产品观念会引发"营销近视症"——过分重视产品而非顾客需求。企业总是在生产更好的产品上下工夫，却常出现顾客"不识货"不买账的情况。由于这个原因导致企业失败，就是因为这种观念仍是从自我出发，孤芳自赏，使产品改良和创新处于"闭门造车"的状态。

（三）推销观念（Selling Concept）

推销观念认为，顾客不会主动购买企业的产品，而是要通过卖方的销售刺激，才被诱导着采取购买行动。因此，企业只要对已经生产出来的产品进行大力推销，就能增加销量，获得利润。

推销观念产生于第二次世界大战后。随着资本主义工业化的发展，社会产品日益增多，市场上许多商品开始供过于求。企业为了在竞争中立于不败之地，纷纷重视推销工作，如组建推销组织、培训推销人员、研究推销术、大力进行广告宣传等，以诱导消费者购买产品。这种营销观念是"我们会做什么，就努力去推销什么"。

（四）市场营销观念（Marketing Concept）

这是买方市场条件下以消费者为中心的营销观念。这种观念认为，实现企业目标的关键是切实掌握目标消费者的需要和愿望，并以消费者需求为中心集中企业的一切资源和力量，设计、生产适销对路的产品，安排适当的市场营销组合，采取比竞争者更有效的策略来满足消费者的需求，取得利润。贯彻营销观念有三个基本要求：①以客户需求为中心，努力满足客户需求。②进行整体营销活动，即综合运用产品、价格、渠道、促销等营销因素，同时使企业的营销、生产、财务、人事等部门协调一致，共同满足客户要求。③从长远看，通过满足客户需求来实现利润，是企业最终目标。

营销观念的产生代表着企业经营思想的一次根本性变革。它要求企业从"以产定销"转变为"以销定产"或"以需定产"，即生产和经营客户需要的产品，并在此基础上实现利润。

（五）社会市场营销观念（Societal Marketing Concept）

社会市场营销观念出现于 20 世纪 70 年代，是市场营销观念的进一步发展。市场营销观念认为，只要满足顾客需求就能获得成功；而社会市场营销观念认为，只满足顾客需求是不够的，因为不少企业在满足顾客需求的同时，损坏了整个社会中其他公众和团体的利益，如造成了资源浪费、环境污染等，引起整个社会的不满和谴责，败坏了企业的声誉和形象，最终导致经营失败。所以，按照社会市场营销观念，企业要想获得长期成功，除满足顾客需求外，还应兼顾整个社会的利益。

第二节　市场营销环境

市场营销环境是指与企业营销活动有潜在关系的所有外部力量和相关因素的集合，它是影响企业生存和发展的各种外部条件。

市场营销环境主要包括两方面的构成要素：一是微观环境要素，即指与企业紧密相连，直接影响其营销能力的各种参与者，这些参与者包括企业的供应商、营销中间商、顾客、竞争者以及社会公众和影响营销管理决策的企业内部各个部门；二是宏观环境要素，即影响企业微观环境的巨大社会力量，包括人口、经济、政治、法律、科学技术、社会文化及自然地理等多方面的因素。本节着重介绍宏观环境。

一、社会文化环境

社会文化环境是指一个社会的民族特征、价值观念、生活方式、风俗习惯、伦理道德、教育水平、语言文字、社会结构等的总和。它主要由两部分组成：一是全体社会成员所共有的基本核心文化；二是随时间变化和外界因素影响而容易改变的社会次文化或亚文化。人类在某种社会中生活，必然会形成某种特定的文化。

（一）教育水平

教育水平是指消费者受教育的程度。一个国家、一个地区的教育水平与经济发展水平往往是一致的。不同的文化修养表现出不同的审美观，购买商品的选择原则和方式也不同。一般来讲，教育水平高的地区，消费者对商品的鉴别力强，容易接受广告宣传和接受新产品，购买的理性程度高。因此，教育水平高低影响着消费者心理和消费结构，影响着企业营销组织策略的选取，以及销售推广方式方法的差别。

（二）语言文字

语言文字的不同对企业的营销活动有巨大的影响。一些企业由于其产品命名与产品销售地区的语言等相悖，给企业带来巨大损失。美国汽车公司的"Matador"（马塔多）牌汽车，通常是刚强、有力的象征，但在波多黎各，这个名称意为"杀手"，在交通事故死亡率较高的地区，这种含义的汽车肯定不受欢迎。我国有一种汉语拼音叫"MaxiPuke"的扑克牌，在国内销路很好，但在英语国家不受欢迎。因为"MaxiPuke"译成英语就是"最大限度地呕吐"。有些企业由于公司名称在国外的含义有问题而给企业造成损失。如埃及一家私人航空公司叫"Misair"（密斯爱尔），就非常不受法国人青睐，原因在于这一名称在法语中听起来好像是"悲惨的"意思，故这一名称使公司陷入了困境。

（三）价值观念

价值观念是人们对社会生活中各种事物的态度、评价和看法。不同的文化背景下，人们的价值观念的差别是很大的，而消费者对商品的需求和购买行为深受其价值观念的影响。例如，在西方一些发达资本主义国家，大多数人比较追求生活上的享受，超前消费司空见惯。在我国，勤俭节约是传统美德，借钱买东西往往被看成是不会过日子，人们大多攒钱购买商品，而且大多局限在货币的支付能力范围内，量入为出。可见，不同的价值观念在很大程度上决定着人们的生活方式，从而也决定着人们的消费行为。

（四）宗教信仰

不同的宗教信仰有不同的文化倾向和戒律，从而影响人们认识事物的方式、价值观念和行为准则，影响着人们的消费行为，带来特殊的市场需求，与企业的营销活动有密切的关系，特别是在一些信奉宗教的国家和地区，宗教信仰对市场营销的影响力更大。据统计，全世界信奉基督教的教徒有 10 多亿人，信奉伊斯兰教的教徒有 8 亿人，印度教徒 6 亿人，佛教徒 28 亿人，泛灵论者 3 亿人。教徒信教不一样，信仰和禁忌也不一样。例如，穆斯林和犹太人禁猪肉和烈性酒，印度教禁牛肉，这些信仰和禁忌限制了教徒的消费行为。

（五）审美观

审美观通常指人们对事物的好坏、美丑、善恶的评价。不同的国家、民族、宗教、阶层和个人，往往因社会文化背景不同而导致其审美标准也不尽一致。有的以"胖"为美，有的以"瘦"为美，有的以"高"为美，有的则以"矮"为美，不一而足。例如，缅甸的巴洞人以妇女长脖为美；而非洲的一些民族则以文身为美等。因审美观的不同而形成的消费差异更是多种多样。例如，在欧美，妇女结婚时喜欢穿白色的婚礼服，因为她们认为白色象征着纯洁、美丽。因此，不同的审美观对消费的影响是不同的，企业应针对不同的审美观所引起的不同消费需求，开展自己的营销活动，特别要把握不同文化背景下的消费者审美观念及其变化趋势，制定良好的市场营销策略以适应市场需求的变化。

（六）风俗习惯

风俗习惯是人们在长期的生活过程中形成的，它在饮食、服饰、居住、婚丧、信仰、节日、人际关系等方面都表现出独特的心理特征、伦理道德、行为方式和生活习惯。不同的国家、不同的民族有不同的风俗习惯，它对消费者的消费嗜好、消费模式、消费行为等具有重要的影响。例如，不同的国家、民族对图案、颜色、数字、动植物等都有不同的喜好和不同的使用习惯，像中东地区严禁带六角形的包装；英国忌用大象、山羊做商品装潢图案。

在众多环境中，社会文化环境是影响国际营销的核心因素，因为文化渗透于营销活动的各个方面，市场营销成果的好坏受文化的裁判。

二、经济环境

(一)经济特性

经济特性包括经济发展阶段、生产要素、基础设施等多方面的因素。一个国家所处的经济发展阶段不同，居民收入高低不同，消费者对产品的需求不同，从而直接或间接地影响到国际市场营销。生产要素包括土地及其蕴藏和承载的自然资源、劳动力、资本、设施及设备状况。此外，企业家精神也被现代经济学认为是生产要素的一部分。这些要素的多寡、配置状况以及它们之间的相互作用直接影响企业的营销活动。基础设施是指为经济提供服务的公共设施。其中包括能源供给、交通运输、通讯设施、金融机构、市场调研及咨询机构的情况等。国际营销企业不仅要关心一个国家的某种产品的市场潜力，也必须估计经济基础设施的约束条件。

(二)市场规模

市场是由有购买欲望和购买能力的人组成的，因此影响某国别市场规模大小的主要因素是该国的人口和收入。

1. 人口

人口是构成市场的主要因素之一。在一定的条件下，一个国家的人口越多，市场就越大。此外，人口的不同特性，如人口总量、增长率、分布、年龄和性别结构、家庭结构等因素，都会对市场营销产生多方面的影响。

2. 收入

消费者收入是衡量市场规模及其质量的重要指标。单纯的人口数字本身为市场营销者提供的信息是不充分的。衡量一国收入状况的主要指标有国民生产总值、人均国民收入、个人可支配收入、个人可任意支配收入和家庭收入等。

三、政治法律环境

世界各国都有其特定的政治、法律制度，企业的国际营销活动和营销决策必然受到各国的政治和法律环境的制约和影响。政治法律环境主要包括政治稳定性、政治干预、民族情绪、法律规定等几个方面。

企业在进入某一国家的市场之前，必须首先考虑其政治是否稳定，主要应注意两个方面的情况：一是该国政局是否稳定，是否存在动乱、战争、政府频繁更迭等不安定的因素；二是该国政策法规是否具有连续性。政治干预是指一国政府采取各种措施对外商营销活动的干预。各国人民都有民族自尊心和爱国主义精神，因此民族主义情绪会不同程度地存在着。如果当地人民族情绪非常强烈，就可能会把外国企业和外国产品视为对本民族工业的一种威胁，从而有可能发起抵制外商、外国货的风潮。企业在决定进入某国时，必须全面了解该国有关市场营销的各项法规。如有关专利、商标、包装、竞争、合同、票据以及保护消费者权益和保护生态环境等方面的法规，这些对企业的营销活动都有直接关系，稍有不慎就会受到法律制裁，造成不必要的损失。

四、科学技术环境

科学技术的发展程度影响着人类的历史进程和社会经济的各个方面，也直接影响着企业的劳动效率、经营管理水平和经济效益的高低，影响着企业的营销活动。人们称技术为"创造性的毁灭力量"是有一定道理的，因为一种新技术的出现往往会取代原有技术的位置，它既可使某些企业进入新行业，创造新的市场营销机会，又会给某些继续采用旧技术的企业带来环境威胁。

第五章
外贸商品

第一节 商品的质量、分类及标准

一、商品的质量

（一）商品的概念

所谓商品，就是通过市场实现交换，进而能够满足人们某种社会消费需要的劳动产品。商品应该具有以下三个基本特征：

第一，商品是能够满足人们某种需要的劳动产品。

第二，商品是供别人消费即社会消费的劳动产品。

第三，商品是必须通过交换才能到达别人手中的劳动产品。

商品概念有狭义和广义之分。狭义的商品，也称传统的商品，是指通过市场交换，能够满足人们某种社会消费需要（物质/精神需要）的物质形态的劳动产品。目前世界各国的商品学仍以这类商品为主要研究内容。广义的商品，则是指通过市场交换，能够满足人们某种社会消费需要的所有形态（知识、劳务、资金、物质等形态）的劳动产品。随着现代社会的高度商品化和技术创新的加速，商品的发展呈现出知识化、软件化、服务化等趋势和特点。商品已不满足于"需求"与"经济"相结合的形式，开始向"技术"与"文化"相结合的方向发展。这些都推动了商品学研究内容和深度的拓展，特别是软商品开发、市场及消费运作的研究。

（二）商品的属性

商品的属性是多方面的，可概括划分为自然属性和社会属性。

商品的自然属性包括商品的成分、结构、形态和化学性质、物理性质（力学、电学、热学、光学、声学等性质）、生物学性质、生态学性质等。商品的社会属性包括商品的经济属性、文化属性（民族、宗教、审美、道德等属性）、政治属性和其他社会属性。正是由于商品不同属性的组合，才使商品能够满足人们不同的消费需要。一般来说，在形成商品的使用价值或有用性时，起直接和主导作用的是商品的自然属性，它是商品社会属性存在的前提和基础。

（三）商品质量的含义

商品质量，又称商品的品质，是指商品满足规定或潜在要求（或需要）的特征和特性的总和，是商品的内在素质和外观形态的综合。前者包括商品的物理性能、机械性能、化学成分和生物的特性等自然属性；后者包括商品的外形、色泽、款式或透明度等。

学习和掌握商品质量的概念，对于树立现代商品质量观具有重要意义。对商品质量的认识和理解，是随着社会生产和经济发展而变化的。在商品生产尚不发达、供不应求的社会条件下，物质需要占据主要地位，商品质量观主要强调商品的基本性能和寿命，即商品的内在质量。商品生产者和政府的首要任务是尽可能满足社会总需求，而在质量方面下的工夫远不如在产值产量上下的工夫大。因此，对于商品生产者来说既没有市场竞争的压力，又可以不讲成本地迎合消费者结实耐用的要求。这种商品质量观只适应当时社会的需要，而不利于商品经济的发展，也不利于商品质量的改进和人民生活质量的提高。

随着科学技术的进步和商品生产、市场经济的发展，商品交换逐渐由卖方市场转变为买方市场，市场竞争日趋激烈。在这种情况下，人们不再仅仅满足于基本的物质需要，开始追求更高层次的精神需求。现代商品质量观，不但考虑商品的内在质量，而且越来越注意商品的外观质量、包装和市场质量。

（四）商品质量特性和质量指标

1. 商品质量特性

商品质量特性，是指可以用于衡量商品质量优劣的各种属性，是以商品的具体可衡量的品质特征评价商品质量的。

商品的质量特性有实际质量特性和代用质量特性。商品的实际质量特性，是指广大消费者所需求的真正的质量特性。如电视接收机方便、适用、实用和安全，这种质量是广大消费者最关心的，也是评价商品质量的起点和归宿。

所谓商品代用质量特性，是指与商品实际质量特性密切相关，并能反映出商品实际质量特性的各种特性。如前述的图像重显率、同步灵敏度、选择性等电视接收机的各种特性。代用质量特性是商品质量管理和监督不可缺少的商品品质特性，商品的代用质量看得准，规定得适宜，商品的实际质量特性就好，商品质量就高。商品的实际质量特性与商品的代用质量特性虽然不同，但是它们之间的关系是非常密切的，商品的实际质量特性是由商品的代用质量特性决定的。

一般来说，表示某种商品的质量常常不止一种，概括起来，商品的质量特性包括适用性、安全卫生性、环境要求、寿命、可靠性、经济性、美学要求七个方面。

（1）适用性。适用性是指为实现预定使用目的或规定用途，商品所必须具备的各种性能或功能。它是构成商品使用价值的基础。

（2）安全卫生性。安全卫生性是指商品在储存、流通和使用过程中保证人身安全与健康不受到伤害的能力。

（3）环境要求。环境要求是指商品在生产、流通、使用甚至废弃过程中不能产生公害，公害包括污染环境、破坏生态、影响人们身心健康等。

（4）寿命。寿命通常指使用寿命和储存寿命。使用寿命是指工业品商品在规定的使用条件下，保持正常使用性能的工作总时间。储存寿命则是指商品在规定条件下使用性能不失效的储存总时间。

（5）可靠性。可靠性是指商品在规定条件下和规定时间内，完成规定功能的能力。它是与商品在使用过程中的稳定性和无故障性联系在一起的一种质量特性，是评价机电类商品质量的重要指标之一。它包括耐久性、易维修性和设计可靠性。

（6）经济性。经济性是指商品的生产者、经营者、消费者都能用尽可能少的费用获得较高的商品质量，从而使企业获得最大的经济效益，消费者也会感到物美价廉。经济性反映了商品的寿命周期成本及商品质量最佳水平。

（7）美学要求。美学要求即指讲究商品的设计结构合理、制造工艺先进以及外观造型艺术性的统一，要求商品尽量能体现功能美、艺术美、色彩美、形体美、和谐美、舒适美等要求。

根据商品的这些质量特性、满足社会和人民需要的程度来衡量商品质量的好坏优劣。不同的商品质量特性对商品质量有不同的贡献，其重要程度也不相同。因此，在商品质量评价和管理过程中，没有必要考察其质量所包含的一切特性，而应该根据其实际价值权衡轻重，尽量简化，选择少数对商品质量起决定作用的特性，按其重要程度分别赋予不同的权重，综合成消费者真正期望的质量。

2．商品质量指标

衡量商品质量高低的商品质量特性通常需要用各种数量指标来表示，这些数量指标称为质量指标。由于商品品种多，性能复杂，商品质量指标很多，如适用性指标、工艺性指标、卫生安全性指标、可靠性指标、经济性指标等，这些质量指标基本上都属于商品代用质量特性的范畴，它们之间相互补充，相辅相成，不可或缺，构成衡量商品质量的综合。

（五）外贸商品品质

1．对进出口商品品质的要求

（1）对出口商品品质的要求。

我国出口商品要同全世界广大用户和消费者见面，为了适应他们的需要，我们必须贯彻"以销定产"的方针和坚持"质量第一"的原则，大力提高出口商品质量，使其符合下列具体要求：

①针对不同市场和不同消费者的需求来确定出口商品质量。由于世界各国经济发展不平衡，各国生产技术水平、生活习惯、消费结构、购买力和各民族的爱好互有差异，因此，我们要从国外市场的实际需要出发，搞好产销结合，使出口商品的品质、规格、花色、式样等适应有关市场的消费水平和消费习惯。

②不断更新换代和精益求精。凡质量不稳定或质量不过关的商品，不宜轻易出口，以

免败坏名誉。即使质量较好的商品，也不能满足现状，要本着精益求精的精神，不断改进，提高出口商品质量，加速商品更新换代，以赶上和影响世界的消费潮流，增强商品在国际市场上的竞争能力。

③适应进口国的有关法令规定和要求。各国对进口商品的质量都有某些法令规定和要求，凡质量不符合法令规定和要求的商品，一律不准进口，有的还要就地销毁，并由货主承担由此引起的各种费用。因此，我们必须充分了解各国对进口商品的法令规定和管理制度，以便使我国商品能顺利地进入国际市场。

④适应国外自然条件、季节变化和销售方式。由于各国自然条件和季节变化不同，销售方式各异，商品在运输、装卸、存储和销售过程中，其质量可能起某种变化。因此，注意自然条件、季节变化和销售方式的差异，掌握商品在流通过程中的变化规律，可使我国出口商品质量适应这些方面的不同要求，同时也有利于增强我国出口商品的竞争能力。

（2）对进口商品品质的要求。

进口商品质量优劣，直接关系到国内用户和消费者的切身利益。凡品质、规格不符合要求的商品，不应进口，对于国内生产建设、科学研究和人民生活急需的商品，进口时要货比三家，切实把好质量关，使其品质、规格不低于国内的实际需要，以免影响国家的生产建设和人民的消费与使用。但是，也不应超越国内的实际需要，任意提高对进口商品品质、规格的要求，以免造成不应有的浪费。总之，对进口商品品质的要求，要从我国现阶段的实际需要出发，分不同情况，实事求是地予以确定。

2. 表示品质的方法

（1）以实物表示品质。

以实物表示品质，包括凭成交商品的实际品质（Actual Quality）和凭样品（Sample）两种表示方法，前者即指看货买卖，后者，即指凭样品买卖。

当买卖双方采用看货成交时，则买方或代理人通常先在卖方存放货物的场所验看货物，一旦达成交易，卖方就应按对方验看过的商品交货，只要卖方交付的是验看过的货物，买方就不得对品质提出异议。

在国际贸易中，由于交易双方远离两地，交易洽谈多靠函电方式进行，买方到卖方所在地验看货物诸多不便，即使卖方有现货在手，买方也是由代理人代为验看货物，但看货时也无法逐件查验，所以采用看货成交的有限，这种做法，多用于寄售、拍卖和展卖业务中。

样品通常是从一批商品中抽出来的或由生产、使用部门设计加工出来的，足以反映和代表整批商品品质的少量实物，凡以样品表示商品品质并以此作为交货依据的，称为"凭样品买卖"（Sale by Sample）。在国际贸易中，按样品提供者的不同，可分为以下三种：

①卖方样品（Seller's Sample）。由卖方提供的样品称为"卖方样品"。凡卖方样品作为交货的品质依据者，称为"卖方样品买卖"。在此情况下，在买卖合同中应定明"品质以卖方样品为准"（Quality as per seller's sample）。日后，卖方所交正货（Buld）的品质，必须与提供的样品相同。

②买方样品（Buyer's Sample）。买方为了使其订购的商品符合自身要求，有时提供样品交由卖方依样承制，如卖方同意按买方提供的样品成交，称为"凭买方样品买卖"。在

这种场合，买卖合同中应定明"品质以买方样品为准"（Quality as per buyer's sample）。日后，卖方所交正货的品质，必须与买方样品相符。

③对等样品（Counter Sample）。在国际贸易中，谨慎的卖方往往不愿意承接凭买方样品交货的交易，以免因交货品质与买方样品不符而招致买方索赔甚至退货的危险。在此情况下，卖方可根据买方提供的样品，加工复制出一个类似的样品交买方确认，这种经确认后的样品，称为"对等样品"或"回样"，也有人称之为"确认样品"（Confirming Sample）。当对等样品被买方确认后，则日后卖方所交货物的品质，必须以对等样品为准。

此外，买卖双方为了发展贸易关系和增进彼此对方商品的了解，往往采用互相寄送样品的做法，这种以介绍商品为目的而寄出的样品，最好标明"仅供参考"（For Reference Only）字样，以免与标准样品混淆。

（2）凭说明表示品质。

所谓凭说明表示品质，即指用文字、图表、相片等方式来说明成交商品的品质，在这类表示品质方法中，可细分为如下几种：

①凭规格买卖（Sale by Specification）。商品的规格（Specification of Goods）是指一些足以反映商品品质的主要指标，如化学成分、含纯度、性能、容量、长短粗细等。在国际贸易中，买卖双方洽谈交易时，对于适于规格买卖的商品，应提供具体规格来说明商品的基本品质状况，并在合同中定明，凭规格买卖时，说明商品品质的指标因商品不同而异，即使是同一商品，也会因用途不同，而对于规格的要求也就有了差异，由于这种表示品质的方法明确具体，简单易行，故在国际贸易中被广泛地运用。

②凭等级买卖（Sale by Grade）。商品的等级（Grade of Goods）是指同一类商品，按规格上的差异，分为品质优劣各不相同的若干等级。

凭等级买卖时，由于不同等级的商品具有不同的规格，为了便于履行合同和避免争议，在品质条款列明等级的同时，最好一并规定每一等级的具体规格。

上述这种表示品质的方法，对简化手续、促进成交和体现按质论价等方面，都有一定的作用。

③凭标准买卖（Sale by Standard）。商品的标准是指将商品的规格和等级予以标准化，商品的标准，有的由国家或有关政府主管部门规定，也有的由同业公会、交易所或国际性的工商组织规定，有些商品习惯于标准买卖。人们往往使用某种标准作为说明和评定商品品质的依据。

国际贸易采用的各种标准，有些具有法律上的约束力，凡品质不合标准要求的商品，不许进口或出口。但也有些标准不具有法律上的约束力，仅供交易双方参考使用，买卖双方洽商交易时，可另行商定对品质的具体要求。

在国际贸易中，对于某些品质变化较大而难以规定统一标准的农副产品，往往采用"良好平均品质"（Fair Average Quality，FAQ）这一术语来表示其品质，所谓"良好平均品质"是指一定时期内某地出口货物的平均品质水平，一般是就中等货而言。在我国实际业务中，用FAQ来说明品质，一般是就大路货而言，在标明大路货的同时，通常还约定将具体规格作为品质依据。

④凭说明书和图样买卖（Sale by Descriptions）。在国际贸易中，有些机器、电器和仪表等技术密集型产品，因其结构复杂，对材料和设计的要求严格，用以说明性能的数据较

多，很难用几个简单的指标来表明品质的全貌，而且有些产品，即使其名称相同，但由于所使用的材料，设计和制造技术的某些差别，也可能导致功能上的差异。因此，对这类商品的品质，通常以说明书并附以图样、照片、设计图纸、分析表及各种数据来说明具体性能和结构特点。按此方式进行交易，称为凭说明书和图样买卖。按这种表示品质的方法成交，卖方所交货物必须符合说明书和图样的要求，但由于对这类产品的技术要求较高，有时同说明书和图样相符的产品，在使用时不一定能发挥设计所要求的性能，买方为了维护自身的利益，往往要求在买卖合同中加定卖方品质保证条款和技术服务条款。

⑤商标或品牌买卖。商标（Trade Mark）是指生产者或商号用来识别所生产或出售的商品的标志，它可由一个或几个具有特色的单词、字母、数字、图形或图片等组成。品牌（Brand Name）是指工商企业给制造或销售的商品所冠的名称，以便与其他企业的同类产品区别开来，一个品牌可用于一种产品，也可用于一个企业的所有产品。

当前，国际市场上行销的许许多多商品，尤其是日用消费品、加工食品、耐用消费品等都标有一定的商标或品牌。各种不同商标的商品都具有不同的特色，一些在国际上久负盛名的名牌产品，都因其品质优良稳定，具有一定的特色并能显示消费者的社会地位，故售价远远高出其他同类产品。这种现象特别是在消费水平较高，对品质要求严格的所谓"精致市场"（Sophisticated Market）中表现得尤其突出。而一些名牌产品的制造者为了维护商标的声誉，对产品都规定了严格的品质控制，以保证其产品品质达到一定的标准。因此，商标或品牌自身实际上是一种品质象征，人们在交易中就可以只凭商标或品牌进行买卖，无须对品质提出详细要求。但是，如果一种品牌的商品同时有许多种不同型号或规格，为了明确起见，就必须在规定品牌的同时，明确规定型号或规格。

⑥凭产地名称买卖。在国际货物买卖中，有些产品，因产区的自然条件，传统加工工艺等因素，在品质上具有其他产区的产品所不具有的独特风格和特色，对于这类产品，一般也可用产地名称来表示品质。

上述各种表示品质的方法，一般单独使用，但有时也可酌情将其混合使用。

3. 品质条款的规定

品质条款的内容及繁简，应视商品特性而定。规定品质条款，需要注意下列事项：

（1）对某些商品可规定一定的品质机动幅度

在国际贸易中，为了避免因交货品质与买卖合同稍有不符而造成违约，以保证合同的顺利履行，可以在合同品质条款中作出某些变通规定。常见的有下列一些变通规定办法：

①交货品质与样品大体相等或其他类似条款。

②品质公差（Quality Tolerance）。公差是指国际上公认的产品品质的误差，为了明确起见，应在合同品质条款中定明一定幅度的公差。

③品质机动幅度。品质机动幅度有下列两种定法：规定一定的范围，即对品质指标的规定允许有一定的差异范围，卖方交货只要在此范围内都算合格；规定一定的极限，指对所交货物的品质规格，规定上下极限，即最大、最高、最多为多少，最小、最低、最少为多少，卖方交货只要没有超过规定的极限，买方就无权拒收。

为了体现按质论价，在使用品质机动幅度时，有些货物也可根据交货行情况调整价格，即所谓品质增减价条款，即对约定的机动幅度内的品质差异，可按照实际交货品质规定予以增价减价。

（2）正确运用各种表示品质的方法。

品质条款的内容，必须涉及表示品质的方法，采用何种表示品质的方法，应视商品而定。一般地讲，凡能用科学的指标说明品质的商品，则适于规格，等级或标准买卖；有些难以规格化和标准化的商品，如工艺品，则适于凭样品买卖；某些性能复杂的机器，电器和仪表，则适于凭说明书和图样买卖。凡具有地方味和特色的产品，则可凭产地名称买卖。上述这些表示品质的方法，不能随意滥用，而应当合理选择。

（3）品质条件要有科学性和合理性。

①要从产、销实际出发，防止品质条件规定偏高或偏低。

②要合理规定影响品质的各项重要指标，对于一些与品质无关紧要的条件，不宜订入。

③品质条件应明确具体。不宜采用诸如"大约""左右""合理误差"之类的笼统含糊字眼，以避免在交货的品质上引起争议。

二、商品的分类

（一）商品分类的概念

商品分类是根据一定目的和需要，选择适当的分类标志，将所属范围内的商品集合总体科学地、系统地逐级划分为若干范围更小、特性和特征更趋一致的子集合体（如大类、品类、品种、细目或大类、中类、小类、细类或类、章、组、分组等），乃至最小应用单元的过程。

商品大类一般按照商品生产和流通领域的行业来划分，既要同生产行业对口，又要与流通组织相适应，商品品类是指具有若干共同特征的商品品种的总称。商品品种是指按商品的性能、成分等方面的特征来划分的商品类组。商品细目是对商品品种的详细区分，包括商品的规格、形式、型号、花色等，它更能具体地反映商品的特征。

随着科学技术的发展，商品在不断地升级换代，新品种不断地涌现，因此，不同的国家，不同的历史阶段，商品所要概括的范围有所不同，分类的目的也不同，分类的方法也是各种各样的。

（二）商品分类的原则

商品分类的原则是建立商品科学分类体系的重要依据。为了使商品分类能满足特定的目的和要求，在商品分类时应遵循以下基本原则：

1. 科学性原则

要使商品分类具有科学性，在建立分类体系前，必须明确目标，确定范围，统一名称，选准标志。

首先，不同部门、行业、企业对商品进行分类的目的、要求不同，结果使商品分类体系多种多样。因此，每个分类体系只有明确服务目的，才能保证科学实用。

其次，不同部门、行业、企业所涉及的商品种类范围并不相同，所以商品分类的对象也不相同。这就要求分类前，管理者必须根据具体情况确定拟分类的商品集合总体的范围，否则该分类体系也不会科学、适用。

再次，作为分类对象的商品的名称必须科学、准确、统一，力求简单明了、概括性强，真正反映其有别于其他商品的本质属性，还要防止其名称概念不清或一词多义或一种商品有多种名称，避免区分的困难和混乱，否则就无法保证该分类体系的科学性。

最后，在商品分类前，选择合理的分类标志更为重要。商品具有多种本质的和非本质的属性特征，如商品的原材料、加工方法、主要成分、用途、尺寸、重量、体积、式样、颜色等属性特征是本质的、稳定不变的，而商品所属的企业、上级主管部门若作为分类特征，则是非本质的、可能发生变化的。因此，要保证商品分类的唯一性和稳定性，必须选择商品的稳定的本质属性特征作为分类标志，这样才能明显地把分类对象区分开来，保证分类清晰和体系稳定。

2．系统性原则

系统性是指在建立商品分类体系时，以分类对象的稳定本质属性特征作为分类标志，将分类对象按一定的顺序排列，使每个分类对象在该序列中都占有一个位置，并反映出它们彼此之间既有联系又有区别的关系。

3．可延性原则

为了让建立的商品分类体系能够满足不断出现的新商品的需要，可延性原则要求在建立商品分类体系时，必须留有足够的空位，例如，设置收容项目"其他×××"，以便安置新出现的商品而又不打乱已建立的分类体系或将原分类体系推倒重来。

4．兼容性原则

兼容性是指相关的各个分类体系之间应具有良好的对应与转换关系。随着国际、国内各种与商品相关的分类体系的建立，分类原则及类目设置必须实现标准化，这样才有可能经过技术处理后，满足各个分类体系之间的信息交换，即相互兼容的要求。

5．整体性原则

整体性是指商品分类要从系统工程角度出发，只有在满足管理系统（如国家管理系统）总任务、总要求的前提下，才能全面、合理地满足系统内各分系统（如各行业管理系统）的实际需要。

（三）常用的商品分类标志

由于商品本身的多样性、复杂性，商品分类可供选择的标志也是多种多样的。在我国商业经营中，常用的分类标志主要有以下几种：

1．按生产部门分类

"H.S."编码的分类是将国际贸易的商品按部门分类，共分为 21 类，如活体动物、动物产品、植物产品、矿产品等。

2．按商品的用途分类

商品的用途不同，其使用价值也不相同。以商品的用途作为分类标志，能直接表明各类商品的用途，可与消费者的需求对口，方便消费者选购。因此，商业经营的许多商品，都较普遍地采用这种标志进行分类。

以商品用途作为分类标志，不仅适用于对商品大类的划分，也适用于对商品类别、品种的进一步划分。例如，根据用途的不同，可将商品分为生活资料商品和生产资料商品；生活资料商品可划分成食品、衣着用品、日用工业品、日用杂品等类别；日用工业品又可分为器皿类、日用化学品类、家用电器类、文化办公用品类等；日用化学品还可分为洗涤用品、化妆品等。

以商品用途作为分类标志，便于分析和比较同一用途商品的质量和性能，从而有利于生产企业改进和提高商品质量，开发商品新品种，扩大品种规格，生产适销对路的商品，以便于商业企业的经营管理。但对多用途的商品，一般不宜采用此分类标志，否则会导致分类体系混乱。

3. 按原材料的来源分类

商品的原材料是决定商品质量的重要因素。很多商品由于原材料不同，商品具有截然不同的性能特征。例如，按商品的原材料不同，纺织品可分为棉织品、麻织品、丝织品、毛织品、化纤织品、混纺织品；油脂可分为植物油、动物油、矿物油；革类可分为牛皮革、猪皮革、羊皮革、马皮革、合成革等。

以商品的原材料为标志进行分类，不仅分类清楚，而且能从原材料的性质上找出商品的特征，以及原材料对商品质量的影响，特别是便于了解商品的化学成分、性能特点、使用和养护要求。但对那些由多种原料制成的商品，尤其是加工程度较高的商品，其加工程度越高，就越脱离单一原料的关系，如电视机、照相机、电冰箱、洗衣机等，则不宜采用。

4. 按商品的生产加工方法作为分类标志

生产加工方法是形成商品质量的关键。许多商品即使选用完全相同的原材料，由于生产加工方法不同，制成的产品也可具有不同的风格和特点，甚至构成截然不同的商品。例如，茶叶按制造方法的不同，分为全发酵茶、半发酵茶、后发酵茶和不发酵茶等；酒类商品按酿造方法的不同，分成蒸馏酒、发酵酒和配制酒等；纺织品按生产工艺不同，分成机织品、针织品和无纺布等。

这种分类标志，能够直接说明商品质量的特征，特别适用于那些可以选用多种生产加工方法制造的商品。对于那些虽然生产方法有差异，但产品质量特性没有实质性区别的商品，不宜采用。

5. 按商品的主要成分或特殊成分作为分类标志

大多数商品的成分是由许多成分混合组成的，而且这些成分的含量也不是均匀一致的，其作用也不相同。一般商品都分主要成分和辅助成分。在绝大多数情况下，商品的主要成分是决定其性能质量、用途和贮运条件的重要因素。如塑料制品按其主要成分合成树脂的种类，可分为聚乙烯制品、聚氯乙烯制品、聚丙烯制品、聚苯乙烯制品及有机玻璃制品、酚醛塑料制品、脲醛塑料制品等。

还有些商品，其主要成分虽然相同，但由于含有少许的特殊成分，可构成质量、性能、色彩甚至用途完全不同的商品。因而这些商品的成分，不论含量多少都可以作为分类的标志。例如，化妆品中的各种营养霜，虽主要成分相同，但含有不同的营养成分（即特殊成分），按其营养成分不同，可区分为珍珠霜、人参霜、胎盘膏等。

以商品的主要成分或特殊成分为标志进行分类，便于研究某类商品的特性及贮存、使用、养护方法等。这种分类标志，适用于主要化学成分或特殊成分对商品性能影响较大的商品。但对于那些复合成分的商品或成分区别不明显的商品，一般不宜采用此种分类标志。

除上述分类标志外，还可根据商品的形状、结构、重量、特性、花型、色彩、产地、品种、收获季节、流通范围等作为商品的分类标志。这些标志，概念清楚，特征具体，容易区分。因此，常用于对具体品种的进一步分类。

6．按外观形态分类

商品的外观形态包括形状、色泽和表面组织结构，许多商品的外形与其品质有着密切关系，某些商品的外形是决定用途的重要因素。

（四）商品编码与商品目录

1．商品编码

商品编码是指用一组有序的符号（数字、字母或其他符号）组合来标志不同类目商品的过程。这组有序的符号组合，称为商品代码。商品代码实质是一种识别商品的手段。

商品编码是建立在商品分类与编制商品目录基础上进行的。因此，商品编码与商品分类、商品目录是密切相关的。

2．商品编码的原则

为实现商品编码标准化，建立统一的商品编码系统，商品编码时应遵循以下基本原则：

（1）唯一性原则。在同一个商品编码中，每一个（组）商品代码只能代表一类（种）商品。

（2）合理性原则。商品代码结构应与商品科学分类体系和商业经营需要相适应。商品代码要层次清楚，能清晰地反映分类体系内部各商品类目之间固有的逻辑关系。

（3）可扩充性原则。编码时要求留足备用代码，以备新产品出现扩充代码的需要。

（4）简明性原则。商品代码要简明、易记、易校验，码位不宜太长，既便于手工操作，又便于机器处理和贮存。

（5）统一性和协调性原则。商品编码要与国家商品分类编码标准相一致，与国际通用商品分类编码制度相协调，以利于实现信息交流和信息共享。

（6）规范性原则。代码的类型、结构、编写格式，在同一套商品分类编码中要统一规范。

3．商品代码的种类及其编码方法

商品代码按其所用的符号类型可分为数字代码、字母代码、数字—字母混合代码以及条码四种。使用最普遍的是数字代码和条码。

（1）数字代码。数字代码是用一组阿拉伯数字表示的商品代码。其特点为结构简单，使用方便，易于推广，便于利用计算机进行处理，是目前国际上普遍采用的一种代码。

（2）字母代码。字母代码是用一个或若干个字母表示的商品代码。用字母对商品进行分类编码时，一般按字母顺序进行编制。通常用大写字母表示商品大类，用小写字母表示其他类目。如 A 、B……表示大类，a、b、c……表示中类，α、β、γ……表示小类等，依次类推。字母代码采用的字母种类，各国不尽相同。字母型代码便于记忆，便于识别，但不便于计算机处理。此法常用于分类对象较少的情况，在商品分类编码中很少使用。

（3）数字—字母混合代码。数字—字母混合代码是采用数字和字母混合编排的商品代码。它兼有数字代码和字母代码的优点，结构严谨，具有良好的直观性和表达式，同时又有使用上的习惯。但是，此种编码方法，由于代码组成形式复杂，给使用者带来不便，计算机输入效率低，错误率高，因此，在商品分类编码中很少使用此种代码。

（4）条码。条码（Bar Code）也称条形码，国际上常以 BC 简称。商品条码是由一组规则排列的"条""空"符号及其对应的数字代码组成的用以表示一定的信息的商品标志。商品条码一般印制在商品的销售包装上，有时也印制在商品的运输包装上。它表现为一组宽窄不同、黑白（或彩色）相间的平行条形符号和一组数字组合而成的图形标记。条码是计算机输入数据的一种特殊代码。当光电扫描器扫读条码符号时，条码符号所代表的信息迅速地输入计算机，并由计算机自动进行存贮、分类、排序、统计、打印或显示出来。条码具有制作和操作简单、信息量大且对应性强、录入速度快并不易出错、成本低等特点，因此在许多领域得到广泛应用。

目前，国际上常用的商品条码有以下两种：

（1）EAN 条码。EAN 条码是国际通用的商品条码，它是由其标志下部的数字代码和标识上部的条码符号组成的，有 13 位标准码（EAN - 13 码）和 8 位缩短码（EAN - 8 码）两种版本。

EAN - 13 条码由代表 13 位数字的条码符号组成，前 3 位数字为前缀码，是国际物品编码协会分派给各国（或地区）的物品编码组织的标志代码。由于一个国家（或地区）只能有一个编码组织加入国际物品编码协会，因此前缀码实际成为国家（地区）代码。国际物品编码协会分配给我国物品编码中心的前缀码为 690—692。前缀码大多用作国别码，但也有作为其他用途使用的，例如 977 和 978—979 是国际物品编码协会分别留给定期刊物（ISSN）和书籍（ISBN）使用的。前缀码后面的 4 位或 5 位数字为制造厂商代码，是各国或地区的物品编码组织分配给其成员（制造商）的标志代码。厂商代码后面的 5 位或 4 位数字为商品代码或商品项目代码，用来表示商品的类别（品种、规格、颜色、质地等），由厂商自己编码分配，不同种类、规格、包装、颜色的商品应视为不同的商品项目，编制不同的商品项目代码，以保证商品条码编码的唯一性。最后 1 位数字为校验字符或校验码，用于提高数据的可靠性和校验数据输入的正确性。

（2）UPC 条码。UPC 条码是北美通用产品条码，有标准码（又称为 UPC - A 码）和缩短码（又称 UPC - E 码）两种版本。

UPC - A 条码由代表 12 位数字的条码符号组成，左侧第 1 位数字为系统字符，用来指示后面 10 位数字表示的商品类型，例如，以"2"标志随机重量的商品，只能用作店内码。系统字符由美国统一代码委员会（UCC）分配给它的会员。中间的前 5 位数字是厂商代码，用于标志商品生产厂家，由 UCC 分配给每个会员；后 5 位数字是商品标志代码，用于标志商品的特征或属性，由厂商根据 UCC 的规则自行编制和管理。最后 1 位数字为校验码，用于检验代码输入的正确性。

（五）国际贸易商品分类目录

1. 国际贸易标准分类（SITC）

国际贸易标准分类（SITC）是国际上主要用于贸易统计的另一个商品分类目标，1950 年由联合国经社理事会下设的统计委员会编制并公布，"标准分类"的商品分类主要是为适应经济分析的需要，按照商品的加工程度由低级到高级编排的；同时也适当考虑商品的自然属性。"标准分类"在 1960 年和 1975 年进行了两次修订。自 1960 年以来，许多国家政府已按照"标准分类"编制品贸易统计，一些拉美国家和英联邦国家还采用它编制本国的海关税则。联合国自 1976 年开始按照"标准分类"编制国际贸易的统计资料。《国际贸易统计年鉴》《商品贸易统计》《统计月报》《世界贸易年报》都定期发表这些统计资料，"标准分类"把所有国际贸易商品划分为 16 类、63 章、233 组、766 分组。其中 435 个分组又细分为 1 573 个附属目，这样共有 1 924 项基本统计项目。

在乌拉圭回合的关税谈判中，由于《协调商品名称和编码制度》的国际商品分类制度已于 1988 年 1 月 1 日正式生效，因此在谈判中，目前仍采用"标准分类"来编制本国贸易商品统计资料的须转换成协调制度的分类后作为谈判资料。

2. 商品名称和编码协调制度（H.S.）

为了使国际贸易商品分类体系进一步协调和统一，以兼顾海关税则、贸易统计与运输等方面的共同需要，20 世纪 70 年代初海关合作理事会设立了一个协调制度委员会，研究并制定了《商品名称及编码协调制度》简称《协调制度》（H.S.）。参加这项工作的国际组织有 20 个。国家共有 60 个。在编制《协调制度》的工作中，中国海关多次派出代表参加会议，提出了一些有益的意见。经过 13 年的努力，《协调制度公约》及其附件《协调制度》终于在 1983 年 6 月以国际公约的形式通过，于 1988 年 1 月 1 日在国际上正式开始实施。截至 1990 年 11 月 1 日，该公约的缔约总数已达 61 个，其中包括所有发达国家。我国于 1992 年 1 月 1 日起正式实施以《协调制度》为基础的新的海关税则。

《协调制度》是一个新型的、系统的、多用途的国际贸易商品分类体系。它除了用于海关税则和贸易统计外，对运输商品的计费与统计、计算机数据传递、国际贸易单证简化以及普遍优惠制的利用等方面，都提供了一套可使用的国际贸易商品分类体系。

《协调制度》的类、章及 4 位数字级税目的编号和内容与修改过的《海关合作理事会税则目录》的类、章及 4 位数字级税目相同，共有 21 类 97 章，其中第 77 章留空备用，故实际上是 21 类 96 章。另外，第 98 章和第 99 章保留供签约国备用。第 1 至 24 章为农产品，从第 25 章起，为工业产品。H.S. 四位数字级的税目编号计有 1 241 个。其中 930 个 4 位数字级的税目又细分为一级子目（即 5 位数字级子目或第 6 位数字为"0"的 6 位数字级子目）和二级子目（即 6 位数字级子目）。6 位数字级子目有 5 019 个。4 位数字级的税目编号主要用于计税，5 位数字及 6 位数字级的子目号主要用于海关统计。与《海关合作理事会税则目录》相比，《协调制度》使用更广泛，它不仅使用于普惠制，还大量地使用于航运业、国际经济分析及国际贸易中。《协调制度》自 1988 年 1 月 1 日起至现在，世界上包括欧盟、美国、加拿大、日本和中国在内的绝大多数国家都采用《协调制度》。在 1996 年 1 月 1 日起实施的第二次修订版中，6 位数字级子目增至 5 113 个，其中删去了

253 个旧编码，增加了 343 个新编码。

三、商品的标准

（一）商品的标准的概念

国家标准 GB 3935.1—83《标准化基本术语》中规定："标准是对重复性事物和概念所作的统一规定。它以科学技术和实践经验的综合成果为基础，经有关方面协商一致，由主管机构批准，以特定形式发布，作为共同遵守的准则和依据。"

上述定义揭示了标准的本质属性是一种"统一规定"，制定标准对象的特征具有重复性，标准产生的基础是科研成果、实践经验和协商一致，标准文件有自己的一套格式和制定发布的程序。

商品标准仅仅是标准中的一部分，它是对商品质量和有关质量各方面所作的技术规定，是评定、监督和维护商品质量的依据和准则。

（二）商品的标准的种类

1. 按商品标准的表现形式，可分为文件标准和实物标准

文件标准是指用特定格式的文件，以文字、表格、图样等形式，表达对商品质量有关内容的标准；实物标准大多用作文件标准的补充部分，是一种经过权威机构确认可以作为标准的制品。

2. 按商品标准的约束程度，可分为强制性标准和推荐性标准

强制性标准又称法规性标准，是指由法规规定要强制实行的标准；推荐性标准又称为非强制性标准或自愿性标准，是指生产、交换、使用等方面，通过经济手段或市场调节而自愿采用的一类标准。

3. 按商品标准的对象可分为技术标准、管理标准和工作标准

技术标准是对商品领域中需要协调的技术事项所制定的标准。管理标准是对商品领域中需要协调的管理事项所制定的标准。工作标准是对商品领域中需要协调的工作事项所制定的标准。

（三）商品标准的级别

1. 国外商品标准的分级

国外商品标准通常可以分为国际标准、区域标准、国家标准、行业标准、地方标准、企业标准六个级别。

（1）国际标准。国际标准是指由国际上有权威的机构或组织制定的，并为国际所承认和通用的标准。国际标准属于推荐性标准。国际标准采用标准代号（如 ISO，IEC）和编号（标准序号—发布年代号）来表示。

（2）区域标准。区域标准也称国际地区性（或集团性）标准，是指由世界区域性集团组织或标准化机构制定的标准。

（3）国家标准。国家标准是指由某一个国家制定、颁发，在其全国范围内统一执行的标准。

2. 我国商品标准的分级

我国的商品标准按其适用范围，可以分为国家标准、行业标准、地方标准、企业标准四级。

（1）国家标准。国家标准是指由国家标准化主管机构批准发布，在全国范围内统一的标准。国家标准分为强制性国家标准和推荐性国家标准。国家标准的编号由国家标准的代号、发布顺序号和发布的年代号构成。强制性国家标准的代号为"GB"，推荐性国家标准的代号为"GB/T"，国家实物标准的代号为"GSB"。

（2）行业标准。由我国各主管部、委（局）批准发布，在该部门范围内统一使用的标准，称为行业标准。行业标准也分为强制性行业标准和推荐性行业标准。行业标准的编号由行业标准代号、标准顺序号及年代号构成。行业标准代号由国务院标准化行政主管部门规定。

（3）地方标准。由国家的地方一级行政机构制定的标准称为地方标准。地方标准也分为强制性地方标准和推荐性地方标准。地方标准的编号由地方标准代号、地方标准顺序号和发布年代号三部分构成。强制性地方标准代号由地方标准代号"DB"加上省、自治区、直辖市的行政区码代号构成。

（4）企业标准。企业标准是指由企业制定发布，在该企业范围内统一使用的标准。企业标准的编号由企业标准代号、顺序号、年代号三部分构成。企业标准代号用分数形式表示，以区别于其他各级标准。分数的表示方法是"Q/"，各省、自治区、直辖市颁布的企业标准应在"Q"前加本省、自治区、直辖市的汉字简称。

（四）标准化的概念

1. 标准化的概念及其作用

国际标准化组织在《ISO 指南 2—1991》中对标准化的定义为："为在一定范围内获得最佳秩序，对实际的或潜在的问题制定共同的和重复使用的规则的活动。"

国家标准《GB 3935·1—1996》中对"标准化"的定义等同采用了 ISO 指南中有关"标准化"的定义。

2. 商品标准化

商品标准化是标准化活动中的重要组成部分，简单地说，它是在商品生产和流通的各个环节中制定、发布和推行商品标准的活动。它是整个标准化活动的一个组成部分。

（五）ISO 认证

1. 概念

国际标准化组织（ISO）成立于 1947 年，是世界上最大的具有民间性质的标准化机构。ISO 的宗旨是：在世界范围内促进标准化工作的发展，以便于国际物资交流和互助，并扩大在文化、科学、技术和经济方面的合作。它的主要活动是制定 ISO 标准，协调世界范围内的标准化工作，报道国际标准化的交流情况，以及同其他国际性组织进行合作，共同研究有关标准化问题。我国本是 ISO 创始国之一，1950 年被停止会籍。1978 年，我国成为 ISO 的正式成员。

ISO 的组织机构包括全体大会、主要官员、成员团体、通信成员、捐助成员、政策发展委员会、理事会、ISO 中央秘书处、特别咨询组、技术管理局、标样委员会、技术咨询组、技术委员会等。

ISO 技术工作是高度分散的，分别由 2 700 多个技术委员会（TC）、分技术委员会（SC）和工作组（WG）承担。在这些委员会中，世界范围内的工业界代表、研究机构、政府权威、消费团体和国际组织都作为对等合作者共同讨论全球的标准化问题。管理技术委员会的主要责任由一个 ISO 成员团体（诸如 AFNOR、ANSI、BSI、CSBTS、DIN、SIS 等）担任，该成员团体负责日常秘书工作。与 ISO 有联系的国际组织、政府或非政府组织都可参与工作。

2. 2000 版 ISO 9000 族标准的结构

随着商品经济的不断扩大和日益国际化，为提高产品信誉，减少重复检验，削弱和消除贸易技术壁垒，维护生产者、经销者、用户和消费者各方权益，产生了第三方认证。这种认证不受产销双方经济利益支配，以公正、科学的工作逐步树立了权威和信誉，现已成为各国对产品和企业进行质量评价和监督的通行做法。当今各国经济的相互交融与全球贸易的不断深入，以及社会成员对质量日趋完美的追求给 ISO 9000 标准带来巨大的发展空间。

2000 版 ISO 9000 族标准的结构包括：

（1）核心标准有四个：ISO 9000：2000《质量管理体系基础和术语》；ISO 9001：2000《质量管理体系要求》；ISO 9004：2000《质量管理体系业绩改进指南》；ISO 19011《质量和环境管理审核指南》。

（2）相关标准有 1 个：ISO 10012《测量设备的质量保证要求》。

（3）技术报告（现已列入计划的）有六个：ISO/TR 10006《项目管理指南》；ISO/TR 10007《技术状态管理指南》；ISO/TR 10013《质量管理体系文件指南》；ISO/TR 10014《质量经济性指南》；ISO/TR 10015《教育和培训指南》；ISO/TR 10017《统计技术在 ISO 9001 中的应用指南》。

（4）小册子（现已列入计划的）有两个：《质量管理原理选择和使用指南》和《ISO 9001 在小型企业中的应用指南》。

（5）为使 ISO 9000 标准更广泛地、适当地被应用，ISO/TC 176 与其他委员会或相关行业合作，以扩大 ISO 9000 族标准的使用范围：ISO 16949《质量体系——汽车业供应方》是 ISO/TC 176 与国际汽车行业合作、制定的汽车行业的国际标准，以取代美国、德国、法国和意大利的汽车行业标准 QS 9000、VDA - 6.1、EAQF 和 AVSQ；ISO 13485《质量体系——ISO 9001 在医疗器械中的应用》是 ISO/TC 176 和医学行业合作制定的国际标准。

（六）其他认证

1. CE 认证

CE 是法语 Conformité Européene（欧洲合格评定）的缩写。CE 是欧洲联盟实行的安全认证，用以证明电气设备产品符合指令规定的安全合格标志所要求的内容。

CE 标志是工业产品进入欧洲市场的"通行证"，产品贴附 CE 标记表明其符合欧盟新方法指令和基本要求。指令中的基本要求指的是公共安全、卫生、环保及对消费者的保护。按欧盟规定，凡进入欧盟市场的工业产品，须经指定的认可机构进行安全性能检验合格后，加贴 CE 标志，才能进入欧盟市场。

2. UL 认证

UL 是英文保险商实验所（Underwriter Laboratories Inc.）的简写，也称安全实验所。UL 是美国民间的检验机构，由于它在世界上建立了良好的检验声誉而成为一个专业检验认证公共安全产品的权威机构，美国进口商或外国厂商销往美国市场的产品要向 UL 申请认证检验。

UL 标准几乎涉及到所有种类的产品，它是鉴定产品之基础。UL 出版了 800 多种标准，其中 70% 被美国国家标准协会（ANSI）采纳为美国国家标准。

目前，UL 在美国本土有五个实验室，总部设在芝加哥北部的 Northbrook 镇，同时在台湾和香港分别设立了相应的实验室。

3. BSI 认证

BSI 是英国标准学会（British Standard Institution）的简写，BSI 是英国认证机构委员会认可的民间认证机构，它从事工业产品认证工作的历史最悠久，认证的产品涉及面最广，是英国最大的认证机构。

BSI 由四大部分组成，即标准部、质量保证部、检验部、出口商技术服务部，认证工作由质量保证部负责。认证的产品范围是机械、电子、电工、化工、建筑、纺织。产品认证标志有风筝标志、安全标志。获得风筝标志的产品属于 BS（英国标志）中规定的结构、性能、安全和尺寸参数。获得安全标志的家电产品符合 BS 有关安全的要求。

第二节 商品的数量

一、常用的度量衡制度

因各国使用的度量衡制度不同而导致计量单位上的差异。在国际贸易中通常采用的度量衡制度有公制（或米制）（Metric System）、美制（U. S. System）、英制（British System）和国际单位制（International System of Units）四种。

公制是十进位制，法国在 18 世纪时最早开始使用。因公制长度的基本计量单位是"米"，所以公制又称"米制"。

英制由于不是十进制，换算不方便，故在世界上的使用越来越少，逐步被国际单位制及公制取代。

我国现行的法定计量单位制是在国际单位制的基础上增加一些非国际单位制的单位。《中华人民共和国计量法》第 3 条规定："国家采用国际单位制。国际单位制计量单位和国家选定的其他计量单位为国家法定计量单位。"

二、计量单位

（一）重量单位（Weight）

常用的重量单位有 kilogram（千克）、metric ton（公吨）、pound（磅）、ounce（央司）、long ton（长吨）、short ton（短吨）等。这些单位常用于矿产品、钢铁及有色金属、农副产品等商品。公吨、千克、磅的换算关系是：1 公吨 =1 000 千克≈2 204.62 磅。

（二）个数单位（Number）

常用的个数单位有 piece（只、件）、dozen（打）、set（套、台、架）、pair（双）、case（箱）、bag（袋）、bale（包）、gross（罗）、ream（令）等。这些单位常用于工业制成品、杂货、机器设备、棉花等商品。

棉花一般以包为单位，一标准包毛重 500 磅（约为 266.796 千克），净重 478 磅（约为 216.817 千克），美国以净重 480 磅（约为 217.724 千克）为一包。

（三）长度单位（Length）

常用的长度单位有 meter（米）、foot（英尺）、yard（码）等。这些单位常用于纺织品、绳索等商品。米、英尺、码的换算关系是：1 码 =0.914 4 米，1 码 =3 英尺。

（四）容积单位（Capacity）

常用的容积单位有 litre（公升），bushel（蒲式耳），gallon（加仑）等。这些单位常用于谷物、石油等液体类商品。公升、蒲式耳、加仑的换算关系是：1 蒲式耳≈35.238 公升，1 加仑（美制）≈3.785 3 公升，1 加仑（英制）≈4.546 公升，实务中一般以 1 加仑折合 3.785 3 公升计算。

谷物一般以美制蒲式耳计量。石油除了用加仑或公吨外，还常用"桶"（barrel）计量，桶有美制和英制，其不同是：1 桶（美制）≈158.99 公升　1 桶（英制）≈163.65 公升

由于石油比重的不同，每公吨石油的桶数也不同。世界平均比重的原油，一般以 1 公吨折合 7.35 桶（美制）计算。

（五）面积单位（Area）

常用的面积单位有 square meter（平方米）、square foot（平方英尺）、square yard（平方码）等。这些单位常用于玻璃、纺织品等商品。

（六）体积单位（Volume）

常用的体积单位有 cubic meter（立方米）、cubic foot（立方英尺）、cubic yard（立方码）等。这些单位常用于木材、化学气体等商品。

三、计算重量的方法

在国际贸易中，计算重量的主要方法有按毛重、净重、公量、法定重量和理论重量五种。

（一）毛重（Gross Weight）

毛重是指商品本身的重量加包装物的重量。

（二）净重（Net Weight）

净重是指产品本身的重量，即除包装后的商品实际重量。净重是国际贸易中最常见的计重办法。当没有特别说明时，计价的重量应理解为净重。

皮重就是毛重减去净重，皮重的计算方法有：

（1）实际皮重（Actual Tare）。将整批商品的包装逐一过秤所求得的重量。

（2）平均皮重（Average Tare）。在包装重量大体相同的情况下，以若干件包装的实际重量求出平均包装重量。

（3）习惯皮重（Customary Tare）。有些比较规格化的包装，其重量已被公认。

（4）约定皮重（Computed Tare）。按买卖双方约定的包装重量为准，不必过秤。

以毛作净（Gross for Net）是指按毛重来计算商品的重量。以毛作净多用于价值较低的农产品或很难将包装与商品分别计算的商品。

案例：我某外贸公司以 FOB 条件与澳洲某客商达成一笔进口 1 000 公吨大豆的交易，合同规定：新麻袋包装（NEW GUNNY BAG），每袋 25 千克，每公吨 200 美元 FOB 悉尼，T/T 付款。货到后我方验货发现，交货物每袋毛重 25 千克，净重 24 千克，马上去电澳商提出问题，要求扣除短量部分的货款，并向澳商寄送有关部门出具的检验证明。请问：我方的要求是否合理？为什么？

分析：我方的要求是合理的。卖方交货的数量应严格按照信用证的规定执行，由于未注明以毛作净，按惯例，卖方应按商品的净重交货。本案澳商用新麻袋包装货物，每袋 25 千克，但货物扣除皮重后每袋只有 24 千克，说明澳商每袋短量 1 千克，我方有权要求扣除短量部分的货款。

（三）公量（Conditioned Weight）

公量是以商品的干净重加上标准的回潮率与干净重的乘积所得出的重量。该计重方法常用于价值较高而水分含量不稳定的商品，如生丝、羊毛等。其公式为：

$$公量 = 商品干净重 + 商品干净重 × 标准回潮率$$
$$商品干净重 = \frac{商品的实际重量}{1 + 实际回潮率}$$

例题：我方某公司与西班牙某公司达成了一笔 100 公吨生丝的出口交易，合同中规定以公量来计算商品的重量，商品的标准回潮率确定为 10%。当我方按合同规定的装运期装运货物时，测得实际回潮率是 21%。请问：我方应装运多少才能达到合同规定的公量数？

解：因为：
$$商品的实际重量 = 商品干净重 × （1 + 实际回潮率）$$
$$商品干净重 = \frac{公量}{1 + 标准回潮率}$$

所以：
$$商品的实际重量 = \frac{公量}{1 + 标准回潮率} × （1 + 实际回潮率）$$
$$= \frac{100}{1 + 10\%} × （1 + 21\%）$$
$$= 110 （公吨）$$

答：我方应装运 110 公吨才能达到合同规定的公量数。

（四）法定重量（Legal Weight）

法定重量是商品重量加上直接接触商品的包装物料重量。法定重量是海关依法征收重量税时，作为征税基础的重量。除去直接接触商品的包装物料所表示出来的重量，称为实物净重。

（五）理论重量（Theoretical Weight）

理论重量适用于有固定规格和固定体积的货物，如马口铁、钢板等，根据件数即可计算出其总重量。

第三节　商品的包装

一、商品包装的分类

除了散装货（如煤炭、矿石、大豆等）和裸装货（如汽车、轮船、飞机、钢材等）外，商品一般需要包装。按包装所起的作用分类，包装可分为销售包装和运输包装。

（一）销售包装

销售包装又称为内包装，是直接接触商品并随商品进入零售网点和消费者直接见面的包装。销售包装具有保护、美化、宣传、促销产品等作用。

常见的销售包装有：

（1）便携式包装。该包装上有提手装置设计或附有携带包装，方便消费者携带，如5千克装的大米袋等。

（2）挂式包装。该包装采用挂钩、网袋、吊袋设计，便于商品的悬挂、陈列和展销等。

（3）易开包装。该包装带有手拉盖等设计的易拉罐、易开瓶和易开盒等，如啤酒罐、罐头等。

（4）喷雾包装。该包装上带有自助喷出和关闭装置，对液体商品较适合，方便消费者使用，如香水、灭蚊水等。

（5）堆叠式包装。采用包装的上边盖部和底部能吻合的造型设计，以便商品堆叠陈列，节省包装。

（6）配套包装。该包装将有关联的不同规格品种的商品搭配成套，如成套茶具包装盒等。

（7）复用包装。除用作商品包装外，还可以提供供消费者观赏、再使用等其他用途的包装。

（8）礼品包装。该包装设计精美，专为送礼的包装，如名贵表、名贵酒等。

（二）运输包装

运输包装是指为了方便运输，保护商品而设计的包装。它具有保护产品安全、方便储存、运输、装卸等作用。运输包装一般可根据包装方式、包装材料和包装层次分类。

1. 按包装方式分类

按包装方式分类，运输包装可分为单件运输包装和集合运输包装，单件运输包装主要有箱（纸箱、木箱）、桶（木桶、铁桶）、袋（纸袋、麻袋）、包等，集合运输包装主要有托盘、集装袋、集装箱等。

2. 按包装材料分类

按包装材料分类，包装可分为纸制包装、金属包装、塑料包装、木制包装、玻璃包装、陶瓷包装、复合材料包装等。

3. 按包装层次分类

按包装层次分类，包装可分为外包装、中包装和小包装，如香烟、节能灯的包装等。

二、运输包装的标志

运输包装的标志是指在运输包装上标出图形、代号、字母，以提醒操作人员了解该货物的特性及在装卸、运输和保管货物的过程中应注意的问题。按运输包装标志的用途划分，运输包装的标志可以分为运输标志、指示性标志和警告性标志。

（一）运输标志（Shipping Marks）

运输标志又称唛头，它是指书写、压印或刷制在外包装的图形、文字和数字。运输标志通常由一个简单的几何图形和一些字母、数字及简单的文字组成，其主要内容包括：①收、发货人代号；②目的地；③件号、批号。如：

ABC	收货人代号
NEWYORK	目的港
NO. 1—400	件号

如果合同或信用证没有规定，运输标志可以略去，也可由卖方确定。

国际标准化组织制定了一项标准运输标志向各国推荐使用，该标准运输标志包括的内容有：①收货人或买方名称的英文缩写字母或简称；②参考号，如订单号、运单号或发票号；③目的地；④件号。如：

ABC	收货人代号
GD 04—33445	参考号
NEWYORK	目的港

NO. 1—400　　　　件号

（二）指示性标志（Indicative Marks）

指示性标志是指对容易破碎、残损、变质的货物，通过标志提示人们在装卸、运输和保管货物的过程中需要注意的事项。指示性标志一般不需要在合同中规定，由卖方根据货物的实际要求自行刷制在包装上。

我国参照国际标准 ISO 780—1985 规定了国家标准 GB 191— 90 "包装储运图示标志"，共 12 种。它们具体是：

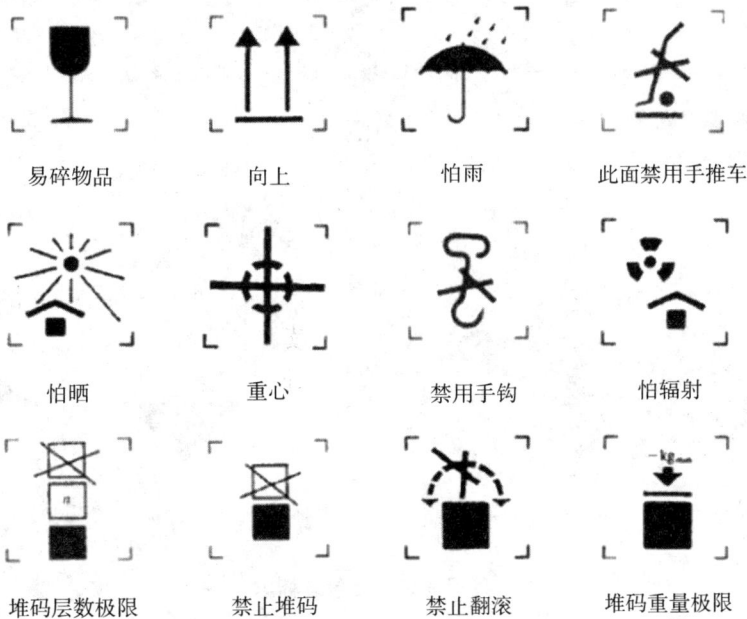

易碎物品　　　向上　　　怕雨　　　此面禁用手推车

怕晒　　　重心　　　禁用手钩　　　怕辐射

堆码层数极限　　禁止堆码　　禁止翻滚　　堆码重量极限

包装储运图示标志

（三）警告性标志（Warning Marks）

警告性标志是指在装有爆炸品、易燃物品、腐蚀物品、氧化剂和放射物质等危险货物的运输包装上用图形或文字表示各种危险品的标志。

警告性标志又称为危险品标志，国际海事组织制定的《国际海运危险货物规则》（简称《国际危规》）对危险品有专门的规定标志（见下图）。

《国际危规》规定，危险货物的所有标志均须满足至少三个月海水浸泡后，既不脱落又清晰可辨。有的国家进口危险货物时，要求在运输包装上标打国际海事组织规定的危险品标志；否则，不准靠泊卸货。

爆炸品标志　　　爆炸品标志　　　爆炸品标志　　　易燃气体标志　　　有毒气体标志

易燃液体标志　　　易燃固体标志　　　自燃物品标志　　遇湿易燃物品标志　　　氧化剂标志

有机过氧化物标志　　剧毒品标志　　　有毒品标志　　　有害品标志　　感染性物品标志

一级放射性物品标志　二级放射性物品标志　三级放射性物品标志　腐蚀品标志　　　杂类标志

我国危险货物包装标志

三、条形码、中性包装和定牌生产

（一）条形码（Bar Code）

条形码是指商品包装上由一组带有数字的黑白及粗细间隔不等的平行条纹所组成，它是利用光电扫描阅读设备为计算机输入数据的特殊的代码语言。条形码用以表示一定的信息，这些信息包括商品的品名、规格、价格、制造商等，由于采用光电扫描录入信息，操作简单、准确、快捷，许多国家在超市自动销售管理系统中普遍使用。有的国家规定，包装上没有条形码的商品不准进口。

国际上通用的条形码有两种：一种是 UPC 条形码，通用于北美地区，主要用于货物的包装、销售、记账和数据处理等方面；另一种是 EAN 条形码，由国际物品编码协会统一分配和管理。1991 年 4 月我国正式加入该协会，分配给我国的国别号为"690""691"和"692"。

（二）中性包装（Neutral Packing）

中性包装又称"白袋"，是指既不标明生产国别、地名和厂商名称，也不标明商标或牌号的包装。当货物或包装上使用买方指定的商标或牌号，但不注明生产国别和厂商名称时，称为定牌中性；当货物或包装上均不使用任何商标品牌，也不注明生产国别和厂商名称时，称为无牌中性。

采用中性包装，是为了打破某些进口国家与地区的关税和非关税壁垒，以及适应交易的特殊需要，它是出口国家厂商加强对外竞销和扩大出口的一种手段。

（三）定牌生产

定牌生产是指卖方按买方要求在其出售的商品或包装上标明买方指定的商标或牌号，这种做法称为定牌生产。出口厂商采用定牌生产的目的是为了利用买方的经营能力及其商业信誉和品牌声誉，提高商品售价和扩大商品销路。

第六章
贸易术语

第一节　贸易术语概述

在国际货物买卖中，交易双方在洽商交易和订立合同时，必须考虑很多问题，如卖方在什么地点交货，由谁负责办理货物的运输、保险以及通关过境手续，买卖双方的风险如何划分。如果每一笔业务都要详细说明，必定花费贸易双方很多时间和费用，才能把问题讲清楚。为了避免这些情况的发生，在长期的国际贸易实践中形成了贸易术语。

一、贸易术语的含义和作用

（一）贸易术语的含义

贸易术语（Trade Terms），又称价格术语（Price Terms），是在长期的国际贸易实践中产生的，它是用来表示商品的价格构成，说明交货地点，确定风险、责任、费用划分等问题的专门用语。

（二）贸易术语的作用

1. 有利于买卖双方洽商交易和订立合同

由于每一种贸易术语对买卖双方的义务都有统一的解释，使用贸易术语，有利于买卖双方明确各自的权利和义务，早日成交。

2. 有利于买卖双方核算价格和成本

各种贸易术语对于成本、运费和保险费等各项费用由谁负担都有明确的界定，使用贸易术语，买卖双方比较容易核算价格和成本。

3. 有利于解决履约当中的争议

由于贸易术语由相关的国际惯例解释，对买卖双方在交易中发生的争议，可引用相关的国际贸易惯例进行解释。

二、与贸易术语相关的国际贸易惯例

（一）国际贸易惯例的性质

国际贸易惯例（International Trade Practice）是指在国际贸易的长期实践中所形成的若干具有普遍意义的一些习惯性做法和解释。国际贸易惯例具有以下性质：

1. **非强制性**

虽然国际贸易惯例由有关国际组织解释，但它不是国际法规，不具有强制性，对贸易双方不具有强制约束力。

2. **一定条件下有强制性**

如果双方都同意采用某项国际惯例来约束该项交易，并在合同中作出明确规定，在此条件下，这一惯例就有强制性，贸易双方必须按照该惯例的规定办事。

3. **引用时的改动性**

贸易双方在订立合同并声明采用某项国际惯例时，可以作出某些与惯例不符的规定。只要合同有效成立，双方必须遵守执行。

4. **争议处理的适用性**

如果双方对某一问题没有作出明确规定，也未注明该合同适用某项惯例，在合同执行中发生争议时，受理该争议案的司法和仲裁机构一般会引用国际贸易惯例进行判决或裁决。

（二）与贸易术语相关的国际贸易惯例

1. **《1932 年华沙—牛津规则》**

1928 年国际法协会在华沙开会，制定了《1928 年华沙规则》（Warsaw – Oxford Rules 1928），该规则专门解释 CIF 买卖合同的性质、买卖双方的责任、费用、风险的划分以及所有权的转移方式等问题。1932 年国际法协会在牛津开会，对原规则进行修订，产生了《1932 年华沙—牛津规则》。

2. **《1941 年美国对外贸易定义修订本》**

《1941 年美国对外贸易定义修订本》（Revised American Foreign Trade Definition 1941）由美国 9 个商业团体共同制定。最早制定于 1919 年的纽约，1941 年产生了修订本。该惯例对六种贸易术语进行了解释，在美国、加拿大等美洲国家和部分拉丁美洲国家有较大影响，具体是：①Ex Point of Origin（产地交货）；②FAS（在运输工具旁边交货）；③FOB（在运输工具上交货）；④C & F（成本加运费）；⑤CIF（成本加运费、保险费）；⑥Ex Dock（目的港码头交货）。

3. **《2000 年国际贸易术语解释通则》**

《2000 年国际贸易术语解释通则》是由国际商会制定的。最早产生于 1936 年，全称为 International Rules for the Interpretation of Trade Terms 1936，简称为 "INCOTERM 1936"。现行的《2000 年通则》是在修改《1990 年通则》的基础上于 2000 年 1 月 1 日起生效的。

《2000 年通则》共解释了 13 种贸易术语，并分为 E、F、C、D 四组，列表如下：

组别	项目	中文含义	交货地点	风险划分界限	运输手续办理及运费承担	保险手续办理及保费承担
E 组	EXW	工厂交货	商品生产或储存地	商品生产或储存地	买方	买方
F 组	FAS	装运港船边交货	装运港船边	装运港船边	买方	买方
	FOB	装运港船上交货	装运港船上	货物在装运港装上船	买方	买方
	FCA	货交承运人	指定的装运地点	货交承运人	买方	买方
C 组	CFR	成本加运费	装运港船上	货物在装运港装上船	卖方	买方
	CIF	成本加运费保险费	装运港船上	货物在装运港装上船	卖方	卖方
	CPT	运费付至目的地	指定的装运地点	货交承运人	卖方	买方
	CIP	运费保险费付至目的地	指定的装运地点	货交承运人	卖方	卖方
D 组	DAF	边境交货	边境指定地点	边境指定地点	卖方	卖方
	DES	目的港船上交货	目的港船上	目的港船上	卖方	卖方
	DEQ	目的港码头交货	目的港码头	目的港码头	卖方	卖方
	DDU	未完税交货	指定目的地	指定目的地	卖方	卖方
	DDP	完税后交货	指定目的地	指定目的地	卖方	卖方

4.《2010 年国际贸易术语解释通则》

《2010 年国际贸易术语解释通则》（International Rules for the Interpretation of Trade Terms 2010，缩写 Incoterms 2010）是国际商会在《2000 年通则》的基础上修订并于 2010 年 9 月 27 日公布，2011 年 1 月 1 日实施，简称《2010 年通则》。《2010 年通则》共有 11 种贸易术语，按照所适用的运输方式划分为两大类，列表如下：

组别	项目	中文含义
第一组：适用于任何运输方式	EXW（ex works）	工厂交货
	FCA（free carrier）	货交承运人
	CPT（carriage paid to）	运费付至目的地
	CIP（carriage and insurance paid to）	运费/保险费付至目的地
	DAT（delivered at terminal）	目的地或目的港的集散站交货
	DAP（delivered at place）	目的地交货
	DDP（delivered duty paid）	完税后交货
第二组：适用于水上运输方式	FAS（free alongside ship）	装运港船边交货
	FOB（free on board）	装运港船上交货
	CFR（cost and freight）	成本加运费
	CIF（cost insurance and freight）	成本、保险费加运费

《2010 年通则》与《2000 年通则》的主要区别在于：

（1）《2010 年通则》将《2000 年通则》原来的 13 个贸易术语减至 11 个，国际商会创设 DAT 和 DAP 两个新术语，取代 DAF、DES、DEQ 和 DDU。原来四组术语重新归类变为两组，分别适用于所有运输方式的用语和水路运输的用语。

（2）取消了"船舷"的概念，FOB、CFR、CIF 买卖双方风险划分的界限为货物在装运港装上船。

（3）在 FAS、FOB、CFR 和 CIF 等术语中加入了货物在运输期间被多次买卖（连环贸易）的责任义务的划分。

（4）《2010 年通则》不仅适用于国际销售合同，也适用于国内销售合同。

第二节　主要贸易术语

一、FOB

FOB 即 Free on Board（...named port of destination）的英文缩写，其中文含义为"装运港船上交货（……指定装运港）"。使用该术语，卖方应负责办理出口清关手续，在合同规定的装运港和规定的期限内，将货物交到买方指派的船上，承担货物在装运港装上船之前的一切风险，并及时通知买方。

（一）买卖双方的基本义务

1. 卖方的基本义务

（1）自负风险和费用，取得出口许可证或其他官方批准证件，办理货物出口所需的一切海关手续并支付有关的税费。

（2）在合同规定的时间或期限内，在装运港，按照习惯方式将货物交到买方指派的船上，并及时通知买方。

（3）负担货物在装运港装上船为止的一切费用和风险。

（4）自付费用，提供证明货物已交至船上的通常单据。如果买卖双方约定采用电子通信，则所有单据均可被具有同等效力的电子数据交换（EDI）信息所代替。

2. 买方的基本义务

（1）自负风险和费用，取得进口许可证或其他官方批准的证件，办理货物进口所需的一切海关手续并支付有关的税费。

（2）负责租船或订舱，支付运费，并给予卖方关于船名、装船地点和要求交货时间的充分通知。

（3）负担货物在装运港装上船后的一切费用和风险。

（4）接受卖方提供的有关单据，受领货物，并按合同规定支付货款。

案例： 我 A 公司与法国 B 公司签订 2.4 万公吨大米出口合同。合同规定：FOB 上海，买方所租载货船舶必须不迟于 3 月 20 日抵达装运港。由于装货船舶延迟抵达而使卖方遭受的任何损失和额外费用由买方负担。合同签订后，3 月 10 日 B 公司来电称，由于租船市场船源紧张租不到船，要求延迟 1 个月装运。我 A 公司因货物早已备妥待运，如延迟 1 个月装船，势必造成利息、仓租、保险费等费用的损失，即复电 B 公司不同意延迟，必须 3 月 20 日前派船抵沪。3 月 20 日，B 公司来电称，尽最大努力，船只无法找到。3 月 22 日夜，该港遭特大风暴袭击，存放在该港的 A 公司货物受损严重。A 公司即致电 B 公司货损情况，要求 B 公司赔偿其经济损失，包括货损、仓租、保险费等。B 公司回电称，双方合同是 FOB 条件，货物在尚未交付之前，风险尚未转移，故该损失应由 A 公司自负。A 公司遂向法院起诉，要求 B 公司赔偿其经济损失。请问：（1）买方 B 公司是否违约？（2）货物的风险自何时转移？（3）B 公司是否应赔偿 A 公司损失？

分析：（1）买方已违约。因为依据 FOB 条件，买方有义务租派船只到约定的装运港接运货物，但买方未能按期派船，属违约。（2）货物风险在装船期（即 3 月 20 日）满之日由卖方转移给买方。（3）因风险已转移，因此 B 公司应赔偿 A 公司经济损失。

（二）使用 FOB 术语应注意的问题

1.《1941 年美国对外贸易定义修订本》（下称《定义》）和《2010 年国际贸易术语解释通则》对 FOB 术语解释的区别

（1）交货地点不同。根据《2010 年通则》的解释，卖方交货的地点在装运港的船上，而根据《定义》的解释，FOB 适应于各种运输工具，如果采用船运并在装运港的船上交货，应在 FOB 后加 VESSEL。例如，以"FOB 纽约"成交，卖方交货的地点在纽约某处的某种运输工具上；以"FOB VESSEL 纽约"成交，卖方交货的地点在纽约港的船上。

（2）办理出口手续的费用由谁承担不同。根据《2010 年通则》的解释，办理出口手续的费用由卖方负担，而根据《定义》的解释，办理出口手续所产生的税费由买方负担。

案例：我某公司从美国进口瓷制品 5 000 件，美商报价为每件 10 美元 FOB VESSEL New York，我方如期将金额为 50 000 美元的不可撤销即期信用证开抵卖方，证中未规定贸易术语引用何惯例，美商收到信用证后提出改证，要求将信用证金额增加至 51 000 美元，其中的 1 000 美元作为出口关税及签证费用。否则，有关的出口关税及签证费用将由我方另行电汇。请问：美商的要求是否合理？为什么？

分析：美商的要求是合理的。根据本案的案情可知，本案美商依据的有关贸易术语的国际贸易惯例是《1941 年美国对外贸易定义修订本》。根据该惯例的规定，买方要支付卖方协助提供出口单证的费用以及出口税和因出口产生的其他费用，而我方开出的信用证中未包含此项费用。因此，美商的要求是合理的。

---

2. FOB 术语的变形

在 FOB 术语成交的情况下，若没有特别说明，依惯例装货费用由卖方负担。但在大宗商品交易下，由于装货费用较大，必须明确装货费用由何方负担，从而产生了 FOB 贸易术语的变形。具体有：

（1）FOB Liner Terms（FOB 班轮条件），该术语的变形卖方不必承担装货费用。

（2）FOB Under Tackle（FOB 吊钩下交货），该术语的变形卖方不必承担装货费用。

（3）FOB Stowed（FOB 包括理舱），该术语的变形卖方必须承担装货费用和理舱费用。

（4）FOB Trimmed（FOB 包括平舱），该术语的变形卖方必须承担装货费用和平舱费用。

（5）FOB Stowed and Trimmed（FOB 包括理舱和平舱），简称 FOBST，该术语的变形卖方必须承担装货费用、平舱和理舱费用。

案例： 我方某公司以"FOB Under Tackle 广州"条件向某外商出口茶叶一批。我方按合同规定的要求及时装运，并缮制好全套单据从银行收到全部货款。不久，收到客户寄来费用账单，要求我方通过 T/T（电汇）向外商支付其预先垫付的装货和卸货费用。请问：该外商的要求是否合理？问什么？

分析： 该外商的要求是不合理的。FOB Under Tackle（FOB 吊钩下交货）是 FOB 贸易术语的变形，根据《2010 年通则》的解释，该术语的变形卖方不必承担装货费用，更不必承担卸货费用。但如果外商指派的货船不能停靠码头，则我方必须负担驳船费和码头费。

FOB 贸易术语的变形并不改变买卖双方交货的地点和风险划分的界限。如 FOB Under Tackle（FOB 吊钩下交货），卖方在把货物交至装运港吊钩下，货物的风险仍未转移，卖方交货的地点仍在装运港的船上，买卖双方风险划分的界限仍以船舷为界。

二、CFR

（一）CFR 的含义

CFR 即"Cost and Freight"的英文缩写，其中文含义为"成本加运费"。使用该术语，卖方负责按通常的条件租船订舱并支付到目的港的运费，在合同规定的装运港和装运期内将货物装上船并及时通知买方。

1. **卖方的基本义务**

（1）负责租船或订舱，支付运费。

（2）在合同规定的时间或期限内，在装运港按照习惯方式将货物交到买方指派的船上，并及时通知买方。

（3）自负风险和费用，取得出口许可证或其他官方批准证件，办理货物出口所需的一切海关手续并支付有关的税费。

（4）负担货物在装运港装上船为止的一切费用和风险。

（5）自付费用，提供证明货物已交至船上的通常单据。如果买卖双方约定采用电子通信，则所有单据均可被具有同等效力的电子数据交换（EDI）信息所代替。

案例： 我内地某省纺织品公司向某外商出口全棉针织男裤一批，合同规定金额 CFR 荷兰 USD 70 000，5 月底前装运，装运港广州，不可撤销即期信用证付款。在合同规定的装运期内，卖方委托的生产厂家将货物装上卡车运往广州，由于驾驶员疏忽，卡车翻入河中，致使货物落水打湿，有 100 箱成为次品。请问：此货损应该由谁负责？

分析： 该货损应由卖方我纺织品公司承担。因为，根据《2010 年通则》的规定，CFR 条件下卖方交货地点在装运港船上，风险自货物在装运港装上船时起转移，因此，货物在由内地运往装运港装船前的损坏或灭失应由卖方负责。本案中货损虽是生产厂家所致，但在卖方承担风险责任期间所发生的货损应由卖方对外负责，再由卖方向有关责任方追偿。

本案中选用 CFR 贸易条件是不恰当的。卖方及货物处于内陆地区，采用 CFR 方式，若要交货就必须把货物运到沿海港口装船，货物从工厂到装船前的整个期间的风险应由卖方承担，对卖方显然不利。本案价格条件若改为 CPT 荷兰，则该货损与卖方无关。我外贸公司在遇到类似情况时应引起注意。

案例： 我某贸易有限公司以 CFR 条件向德国出口一批微波炉，卖方在合同规定的装运期内装船完毕，当天船舶开航。因正值公休日，该公司的业务员第三天才向买方发出装船通知，导致买方未能及时向保险公司办理投保手续，而货物在起航后的次日因发生火灾被火烧毁。请问：货物损失责任由谁承担？为什么？

分析： 应由我贸易公司承担货物损失。CFR 条件下，租船订舱由卖方负责办理，保险投保手续由买方办理，因此，卖方在装船完毕后必须及时向买方发出装船通知，以便买方办理投保手续，否则，由此而产生的风险应由卖方承担。本案中，我贸易公司装船完毕后未及时发出装船通知，导致买方未能及时办理投保手续，未能将风险及时转移给保险公司。因此，我贸易公司应承担货物损失的责任。

2. 买方的基本义务

（1）自负风险和费用，取得进口许可证或其他官方批准的证件，办理货物进口所需的一切海关手续并支付有关的税费。

（2）负担货物在装运港装上船后的一切费用和风险。

（3）接受卖方提供的有关单据，受领货物，并按合同规定支付货款。

使用 CFR 术语，卖方的基本义务是在 FOB 的基础上增加了租船订舱并支付运费。

（二）使用 CFR 术语应注意的问题

1. 装船后，卖方应及时向买方发出装船通知

卖方装船后，应及时向买方发出装船通知，以便买方办理投保手续。否则，卖方应承担货物在运输途中的风险与损失。

2. CFR 术语的变形

在 CFR 术语成交的情况下，若没有特别说明，依惯例卸货费用由买方负担，但在大宗商品交易下，由于卸货费用较大，必须明确卸货费用由何方负担，从而产生了 CFR 贸易术语的变形。具体有：

（1）CFR Liner Terms（CFR 班轮条件），该术语的变形由卖方承担装卸货费用。

（2）CFR Landed（CFR 卸至岸上），该术语的变形由卖方承担卸货费用。

（3）CFR Under Tackle（CFR 吊钩下交货），该术语的变形由卖方承担卸货费用。

（4）CFR Ship's Hold（CFR 舱底交货），该术语的变形由买方承担卸货费用。

案例： 我方某公司以 "CFR Liner Terms EMP" 条件向欧洲某外商出口毛巾一批，T/T 付款。我方按合同规定的要求及时装运，并缮制好全套单据向外商索取货款。不久，收到外商的拒付通知，理由是运输工具不是班轮，提单上没有注明 "班轮运输" 字样。请问：该外商的要求是否合理？为什么？

分析： 该外商的要求是不合理的。CFR Liner Terms（CFR 班轮条件）是 CFR 贸易术语的变形，根据《2010 年通则》的解释，该术语的变形要求由卖方承担装卸货费用，而没有要求卖方一定要选择班轮运输工具承运货物。

CFR 贸易术语的变形并不改变买卖双方交货的地点和风险划分的界限，即在以 CFR 术语四种变形成交的情况下，卖方交货的地点都在装运港的船上，买卖双方风险划分的界限都以货物装上船为界。

3. 买方因承运人选择引起的风险问题

以 CFR 条件成交，由卖方负责租船订舱，并支付正常的运输费用。若因承运船只破旧，运输时间过长，管理不善对货物造成损失，其风险由买方承担。因此，当我方进口货量较大，须采用租船运输时，应尽量采用 FOB 条件成交，若不得不以 CFR 成交时，最好由我方指定船公司甚至指定装运船只，以减少我方的风险。

案例： 我某外贸公司以 "CFR 广州" 条件从欧洲某外商进口货物一批，不可撤销即期信用证付款。外商按合同规定的要求及时租船并装运，开证银行中国银行广州分行根据外商提供的全套单据向外商付款。但货船迟迟不到，经调查，外商所找的船公司是一家小公司，负债累累，载运货物的船只刚起航不久，公司已宣告破产，起航的船只也因久无音信而宣告失踪。请问：外商是否要承担货物灭失的责任？为什么？

分析： 除非有证据证明外商与该船公司串通欺诈，否则，外商不必承担货物灭失的责任。因为，根据《2010 年通则》的解释，CFR 由卖方负责租船订舱，只要卖方按合同规定的时间租船，并支付运费，取得清洁已装船提单，卖方即可凭单向开证行索取货款。所以，对贸易量大的进口交易，特别是采用租船运输，我方应尽量采用 FOB 条件成交，由我方自行选择承运人，若不得不以 CFR 成交时，最好由我方指定船公司甚至指定装运船只，以减少类似风险的出现。

三、CIF

（一）CIF 的含义

CIF 即 "Cost Insurance and Freight" 的英文缩写，其中文含义为 "成本、保险费加运费"。使用该术语，卖方负责按通常的条件租船订舱并支付到达目的港的运费，在合同规定的装运港和装运期内将货物装上船并负责办理货物运输保险，支付保险费。

1. 卖方的基本义务

（1）负责租船或订舱，支付运费。

（2）在合同规定的时间或期限内，在装运港，按照习惯方式将货物交到买方指派的船上，并及时通知买方。

（3）自负风险和费用，取得出口许可证或其他官方批准证件，办理货物出口所需的一切海关手续并支付有关的税费。

（4）负担货物在装运港装上船为止的一切费用和风险。

（5）负责办理货物运输保险，并支付保险费。

（6）自付费用，提供证明货物已交至船上的通常单据。如果买卖双方约定采用电子通信，则所有单据均可被具有同等效力的电子数据交换（EDI）信息所代替。

2．买方的基本义务

（1）自负风险和费用，取得进口许可证或其他官方批准的证件，办理货物进口所需的一切海关手续并支付有关的税费。

（2）负担货物在装运港装上船后的一切费用和风险。

（3）接受卖方提供的有关单据，受领货物，并按合同规定支付货款。

使用 CIF 术语，卖方的基本义务是在 CFR 的基础上增加了负责办理货物运输保险，支付保险费。

> **案例：** 上海某公司与法国某公司订立一份进口 300 台电子计算机的合同，每台 CIF 上海 1 000 美元，不可撤销的信用证支付，12 月马赛港装船。中国银行上海分行（开证行）向卖方开出不可撤销信用证。12 月 20 日，卖方将 300 台计算机装船并获得信用证要求的提单、保险单、发票等票据后，即到议付行议付。经审查，单证相符，银行即将 30 万美元支付给卖方。与此同时，载货船离开马赛港 10 天后，由于在航行途中遇上特大暴雨和暗礁，货船及货物全部沉入大海。此时开证行已收到议付行寄来的全套单据，买方也已得知货物全部灭失的消息。中国银行上海分行拟拒付议付行已议付的 30 万美元货款，理由是其客户不能得到所期待货物。请问：（1）这批货物的风险自何时起由卖方转移给买方？（2）开证行能否由于这批货物全部灭失而免除其所承担的付款的义务？（3）买方的损失如何得到补偿？
>
> **分析：**（1）在 CIF 条件下，风险自货物交到装运港船上时起由卖方转移给买方。（2）开证行无权拒付。因为信用证业务下，银行只负责审单，只要单证相符，银行必须承担其付款义务。（3）买方取得全套货运单据后，凭保险单及有关载货船舶沉没于大海的证明向卖方投买的保险公司索赔。

（二）使用 CIF 术语应注意的问题

1．CIF 合同卖方不保证把货送达目的港

CIF 合同，卖方在合同规定的期限内，在指定的装运港将货物交至运往指定目的港的船上，即完成了交货义务，对货物交到船上后是否起航，何时起航，开航后运输途中货物发生灭失或损坏的风险以及货物交运后发生的事件所产生的费用，卖方概不承担责任。故 CIF 合同也称为装运合同。但如果卖方承诺货物送达目的港的时间，则改变了 CIF 合同性

质，卖方必须按合同规定时间将货物送达目的港。

> **案例：** 我某口岸出口公司按 CIF 利物浦向英商出售一批供应圣诞节的核桃仁，由于该商品季节性较强，双方在合同中规定："买方须于 9 月 15 日前将信用证开抵卖方，卖方保证载货船只不得迟于 12 月 1 日驶抵目的港。如货轮迟于 12 月 1 日抵达目的港，买方有权取消合同。如货款已收，卖方须将货款退还买方。"请问：根据《2010 年通则》，这一合同的性质是否还属于 CIF 合同？为什么？
>
> **分析：** 该合同已不属于 CIF 合同。首先，就本合同内容而言，在 CIF 价格术语下限定到货日期，显然与 CIF 术语所赋予的风险界限划分的本意相悖；其次，CIF 是典型的单据买卖，而该合同中规定"如运货船只不能如期到达，买方将收回货款"，这实质上成了货到付款。因此，该合同在这些主要条款上已与 CIF 术语的本意相抵触，尽管名义上是按 CIF 成交，但实质上并非 CIF 合同性质。该合同以双方所规定的卖方保证到货时间及其违约处理的条件履行。

2. 卖方保险的问题

由于 CIF 术语在装运港装上船后，风险由买方承担，故海运中的风险主要由买方承担。卖方办理投保手续属于代办性质。若合同没有约定，按惯例，卖方可选择最低险别投保，投保加成率为 10%。

3. 象征性交货的问题

象征性交货（Symbolic Delivery）是相对于实际性交货（Physical Delivery）而言的。象征性交货是指卖方按合同约定的地点和时间完成装运，并向买方提交合同规定的、包括物权凭证在内的有关单据，就算完成了交货义务，而无须保证到货。

象征性交货的特点是卖方凭单交货，买方凭单付款。只要卖方如期向买方提交合同规定的全套合格单据，即使货物在运输途中损坏或灭失，买方也必须履行付款义务。

> **案例：** 我 A 公司向法国 S 贸易公司出口一批冻山野味。合同规定 CIF 马赛，25 公吨，7 月 15 日前装运，信用证支付方式。卖方收到买方开来的信用证后，及时办理装运手续，装船完毕获得全套货运单据后，拟向议付行交单办理议付手续。此时，收到买方来电，得知载货船只在航行途中遭遇意外事故，大部分货物受损的消息。请问：（1）卖方可否及时收回货款？（2）买方应如何处理此事？
>
> **分析：**（1）卖方可以及时收回货款。首先 CIF 术语属于象征性交货，其特点是卖方凭单交货，买方凭单付款；其次在 CIF 条件下，卖方交货地点及买卖双方风险划分界限以货物在装运港装上船为限。本案中，卖方及时办理了装运手续，并取得货运单据，卖方已完成了交货义务，风险也已转移至买方。因此，只要卖方提交的单据符合信用证的规定，卖方可以及时收回货款。
>
> （2）在实际业务中如发生本案的情形，买方应及时与保险公司联系，凭取得的保险单及有关货损证明向保险公司索赔，以补偿货物损失。

4. CIF 术语的变形

（1）CIF Liner Terms（CIF 班轮条件），该 CIF 的变形由卖方承担卸货费用。

（2）CIF Landed（CIF 卸至岸上），该 CIF 的变形由卖方承担卸货费用，其中包括驳运费。

（3）CIF Under Tackle（CIF 吊钩下交货），该 CIF 的变形由卖方承担卸货费用。

（4）CIF Ship's Hold（CIF 舱底交货），该 CIF 的变形由买方承担卸货费用。

CIF 贸易术语的变形并不改变买卖双方交货的地点和风险划分的界限，即在以 CIF 术语四种变形成交的情况下，卖方交货的地点都在装运港的船上，买卖双方风险划分的界限都以货物装上船为界。

案例： 我某外贸公司以 CIF Landed 汉堡向德国某商人出口肠衣一批。我方按规定装运出口，货物在运输途中遇到海难，部分肠衣受损。德国商人要求我方承担该项损失，我外贸公司业务员认为："CIF Landed 汉堡" 要求我方将货物送达汉堡码头岸上交给德国商人，运输途中货物遭遇的损失应由我方承担，于是向德国商人赔偿了该项损失。请问：我方业务员的处理是否妥当？为什么？

分析： 本案中我方业务员的处理不妥当。根据《2010 年通则》的解释，CIF Landed 是 CIF 贸易术语的变形，CIF 贸易术语的变形是为了解决卸货费用由谁负担而产生的，但买卖双方风险转移的界限没有改变。CIF Landed 要求卖方承担卸货费用，其中包括驳运费，买卖双方风险转移的界限仍是货物在装运港装上船为界。因此，货物在装运后的运输途中遇到的海难，使部分肠衣受到的损失应由德国商人承担。

四、FOB、CFR 和 CIF 三种贸易术语的异同点

（一）FOB、CFR 和 CIF 三种贸易术语的相同点

（1）交货地点相同。FOB、CFR 和 CIF 三种贸易术语的交货地点都在装运港的船上。

（2）风险划分的界限相同。FOB、CFR 和 CIF 三种贸易术语买卖双方风险转移的界限都以货物在装运港装上船为界。

（3）运输方式相同。FOB、CFR 和 CIF 三种贸易术语的运输方式都适用于海运或内河航运，不适用于陆运、空运或多式联运。

（4）进、出口清关手续办理者相同。FOB、CFR 和 CIF 三种贸易术语进、出口清关手续都由买方、卖方各自办理。

（5）合同性质相同。按 FOB、CFR 和 CIF 三种贸易术语成交的合同均属于装运合同。

（6）交货性质相同。按 FOB、CFR 和 CIF 三种贸易术语成交，其交货性质均属于象征性交货。

（二）FOB、CFR 和 CIF 三种贸易术语的不同点

这三种贸易术语的不同点主要表现在买卖双方承担的责任及费用不同。FOB 贸易术

语由买方负责租船订舱和支付运费；CFR 和 CIF 贸易术语由卖方负责租船订舱和支付运费；CIF 贸易术语下，卖方还应负责办理货运保险和支付保险费。

> **案例：** 我某出口公司就钢材出口对外发盘，每公吨 2 500 美元 CIF 伦敦，现外商要求我方将价格改为 FOB 深圳盐田。请问：我出口公司应如何调整价格？如果按 CFR 伦敦条件签订合同，买卖双方在所承担的责任、费用和风险方面与 FOB、CIF 有何不同？
>
> **分析：** 原报价格为每公吨 2 500 美元 CIF 伦敦，现外商要求我方将价格改为 FOB 深圳盐田。我方应调低对外报价。因为，以 CIF 价格成交时，我方需要负担从装运港至目的港的正常运费和保险费，现在外商要求改为 FOB 深圳盐田，则应在原报价中减去运费和保险费。如果最后我方以 CFR 术语成交，相对于 FOB，卖方增加了订立运输合同的责任，增加了从装运港至目的港的正常运费负担；相对于 CIF，卖方减少了办理保险手续责任，减少了保险费的负担。但从所承担的风险来看，CFR 与 FOB、CIF 贸易术语相同，买卖双方承担的风险都以货物在装运港装上船为界。

五、FCA

FCA 即"Free Carrier"的英文缩写，其中文含义为"货交承运人"。使用该贸易术语，卖方负责办理货物出口结关手续，在合同约定的时间和地点将货物交由买方指定的承运人处置，及时通知买方。

（一）买卖双方的基本义务

1. 卖方的基本义务

（1）在合同规定的时间或期限内，将货物交给买方指定的承运人，并及时通知买方。

（2）自负风险和费用，取得出口许可证或其他官方批准证件，办理货物出口所需的一切海关手续并支付有关的税费。

（3）承担货物在约定地点交给第一承运人处置之前的一切费用和风险。

（4）自付费用，提供证明货物已交给承运人处置的通常单据。如果买卖双方约定采用电子通信，则所有单据均可被具有同等效力的电子数据交换（EDI）信息所代替。

2. 买方的基本义务

（1）负责指定承运人，签订运输合同，支付运费，并通知卖方。

（2）自负风险和费用，取得进口许可证或其他官方批准的证件，办理货物进口所需的一切海关手续并支付有关的税费。

（3）承担货物在约定地点交给第一承运人处置之后的一切风险。

（4）接受卖方提供的有关单据，受领货物，并按合同规定支付货款。

（二）使用 FCA 术语应注意的问题

1. 交货地点的问题

根据《2010 年通则》的规定，交货在下列时候才算完成。

（1）若指定的地点是卖方所在地，则当货物被装上买方指定的承运人或代表买方的其他人提供的运输工具时。

（2）若指定的地点不是卖方所在地，而是其他任何地点，则当货物在卖方的运输工具上，尚未卸货而交给买方指定的承运人或其他人，或由卖方选定的承运人或其他人的处置时。

（3）若在指定的地点没有约定具体交货点，且有几个具体交货点可供选择时，卖方可以在指定的地点选择最适合其目的的交货点。

2. 风险转移的问题

买卖双方风险转移以货交承运人处置时为界。如果买方未能及时给予卖方有关承运人名称和其他事项的通知，或者他所指定的承运人未能接受货物，则自规定的交付货物的约定日期限届满之日起，承担货物灭失或损坏的一切风险。

3. 责任和费用的划分问题

买方自行订立运输合同并承担运费。如买方要求卖方代为指定承运人并订立运输合同，在由买方承担风险和费用的情况下，卖方可以接受。

买卖双方承担费用的划分以货交承运人为界。

> **案例：** 我某公司以 FCA 贸易术语向南非出口货物一批，双方约定由我方代为指定承运人并垫付有关运费，最迟的装运期为 4 月 12 日。我方业务员于 4 月 10 日将货物交给我方代为指定的承运人并于当天通知买方，承运人收妥货物后存于仓库待运，4 月 12 日，由于仓库电线短路起火，货物全部被烧毁。当南非商人得知货物被毁后拒付货款和运费。请问：南非商人的拒付是否有理？为什么？
>
> **分析：** 南非商人的拒付是无理的。依《2010 年通则》的规定，买方负担货物在约定地点交给承运人处置后的一切费用和风险，若买方要求卖方代为指定承运人并订立运输合同，货物交给承运人处置后的风险和费用仍由买方承担。本案中，我方只是代为指定承运人并垫付有关运费，货物烧毁是在我方交货后发生的，其风险应由买方承担。

六、CPT

（一）CPT 的含义

CPT 即 "Carriage Paid to" 的英文缩写，其中文含义为 "运费付至指定目的地"，使用该术语，卖方应自费订立运输契约并支付将货物运至目的地的运费。在办理货物出口结关手续后，在约定的时间和指定的装运地点将货物交由承运人处置，并及时通知买方。

1. 卖方的基本义务

（1）自费订立运输契约并支付将货物运至目的地的运费。

（2）在合同规定的时间或期限内，将货物交给承运人，并及时通知买方。

（3）自负风险和费用，取得出口许可证或其他官方批准的证件，办理货物出口所需的一切海关手续并支付有关的税费。

（4）承担货物在约定地点交给第一承运人处置之前的一切费用和风险。

（5）自付费用，提供证明货物已交给承运人处置的通常单据。如果买卖双方约定采用电子通信，则所有单据均可被具有同等效力的电子数据交换（EDI）信息所代替。

2. 买方的基本义务

（1）自负风险和费用，取得进口许可证或其他官方批准的证件，办理货物进口所需的一切海关手续并支付有关的税费。

（2）承担货物在约定地点交给第一承运人处置之后的一切风险。

（3）接受卖方提供的有关单据，受领货物，并按合同规定支付货款。

使用 CPT 术语，卖方的基本义务是在 FCA 的基础上增加了指定承运人，签订运输合同，支付运费，并及时通知买方。

（二）使用 CPT 术语应注意的问题

1. 风险划分的界限问题

根据《2010 年通则》的解释，货物自交货地点运至目的地的运输途中的风险由买方承担，卖方只承担货物交给承运人控制之前的风险。

2. 责任和费用划分问题

买方应及时将确定的交货时间和目的地给予卖方充分的通知，以利于卖方履行交货义务；卖方将货物交给承运人后，应及时向买方发出货已交付的充分通知，以利于买方及时投保和在目的地受领货物。

从交货地点到指定目的地的正常运费由卖方负担，正常运费之外的其他有关费用，一般由买方负担。

案例： 我国内地省份 A 公司拟向加拿大 B 公司出口番茄酱罐头一批，B 公司提出按 CFR 多伦多条件成交，而我 A 公司则提出采用 CPT 多伦多条件。试分析 A 公司和 B 公司各自提出上述成交条件的原因。

分析： A 公司提出采用 CPT 的原因是：CPT 条件下，卖主只需在内地货物起运地将货物交给承运人，其交货义务即完成，货物风险即转移至买方；CFR 条件下，卖方则必须自负费用、责任、风险将货物由内地运至装运港口，并装上船，卖方才算是完成交货，风险才转移。因此，对 A 公司而言，采用 CPT 条件，具有风险提前转移、提前交单收汇、费用和责任减少的优点。而 B 公司提出采用 CFR 的原因，是 CFR 条件对 B 公司而言，具有风险推迟转移、付款延迟、费用和责任减少的优点。

七、CIP

（一）CIP 的含义

CIP 即"Carriage and Insurance Paid to"的英文缩写，其中文含义为"运费、保险费付至（指定目的地）"。使用该术语，卖方应自费订立运输契约并支付将货物运至目的地的运费，负责办理保险手续并支付保险费。在办理货物出口结关手续后，在指定的装运地点将货物交由承运人照管，以履行其交货义务。

1. 卖方的基本义务

（1）自费订立运输契约并支付将货物运至目的地的运费。

（2）在合同规定的时间或期限内，将货物交给承运人，并及时通知买方。

（3）自负风险和费用，取得出口许可证或其他官方批准的证件，办理货物出口所需的一切海关手续并支付有关的税费。

（4）承担货物在约定地点交给第一承运人处置之前的一切费用和风险。

（5）负责办理保险手续并支付保险费。

（6）自付费用，提供证明货物已交给承运人处置的通常单据。如果买卖双方约定采用电子通信，则所有单据均可被具有同等效力的电子数据交换（EDI）信息所代替。

2. 买方的基本义务

（1）自负风险和费用，取得进口许可证或其他官方批准的证件，办理货物进口所需的一切海关手续并支付有关的税费。

（2）承担货物在约定地点交给第一承运人处置之后的一切风险。

（3）接受卖方提供的有关单据，受领货物，并按合同规定支付货款。

使用 CIP 术语，卖方的基本义务是在 CPT 的基础上增加了负责办理货物运输保险，支付保险费。

（二）使用 CIP 术语应注意的问题

1. 卖方负责货运投保不等于卖方承担货运中的风险

根据《2010 年通则》的解释，卖方的投保属代办性质，货物从交货地点运往目的地的运输途中的风险由买方承担。

一般情况下，卖方应按双方约定的险别投保。如果未约定险别，则由卖方按惯例投保最低的险别。保险金额一般是在合同价格的基础上加成 10% 办理。若买方要求超过 10% 的保险加成，只要不超过 30%，卖方都可以接受，并把增加的保费分摊到 CIP 价格中即可。

案例： 我某进出口公司以 CIP 条件进口货物一批，合同中的保险条款规定："由卖方按发票金额的 130% 投保一切险。"卖方在货物装运完毕以后，已凭结汇单据向买方收取了货款。而货物在运输途中遇险导致全部灭失。当买方凭保险单向保险公司要求赔付时，卖方却提出，超出发票金额 20% 的赔付部分，应该是买卖双方各得一半。请问：卖方的要求是否合理？为什么？

分析： 卖方的要求是不合理的。依惯例，如果未约定保险加成率，则由卖方在合同价格的基础上加成 10% 办理。但本案中，买卖双方已在合同中规定"由卖方按发票金额的 130% 投保一切险"，并没有"货物发生损失时，超出发票金额 20% 的赔付部分，双方各得一半"的规定。因此，买方可以独享保险公司赔偿的全部赔偿金额。

2. 卖方负责办理货运并支付运费不等于卖方保证货物按时到货

根据《2010 年通则》的解释，卖方负责办理货运并支付运费，但卖方不保证货物按时到达目的地。只要卖方按合同规定的时间和地点，把货物交给第一承运人，并备齐有关单据交买方，买方就必须付款。货物是否能到达目的地，何时到达目的地，这些风险由买方承担。

3. 合理确定价格

报价时卖方要考虑运费、保险费，即运输距离、保险险别、各种运输方式和各类保险的收费情况，并预计运价和保险费率的变动趋势。

八、FOB、CFR、CIF 与 FCA、CPT、CIP 贸易术语的主要区别

（一）适用的运输方式不同

FOB、CFR、CIF 只适用于海洋运输和内河航运，其承运人一般是船公司，而 FCA、CPT、CIP 则适用于包括海运在内的各种运输方式以及多式联运方式，其承运人可以是船公司、航空公司或多式联运的联合运输经营人。

（二）风险转移的界限不同

FOB、CFR、CIF 三种贸易术语买卖双方风险转移是以货物在装运港装上船时转移，而 FCA、CPT、CIP 的风险则自货物交付承运人接管时转移。

（三）装卸费用负担不同

采用租船运输时，FOB 条件下需要明确装货费用由何方负担，在 CFR、CIF 条件下要规定卸货费用由何方负担。而 FCA、CPT、CIP 术语同样采用租船运输时，由于装卸货费用通常已经包括在运费中，所以买卖双方一般不需要在合同中规定装卸货费用由何方负担。

（四）使用的运输单据不同

按 FOB、CFR、CIF 条件成交，卖方应提供与海运有关的运输单据，而按 FCA、CPT、CIP 术语成交，卖方向买方提供的运输单据视运输方式而定，可以是与海运有关的运输单据，也可以是铁路运单或航空运单等。

（五）交货的地点不同

FOB、CFR、CIF 三种贸易术语买卖双方交货的地点是在装运港的船上，而 FCA、CPT、CIP 买卖双方交货的地点是卖方与承运人办理货物交接的装运地，承运人接管货物的地点可以在其提供的运输工具上，也可以在约定的运输站或收货站。

第三节　其他贸易术语

一、EXW

EXW 即 "EX Works（... named place）" 的英文缩写，其中文含义为 "工厂交货（指定地点）"。使用该术语，卖方负责在其所在处所（工厂、工场、仓库等）将货物置于买方处置之下即履行了交货义务。

使用 EXW 贸易术语应注意：

（1）采用 EXW 条件，卖方承担的责任最小，因而其价格是最低的。

（2）一般情况下，由卖方将交货的具体时间和地点通知买方。

（3）采用产地交货方式时，卖方可只提供惯常包装。对于提供出口包装所需的费用，若合同没有特别说明，一般应由卖方负担。

案例： 我 A 贸易公司与香港 T 公司签订一份出口茶叶的合同，EXW 交货条件，数量 10 公吨，总值 26 400 美元。合同规定买方应于 8 月份提取货物。卖方于 8 月 1 日如期将提货单交付给买方，买方按合同规定付清了货款。但是，买方直到 8 月 31 日尚未提走货物，于是卖方将货物搬移至另一不适当的地方存放。由于茶叶与牛皮共同存放在同一地方，当 T 公司于 9 月 15 日提货时，发现有 20% 的茶叶已与牛皮串味而失去商销价值。双方因此发生争执。请问：上述情况下，双方各应负何种责任？为什么？

分析： 买卖双方都有违约行为，各自都应承担相应的责任。

卖方对买方尚未提走继续存放在其仓库的货物有保全货物和防止损失的责任，这在《公约》中有相关规定。卖方应对串味的 20% 的茶叶负责赔偿；买方延迟 15 天收取货物，属违约，因此，15 天的仓租以及由此而产生的其他额外费用，也理应由买方负责。

本案中，双方都有违约行为，应按照合同和有关法律规定，各负其责。

二、FAS

FAS 即"Free Alongside Ship（…named port of shipment）"的英文缩写，其中文含义为"船边交货（……指定装运港）"。使用该术语，卖方负责在装运港将货物放置码头或驳船上靠船边，即完成交货。

使用 FAS 贸易术语应注意：

（1）FAS 的卖方负责办理出口结关手续和提供出口国政府签发的有关证件。《2010 年通则》对《1990 年通则》的一个实质性变更就是把 FAS 须由买方负责办理出口结关手续和提供出口国政府签发的有关证件改为由卖方负责。

（2）FAS 成交，如果买方指派船只不能靠岸，卖方要负责用驳船把货物运至船边，仍在船边交货。

（3）与《定义》中 FAS 的区别。《2010 年通则》中的 FAS 只能适用于海运和内河运输，而《定义》中的 FAS 适用于任何运输方式，只有"FOB VESSEL"才表示"船边交货"。

三、DAT

DAT 即"Delivered at Terminal"的英文缩写，其中文含义为"目的地或目的港的集散站交货"。使用该术语，卖方负责在指定的目的地或目的港的集散站卸货后将货物交给买方处置，即履行交货义务。使用该术语应注意：

（1）"Terminal"可理解为目的地或目的港的任何地点，如目的地的港口码头、仓库、集装箱堆场或货运站等。

（2）"卸货后"意指卖方应承担将货物在目的地的运输工具上卸下的费用。

四、DAP

DAP 即"Delivered at Place"的英文缩写，其中文含义为"目的地交货"。使用该术语，卖方负责在指定的目的地交货，卖方只需做好卸货准备，无需卸货即完成交货。使用该术语应注意：

（1）"Place"可理解为港口或陆地的地名，因此该术语适合于任何运输方式。

（2）DAP 与 DAT 的主要区别在于 DAP 卖方只负责将货物运至指定的目的地并做好卸货准备即可，卸货费用由买方承担。

五、DDP

DDP 即"Delivered Duty Paid（…named place of destination）"的英文缩写，其中文含义为"完税后交货（……指定目的地）"。使用该术语，卖方负责将货物运至进口国的指定地，负责办理货物进口的清关手续，承担交货前的一切风险和费用，包括关税等。

使用 DDP 贸易术语应注意：

（1）卖方若不能直接或间接地取得进口许可证，则不应使用 DDP 术语。

（2）是否投保由卖方决定。

（3）卖方承担的风险、费用和责任最大，因而价格最高。

（4）卖方实质上是将货物运进进口方的国内市场。

第七章
国际货物运输

国际贸易中的货物运输主要有海运、铁路运输、航空运输、邮包运输和多式联运等。由于海运运输量大，成本低，且不受道路的限制，一直以来都是国际贸易货物运输最主要的方式，约占货运总量的 60% 以上。但海运的缺陷也是比较明显的，即受自然条件的影响大，运输速度慢，运输安全性和准确性较差。近年来，航空运输发展迅速，目前约占货运总量的 20% 以上。

第一节　海洋运输

海洋运输根据营运方式可分为班轮运输和租船运输两大类。在海洋运输业务中，国际贸易的货物采用班轮运输方式所占比率最大。

一、班轮运输

1. 班轮运输的含义及特点

班轮运输（Liner Shipping）又称定期船运输，是指船舶按照固定的船期表，沿着固定的航线和港口并按相对固定的运费率收取运费的运输方式。

班轮运输具有以下主要特点：

（1）"四定"。固定的港口、固定的航线、固定的船期和相对固定的运费费率。

（2）"一负责"。货物由班轮公司负责配载和装卸，在班轮运费中包含了装货费和卸货费，故班轮公司不向托运人计收滞期费和速遣费。

2. 班轮运费

班轮运费是指班轮公司为运输货物而向货主收取的费用，其中包括货物在装运港的装货费、在目的港的卸货费以及从装运港至目的港的运输费用和附加费用。在实际业务中，班轮公司均按照班轮运价表的规定计收运费。有的运价表将承运货物分为若干等级（一般分为 20 个等级），每一个等级有一个基本费率（一级的费率最低，二十级的费率最高），称为"等级运价表"。班轮运费由基本运费和附加费两部分组成。

（1）基本运费。

基本运费是指货物从装运港到目的港所应收取的费用，其中包括货物在港口的装卸费用，它是构成全程运费的主要组成部分。其计算标准主要有以下六种：

①按货物的毛重计收。以重量吨（Weight Ton）收取。重量吨有公吨、长吨或短吨，视船公司采用公制、英制或美制而定。按此方法计费者，在班轮运价表中商品名称后面注有"W"字样。

②按货物的体积计收。以尺码吨（Measurement Ton）收取。尺码吨为立方米或立方英尺。前者为公制，后者为英制，视船公司采用何种度量衡制度而定。按此方法计费者，在班轮运价表中商品名称后面注有"M"字样。按重量吨和尺码吨计收运费的单位统称为运费吨（Freight Ton）。

③按货物的价格计收。以有关货物的 FOB 总价值按一定的百分比收取。按此方法计费者，在班轮运价表中商品名称后面注有"A. V."或"Ad. Val."字样，"Val."是拉丁文 Valorem 的缩写，即从价的意思。因此该计费标准也称从价运费。

④按收费较高者计收。从重量吨、尺码吨（W/M）两者或从重量吨、尺码吨、货物的价格（W/M or A. V.）三者中，选择较高者收费。此外，还有从重量吨、尺码吨两者中选择较高者收费后，另加收一定百分比的从价运费，即"W/M plus A. V."。

⑤按货物的件数计收。

⑥大宗商品交易下，由船、货双方议定。

（2）附加费。

附加费是指针对某些特定情况或需要作特殊处理的货物而在基本运费之外加收的费用。附加费名目繁多，主要有超重附加费（heavy lift additional）、超长附加费（long length additional）、直航附加费（direct additional）、转船附加费（transshipment additional）、港口拥挤附加费（port congestion surcharge）、选港附加费（optional additional）、燃油附加费（bunker surcharge）、绕航附加费（deviation surcharge）等。实际业务中超重附加费、超长附加费每转船一次就加收一次，若货物既超重又超长，其附加费以超重附加费和超长附加费中较高者计收。

班轮运费的计算公式为：

班轮运费 = 商品数量 × 计费标准 × （1 + 各种附加费率之和）

例题：我某外贸公司出口铁矿砂 3 200 公吨至日本，已知运往日本基本港口的基本运费率为每运费吨 80 美元，运往非基本港口的转船附加费率为 20%，同时，每运费吨加收 10 美元的港口附加费。请问：该批铁矿砂运往非基本港口的运费为多少？

解：港口附加费 = 10 × 3 200 = 32 000（美元）

基本运费 = 80 × 3 200 = 256 000（美元）

转船附加费 = 80 × 3 200 × 20% = 51 200（美元）

总运费 = 基本运费 + 港口附加费 + 转船附加费

　　　　= 256 000 + 32 000 + 51 200

　　　　= 339 200（美元）

答: 该批铁矿砂运往非基本港口的运费为 339 200 美元。

例题: 我某外贸公司出口货物共 400 箱,每箱 350 美元 CFR 新加坡,新加坡商人要求将价格改报为 FOB 价,已知该批货物每箱的体积为 40cm×30cm×30cm,毛重为 30 千克,商品计费标准为 W/M,每运费吨基本运费为 200 美元,另需加收燃油附加费 10%,货币附加费 10%,港口拥挤费 10%。试求每箱货物应付的运费及应改报的 FOB 价是多少?

解:(1)$40cm×30cm×30cm = 0.036m^3$,因为 $0.036 > 0.03$

且基本运费的计收方法是 W/M,所以应选择 $0.036m^3$ 来计算运费。代入公式:

单位运费 = 计费标准×基本运费×(1 + 各种附加费率)

　　　　 = 0.036×200×(1 + 10% + 10% + 10%)

　　　　 = 9.36(美元)

(2)应该报的 FOB 价是 FOB = CFR − 运费 = 350 − 9.36 = 340.64(美元)

答: 该批货物每箱的运费是 9.36 美元,应该报的 FOB 价是 340.64 美元。

二、租船运输

1. 租船运输的含义及特点

租船运输(Chartering Shipping)又称不定期船运输(Tramp Shipping),是相对于班轮运输的另一种海上运输方式,其既没有固定的船舶班期,也没有固定的航线和挂靠港,而是按照货源的要求和货主对货物运输的要求,安排船舶航行计划,组织货物运输。

租船的一方称为承租人、租船人或租家(Charterer)。承租双方所签订的租船合同被称为租约(Charter Party,简称 C/P)。

租船运输的特点包括:

(1)按照船舶出租人与承租人双方签订的租船合同安排船舶就航航线,组织运输,没有固定的船期表、港口和航线。

(2)适合于大宗散装货运输,货物的特点是批量大、附加值低、包装相对简单,运价也较低。

(3)舱位的租赁一般以提供整船或部分舱位为主,承租人一般可以将舱位或整船再租予第三人。

(4)船舶营运中的风险以及有关费用的负担责任由租约约定。

(5)租船运输中提单的性质不完全与班轮运输中提单的性质相同,它一般不是一个独立的文件,对于承租人和船舶出租人而言,仅相当于货物收据。

(6)承租人与船舶出租人之间的权利和义务是通过租船合同来确定的。

(7)租船运输中,船舶港口使用费、装卸费及船期延误造成的费用,按租船合同规定由船舶出租人和承租人分担、划分及计算,而班轮运输中船舶的一切正常营运支出均由船方负担。

2. 租船方式

租船方式主要有程租船、定期租船、光船租船、包运租船和航次期租。下面仅介绍程租船的含义及特点。

程租船又称为航次租船（Voyage Chartering），是指由船舶所有人向承租人提供船舶或船舶的部分舱位，在指定的港口之间进行单向或往返的一个航次或几个航次，用以运输指定货物的租船运输方式。

程租船的特点有：

（1）与班轮运输相同，提单都可能具有海上货物运输合同证明的性质。

（2）航次租船合同是确定船舶出租人与承租人的权利、义务和责任的依据。

（3）由托运人或承租人负责完成货物的组织，支付运费及支付相关的费用。

（4）船舶出租人占有和控制船舶，负责船舶的营运调度，配备和管理船员。

（5）船舶出租人负责船舶营运所支付的费用。

（6）船舶出租人出租整船或部分舱位，按实际装船的货物数量或整船舱位包干计收运费。

（7）承租人向船舶出租人支付的运输费用通常称为运费，而不称租金。

（8）航次租船合同中都规定可用于在港装卸货物的时间，装卸时间的计算方法，滞期和速遣以及滞留损失等规定。

3. 租船合同

采用租船运输时，船舶出租人和承租人双方应签订租船合同。航次租船是目前最常用的租船方式，航次租船合同的主要条款有：

（1）合同当事人。航次租船合同的当事人是船舶出租人和承租人。

（2）船舶概况。船舶概况主要有船名、船籍、船级、船舶吨位等内容。

（3）装卸港口。装卸港口通常由承租人指定或选择，并在航次租船合同中具体记载港口名称。

合同中一般默示可以使用的港口数量为一装一卸，而且一个港口仅可以使用一个泊位。港口的约定方法有：①明确指定具体的装货港和卸货港；②规定某个特定的装卸泊位或地点；③由承租人选择装货港和卸货港。

（4）受载期与解约日。受载期是船舶在租船合同规定的日期内到达约定的装货港，并做好装货准备的期限。在受载期内的任一天到达装货港都是允许的，无论是受载期的第一天还是最后一天，船舶抵达装货港并做好装货准备即可。

解约日是船舶到达合同规定的装港，并做好装货准备的最后一天。解约日条款赋予承租人的权利是直到解约日这一天来临时，才可以解除合同。

我国《海商法》规定："船舶出租人在约定的受载期限内，未能提供船舶的，承租人有权解除合同。但是，船舶出租人将船舶延误情况和船舶预期抵达装货港的日期通知承租人的，承租人应当自收到通知时起48小时内，将是否解除合同的决定通知船舶出租人。"

（5）装卸费用分担。装卸费用分担是指将货物从岸边（或驳船）装入舱内和将货物从船舱卸至岸边（或驳船）的费用。常见的约定方法有：①船方负担装卸费（Gross Terms），也称"班轮条件"（Liner Terms）；②船方不负担装卸费（Free in and out, FIO）；③船方管装不管卸（Free out, FO）；④船方管卸不管装（Free in, FI）。

（6）运费。航次租船的运费按所装运货物的数量计收。默示的法律性质为到付，运多少付多少，即提单记载数量和实际卸货数量从小计收。在英美法中，运费不得扣减和对冲。

（7）装卸时间。装卸时间是指合同当事人约定的船舶所有人使船舶并保证船舶适于装卸货物，无须在运费之外支付附加费的时间。

装卸时间的起算必须满足这样三个条件：船舶抵达合同约定的地点；船舶已经备妥，可装卸货物；在第一装港或第一卸港，船长要递交装卸准备就绪通知书。装卸时间经过一个通知时间后开始起算。装卸时间的规定方法有：

①日或连续日——午夜连续 24 小时的时间。在此期间，不论是实际不可能进行装卸作业的时间（如雨天、施工、或其他不可抗力），还是星期日或节假日，都计为装卸时间。

②累计 24 小时好天气工作日——在好天气的情况下，不论港口习惯作业为几小时，均以累计 24 小时为一个工作日，如果港口规定每天作业 8 小时，则工作日便跨及几天的时间。

③连续 24 小时好天气工作日——在好天气情况下，连续作业 24 小时算一个工作日，如中间因坏天气影响而不能作业的时间应予以扣除。

（8）滞期费与速遣费。如果在约定的允许装卸时间内未能将货物装卸完，致使船舶在港内停泊时间延长，给船方造成经济损失的，则延迟期间的损失，应按约定每天若干金额补偿给船方，这项补偿金叫滞期费（Demurrage）。一般采取"一旦滞期，始终滞期"方式计算。如果按约定的装卸时间和装卸率，提前完成装卸任务，使船方节省了船舶在港的费用开支，船方将其获取的利益的一部分给租船人作为奖励，叫速遣费（Dispatch Money）。依国际航运惯例，速遣费费率为滞用费费率的一半。

对于装货港产生的滞期费，船舶出租人一般不能在卸货港留置承租人以外的货物的，除非是提单中有一个有效的并入条款，使租约中的留置权条款并入到提单中去，以此约束提单持有人。

对于卸货港产生的滞期费等，原则上船舶出租人只能向收货人收取，除非他在无法有效地行使留置权的情况下，船舶出租人才可以向承租人收取。

例题： 我某粮油贸易公司向西非蒙罗维亚港口出口大米 9 000 公吨，租一单程船运输，广州港装船。租船合同对装卸条件规定：允许装货时间为 6 个连续 24 小时好天气工作日，每日装货 1 500 公吨；星期六、日、节假日除外，如果用了则计算；节假日前一天 18 点后和节假日后 8 点前不计入允许的装卸时间，用了则算；滞期费每天 5 000 美元，速遣费每天 2 500 美元。

装卸时间记录：

3 月 18 日	星期四	8 时到 24 时装货（有 3 小时下雨）
3 月 19 日	星期五	0 时到 24 时装货
3 月 20 日	星期六（公休日）	0 时到 18 时装货
3 月 21 日	星期日（公休日）	8 时到 24 时装货
3 月 22 日	星期一	0 时到 24 时装货（有 4 小时下雨）
3 月 23 日	星期二	8 时到 11 时装货完毕

试计算我方应付的滞期费或应得的速遣费是多少？

解：我公司应得的速遣费：

$$速遣费 = \frac{6 \times 24 - (13 + 24 + 18 + 16 + 20 + 3)}{24} \times 2\ 500 = 5\ 208（美元）$$

答：我公司应得的速遣费是 5 208 美元。

第二节 其他运输方式

一、铁路运输

铁路运输具有运量大、速度快、受天气影响小、运输较准点的优点。我国的铁路运输可分为国内铁路运输和国际铁路联运两个部分，而对外贸易运输还包括对港澳铁路运输部分。

1. 对港澳铁路运输

供应港、澳地区的货物由内地利用铁路运往香港九龙，或运至广州南部转船至澳门属于国内铁路运输。但它与一般的国内铁路运输不同，其具体做法是先由发货人将货物托运到深圳北站，由深圳外贸运输公司再办理港段铁路托运手续，由香港中国旅行社收货后转交给香港或九龙的买主，其特点是两票运输。出口企业凭外贸运输公司出具的承运货物收据办理收汇手续。去澳门的货物也凭外贸运输公司出具的承运货物收据办理收汇手续。

2. 国际铁路联运

我国的国际铁路货物联运主要是通过铁路合作组织在 1951 年缔结的《国际铁路货物联运协定》（简称《国际货协》）来进行的。凡参加国际货协国家的进出口货物，从发货国家的始发站到收货国家的终点站，只要在始发站办妥托运手续，使用一份运送单据，即可由铁路以连带责任办理货物的全程运送。根据国际货协规定，不仅缔约国之间可办理货物运送，而且也可向非缔约国运送货物；反之，非缔约国也可向缔约国运送货物。1980年欧洲各国在瑞士伯尔尼举行的各国代表大会上也制定了《国际铁路货物运送公约》（简称《国际货约》）。这就为国际间的铁路联运提供了方便，使参加《国际货协》国家的进出口货物，也可以通过铁路转送至参加《国际货约》的国家。

二、航空运输

航空运输是一种现代化的运输方式，具有快捷、安全、准时、货损少和空间跨度大等优点，适用于鲜活、易腐、精密仪器、贵重物品以及紧急物品的运输。但航空运输的运价比较高，载量有限且易受天气影响。随着世界经济贸易发展对国际货物运输的要求，航空运输得到了快速的发展。目前，航空运输量占国际贸易货物运输量的比例超过了20%。

1. 航空运输种类

航空运输主要有班机运输、包舱（板）运输、集中托运和航空快递等。

（1）班机运输。班机运输有固定航线和停靠航站并定期起航。由于班机运输能安全、迅速、准时地到达世界各航站，因此最受托运人的欢迎。

（2）包舱（板）运输。包舱（板）运输是航空货物运输的一种形式，它是指托运人根据所运输的货物在一定时间内需要单独占用飞机部分或全部货舱、集装箱、集装板，而承运人需要采取专门措施予以保证。

（3）集中托运。集中托运是指航空货运代理机构把若干批单独发送的货物组成一整批向航空公司集中托运，填写一份总运单发送到同一目的站，由航空货运代理机构委托目的站所在地的代理人负责收货，并分拨给各个实际收货人。这种托运方式在航空运输中使用最普遍。

（4）航空快递。航空快递（Air Courier）是指具有独立法人资格的企业将进出境货物或物品从发件人（Consignor）所在地通过自身或代理网络运达收件人（Consignee）的一种快速运输方式，采用上述运输方式的进出境货物、物品叫快件。世界主要的快递公司有DHL、FedEx、UPS、TNT、OCS 和 EMS。

快件业务从所发运快件的内容来看，主要分成快件文件和快件包裹两大类。快件文件以商务文件、资料等无商业价值的印刷品为主，但也包括银行单证、合同、照片、机票等。快件包裹又叫小包裹服务，包裹是指一些贸易成交的小型样品、零配件返修及采用快件运送方式的一些进出口货物和物品。

航空快递业务具有如下特点：①快递公司有完善的快递网络；②以收运文件和小包裹为主；③有特殊的单据 POD；④流程环节全程控制；⑤高度的信息化控制。

2. 航空运价

货物的航空运价是指将一票货物自始发地机场运输到目的地机场所应收取的航空运输费用，不包括其他费用。货物的航空运费主要由两个因素组成，即货物适用的运价与货物的计费重量。

（1）运价，又称费率，是指承运人对所运输的每一重量单位货物（千克或磅）（kg or lb）所收取的自始发地机场至目的地机场的航空费用。货物的航空运价一般以运输始发地的本国货币公布。

（2）货物的计费重量，或者是货物的实际毛重，或者是货物的体积重量，或者是较高重量分界点的重量。其包括：①实际毛重：包括货物包装在内的货物重量。②体积重量：体积重量的折算，换算标准为每 6 000 立方厘米折合 1 千克。③计费重量：采用货物的实际毛重与货物的体积重量两者比较取高者；但当货物较高重量分界点的较低运价计算的航空运费较低时，则将较高重量分界点的货物起始重量作为货物的计费重量。

国际航协规定，国际货物的计费重量以 0.5 千克为最小单位，重量尾数不足 0.5 千克的，按 0.5 千克计算；0.5 千克以上不足 1 千克的，按 1 千克计算。

三、邮政运输

邮政运输是通过各国邮政之间订立的协定或公约，使邮件包裹在全球的传递，它比较适合于体积小、重量轻的货物的运输。邮政运输是一种"门到门"的运输方式。

国际邮政运输具有广泛的国际性，而且通常需要经过两个或两个以上国家的邮政局和两种或两种以上不同的运输方式的联合作业才能完成，而寄件人只要向邮局办理一次托运手续，一次付清邮资并取得邮包收据作为邮局收到邮包的凭证和邮包灭失或损坏时凭以向邮局索赔的依据，其余的事宜概由各有关邮局负责办理。

邮政运输使用的单据是邮包收据。邮包收据并非物权凭证，不能通过背书进行转让和作为抵押品向银行融通资金。这是因为货物到达目的地后，承运人向收货人发出到件通知，收货人凭到件通知和身份证明即可提取邮件。

四、集装箱运输

集装箱运输是以集装箱为运输单位进行运输的一种现代化的先进的运输方式，它可适用于各种运输方式的单独运输和不同运输方式的联合运输。

集装箱运输的货物可分为整箱货（FCL）和拼箱货（LCL）。整箱货是指由发货人负责装箱和计数，填写装箱单，并加封志的集装箱货物。通常是一个发货人和一个收货人。拼箱货是指由承运人的集装箱货运站负责装箱和计数，填制装箱单，并加封志的集装箱货物。通常是多个发货人和多个收货人。

集装箱货物主要的交接方式有：①场到场的交接（CY TO CY），主要用于海运承运人；②站到站的交接（CFS TO CFS），主要用于拼箱经营人；③门到门的交接（DOOR TO DOOR），主要用于货代、多式联运、物流经营人。

关于集装箱的标准化，ISO/TC104 制定的第一系列的四种箱型是：A 型—40 英尺；B 型—30 英尺；C 型—20 英尺；D 型—10 英尺。实务中最常用的箱型有1A 型—40 英尺集装箱（FEU）和1C 型—20 英尺集装箱（TEU）。FEU 最多可载货 67 立方米左右，最大可载重 26 公吨左右；TEU 最多可载货 33 立方米左右，最大可载重 21 公吨左右。

集装箱标记由 11 个字母和数字组成，即四个字母箱主代码（第四位为海运集装箱代号 U），顺序号六位数，核对数一位。

五、国际多式联运

国际多式联运是指按照多式联运合同，以至少两种不同的运输方式，由多式联运经营人将货物从一国境内接受货物的地点运往另一国境内指定交付货物的地点的运输方式。

国际多式联运具有提高运输组织水平，综合利用各种运输优势，实现门到门运输的有效途径，手续简便、提早结汇，安全迅速，降低运输成本、节约运杂费用等优点。

根据《联合国国际货物多式联运公约》的解释，国际多式联运方式需同时具备以下六个条件：

（1）必须有一份多式联运合同。
（2）使用一份包括全程的多式联运单据。
（3）由一个多式联运经营人对全程运输负责。
（4）必须是至少两种不同运输方式的连贯运输。
（5）必须是国际间的货物运输。
（6）必须是全程单一的运费费率。

六、陆桥运输

陆桥运输（Land Bridge Transport）就是以陆为桥的运输，可分为大陆桥运输、小陆桥运输和微型陆桥运输。

1. 大陆桥运输

大陆桥运输是指使用横贯大陆的铁路或公路运输系统作为中间桥梁，把大陆两端的海洋运输连接起来的连贯运输方式。目前主要的大陆桥有美国大陆桥、西伯利亚大陆桥（SLB）、亚欧大陆桥等。

西伯利亚大陆桥（Siberian Land Bridge Transport），经前苏联远东的纳霍特卡港台和东方港，横贯西伯利亚到莫斯科，进而扩散到欧洲，是全球最重要的大陆桥运输线路。有铁—铁、铁—海（黑海）、铁—卡三种方式运输。与海运比较，西伯利亚大陆桥的优点有运输距离缩短 1/2（Suez Cana 缩短 1/3）途中时间减少 50%，运输成本降低 20% ~ 30% 等。

2. 小陆桥运输

小陆桥运输就是比大陆桥的海—陆—海缩短了一段海上运输，形成海—陆或陆—海的形式。

3. 微型陆桥运输

微型陆桥运输是在小陆桥运输的基础上派生出来的，其运输路线较小陆桥运输缩短。它是指使用联运提单，经美国西海岸和美国湾沿海港口，利用集装箱拖车或铁路运输将货物运至美国内陆城市。

4. OCP（Overland Common Point）

OCP 称为内陆公共点或陆上公共点，它的含义是使用两种运输方式将卸至美国西海岸港口的货物通过铁路转运抵美国的内陆公共点地区，并享有比直达西海岸港口费率较低的优惠，陆运的运费率也有相应的优惠，相反方向的运送也享受同样的优惠。发货人将货物运至指定的西海岸港口，就完成了联运提单的运输责任，发货人的责任止于西海岸港口。OCP 运输的货运单证中，必须将卸货港和目的地列明，如 SEATTLE OCP—卸货港、OCP CHICAGO—目的地。

第八章
国际货物运输保险

在国际贸易中，由于空间跨度大，货物一般要经过长途运输，而且中间要经过储存、装卸等环节，遭遇各种风险的可能性较大。通过保险，当货物在运输中遭受承保范围内的损失时，被保险人可以得到保险公司的赔偿。

第一节　国际货物运输中的风险、损失与费用

一、风险

风险是国际货物运输中货物损失的起因，风险不同，造成的损失也不同。国际货物运输中可保险的风险分为海上风险与外来风险。

（一）海上风险（Perils of the Sea）

海上风险又称海难，它包括海上发生的自然灾害和意外事故。

1. **自然灾害**（Natural Calamity）

自然灾害是指由于自然界的变异引起破坏力量所造成的现象，如恶劣气候、雷电、海啸、地震、洪水、火山爆发等人力不可抗拒的灾害。

2. **意外事故**（Fortuitous Accidents）

意外事故是指船舶搁浅、触礁、沉没、失踪、互撞或与其他固体物如流冰、码头碰撞，以及失火、爆炸等意外原因造成的事故或其他类似事故。

（二）外来风险（Extraneous Risks）

外来风险是指海上风险以外的其他外来原因所致的风险。外来风险可分为一般外来风险和特殊外来风险两种。

1. **一般外来风险**

一般外来风险是指偷窃、雨淋、破碎、串味、钩损、锈损、渗漏、沾污、受潮受热、短量、包装破裂等。

2. **特殊外来风险**

特殊外来风险是指由于军事、政治、国家政策法令和行政措施等以及其他特殊外来原因，如战争、罢工、交货不到、被拒绝进口或没收等带来的风险。

二、损　失

可补偿的海上损失是指被保险货物在海洋运输途中，因遭遇海上风险所引起的损坏或灭失。按照各国海运保险业务习惯，海上损失也包括与海运连接的陆上运输和内河运输过程中所遇到的自然灾害和意外事故所致的损坏或灭失。海上损失按损失的程度可分为全部损失和部分损失。

（一）全部损失（Total Loss）

全部损失是针对被保险货物在海运过程中，由于海上风险所造成的损坏或灭失而言的。全部损失可分为实际全损和推定全损。

1. **实际全损**（Actual Total Loss）

实际全损是针对被保险货物全部灭失或完全变质失去原有价值或不可能归还被保险人而言的。例如，船舶触礁后船货同时沉入海底；大豆被海水浸泡后被日晒变质；船舶失踪已达半年以上仍无消息等。

2. **推定全损**（Constructive Total Loss）

推定全损是指货物发生事故后，认为实际全损已不可避免，或者为避免实际全损所支付的费用与继续将货物运抵目的港的费用之和超过了保险价值。如果由于保险责任范围内的原因造成货物的损失虽未达到全部损失的程度，但为挽回损失而采取措施的支出大于全部损失的情况下，要求保险公司按全部损失给予赔偿时，被保险人必须向保险公司办理"委付"手续。所谓委付（Abandonment）就是被保险人将被保险货物的一切权利转让给保险人，并要求保险人按全损给予赔偿的行为。委付必须经保险人明示或默示的承诺方为有效。凡不属于实际全损和推定全损的损失为部分损失。

　　案例：我 A 公司与美国某公司按 CIF 旧金山成交出口一批布料。货轮在海上运输途中，因触礁某舱舱底出现裂口，舱内存放的 A 公司的布料全部严重受浸。因舱内进水，船长不得不将船就近驶入避风港修补裂口。如果将受水浸的布料漂洗后，再运至原定目的港旧金山，所花费的费用已超过该批布料本身的价值。请问：该批布料的损失属于什么性质的损失？

　　分析：该批布料的损失应属于推定全损。当损失发生时，为挽回损失对被保险货物采取措施的支出超过全部损失的情况下，可要求保险公司按全部损失给予赔偿。

（二）部分损失（Partial Loss）

部分损失是指被保险货物的损失没有达到全部损失的程度。它分为共同海损和单独海损两种。

1. 共同海损（General Average）

共同海损是指载货船舶在海上运输途中遭遇灾害、事故，威胁到船、货等各方的共同安全，为了解除这种威胁，维护船货的安全，或者使航程得以继续完成，由船方有意识地、合理地采取措施所作出的某种牺牲或支出某些特殊的费用，这些损失和费用叫共同海损。

共同海损的成立必须具备以下条件：

（1）船方采取紧急措施时，必须确有危及船、货共同安全的危险存在，不能主观臆测可能有危险发生。

（2）船方所采取的措施必须是有意的、合理的。

（3）所作出的牺牲或费用的支出必须是非常性质的。

（4）构成共同海损的牺牲和费用支出，最终必须是有效的。

共同海损的牺牲和费用都是为了使船舶、货物和运费免于遭受损失而支出的，因而应该由船方、货方和运费方按最后获救的价值共同按比例分摊，这种分摊叫做共同海损分摊。

2. 单独海损（Particular Average）

单独海损是指除共同海损以外的意外损失，即由承保范围内的风险所直接导致的船舶或货物的部分损失。

单独海损和共同海损的区别主要有：

（1）造成海损的原因不同。前者是承保范围内的风险所直接导致的损失；后者是为了解除或减轻风险而人为造成的损失。

（2）承担损失的责任不同。前者由受损方自己承担；后者由获益各方按获救价值的大小按比例分摊。

案例： 我国 A 公司与某国 B 公司签订购买 2 500 公吨化肥的 CFR 合同，次年 1 月装运。合同签订后不久，A 公司开出信用证。载货船只"雄狮号"于 1 月 21 日驶离装运港。A 公司为这批货物投保了水渍险。1 月 30 日"雄狮号"途经达达尼尔海峡时起火，造成部分化肥烧毁。船长在命令引海水灭火、救火过程中又造成部分化肥湿毁。请问：（1）途中烧毁、湿毁的化肥损失各属什么损失？（2）以上各项损失可否向保险公司索赔？

分析：（1）途中烧毁的化肥损失属单独海损。途中湿毁的化肥损失属共同海损，因为船舶和货物遭到了共同危险，船长为了共同安全，有意且合理地引水救火造成了化肥被湿毁，此损失属于共同海损。（2）以上两项损失均可向保险公司索赔，保险公司应予以赔偿。因为水渍险的保险责任范围包括由自然灾害或意外事故所致的单独海损，也包括共同海损。

三、费用

费用是指被保险货物遇险时，为防止损失的扩大而采取抢救措施所支出的费用。海上费用主要有施救费用、救助费用、特别费用和额外费用。

（一）施救费用（Sue & Labor Charges）

施救费用是指当保险标的遭遇保险责任范围内的灾害事故时，被保险人或者他的代理人、雇佣人员和受让人等为防止损失的扩大而采取抢救措施所支出的费用。例如，保险船舶在航行途中遭遇恶劣气候，虽然被保险人竭尽全力进行抢救，船舶仍然沉没。假若该船舶投保定值保险，保险金额为 1 000 万元，被保险人在抢救船舶中支付了 50 万元的施救费用，那么保险人按实际全损赔付保险标的后，仍需赔偿被保险人为抢救保险标的支付的施救费用 50 万元，即保险人应承担的赔偿责任是 1 050 万元。然而，如果保险标的的保险金额低于保险价值，保险人对施救费用的赔偿按比例减少。例如，货物的保险价值是 100 万元，保险金额是 50 万元，保险人就只赔偿施救费用的一半，因保险金额与保险价值的比例为 1/2。

（二）救助费用（Salvages Charges）

救助费用是指保险标的遭遇保险责任范围内的灾害事故时，由保险人和被保险人以外的第三者采取救助行动，而向其支付的费用。

（三）特别费用（Special Charges）

特别费用是指运输工具在海上遭遇海难后，在中途港或避难港卸货、存包、重装及续运货物所产生的费用。按照国际惯例，这种费用也都列入海上保险承保责任范围。保险人对特别费用补偿可以单独负责。

（四）额外费用（Extra Charges）

额外费用是指为了证明损失索赔的成立而支付的费用。比如检验费用、拍卖受损货物的销售费用、公共费用、查勘费用和海损理算师费用等。额外费用一般只有在索赔成立时，保险人才对这些与索赔有关的费用负赔偿责任。但是，如果保险合同双方对某些额外费用事先另有约定，如船舶搁浅后检查船底的费用，不论有无损失发生，保险人都要负责赔偿。又如公证、查勘等是由保险人授权进行的，也不论索赔是否成立，保险人也需承担该项额外费用的赔偿。

第二节　海运货物保险条款

中国人民保险公司根据我国保险业务的实际需要并参照国际保险市场的习惯做法，分别制定了各种不同运输方式的货物运输保险条款以及适用于不同运输方式的各种附加险条款，总称《中国保险条款》（China Insurance Clauses，简称CIC）。我国的货物运输险别，按照能否单独投保，可分为基本险和附加险两类。基本险是指可以单独投保的险别，附加险是指不能单独投保的险别。

一、基本险

按照中国人民保险公司1981年1月1日修订的《海洋运输货物保险条款》的规定，海洋运输保险的基本险别分为平安险、水渍险和一切险三种。其中，保险公司的承保范围平安险最小，水渍险居中，一切险最大。

（一）平安险（Free from Particular Average，FPA）

平安险是指单独海损不负责赔偿。保险公司对平安险的承保责任范围是：

（1）被保险货物在运输途中由于恶劣气候、雷电、海啸、地震、洪水等自然灾害造成的整批货物的实际全损和推定全损，被保险货物用驳船运往或运离海轮的，每一驳船所装的货物可视作一个整批。

（2）由于运输工具遭受搁浅、触礁、沉没、爆炸等意外事故造成货物的全部或部分损失。

（3）由于运输工具遭受搁浅、触礁、沉没、爆炸等意外事故，货物在此前后在海上遭受恶劣气候、雷电、海啸、地震、洪水等自然灾害造成的货物的部分损失。

（4）在装卸或转船时由于一件或数件货物落海造成的全部损失或部分损失。

（5）被保险人对遭受承保责任内危险的货物采取抢救、防止或减少货损的措施而支付的合理费用，但以不超过该批被救货物的保险金额为限。

（6）运输工具遭遇海难后，在避难港由于卸货所引起的损失以及在中途港、避难港由于卸货、存仓和运送货物所产生的特殊费用。

（7）共同海损的牺牲、分摊和救助费用。

（8）运输契约定有"船舶互撞责任"条款，根据该条款的规定应由货方偿还船方的损失。

案例：我某纺织品进出口公司与法国某公司签订了出口 1 000 件丝绸衫到马赛的协议。合同签订后，我进出口公司向保险公司就该批货物的运输投买了平安险，保险公司向进出口公司签发了保险单。2 月 20 日，该批货物装船完毕起航，2 月 25 日，载货轮船在海上突遇罕见大风暴，船体受损严重，于 2 月 26 日沉没，3 月 20 日，纺织品进出口公司向保险公司就该批货物索赔。保险公司以自然灾害造成损失为由拒绝赔偿，于是，进出口公司到法院起诉，要求保险公司偿付保险金。请问：保险公司拒绝赔偿是否有理？为什么？

分析：保险公司拒绝赔偿进出口公司的理由不成立。进出口公司就货物运输投保了平安险，平安险对自然灾害造成的部分损失不负赔偿责任，但对自然灾害造成的全部损失应负赔偿责任。本案中，货物遭受自然灾害已发生实际全损，属平安险保险责任范围的风险损失，因此保险公司应予偿付。

（二）水渍险（With Particular Average，WPA 或 WA）

水渍险是指保险公司的承保责任范围除平安险的各项责任外，还负责被保险货物在运输途中由于恶劣气候、雷电、海啸、地震、洪水等自然灾害造成的部分损失。

案例：我某公司向坦桑尼亚出口一批坯布 300 包，CIF 坦噶条件。我公司按合同规定保险金额加一成投保了水渍险。货轮在航运途中，舱内一食用水管渗漏，致使该批坯布中的 50 包浸有水渍。请问：该损失可否向保险公司索赔？为什么？

分析：该损失不能从保险公司获得赔偿。我公司投保的是水渍险，船舱内食用水管滴漏致使货物受损，是淡水所造成的损失，属于一般外来风险损失，不属于水渍险的赔偿责任范围。因此，保险公司不予赔偿。本案中，被保险人不能向保险公司索赔，但可凭清洁提单向船公司交涉。

（三）一切险（All Risks）

一切险是指保险公司对一切险的承保责任范围除水渍险的各项责任外，还负责被保险货物在运输途中由于一般外来风险所致的全部或部分损失。

案例：如上一案例中，我方投保的是一切险。货轮在航运途中，舱内一食用水管渗漏，致使该批坯布中的 50 包浸有水渍。请问：该损失可否向保险公司索赔？为什么？

分析：该损失可以从保险公司获得赔偿。我公司投保的是一切险，一切险的承保责任范围包括所有一般外来原因所致的损失。本案中，船舱内食用水管滴漏致使货物受损，是淡水所造成的损失，属于一般外来风险损失，因此，保险公司应予赔偿。

二、附加险

《中国保险条款》中的附加险有一般附加险和特殊附加险，一般附加险承保一般外来原因所造成的损失，而特殊附加险则承保由于特殊外来原因所造成的损失。

附加险只能在投保某一种基本险的基础上才可加保，但因一切险的责任范围已包括了一般附加险，故如投保人在投保时选择了一切险，则无须再加保一般附加险。

（一）一般附加险

一般附加险主要有 11 种，它们是偷窃提货不着险（简称 TPND）、淡水雨淋险、短量险、沾污险、渗漏险、碰损险、破碎险、串味险、受潮受热险、钩损险、锈损险等。

（二）特殊附加险

特殊附加险有战争险、罢工险、舱面险、进口关税险、拒收险、黄曲霉素险、交货不到险、货物出口香港（包括九龙）或澳门存仓火险责任扩展条款（简称 FREC）等八种。

对战争险，保险公司承保的是由于战争或类似战争的行为所直接导致货物的损失，对由于敌对行为使用原子或热核武器所致的损失和费用不负责任，对根据执政者、当权者或其他武器集团的扣押、拘留引起的承保航程的丧失和挫折而提出的索赔也不负责。已投保了战争险后另加保罢工险，保险公司不另增收保险费。投保了罢工险，但属于罢工造成劳动力不足或无法使用劳动力而使货物无法正常运输、装卸以致损失，属于间接损失，保险公司不负责任。

案例： 2004 年，我方某公司与以色列某商人达成一笔冷冻羊肉的出口交易，按 CIF HAIFA（海法）条件成交，合同规定投保平安险加战争险、罢工险。2004 年 9 月，货到 HAIFA（海法）港后适逢以色列全国大罢工。由于码头工人罢工，海法港口无工人作业，货物无法卸载。不久货轮因无法补充燃料，以致冷冻设备停机。等到罢工结束，该批冷冻羊肉已变质。请问：该损失保险公司是否负责赔偿？

分析： 该损失保险公司不负责赔偿。因为，保险公司只对因罢工造成的直接损失负责赔偿，对于间接损失不负赔偿责任。本案例，由于罢工引起劳力不足或不能运用，冷冻机因无燃料而中断并致使货物变质属间接损失。

三、保险期限、除外责任和保险利益

（一）保险期限

1. 从空间上规定

（1）基本险的保险期限。中国人民保险公司的《海洋运输货物保险条款》规定的承保责任起讫或称保险期限，采用国际保险业务中惯用的"仓至仓条款"（Warehouse to Warehouse Clause，简称 W/W Clause）。"仓至仓条款"是指保险责任自被保险货物运离保险单所载明的起运地仓库或储存处所开始，包括正常运输中的海上、陆上、内河和驳船运输在内，直至该项货物运抵保险单所载明的目的地收货人的最后仓库或储存处所被保险人用作分配、分派或非正常运输的其他储存处所为止。如上述保险期限内被保险货物需转运到非保险单所载明的目的地时，则保险责任于该保险货物开始转运时终止。

（2）战争险的保险期限。战争险的保险责任起讫以水上危险为限，即以货物装上海轮开始，直至货物卸离海轮为止。

2. 从时间上规定

（1）基本险的保险期限。当被保险货物从目的港全部卸离海轮时起算满 60 天，不论被保险货物有没有进入收货人仓库，保险责任自动终止。

（2）战争险的保险期限。当海轮到达目的港当日午夜起算满 15 天，不论被保险货物是否卸离海轮，保险责任自动终止。

（二）除外责任

对于三种基本险，《中国保险条款》规定保险公司所具有的除外责任是：

（1）被保险人的故意行为或过失所造成的损失。

（2）由于发货人的责任所引起的损失。

（3）在保险责任开始之前，被保险货物已存在的品质不良或数量短差所造成的损失。

（4）被保险货物的自然耗损、本质缺陷、特性以及市价下跌、运输延迟所引起的损失或费用支出。

（5）属于海洋运输货物战争险和罢工险条款所规定的责任范围和除外责任。

> **案例：** 我某食品进出口公司向科威特出口一批核桃糖，CIF 贸易条件，由我方投保一切险。由于货轮陈旧，速度慢，加上该轮沿途到处揽货，结果航行 3 个多月才到达目的地。卸货后，核桃糖因受热时间过长已全部潮解软化，无法销售。请问：这种情况保险公司是否赔偿？
>
> **分析：** 保险公司不予赔偿。"被保险货物的自然损耗、本质缺陷、特性及市价跌落、运输延迟所引起的损失或费用"属于保险公司的"除外责任"。本案中，核桃糖之所以变质是因为运输延迟造成的，所以保险公司将不予赔偿。

（三）保险利益

海上保险与其他保险一样，要求被保险人必须对保险标的物具有保险利益。保险利益又称可保权，是指投保人对保险标的物具有法律上承认的利益。就货物保险而言，反映在运输货物上的利益，主要是货物本身的价值，但也包括与此相关联的运费、保险费、关税、预期利润等。海上保险仅要求被保险人在保险标的物发生损失时必须具有保险利益。

　　根据货物运输的实际情况，保险人可以要求扩展保险期，如被保险货物在港口卸货后即转运至内陆，无法在保险条款规定的保险期限内到达目的地，可申请扩展，经保险公司出具凭证予以延长，每日加收一定保险费。

> **案例：**我方某外贸公司向泰国某商人出口电视机一批，成交条件为 CIF 曼谷，根据信用证的要求，保险单的被保险人只能显示泰商的名称，我方按信用证的要求办理并备妥货物装运。在装运中，由于吊钩脱落，货物在起吊后掉落码头，造成全部电视机损坏。我方凭保险单和有关单据向保险公司索赔，但遭保险公司拒绝。理由是我方不是被保险人，于是我方提议由泰国商人向保险公司索赔。请问：保险公司是否需要理赔？为什么？
>
> **分析：**保险公司不必理赔。因为，货物没有越过船舷，风险没有转移，货物的所有权仍属我方所有。虽然保险单的被保险人为泰国商人，但泰国商人没有保险利益，以泰国商人的名义向保险公司索赔也不能获得赔偿。正因为如此，在我国的出口业务中，如果没有特别说明，保险单上的被保险人应填写为出口公司的名称，以便货物在装运港越过船舷之前发生承保范围内的损失时出口公司可以向保险公司索赔。

四、伦敦保险协会海运货物保险条款

　　伦敦保险协会海运货物保险条款的英文简称为 ICC，该条款有六种保险险别：

（1）Institute Cargo Clauses（A），协会货物条款（A），简称 ICC（A）。

（2）Institute Cargo Clauses（B），协会货物条款（B），简称 ICC（B）。

（3）Institute Cargo Clauses（C），协会货物条款（C），简称 ICC（C）。

（4）Institute War Clauses-Cargo，协会战争条款（货物）。

（5）Institute Strike Clauses-Cargo，协会罢工条款（货物）。

（6）Malicious Damage Clauses，恶意损害险。

　　在六种险别中，除恶意损害险不能单独投保外，其余五种险别都可以单独投保。保险公司的承保范围为 ICC（A）相当于我国海运货物保险的一切险，ICC（B）相当于我国海运货物保险的水渍险，ICC（C）相当于我国海运货物保险的平安险。以上三种险别，保险公司的承保责任起讫适用于"仓至仓条款"。我保险公司可根据客户的要求，酌情按 ICC 条款的有关规定承保。

第三节　我国陆、空、邮运货物保险

一、我国陆上运输货物保险险别与条款

（一）陆上运输货物保险险别

根据 1981 年 1 月 1 日修订的我国《陆上运输货物保险条款》的规定，陆上运输货物保险的基本险别分为陆运险和陆运一切险两种，前者的承保范围与海上运输货物保险条款的水渍险相似；后者的承保范围与海上运输货物保险条款的一切险相似。此外，还有适用于陆运冷藏货物的专门保险——陆上运输冷藏货物险（属于基本险性质）以及陆上运输货物战争险（火车）等附加险。

（二）陆上运输货物保险责任期间

保险公司的承保责任起讫适用于仓至仓条款，当货物到达目的地而一直没有进仓时，保险公司只承担货到目的地后 60 天内的保险责任。附加险的办理都与海运货物保险的办理方法一致。

二、我国航空运输货物保险险别与条款

（一）航空运输货物保险险别

根据 1981 年 1 月 1 日修订的我国《航空运输货物保险条款》的规定，航空运输货物保险的基本险别分为航空运输险和航空运输一切险两种，前者的承保范围与海上运输货物保险条款的水渍险相似；后者的承保范围与海上运输货物保险条款的一切险相似。此外，还有航空运输货物战争险等附加险。

（二）航空运输货物保险责任期间

保险公司的承保责任起讫适用于仓至仓条款，当货物到达目的地而一直没有进仓时，保险公司只承担货到目的地后 30 天内的保险责任。附加险的办理都与海运货物保险的办理方法一致。

三、我国邮包运输货物保险险别与条款

（一）邮包运输货物保险险别

根据 1981 年 1 月 1 日修订的我国《邮包运输货物保险条款》的规定，邮包运输货物保险的基本险别分为邮包险和邮包一切险两种，前者的承保范围与海上运输货物保险条款的水渍险相似；后者的承保范围与海上运输货物保险条款的一切险相似。此外，还有邮包运输货物战争险等附加险。

（二）邮包运输货物保险责任期间

对于基本险别，保险公司的承保责任起讫都适用于仓至仓条款，当货物到达目的地而一直没有进仓时，保险公司只承担货到目的地后 15 天内的保险责任。附加险的办理都与海运货物保险的办理方法一致，即不能单独投保，投保人在投保了战争险的基础上加保罢工险，保险公司都不另外加收保险费。

第九章
进出口商品价格

第一节 主要贸易术语的价格换算

一、FOB、CFR、CIF 三种价格的换算

1. FOB 价换算为其他价

CFR 价 = FOB 价 + 国外运费

$$CIF\ 价 = \frac{FOB\ 价\ +\ 国外运费}{1\ -\ 投保加成 \times 保险费率}$$

2. CFR 价换算为其他价

FOB 价 = CFR 价 – 国外运费

$$CIF\ 价 = \frac{CFR\ 价}{1\ -\ 投保加成 \times 保险费率}$$

3. CIF 价换算为其他价

FOB 价 = CIF 价 ×（1 – 投保加成×保险费率）– 外国运费

CFR 价 = CIF 价 ×（1 – 投保加成×保险费率）

例题： 我出口某商品对芬兰商人报价为 80 欧元/件 FOB 广州，现芬兰商人要求将价格改报 CIF 哈米纳，我方经查保险费率为 0.4%，每件运费是 FOB 价的 5%。请问：在不减少我方利益的情况下，CIF 的报价应为多少？

解： $CIF\ 价 = \dfrac{FOB\ 价\ +国外运费}{1\ -\ 投保加成 \times 保险费率}$

$$= \frac{80 + 80 \times 5\%}{1 - 110\% \times 0.4\%}$$

$$= \frac{84}{0.995\ 6}$$

$$= 84.37（欧元）$$

答：在不减少我方利益的情况下，CIF 的报价应为 84.37 欧元。

二、FCA、CPT、CIP 三种价格的换算

1. FCA 价换算为其他价

$$CPT 价 = FCA 价 + 国外运费$$

$$CIP 价 = \frac{FCA 价 + 国外运费}{1 - 投保加成 \times 保险费率}$$

2. CPT 价换算为其他价

$$FCA 价 = CPT 价 - 国外运费$$

$$CIP 价 = \frac{CPT 价}{1 - 投保加成 \times 保险费率}$$

3. CIP 价换算为其他价

$$FCA 价 = CIP 价 \times （1 - 投保加成 \times 保险费率）- 外国运费$$

$$CPT 价 = CIP 价 \times （1 - 投保加成 \times 保险费率）$$

第二节　佣金与折扣

国际货物买卖合同的价格条款中所规定的价格，可分为包含佣金或折扣的价格和不包含这类因素的净价。包含佣金的价格，在业务中通常称为"含佣价"。

一、佣金（Commission）

（一）佣金的含义及其规定方法

佣金是指代理人或经纪人为委托人介绍生意或代买代卖而收取的报酬。在价格条款中，对于佣金可以有不同的规定方法。

（1）价格中包括佣金的，即为"含佣价"，一般用百分比表示，如 250 美元/公吨 CIF

纽约，含2%的佣金。

（2）直接在术语后加"C"来代表佣金，如250美元/公吨 CIFC5% 纽约。

（3）用绝对数来表示，如每台支付佣金18美元。

根据佣金是否在价格条款中表明，还可分为"明佣"和"暗佣"。"明佣"是指在合同价格条款中明确规定佣金率。"暗佣"是指暗中约定佣金率的做法。若中间商从买卖双方都获得佣金，则被称为"双头佣"。

（二）佣金的计算

佣金的计算公式有：

单位货物佣金额 = 含佣价 × 佣金率

净价 = 含佣价 – 单位货物佣金额 = 含佣价 × （1 – 佣金率）

例题： 我某公司出口某商品300桶，对外报价为每桶60美元 FCAC3% 大连，外商要求将价格改报为每桶 CIPC5% 东京。已知运费为每桶10美元，保险费为每桶0.24美元，进货成本为420元人民币/桶，商品流通费为每桶15元人民币，出口退税为每桶98元人民币。请问：该商品的出口销售盈亏率及换汇成本是多少？要维持出口销售外汇净收入不变，CIPC5% 应改报为多少？（结汇当天的汇率：USD 100 = RMB ¥827.36 ~ 827.68）

解：（1）出口总成本 = 进货成本 + 出口前的一切费用 – 出口退税

$$= 420 + 15 – 98 = 337 （美元）$$

出口商品盈亏率 = （出口销售人民币净收入 – 出口总成本）/出口总成本 ×100%

$$= （58.2 × 8.273 6 – 337）/ 337 × 100\%$$

$$= 42.89\%$$

（2）出口商品换汇成本 = 出口总成本 / 出口销售外汇净收入

$$= 337 / 58.2 = 5.79 （元人民币/美元）$$

（3）净价 = 含佣价 × （1 – 佣金率）

$$FCA = 60 × （1 – 3\%） = 58.2 （美元）$$

（4）CIP = FCA + 运费 + 保险费 = 58.2 + 10 + 0.24 = 68.44 （美元）

含佣价 = 净价 / （1 – 佣金率）

则：CIPC5% = CIP / （1 – 5%）

$$= 68.44 / （1 – 5\%） = 72.04 （美元）$$

答： 该商品的出口销售盈亏率为42.89%，出口商品换汇成本为5.79元人民币/美元，CIPC5% 应改报为72.04美元。

（三）佣金的支付方法

（1）出口商收清包含佣金的货款后，按合同规定的佣金率提取佣金，并在规定的期限内付给中间商。实务中，大多采用汇付的方式支付佣金。

（2）中间商直接从货价中扣除佣金。

（3）中间商扣除部分佣金，剩余佣金待出口商收妥货款后，汇付给中间商。

二、折扣（Discount，Rebate，Allowance）

折扣是卖方给予买方一定的价格减让。在价格条款中，折扣的表示方法主要有：①用文字明确表示给予折扣的比例；②用绝对数表示；③根据折扣是否在价格条款中表明。与佣金一样，折扣也可分为"明扣"和"暗扣"。

有关折扣的计算公式：

单位货物折扣额 ＝ 含折扣价 × 折扣率

净收入 ＝ 含折扣价 － 单位货物折扣额

例题：A 公司向美国出口某商品一批共 180 公吨，每公吨 FOB 大连 1 200 美元，含折扣 2% 。请问 A 公司的实际净收入是多少？

解：卖方实际净收入 ＝（含折扣价 － 单位货物折扣额）×180

$$= （1\ 200 - 1\ 200 \times 2\%）\times 180$$

$$= 172\ 800 （美元）$$

答：A 公司的实际净收入为 172 800 美元。

第十章
国际货款的收付

第一节　信用证的定义及种类

进出口业务中，出口商担心交了货却不能取得货款，而进口商担心付了款却提不到货，借助银行利用信用证付款方式就可以解决这个问题。

一、信用证的定义

信用证（Letter of Credit）简称 L/C，是一种银行开立的，以银行信用为保证，凭规定的单据付款的保证文件。"跟单信用证"和"备用信用证"是指一项约定，不论其名称或描述如何，即由一家银行（开证行）依照客户（申请人）的要求和指示或以自身的名义，在符合信用证条款的条件下，凭规定单据：①向第三者（受益人）或其指定人付款，或承兑并支付受益人出具的汇票；②或授权另一家银行进行该项付款，或承兑并支付该汇票；③或授权另一家银行议付。

信用证开立后，只要出口商严格按照信用证规定的条款执行，做到单证一致、单单一致，就能及时收到货款。

二、信用证的特点

（一）信用证是一种银行信用

银行信用是指由银行向买卖双方提供的信用。在信用证支付方式下，开证银行以自己的信用作为保证，只要卖方按信用证规定的条款办理并向开证银行提交与信用证规定相符的有关单据，开证银行就保证付款，即承担第一性的付款责任。

案例： 我某国际贸易开发公司在春交会上与日本 C. D. 株式会社成交一笔银耳出口贸易，合同规定 7 月份装船，不可撤销即期信用证付款。6 月 20 日，我公司收到我中行转来，由日本东京银行开立的不可撤销即期信用证，证中规定偿付行为纽约花旗银行。6 月底我公司正待发货，但得知买方公司因资金问题濒临破产倒闭的消息。请问：这种情况下，我方应如何处理？

分析： 信用证支付方式属银行信用，开证行承担第一性付款责任。即使开证申请人，即买方已经破产，开证行在收到符合信用证各项条款规定的单据后仍应承担付款责任。据此，本案中开证行和偿付行又均为知名银行，我公司应抓紧时间于 7 月初发货并严格按照信用证要求制作、提交全套合格单据，然后向中行办理议付后由中行向偿付行索偿，以顺利收汇，货物也不至于积压。

（二）信用证是一种自足文件

信用证是依买卖合同开立的，但信用证一经开立，就成为独立于合同以外的另一份契约。开证银行只根据信用证的有关规定办理信用证业务。

案例： 我某进出口公司向国外 S 公司出口一笔大麻子。对方开来信用证规定，150 公吨大麻籽，杂质及水分与第 DHF98403 号合同规定一致。我公司完成装运后随即向议付行交单议付。不久，开证行称："我信用证规定货物的杂质和水分必须与第 DHF98403 号合同规定一致。从你方发票和其他有关单据上都无法确定杂质及水分的含量已符合上述合同规定。因而拒付。"我即去电反驳。开证行回电仍然拒付，称"虽然你解释发票上所表明的杂质含量最高3%，水分最高12%，实际上与合同规定一致。但我方银行处理的仅仅是单据，单据上表现不出与合同相符的记载文句，就是单证不符，我方银行不管你货物实际情况或合同如何规定"。请问：本案中，银行拒付是否有理？为什么？

分析： 银行拒付是有理的。首先，信用证是一个独立自足的文件，它不依附于买卖双方的合同，银行处理信用证业务不受合同的约束。其次，信用证有关当事人处理的是单据，而不是与单据有关的货物或其他行为，开证行凭单据表面上是否与信用证规定相符而决定是否付款。因此，本案中，信用证规定杂质和水分必须与合同规定一致，银行不管实际是否一致，只管单据是否表现了信用证规定的字句，即在单据上表示，"杂质和水分与第 DHF 98403 号合同规定一致"，即是单证相符，开证行就必须履行付款责任。我公司虽然发票上所表明的杂质含量最高3%，水分最高12%，实际与合同规定一致，但没有表明"与第 DHF 98403 号合同规定一致"的文句，也是无用的，仍然不符合信用证要求。因此，银行有权拒付。

（三）信用证是一种单据买卖

在信用证结算方式下，银行处理的是单据，而不是货物。开证银行的付款遵循"单单一致、单证一致"的原则，只要受益人提交的单据"单单一致、单证一致"，开证银行就必须支付货款。

> **案例：** 我 A 公司从外国 B 公司购进某种商品。合同规定分两次交货，分批开证，买方应于货到目的港后 60 天内进行复验，若与合同规定不符，A 公司凭所在国的商检证书向 B 公司索赔。A 公司按照合同规定，申请银行开出首批货物的信用证。B 公司履行装船并凭合格单据向议付行议付，开证行也在单证相符的情况下，对议付行偿付了货款。在第一批货物尚未到达目的港之前，第二批的开证日期临近，A 公司又申请银行开出信用证。此时，首批货物抵达目的港，经检验发现货物与合同规定不符，A 公司当即通知开证行："拒付第二份信用证项下的货款，并请听候指示。"但开证行收到议付行寄来的第二批单据后审核无误，再次偿付议付行。当开证行要求 A 公司付款赎单时，该公司拒绝付款赎单。请问：（1）开证行和 A 公司的处理是否合理？（2）A 公司应该如何处理此事？
>
> **分析：**（1）开证行处理是合理的，A 公司拒绝付款赎单是无理的。因为在信用证方式下，银行处理的是单据业务，开证行在单证相符时必须付款，不管货物是否与合同相符。A 公司作为开证申请人，在单证相符、开证行已付款的情况下，必须付款赎单。（2）有关卖方交货品质不符，A 公司应根据合同有关规定，直接向卖方索赔。

三、信用证的种类

信用证可根据其性质、期限、流通方式等特点，分为以下几种：

（一）跟单信用证和光票信用证

以信用证项下的汇票是否附有货运单据划分，信用证可分为跟单信用证和光票信用证。跟单信用证（Documentary L/C）是指开证行凭跟单汇票或仅凭单据付款的信用证；光票信用证（Clean L/C）是指开证行仅凭不附单据的汇票付款的信用证。我国的信用证结算方式，大多数采用跟单信用证。

（二）不可撤销信用证和可撤销信用证

以开证行所负的责任为标准，信用证可分为不可撤销信用证和可撤销信用证。

1. 不可撤销信用证（Irrevocable L/C）

不可撤销信用证是指信用证一经开出，在信用证的有效期内，未经受益人及所有当事人的同意，开证行不得片面修改或撤销，只要受益人提交的单据符合信用证规定，开证行就必须履行付款义务。

不可撤销信用证对受益人比较有保障，在国际贸易中，使用最广泛。凡是不可撤销信用证，在信用证中应注明"Irrevocable（不可撤销）"字样。

根据《UCP 600》的规定，开证行开立的跟单信用证都是不可撤销的信用证。

案例： 我国某公司从德国进口一批五金工具，合同规定以不可撤销的即期信用证支付。合同签订后，中国银行广州分行（开证行）根据买方指示向卖方开立一份不可撤销即期信用证。货物装运完毕，卖方获得信用证要求的全套单据后，即到议付行办理议付。经审查，单证相符，议付行进行了议付。与此同时，载货船离开汉堡港后，由于在航行途中遇到意外事故，货物受损严重。开证行收到议付行寄来的全套单据，我方得知货物受损的消息，因而要求开证行对此信用证项下的单据拒绝付款，但遭开证行拒绝。请问：开证行这样做是否合理？为什么？

分析： 开证行拒绝有理。因为我方要求开证行拒付，实质为撤销信用证。不可撤销信用证未经有关当事人同意不得撤销。信用证业务下，开证行处理的是单据业务，只要单证相符，银行必须承担其付款义务，而不管货物是否完好。有关货物受损，我方应向有关责任方索赔。

2. 可撤销信用证（Revocable L/C）

可撤销信用证是指开证行对所开信用证不必征得受益人或有关当事人的同意而有权随时撤销或修改的信用证。凡是可撤销信用证，在信用证中应注明"Revocable（可撤销）"字样。可撤销信用证对出口商不利。因此，出口商一般不接受这种信用证。

（三）保兑信用证和不保兑信用证

按有没有另一家银行对信用证加以保兑，信用证可分为保兑信用证和不保兑信用证。

1. 保兑信用证（Confirmed L/C）

保兑信用证是指有另一家银行保证对符合信用证条款规定的单据履行付款的义务。对信用证加以保兑的银行被称为保兑行。根据《UCP 600》的规定，信用证一经保兑，即构成保兑行在开证行以外的一项确定承诺。保兑行与开证行一样承担第一性的付款责任，保兑行付款后对受益人或其他前手无追索权。

信用证的"不可撤销"是指开证行对信用证的付款责任。"保兑"则是指开证行以外的银行对信用证的付款责任。不可撤销保兑的信用证，则意味着该信用证不但有开证行不可撤销的付款保证，而且还有保兑行的兑付保证。两者的付款人都负第一性的付款责任。所以，这种有双重保证的信用证对出口商最为有利。保兑以符合信用证的条款为条件。保兑行通常是通知行，有时也可以是出口地的其他银行或第三国银行。保兑的手续一般是由保兑银行在信用证上加列保兑文句。

2. 不保兑信用证（Unconfirmed L/C）

不保兑信用证是指开证银行开出的信用证没有经另一家银行保兑。保兑必须向保兑行支付保兑费，当开证银行资信较好和成交金额不大的情况下，一般都使用不保兑信用证。

案例：我某公司向巴基斯坦 T. B. 公司出口 1 100 箱去骨鸡罐头。合同规定 7 月 15 日前装运，不可撤销即期信用证付款。合同签订后，买方按时开来不可撤销即期信用证，该证由设在我国境内的 A 银行通知并加保兑。我公司在货物装运后，将信用证要求的单据送交 A 银行议付，A 银行审单无误，向我公司支付货款。A 银行随即向开证行寄单索偿，但此时，开证行因经营不善已宣布破产。于是，A 银行要求我公司将议付的货款退还，并建议我方可委托其向买方 T. B. 公司直接索取货款。请问：对此我公司应如何处理？为什么？

分析：我方应按规定交货并向该保兑行交单，要求付款。因为根据《UCP 600》规定，信用证一经保兑，保兑行与开证行同为第一性付款人，只要我方提交信用证要求的合格单据，保兑行对受益人就要承担保证付款的责任，未经受益人同意，该项保证不得撤销。因此本案中，A 银行作为保兑行无权要求我公司退还货款。

（四）即期付款信用证、延期付款信用证、承兑信用证和议付信用证

按付款方式的不同，信用证可分为即期付款信用证、延期付款信用证、承兑信用证和议付信用证。

1. 即期付款信用证（Sight Payment L/C）

即期付款信用证是指采用即期兑现方式的信用证，证中通常注明"付款兑现"（Available by Payment）字样。

即期付款信用证一般不要求受益人开立汇票，其信用证的付款行可以是开证行，也可以是出口地的通知行或指定的第三国银行。如开证行自己是付款行，开证行应履行即期付款的承诺；如由通知行或第三国银行担任付款行，开证行应保证该款的即期照付。付款行一经付款，对受益人均无追索权。

以出口地银行为付款人的即期付款信用证的交单到期地点一般在出口地，便于受益人交单收款；以开证行本身或第三国银行为付款人的即期付款信用证的交单到期地点通常规定在付款行所在地，受益人要承担单据在邮寄过程中遗失或延误的风险。

2. 延期付款信用证（Deferred Payment L/C）

延期付款信用证是指开证行在信用证中规定货物装船后若干天付款，或开证行收单后若干天付款的信用证。

延期付款信用证不要求出口商开立汇票，所以，出口商不能利用贴现市场资金，只能自行垫款或向银行借款。在出口业务中，若使用这种信用证，货价应比银行承兑远期信用证高一些，以拉平利息率与贴现率之间的差额。

3. 承兑信用证（Acceptance L/C）

承兑信用证是指银行在收到符合信用证规定的远期汇票和单据时，先在远期汇票上履行承兑手续，到期再履行付款的信用证。承兑信用证一般适用于远期付款的交易。

根据《UCP 600》的规定，开立信用证时不应以申请人作为汇票的付款人。因此，汇票的付款人应为银行。承兑信用证的汇票承兑人可以是开证行或其他指定的银行，但不论由谁承兑，开证行均负责该汇票的承兑及到期付款。因此，承兑信用证又称为银行承兑信

用证（Banker's Acceptance L/C）。

承兑信用证的汇票，由于承兑人是银行，因此，其交单条件一般采用 D/A，承兑人在汇票上承兑后就可取得单据，而持票人可凭该承兑汇票在贴现市场上交易转让。

4. 议付信用证（Negotiation L/C）

议付信用证是指开证行允许受益人向某一指定银行或任何银行交单议付的信用证。

议付是指由议付行对汇票和（或）单据付出对价。只审单据而不支付对价，不能构成议付。实务中银行大多采用审单、寄单、收款、结汇，在结汇时向出口商收取议付费用。

议付信用证又可分为公开议付信用证和限制议付信用证。

（1）公开议付信用证（Open Negotiation L/C）。公开议付信用证又称自由议付信用证（Freely Negotiation L/C），是指开证行对愿意办理议付的任何银行作公开议付邀请和普遍付款承诺的信用证。对于公开议付信用证，任何银行均可按信用证条款自由议付。

（2）限制议付信用证（Restricted Negotiation L/C）。限制议付信用证是指开证银行指定某一银行或开证行本身自己议付的信用证。

公开议付信用证和限制议付信用证的到期地点都在议付所在地，一般为出口商所在地。这种信用证经议付后，如因故不能向开证行索取票款，议付行有权向受益人行使追索权。

（五）即期信用证、远期信用证和假远期信用证

根据付款时间的不同，信用证可分为即期信用证、远期信用证、假远期信用证。

1. 即期信用证（Sight L/C）

即期信用证是指开证行或付款行收到符合信用证条款的跟单汇票或装运单据后，立即履行付款义务的信用证。这种信用证的特点是出口商收汇迅速、安全，有利于资金的周转。

为了尽快转移货款，在即期信用证中，有时还加列电汇索偿条款（T/T Reimbursement Clause）。所谓电汇索偿条款，是指开证行允许议付行用电报或电传通知开证行或指定付款行，说明各种单据与信用证要求相符，开证行或指定付款行接到电报或电传通知后，有义务立即用电汇将货款拨交议付行。

2. 远期信用证（Usance L/C）

远期信用证是指开证行或付款行收到信用证项下的单据后，暂不立即付款，而是在规定期限届满时才付款的信用证。远期信用证主要有承兑信用证和延期付款信用证。

3. 假远期信用证（Usance L/C Payable at sight）

假远期信用证是指从表面上看是远期信用证，但出口商却可以即期收到十足的货款的信用证。

假远期信用证的构成条件包括：①信用证规定受益人开立远期汇票，由付款行负责该远期汇票的贴现；②因付款行贴现而产生的一切利息和费用由进口商负担；③出口商即期收回十足货款。

对进口商来说，要承担承兑和贴现费，因此，人们也把这种信用证称为买方远期信用

证（Buyer's Usance L/C）。

假远期信用证与远期信用证的主要区别如下：

（1）开证基础不同。假远期信用证是以即期付款的贸易合同为基础；而远期信用证是以远期付款的贸易合同为基础。

（2）信用证的条款不同。假远期信用证中有"假远期"条款；而远期信用证中只有利息由谁负担条款。

（3）利息的负担者不同。假远期信用证的贴现利息由进口商负担；而远期信用证的贴现利息由出口商负担。

（4）收汇时间不同。假远期信用证的受益人能即期收汇；而远期信用证要待汇票到期才能收汇。

（六）可转让信用证

可转让信用证（Transferable Credit）是指开证行授权可使用信用证的银行（转让银行），在受益人（第一受益人）的要求下，可将信用证的全部或部分转让给一个或数个受益人（第二受益人）使用的信用证。

根据《UCP 600》的规定，唯有开证行在信用证中明确注明"可转让"字样，信用证方可转让。

可转让信用证只能转让一次，即只能由第一受益人转让给第二受益人，第二受益人不得要求将信用证转让给其后的第三受益人。但第二受益人再将信用证转回给第一受益人，不属于被禁止转让的范畴。

在实际业务中，转让银行一般为信用证的通知行，要求开立可转让信用证的第一受益人通常是中间商。为了赚取差额利润，中间商可将信用证转让给实际供货商，由供货商办理出运手续。但信用证的转让并不等于买卖合同的转让，如第二受益人不能按时交货或单据有问题，第一受益人（即原出口人）仍要负买卖合同上的卖方责任。

　　案例：广州 A、B 两家贸易公司共同对外出口水泥 6 000 公吨，双方约定分别交货 60% 和 40%，各自结汇，由 A 公司按 CIF EX SHIP'S HOLD 曼谷条件对外签订出口合同。合同签订后，泰国亚洲银行开来以 A 公司为受益人的不可撤销即期信用证，证中规定不迟于 8 月 22 日装运，允许分批装运，但未注明"可转让"字样。A 公司收到该信用证后经审核，认为证中条款与合同规定相符，因此凭以发货，在信用证规定的装运期内 A、B 公司按各自约定各出口了 60% 和 40% 的货物，并以各自名义制作了有关的结汇单据。请问：A、B 公司这样做有无问题？为什么？

　　分析：这样做有问题，银行将以单证不符为由对两家公司予以拒付。因为，《UCP 600》中规定，只有信用证中明确注明"可转让"字样的信用证才可转让，信用证中如未注明"可转让"字样，则应视为"不可转让"信用证。本案中，国外开证行开来的信用证中未注明"可转让"字样，则该信用证是一份不可转让的信用证。A、B 公司可各自交货，但必须仅由 A 公司以 A 公司的名义制作并提交符合信用证规定的全套单据，否则，银行必定以单证不符拒付货款。

（七）循环信用证（Revolving Credit）

循环信用证是指信用证被全部或部分使用后，其金额又恢复到原金额，可再次使用，直至达到规定的次数或规定的总金额为止。

循环信用证分为按时间循环的信用证和按金额循环的信用证两种。

1. 按时间循环的信用证

按时间循环的信用证是受益人在一定的时间内可多次支取信用证规定的金额。例如：

The total amount of drawings for any calender month is not to exceed ×××and unused balances are non-accumulative.

每月支取总金额不得超过×××，未用金额不可累积。

2. 按金额循环的信用证

按金额循环的信用证是信用证金额议付后，仍恢复到原金额可再次使用，直至用完规定的总额为止。例如：

Credit amount USD 250,000.00, non-accumulatively revolving three times up to a total amount USD 1,000,000.00.

信用证金额250 000.00美元，非累积循环三次总额达1 000 000.00美元。

循环信用证又可分为自动循环、非自动循环和半自动循环。

（1）自动循环（Automatic Revolving）。自动循环是指每期用完一定金额后，不需要等待开证行的通知到达，即可自动恢复到原金额继续使用。

（2）非自动循环（Non-Automatic Revolving）。非自动循环是指每期用完一定金额后，必须等待开证行的通知到达，信用证才可恢复到原金额继续使用。

（3）半自动循环（Self-Automatic Revolving）。半自动循环是指每次支款后若干天内，开证行未提出停止循环使用的通知，自第×天起即可自动恢复到原金额。

当买卖双方长期有业务往来，并且货款金额较大时，可利用循环信用证，这是因为循环信用证有这样的优点：①进口商可不必多次开证而节省开证费用；②出口商可不必多次审证、改证，减少了工作，提高了效率，有利于合同的履行。

（八）对开信用证（Reciprocal Credit）

对开信用证是指两张信用证的开证申请人互以对方为受益人而开立的信用证。

对开信用证多用于综合易货贸易和进料加工贸易。对开信用证一般以同时生效为妥，即进口信用证开出后暂不生效，对方回头证开到并经受益人接受且通知对方银行后第一张信用证才生效。对开信用证中表明对开性质的条款一般如下：

This is a reciprocal credit against... Bank credit No... favoring... Covering shipment of...意即"本信用证是相对于……银行开立的、编号为……的、以……为受益人的、用于结算……货物的对开信用证"。

（九）对背信用证（Back-to-Back Credit）

对背信用证又称转开信用证，它是指受益人要求原证的通知行或其他银行以原证为基础，另开一张内容相似的新信用证。

对背信用证的新证开立后，原证仍然有效，由开立新证的开证行代原受益人保管。原开证行与原开证申请人与新证毫无关联，因请求开立新证的不是原开证申请人，也不是原开证行，而是原证的受益人。

开立对背信用证的开证行对新证的受益人付款后，便立即要求原证的受益人提供符合原证条款的商业发票和汇票，以便与对背信用证受益人提供的商业发票及汇票进行调换，然后附上货运单据寄到原证的开证行收汇。

对背信用证除了允许商业发票和汇票可以与原证不符外，其他的所有货运单据都要求与原证中的要求完全相符，否则，将导致原证的受益人无法交单结汇。

（十）预支信用证（Anticipatory Credit）

预支信用证是指开证行授权代付行（通常是通知行）向受益人预付信用证金额的全部或一部分，由开证行保证偿还并负担利息。预支条款通常用红色表示，故预支信用证又称"红条款信用证"。

预支信用证的特点是开证行付款在先，受益人交单在后。如果预支银行预支了货款，在受益人未能及时交单或偿还预支货款的情况下，开证行负责向预支银行清偿。

必须注意，预支银行没有必须办理货款预支的义务，它可根据情况确定是否承担预支银行的职责。

（十一）备用信用证（Standby Letter of Credit）

备用信用证又称商业票据信用证（Commercial Paper Letter of Credit）、担保信用证或保证信用证（Guarantee Letter of Credit），是指开证行根据开证申请人的请求向受益人开立的承诺承担某项义务的凭证，即开证行保证在开证申请人未履行其应履行的义务时，受益人只要按备用信用证的规定向开证行开具汇票（或不开汇票），并提交开证申请人未履行义务的声明或证明文件，即可取得开证行的偿付。

备用信用证属于银行信用，开证银行保证在开证申请人未履行其义务时，即由开证银行付款。因此，备用信用证对受益人来说是备用于开证申请人发生毁约时，取得补偿的一种信用证。

备用信用证与跟单信用证的区别是：

1. 使用的条件不同

在跟单信用证下，受益人只要履行信用证所规定的条件，即可向开证银行要求付款。在备用信用证下，受益人只有在开证申请人未履行其义务时，才能行使信用证规定的权利。如开证申请人履行了约定的义务，则备用证就成为备而不用的文件。

2．适用的范围不同

跟单信用证一般只适用于货物的买卖，而备用信用证可适用于货物买卖以外的多方面的交易。

3．付款的依据不同

跟单信用证一般以符合信用证规定的代表货物的货运单据为付款依据；而备用信用证一般只凭受益人出具的说明开证申请人未能履约的证明文件，开证银行即保证付款。

五、国际商会《跟单信用证统一惯例》

由于对跟单信用证有关当事人的权利、责任、付款的定义和术语在国际上缺乏统一的解释，容易引起当事人的争议。为了减少国际贸易中的争议，国际商会制定了《跟单信用证统一惯例》。最新的修订版本为《跟单信用证统一惯例》600 号出版物，简称《UCP 600》，该版本于 2007 年 7 月 1 日起施行。

《跟单信用证统一惯例》不是一个国际性的法律规章，对有关当事人不具有约束力。但如果在信用证中加注"除另有规定，本证根据国际商会《跟单信用证统一惯例（2007 年修订）》即国际商会 600 号出版物办理"，则该惯例对有关当事人具有约束力。

第二节　信用证的内容

不同的银行开立的信用证格式不同，但其基本内容大致相同，一般有对信用证本身的说明、信用证的关系人、金额和币制、汇票条款、货物说明、单据条款、装运条款、特别条款、开证行的保证和跟单信用证统一惯例文句等。

一、对信用证本身的说明

主要有信用证的类型、信用证的编号、开证银行、开证日期、到期日和到期地点等。信用证到期日和到期地点（Validity and Place of Expiry）的常见条款有：

（一）直接写明到期日和到期地点名称

This credit shall remain in force until Oct. 1, 2004 in China. 本证到 2004 年 10 月 1 日为止在中国有效。

Expiry date：Mar. 15, 2004 in the country（China）of the beneficiary for negotiation. 有效期：2004 年 3 月 15 日前，在受益人国家（中国）议付有效。

Draft（s）must be presented the negotiating（or drawee）bank not later than Oct. 1, 2004. 汇票不得迟于 2004 年 10 月 1 日议付。

This L/C is valid for negotiation in China（or your port）until Oct. 1, 2004. 本证于 2004

年 10 月 1 日止在中国议付有效。

This credit remains valid/force/good in China until March 15, 2004 inclusive. 本信用证在中国限至 2004 年 3 月 15 日前有效 (最后一天包括在内)。

Expiry date Oct. 1, 2004 in the country of the beneficiary unless otherwise. 除非另有规定, (本证) 于 2004 年 10 月 1 日在受益人国家满期。

Draft (s) drawn under this credit must be negotiated in China on or before Oct. 1, 2004 after which date this credit expires. 凭本证项下开具的汇票要在 2004 年 10 月 1 日或该日以前在中国议付, 该日以后本证失效。

The credit is available for negotiation or payment abroad until Oct. 1, 2004. 证在国外议付或付款的日期到 2004 年 10 月 1 日。

(二) 以 "交单日期"、"汇票日期" 等表达的信用证有效期限的条款

Negotiation must be on or before the 15th day of shipment. 自装船日起 15 天或之前议付。

This credit shall cease to be available for negotiation of beneficiary's drafts after Mar. 15, 2004. 本信用证受益人的汇票在 2004 年 3 月 15 日前议付有效。

Documents to be presented to negotiation bank within 15 days after shipment. 单据须在装船后 15 天内交给议付行。

Documents must be presented for negotiation within 10 days after the on board date of Bill of Lading/after the date of issuance of forwarding agents cargo receipts. 单据须在已装船提单/运输行签发的货物承运收据日期后 10 天内提示议付。

Bill of exchange must be negotiated within 15 days from the date of Bill of Lading but not later than 16th May, 2004. 汇票须自提单日期起 15 天内议付, 但不得迟于 2004 年 5 月 16 日。

二、信用证的当事人 (Parties to a L/C)

(一) 开证人 (The Applicant for the Credit)

申请开立信用证的人称为开证人, 在国际贸易中, 开证人通常是买方。表示开证人, 信用证中常见的词或词组有:

Applicant / Principal / Accountee / Accreditor / Opener 开证人
account of... 　　并由……付款
for account of... 　　由……付款
by order of... 　　按……的指示
at the request of... 　　应……的请求
at the request of and for... 　　应……的请求
by order of and for account of... 　　按……的指示并由……付款

（二）受益人（ Beneficiary ）

在国际贸易中，受益人通常是出口商。表示受益人，信用证中常见的词或词组有：
Beneficiary　受益人
in favour of... 　以……为受益人
in your favour　以你方为受益人
Transferor　转让人（可转让信用证的第一受益人）
Transferee　受益人（可转让信用证的第二受益人）

（三）开证行（Opening Bank ）

应开证人要求开立信用证的银行称为开证行。常见的词或词组有：
Opening Bank / Issuing Bank / Establishing Bank

（四）通知行（ Advising Bank ）

开证行将信用证寄送一家受益人所在地银行，并通过该银行通知受益人信用证开出，这家银行就是通知行。信用证中常见的词或词组有：
Advising Bank / Notifying Bank / Advised through

（五）议付行（Negotiation Bank ）

议付行就是购买出口商的汇票及信用证规定的单据的银行。信用证中常见的词或词组有：
Negotiation Bank / Honoring Bank

（六）付款行（Paying Bank, Drawee Bank）

付款行就是经开证行授权，按信用证规定的条件向受益人付款的银行。

（七）保兑行（ Confirming Bank ）

保兑行就是对开证行开立的信用证进行保兑的银行，在国际贸易中，通常以通知行作为保兑行。保兑行与开证行一样承担第一性付款责任。

三、金额和币制（Amount and Currency）

金额条款是信用证的核心内容。其表达方式有：

Amount：USD...　　　金额：……美元

For an amount / a sum not exceeding total of USD...　　总金额不超过……美元

Up to an aggregate amount of USD...　　　总金额不超过……美元

四、汇票条款（Clause on Draft or Bill of Exchange）

对于即期付款信用证，一般不要求出具汇票，对于远期付款，一般要求出具汇票，信用证常见的汇票条款有：

Drafts drawn under this credit must be presented for negotiation in Guangzhou, China on or before 25th June, 2000. 凭本证开具的汇票须于 2000 年 6 月 25 日前（包括 25 日这一天在内）在广州提交议付。

Drafts in duplicate at sight bearing the clauses "Drawn under... L/C No... dated...". 即期汇票一式两份，注明"根据……银行信用证……号，日期……开具"。

Drafts are to be drawn in duplicate to our order bearing the clause "Drawn under United Malayan Banking Corp. Bhd. Irrevocable Letter of Credit No.... dated July 12, 2002". 汇票一式两份，以我行为抬头，并注明"根据马来亚联合银行 2002 年 7 月 12 日第……号不可撤销信用证项下开立"。

Draft(s) drawn under this credit to be marked "Drawn under... Bank L/C No.... Dated (issuing date of credit)...". 根据本证开出的汇票须注明"凭……银行……年……月……日（按开证日期）第……号不可撤销信用证项下开立"。

All draft(s) drawn under this credit must contain the clause, "Drawn under Bank of China, Singapore credit No. 6111 dated 15th August, 2000". 所有凭本信用证开具的汇票，均须包括本条款："（本汇票书）凭新加坡中国银行 2000 年 8 月 15 日所开第 6111 号信用证开具。"

Draft(s) bearing the clause "Drawn under documentary credit No... (shown above) of... Bank". 汇票注明"根据……银行跟单信用证……号（如上所示）项下开立"。

五、货物说明（Description of Goods）

货物说明内容一般包括货名、品质、数量、单价、价格术语，有时还包括合同号码、货物包装要求等。价格术语常用的有 CIF、CFR、FOB、FCA、CIP、CPT 等，其中，装运港交货的三个价格术语 CIF、CFR、FOB 最常用。例：

4, 500 PCS of Stainless Steel Spade Head S821/29099, USD 9.60 per pc, according to Sales Contract No. A97DE23600256 dd. Nov. 12, 1997 CIF Rotterdam (Incoterms 1990). 4 500 件不锈钢铲头，货号为 S821/29099，根据 1997 年 11 月 12 日签订的 A97DE23600256 号合同，每件 9.60 美元，CIF 鹿特丹（《1990 通则》）。

六、单据条款 [Clause(s) on Documents]

信用证项下要求提交的单据通常有商业发票（Commercial Invoice）、提单（Bill of Lading）、保险单（Insurance Policy）、汇票（Draft 或 Bill of Exchange）、原产地证（Certificate of Origin）、检验证书（Inspection Certificate）、受益人证明书（Beneficiary's Certificate）、装箱单（Packing List）等。常见条款有：

Documents required：需要下列单据

Documents marked "×" below：（须提交）下列注有"×"标志的单据

Draft(s) must be accompanied by the following documents marked "×"：汇票须随附下列注有"×"标志的单据

... available against surrender of the following documents bearing out credit number and the full name and address of the openers.（议付时）以提交下列注明本信用证编号及开证人详细姓名、地址的各项单据为有效。

Accompanied by the following documents marked "×" in duplicate：须随附下列注有"×"标志的单据一式两份

信用证一般都具体说明提供单据的份数，常见的词组有：

in duplicate（triplicate, quadruplicate, quintuplicate, sextuplicate, septuplicate, octuplicate, nonuplicate, decuplicate）一式两份（三、四、五、六、七、八、九、十份）

七、装运条款（Clauses on Shipment）

装运条款通常包括装运期限、是否允许分批和转运以及起讫地点的规定。

（一）装运期（Date of Shipment）

根据《UCP 600》的规定，如使用"于或约于"之类的词语限定装运日期，银行将视为在所述日期前后各五天内装运，起讫日包括在内。装运期常见条款有：

Shipment must be effected not later than Mar. 12, 2004. 货物不得迟于2004年3月12日装运。

From China Port to Singapore not later than Mar. 12, 2004. 自中国口岸装运货物驶往新加坡不得迟于2004年3月12日。

Latest date of shipment：Mar. 12, 2004. 最迟装运日期：2004年3月12日。

Bill of Lading must be dated not before the date of this credit but later than Mar. 12, 2004. 提单日期不得早于本信用证开具日期，但不得迟于2004年3月12日。

（二）分运/转运（Partial Shipments / Transshipment）

根据《UCP 600》的规定，除非信用证另有规定，允许分批装运、分批支款，也允许转运。运输单据表面注明货物系使用同一运输工具并经同一路线运输的，即使每套运输单据注明的装运日期不同，只要运输单据注明的目的地相同，也不视为分批装运。

分运、转运的常见条款有：

With（without）partial shipment / transshipment. 允许（不允许）分运/转船。

Transshipment is allowed provided "Through" Bills of Lading are presented. 如提交联运提单允许转运。

Transshipment Partial Shipment Prohibited（ not allowed / not permitted ）. 不允许分运/转船。

Transshipment is authorized at Hong Kong. 允许在香港转运。

Part shipments allowed, but part shipments of each item not allowed. 允许分运，但每个品种的货物不得分运。

Evidencing shipment from China to New York by steamer in transit Singapore Arabia not later than 15th July, 2004 of the goods specified below. 列明下面的货物按 CFR 价格用轮船不得迟于 2004 年 7 月 15 日从中国通过新加坡转运到纽约。

八、特别条款（Special Clauses / Conditions）

特别条款主要是根据进口国政治、经济和贸易情况的变化，或每一笔具体交易的需要而作出的特别规定。常见的条款有：

（一）佣金、折扣（Commission and Discount）

5% commission to be deducted from the invoice value. 5% 的佣金须在发票金额中扣除。

Signed invoices must show 5% commission. 经签署的发票须标明 5% 的佣金。

Less 3% commission to be shown on separate statement only. 用单独声明书列明所扣 3% 的佣金。

Drafts to be drawn for full CIF value less 5% commission, invoice to show full CIF value. 汇票按 CIF 总金额减少 5% 开具，发票须表明 CIF 的全部金额。

（二）费用（Charges）

All banking charges for seller's account. 一切银行费用由卖方负担。

Charges must be claimed either as they arise or in no circumstances later than the date of negotiation. 一切费用须于发生时或不迟于议付期索偿。

Port congestion surcharges, if any, at the time of shipment is for opener's account. 装运时如有港口拥挤附加费，应由开证人负担。

All banking charges outside Hong Kong are for account of accountee. 香港以外的全部银行费用由开证人负担。

Drawee bank's charges and acceptance commission are for buyer's account. 付款行的费用

和承兑费用由买方负担。

（三）议付与索偿（Negotiation and Reimbursement）

Original documents must be sent by registered airmail, and duplicate by subsequent airmail. 单据的正本须用挂号航邮寄送，副本在下一班航邮寄送。

All original documents are to be forwarded to us by air mail and duplicate documents by sea-mail. 全部单据的正本须航邮，副本用平邮寄交我行。

In reimbursement, please draw on our head office account with your London office. 偿付办法：请从我总行在你伦敦分行的账户内支取。

You are authorized to reimburse yourself for the amount of your negotiation by drawing as per arrangement on our account with United Bank Limited, London. 兹授权你行索偿你行议付金额，按约定办法请向伦敦联合银行我的账户内支取。

The amount and date of negotiation of each draft must be endorsed on reverse hereof by the negotiation bank. 每份汇票的议付金额和日期必须由议付行在本证背面签注。

All bank charges outside UK. are for our principals account, but must claimed at the time of presentation of documents. 在英国境外发生的所有银行费用，应由开证人负担，但须在提交单据时索取。

Negotiating bank may claim reimbursement by T/T on the... bank certifying that the credit terms have been complied with. 议付行证明本证条款已履行，可按电汇索偿条款向……银行索回货款。

（四）其他

For special instructions please see overleaf. 特别事项请看背面。

Letter of guarantee and discrepancies are not acceptable. 书面担保和错误单据均不接受。

If the terms and conditions of this credit are not acceptable to you please contact the openers for necessary amendments. 如你方不接受本证条款，请与开证人联系，以作必要修改。

Cable copy of shipping advice dispatched to the accountee immediately after shipment. 装船后，即将装船通知副本寄交开证人。

One copy of commercial invoice and packing list should be sent to the credit openers 15 days before shipment. 商业发票和装箱单各一份须在装船前15天寄给开证人。

All documents except Bills of Exchange and B/L to be made out in name of ABC Co. Ltd. and which name is to be shown in B/L as joint notifying party with the applicant. 除汇票和提单外，所有单据均须以 ABC 有限公司作为抬头，并以该公司和申请人作为提单的通知人。

This letter of credit is transferable in China only, in the event of a transfer, a letter from the first beneficiary must accompany the documents for negotiation. 本信用证仅在中国可转让，如实行转让，由第一受益人发出的书面（证明）须连同单据一起议付。

九、开证行的保证（Warranties of Issuing Bank）

常见的条款有：

We hereby undertake to honor all drafts drawn in accordance with terms of this credit. 凡按本信用证所列条款开具并提示的汇票，我行保证承兑。

We hereby engage with drawers and／or bona fide holders that draft(s) drawn and negotiated on presentation and that draft(s) accepted within the terms of this credit will be duly honored at maturity. 我行兹对出票人及/或善意持有人保证：凡按本证条款开具及议付的汇票一经提交即予承兑；凡依本证条款承兑的汇票，到期即予照付。

十、跟单信用证统一惯例文句

Except as otherwise expressly stated herein, this credit is subject to *the Uniform Customs and Practice for Documentary credits-UCP* (2007 *Revision*) International Chamber of Commerce publication No. 600. 除非另有规定外，本证根据国际商会 2007 年修订本第 600 号小册《跟单信用证统一惯例》办理。

中英文对照信用证

英文信用证	参考译文
EasyLink IMS 0701 – 069 69835701M 2JUL04 17：19 TEST /WUW 716420244（SCBSZ CN）+ GA	银行之间互对的密押（Test Key）
FROM：National Bank of Alaska 　　　　Anchorage, Alaska U. S. A. TO：　　Bank of China Guangdong Branch 　　　　Guangzhou, CHINA	信用证由美国阿拉斯加州安克雷奇市的阿拉斯加国立银行用电传开往中国银行广东省分行
DATE：7/2/2004 SUBJECT：OUR IRREVOCABLE COMMERCIALLETTER OF CREDIT NO. CO – 1561	日期：2004 年 7 月 2 日 事由：本行（阿拉斯加国立银行）第 MK – 1855 号不可撤销商业信用证
Please further advise the Letter of Credit below without any liability or obligation on your part other than authenticating the issuance. ADVISE THROUGH：Bank of China Guangdong Branch Guangzhou, CHINA AS FOLLOWS：	请贵行（标准渣打银行）确认这份信用证，贵行对本信用证不负任何义务和责任，并通过中国银行广东省分行作出以下通知：
IRREVOCABLE DOCUMENTARY CREDIT Credit Number：MK – 1855	不可撤销跟单信用证 信用证编号：MK – 1855
Beneficiary：Guangdong Machinery Import & Export 　　　　　　Corporation（Group） 　　　　　　720 Dongfeng Road East Guangzhou, China	受益人：广东省机械进出口公司（集团） 　　　　中国广州东风东路 720 号
Applicant：ABC Corporation 　　　　　1888 W. Northen Lights Blvd., Room 1, 　　　　　Anchorage, Alaska U. S. A.	开证人：ABC 公司 　　　　美国阿拉斯加州安克雷奇市西北来兹大街 1888 号，1 号套房
Amount：US DOLLARS SIXTY SEVEN THOUSAND TWO HUNDRED ONLY	金额：六万七千二百美元（USD 67,200.00）
EXPIRYDIATE：August 15, 2004 at the counters of National Bank of 　　　　　　Alaska International Banking Department 301 West 　　　　　　Northern Lights Boulevard Anchorage, Alaska 　　　　　　U. S. A.	有效期：本证在阿拉斯加国立银行国际金融部议付有效期 2004 年 8 月 15 日，美国阿拉斯加州安克雷奇市西北来兹大街 301 号
We hereby issue this documentary credit which is available by payment of beneficiary's drafts at sight for full invoice value drawn on National Bank of Alaska, International Banking department, being marked as having been drawn under this credit, and accompanied by the following documents：	本行兹开立这份跟单信用证，该信用证议付时需要凭受益人按本信用证和发票的总金额开给阿拉斯加国立银行国际金融部的即期汇票，以及凭以下单据议付：
1. Signed Commercial Invoice, in triplicate. 2. Packing List, in triplicate. 3. Insurance Policy, in triplicate.	1. 签字或盖章商业发票一式三份。 2. 装箱单一式三份。 3. 保险单一式三份。
4. Beneficiary's Certificate, reflecting that it has been signed by an authorized individual of Guangdong Machinery Import & Export Corporation（Group）, certifying that, "One set of non-negotiable documents（Invoice, Packing List and Bill of Lading）have been faxed to ABC Corporation, at 001 – 907 – 888 – 5678, immediately after shipment."	4. 受益人的证明书一份，由广东省机械进出口公司（集团）负责人签字。证明一整套的单据副本（发票、装箱单和提单）在装运后已经用传真（001 – 907 – 888 – 5678）发给 ABC 公司。
5. Full set（3/3）of Clean On Board Ocean Bills of Lading issued to the order of shipper and blank endorsed, marked "Notify ABC Corporation, 1888 W. Northen Lights Boulevard, Room 1, Anchorage, Alaska".	5. 全套清洁的已装船海运提单一式三份正本，以托运人指示为抬头并空白背书，注明"通知美国阿拉斯加州安克雷奇市西北来兹大街 1888 号，1 号套房 ABC 公司"。

COVERING：7，000 pcs. of Stainless Steel Spade Head S821 　　　　USD 9. 60 per pcs other details as per Sales 　　　　Contract No. A923444 dd. JUN. 23，2004 　　　　CIF NEW YORK (*Incoterm 2000*)	标的物：7 000 件 S821 不锈钢铲头，每件 9. 60 　　　美元，其他按照 2004 年 6 月 23 日签订 　　　的合同，CIF 纽约（《2000 年通则》）。
Latest shipment date：July 31，2004 Shipment From：Guangzhou，CHINA Shipment to：NEW YORK via HONG KONG. Partial shipment are not allowed. Transshipment allowed.	最迟装运日期：2004 年 7 月 31 日 装运：中国广州到纽约，由香港转船。 不允许分批装运。 允许转船。
SPECIAL CONDITIONS： 　1. Drafts and documents must be presented to the negotiating bank or drawer bank within twenty-one (21) days after the date of issuance of transport documents by within the validity of this credit.	特殊条款： 　1. 受益人必须在提单签发日期后 21 天之内，但必须在本信用证有效期内将汇票和装运单据呈交议付行或付款兑现。
2. All banking charges (including advising commission, payment commission, negotiation commission and reimbursement commission) outside Alaska, U. S. A. , are for the account of the Beneficiary.	2. 在美国阿拉斯加州之外的一切银行费用（包括通知费、支付费、议付费和偿付费用）都由受益人支付。
3. This Letter of Credit is transferable in full or in part.	3. 该信用证可部分或全部转让。
4. Third Party Bills of Lading and documents are acceptable.	4. 可接受第三方的提单和单据。
We hereby engage that drafts drawn and documents presented under and incompliance with the terms and conditions of this Letter of Credit will be duly honored by us, if presented to the counters of our International Banking Department on or prior to the expiration date set herein.	本行保证根据本证，并按照本证内条款开出的汇票和单据在本证有效期内提交本行的国际金融部时，本行即承兑付款。
This credit is subject to the Uniform Customs and Practice for Documentary Credit (1993 Revision), International Chamber of Commerce, Publication No. 500.	本信用证是根据国际商会 500 号出版物（1993 年修订版）《跟单信用证统一惯例》而开出的。
INSTRUCTIONS TO THE NEGOTIATING BANK： 　1. Drafts and documents are to be sent to us in one lot by courier express delivery or by registered airmail.	对议付行的指示： 　1. 请用特快传递或航空挂号将全部汇票和单据一次性寄给我行。
2. Reimbursement according to your instructions.	2. 按贵行的指示偿还（本信用证金额）。
This is to be considered the original Letter of Credit. No mail confirmation will follow again, please advise this Documentary Credit through Bank of China, Guangdong Branch.	本信用证是正本，不再用信函确认。再次请贵行通过中国银行广东省分行通知本信用证。
Thank you! National Bank of Alaska International Banking Department	多谢! 阿拉斯加国立银行国际金融部

第三节 SWIFT

一、SWIFT 简介

"SWIFT" 是环球银行金融电讯协会（Society for Worldwide Inter-bank Financial Tele-communication）的简称，是一个国际银行同业间非营利性的合作组织。该组织于 1973 年在比利时成立，总部设在比利时的布鲁塞尔，并在荷兰阿姆斯特丹和美国纽约设立与总部相互连接的大型电脑操作中心，在各会员银行所在的国家和地区设有与操作中心相连的处理站。会员银行通过专用电脑设备与处理站和操作中心的电脑、数传通讯设备连通，构成全球性通讯网，开展电讯国际银行业务。目前全球大多数国家的大多数银行已使用 SWIFT 系统。

凡利用 SWIFT 系统设计的特殊格式（Format），通过 SWIFT 系统传递的信用证的信息（Message），即通过 SWIFT 开立或通知的信用证称为 SWIFT 信用证，也有称为"环银电协信用证"。

中国银行在 1983 年 2 月正式加入该协会成为会员银行，1984 年开始使用该协会的通讯系统办理国际业务，1985 年中国银行总行建立了 SWIFT 中国地区处理站。

二、SWIFT 的特点

（一）采用会员制度

使用 SWIFT 系统的银行必须加入环球银行金融电讯协会，成为会员后方可使用 SWIFT 系统。

（二）格式标准化

对于 SWIFT 电文，SWIFT 有统一的要求和格式。使用 SWIFT 信用证，必须遵守 SWIFT 使用手册的规定，使用 SWIFT 手册规定的代号（Tag）。

（三）安全性高

与信开信用证比较，SWIFT 是全证加押密，而信开信用证只对重要的内容（如金额）处加密押。与电传比较，SWIFT 的密押比电传的密押可靠性强、保密性高。

（四）解释统一

采用 SWIFT 信用证，信用证必须按国际商会制定的《UCP 600》的规定处理。因此，在 SWIFT 信用证中可以省去银行的承诺条款，但并不能免去银行所应承担的义务。SWIFT 信用证可省去按《UCP 600》处理的声明，但该信用证仍按《UCP 600》处理。

（五）费用较低

与电传、电报比较，同样多的内容，SWIFT 的费用只有 TELEX（电传）的 18% 左右，只有 CABLE（电报）的 2.5% 左右。

（六）系统服务范围广

SWIFT 系统服务范围很广，凡会员银行所处理的有关国际银行业务的电讯均可使用 SWIFT 系统。主要业务包括外汇买卖、证券交易、开立信用证、办理信用证项下的汇票业务等，同时还兼理国际的账务清算和银行间的资金调拨。

（七）处理业务快捷

SWIFT 系统电讯的线路速度为普通电传的 48~192 倍，在正常情况下，每笔交易从发出电讯到收到对方确认只需 1~2 分钟。会员间还可以利用 SWIFT 系统的存储功能，随时从该系统索得所需要的电讯往来记录。

（八）自动功能

SWIFT 系统具有自动收发储存信息、自动加押和核押、自动将文件分类等自动功能，可每周 7 天 24 小时连续不停地运转。

三、SWIFT 电文的表示方式

（一）项目表示方式

SWIFT 由项目（FIELD）组成，项目由两位数字的代号（Tag）组成或由两位数字代号加上字母组成，如 "44C LATEST DATE OF SHIPMENT（最后装船期）" "44D SHIP-MENT PERIOD（船期）"。代号不同，其含义也不同。如 "57A ADVISE THROUGH BANK（通知行）" "45A DESCRIPTION OF GOODS（货物描述）"。

SWIFT 的项目分为必选项目（MANDATORY FIELD）和可选项目（OPTIONAL FIELD）两种类型。必选项目是必不可少的，如 31D DATE AND PLACE OF EXPIRY（信

用证有效期）；可选项目是另外增加的，并不一定每个 SWIFT 信用证都有，如 39B MAXI-MUM CREDIT AMOUNT（信用证最大限制金额）。

（二）日期表示方式

SWIFT 电文的日期表示为 YYMMDD（年月日），如 2004 年 10 月 9 日，表示为 041009。

（三）数字表示方式

在 SWIFT 电文中，数字不使用分格号，小数点用逗号","来表示，如 8,123,286.36表示为 8123286,36。

四、SWIFT 电文常用项目

代号	英文	中文含义
20	DOC. CREDIT NUMBER	信用证号码（MT700）
20	SENDER'S REFERENCE	信用证号码（MT707）
21	RECEIVER'S REFERENCE	收报行编号
23	ISSUING BANK'S REFERENCE	开证行的号码
26E	NUMBER OF AMENDMENT	修改次数
27	SEQUENCE OF TOTAL	电文页次
30	DATE OF AMENDMENT	修改日期
31C	DATE OF ISSUE	开证日期
31D	DATE AND PLACE OF EXPIRY	信用证有效期
31E	NEW DATE OF EXPIRY	信用证新的有效期
32B	INCREASE OF DOCUMENTARY CREDIT AMOUNT	信用证金额的增加（MT707）
32B	AMOUNT	信用证结算的货币和金额（MT700）
33B	DECREASE OF DOCUMENTARY CREDIT AMOUNT	信用证金额的减少
34B	NEW AMOUNT	信用证修改后的金额
39A	Pos./Neg. Tol.（%）	金额上下浮动允许的最大范围
39B	MAXIMUM CREDIT AMOUNT	信用证最大限制金额
39C	ADDITIONAL AMOUNTS COVERED	额外金额的修改
40A	FORM OF DOCUMENTARY CREDIT	跟单信用证形式
41A	AVAILABLE WITH/BY	指定的有关银行及信用证的兑付方式
42A	DRAWEE	汇票付款人
42C	DRAFTS AT...	汇票付款日期
42M	MIXED PAYMENT DETAILS	混合付款条款
42P	DEFERRED PAYMENT DETAILS	迟期付款条款
43P	PARTIAL SHIPMENTS	分批装运条款
44A	LOADING IN CHARGE	装船、发运和接收监管的地点
44B	FOR TRANSPORTATION TO...	货物发运的最终地

（续上表）

代号	英文	中文含义
44C	LATEST DATE OF SHIPMENT	最后装船期
44D	SHIPMENT PERIOD	船期
45A	DESCRIPTION OF GOODS	货物描述
46A	DOCUMENTS REQUIRED	单据要求
47A	ADDITIONAL CONDITIONS	特别条款
48	PRESENTATION PERIOD	交单期限
49	CONFIRMATION	保兑指示
50	APPLICANT	信用证开证申请人
51A	APPLICANT BANK	信用证开证的银行
53A	REIMBURSEMENT BANK	偿付行
57A	ADVISE THROUGH BANK	通知行
59A	BENEFICIARY	信用证受益人
71B	DETAILS OF CHARGES	费用情况
72	SENDER TO RECEIVER INFORMATION	附言
78	INSTRUCTION	给付款行、承兑行、议付行的指示（MT700）
78	NARRATIVE	修改详述（MT707）

五、SWIFT 常用货币符号

货币符号	货币名称	货币符号	货币名称
HKD	港币	DEM	德国马克
IRR	伊朗里亚尔	FRF	法国法郎
JPY	日本元	IEP	爱尔兰镑
KWD	科威特第纳尔	ITL	意大利里拉
MOP	澳门元	NLG	荷兰盾
MYR	马来西亚林吉特	ESP	西班牙比赛塔
PKR	巴基斯坦卢比	ATS	奥地利元
PHP	菲律宾比索	FIM	芬兰马克
SGD	新加坡元	NOK	挪威克朗
THB	泰国铢	SEK	瑞典克朗
CNY	人民币	CHF	瑞士法郎
ECU	欧洲货币单位	CAD	加拿大元
BEF	比利时法郎	USD	美元
DKK	丹麦克朗	AUD	澳大利亚元
GBP	英镑	NZD	新西兰元

SWIFT 信用证

```
2002APR25 07:55:54                                    Logical Terminal GDPF
MT S700              Issue of a Documentary Credit         Page  J0001
                                                           Func JSRVPR1
MSGACK  DWS765I Auth OK, key B0020421064AF648, BKCHCNBJ AIBK****  record797208
Basic Header       F  01 BKCHCNBJA400 0649 494074
Application Header  O 700 1715 020424 AIBKIE2DAXXX 3189 448014 020425 0015 N
                            *AIB BANK
                            *DUBLIN
User Header             Service Code    103:
                        Bank. Priority  113:
                        Msg User Ref.   108:
                        Info. from CI   115:
Sequence of Total   *27  : 1 / 1
Form of Doc. Credit *40 A : IRREVOCABLE
Doc. Credit Number  *20  : AIB.IM02023502
Date of Issue       31 C : 020424
Expiry              *31 D : Date 020619 Place CHINA
Applicant Bank      51 A : AIBKIE2DXXX
                            *AIB BANK
                            *DUBLIN
Applicant           *50  : B AND C CANTWELL, CC FITTINGS,
                            MEADOWLANDS
                            GRANTSTOWN
                            CO WATERFORD
Beneficiary         *59  : GUANGDONG TEXTILES IMPORT AND
                            EXPORT.COTTON MANUFACTURED GOODS CO
                            14/F GUANGDONG TEXTILES MANSIONS
                            168 XIAO BEI RD GUANGZHOU CHINA
Amount              *32 B :          Currency USD Amount 20,000.00
Available with/by   *41 A : AIBKIE2DXXX
                            *AIB BANK
                            *DUBLIN
                            BY ACCEPTANCE
Drafts at ...       42 C : 30 DAYS SIGHT
Drawee              42 A : AIBKIE2DXXX
                            *AIB BANK
                            *DUBLIN
Partial Shipments   43 P : PROHIBITED
Transshipment       43 T : PERMITTED
Loading in Charge   44 A :
                            GUANGZHOU CHINA
For Transport to ... 44 B :
                            DUBLIN,IRELAND.
Descript of Goods   45 A :
                            +DRAWER SLIDES AND HANDLES
                            CIF DUBLIN,IRELAND.
Documents Required  46 A :
                            +SIGNED INVOICES IN TRIPLICATE
                            +FULL SET OF CLEAN ON BOARD MARINE BILLS OF LADING CONSIGNED TO
                            ORDER, BLANK ENDORSED, MARKED FREIGHT PREPAID AND CLAUSED NOTIFY
                            APPLICANT.
                            +INSURANCE POLICY/CERTIFICATE BLANK ENDORSED COVERING ALL RISKS
                            FOR 10 PER CENT ABOVE THE CIF VALUE.
                            +CERTIFICATE OF CHINA ORIGIN ISSUED BY A RELEVANT AUTHORITY.
                            +PACKING LIST
Additional Cond.    47 A :
                            +PLEASE FORWARD ALL DOCUMENTS TO ALLIED IRISH BANKS, TRADE
                            FINANCE SERVICES, CARRISBROOK HOUSE, BALLSBRIDGE, DUBLIN 4.
                            +IF BILLS OF LADING ARE REQUIRED ABOVE, PLEASE FORWARD
                            DOCUMENTS IN TWO MAILS, ORIGINALS SEND BY COURIER AND
                            DUPLICATES BY REGISTERED AIRMAIL.
```

```
2002APR25 07:55:56                                     Logical Terminal GDPF
MT S700                    Issue of a Documentary Credit      Page 00002
                                                             Func JSRVPRI
Details of Charges    71 B : BANK CHARGES EXCLUDING ISSUING
                             BANKS ARE FOR ACCOUNT OF
                             BENEFICIARY.
Presentation Period   48   : DOCUMENTS TO BE PRESENTED WITHIN
                             21 DAYS FROM SHIPMENT DATE
Confirmation         *49   : WITHOUT
Instructions          78   :
                             DISCREPANT DOCUMENTS, IF ACCEPTABLE, WILL BE SUBJECT TO A
                             DISCREPANCY HANDLING FEE OF EUR100.00 OR EQUIVALENT WHICH
                             WILL BE FOR ACCOUNT OF BENEFICIARY.
                             SPECIAL NOTE: ISSUING BANK WILL DISCOUNT ACCEPTANCES ON
                             REQUEST, FOR A/C OF BENEFICIARY (UNLESS OTHERWISE STATED)
                             AT APPROPRIATE LIBOR RATE PLUS 1.00 PER CENT MARGIN.
Send. to Rec. Info.   72   : THIS CREDIT IS ISSUED SUBJECT TO
                             THE U.C.P. FOR DOCUMENTARY CREDITS,
                             1993 REVISION, I.C.C. PUBLICATIONS
                             NO.500
Trailer                      Order is <MAC:> <PAC:> <ENC:> <CHK:> <TNG:> <PDE:>
                             MAC:1D20750E
                             CHK:5034662F748C
```

第四节　汇付和托收

在国际货款的结算中，较常见的结算方式有汇付、托收和信用证三种，其中汇付和托收方式属于商业信用，信用证方式属于银行信用。

一、汇付（Remittance）

（一）汇付的含义

汇付又称汇款，是指汇款人（Remitter）通过汇出行（Remitting Bank）将一定金额的款项汇交收款人（Payee）的结算方式。

汇付方式的当事人主要有汇款人、汇出行、汇入行、收款人。在国际贸易中，汇付方式主要用于预付货款、随订单付款和赊销等业务中。

（二）汇付的种类

汇付方式可分为信汇、电汇和票汇三种。

1. 信汇（Mail Transfer，简称 M/T）

信汇是指汇出行应汇款人的申请，将信汇付款委托书寄给汇入行，授权解付一定金额给收款人的一种汇付方式。

实务中，汇出行通过航邮寄交付款委托书，汇入行根据汇出行的印鉴和签字核对无误后解付。信汇的费用较低，但收款人较迟收回货款。

2. 电汇（Telegraphic Transfer，简称 T/T）

电汇是指汇出行应汇款人的申请，将电汇付款委托书用电讯手段通知汇入行，授权解付一定金额给收款人的一种汇付方式。电汇的费用较高，但收款人能迅速收回货款。

实务中，对于老客户以及信誉好的客户，出口商经常采用电汇结算。电汇业务的流程如下图：

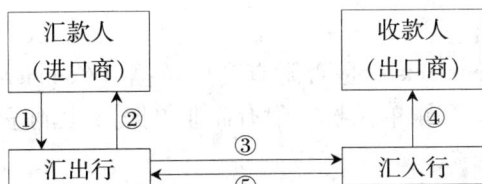

电汇业务流程图

①汇款人填写汇款委托书，连同款项提交汇出行。

②汇出行接受申请，出具交款回执交汇款人。

③根据汇款申请书的指示，以电信方式通知汇入行向收款人付款。

④汇入行收到汇出行的电信通知后，验证密押无误后，出具《电汇通知书》交收款人，通知收款人取款。

⑤汇入行向收款人付款后，向汇出行寄交付讫收据。

3. 票汇（Remittance by Banker's Demand Draft，简称 D/D）

票汇是指汇出行应汇款人的申请，代汇款人开立以其分行或代理行为解付行的即期汇票，支付一定金额给收款人的一种汇付方式。

实务中，根据汇票填写收款人的不同，持票人可作如下处理：

（1）当汇票上的收款人为出口商时，出口商应在汇票背后盖章签字后即可送银行收款。

（2）当汇票上的收款人为进口商时，汇票应有进口商的背书。若汇票为空白背书，出口商即可送银行收款；若汇票为记名背书，出口商应在汇票背后空白背书后，方可送银行收款。

票汇的付款行不必通知收款人取款，收款人应在收到汇票后自己上门取款。同时，除有限制转让和流通外，汇票可经收款人背书进行流通转让。

二、托收（Collection）

（一）托收的含义

托收是指债权人（出口商）出具汇票委托银行向债务人（进口商）收取货款的一种支付方式。其基本做法是：①由出口商根据发票金额开出以进口商为付款人的汇票，并向出口地银行提出托收申请；②委托出口地银行（托收行）通过它在进口地的代理行或往来银行（代理行）代为向进口商收取货款。

托收方式的当事人有：

（1）委托人：通常为进出口业务中的出口商。

（2）托收银行：接受委托人的委托向付款人收款的银行。

（3）代收银行：接受托收行的委托向付款人收款的银行。

（4）提示行：向付款人提示要求付款人付款的银行。

（5）付款人：通常为进出口业务中的进口商。

按照一般国家的银行做法，委托人在委托银行办理托收时，须随附一份托收委托书，在委托书中明确提出各种指示。银行接受委托后，应按照委托书的指示内容办理托收。根据《托收统一惯例 522 出版物》（《URC 522》）的规定，托收费用由委托人承担。

（二）托收的种类

托收方式根据托收时金融单据（Financial Documents）是否附有商业单据（Commercial Documents）分为光票托收（不附有商业单据）和跟单托收（附有商业单据），国际贸易中大多使用跟单托收。

在跟单托收的情况下，根据交单条件的不同又可以分为付款交单（Documents against Payment，简称 D/P）和承兑交单（Documents against Acceptance，简称 D/A）。

1. 付款交单

付款交单是指出口商的交单以进口商的付款为条件，即只有在进口商付清货款后，才能把装运单据交给进口商。按付款时间的不同，付款交单又可分为即期付款交单（D/P sight）和远期付款交单（D/P after sight）。

（1）即期付款交单是指出口商发货后开具即期汇票连同货运单据，通过银行向进口商提示，进口商见票后立即付款，进口商在付清货款后向银行领取货运单据。

（2）远期付款交单是指出口商发货后开具远期汇票连同货运单据，通过银行向进口商提示，进口商审核无误后即在汇票上进行承兑，于汇票到期日付清货款后再领取货运单据。

下面是远期付款交单业务流程图：

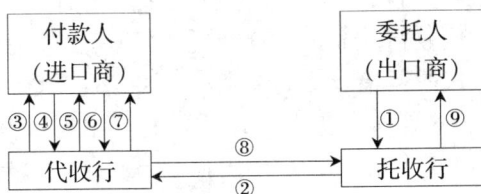

远期付款交单业务流程图

①出口商按合同规定装运货物后，缮制商业发票、货运单据和远期汇票等有关单证，填写委托申请书，交托收行，请求托收行代收货款。

②托收行接受出口商的申请，根据委托申请书缮制托收委托书，连同商业发票、货运单据和远期汇票等单证交进口国代收行，委托代收行代收货款。

③代收行根据委托书的指示向进口商提示商业发票、货运单据和远期汇票。

④代收行收回经进口商承兑的远期汇票和商业发票、货运单据。

⑤付款期限届满，代收行向进口商提示商业发票、货运单据和经进口商承兑的远期汇票。

⑥进口商付款。

⑦代收行交单。

⑧代收行通知托收行货款已收妥，并向托收行转交货款。

⑨托收行扣减托收费并向出口商交款。

在远期付款交单情况下，如果货物已经到达目的港，单据也已经到达代收银行处，但汇票的付款时间未到，买方欲抓住有利行市提前提货可采取的做法有：

（1）在付款到期日之前提前付款赎单。在实际业务中，当市场行情较好，买方可选择提前付款。因为这样，买方既可获得较高的售价，又可扣除提前付款日至原付款日之间的利息，享受提前付款的现金折扣。

（2）凭信托收据借单。信托收据（Trust Receipt，简称 T/R）就是进口商借单时提供的一种书面信用担保文件，用来表示愿意以代收行的受托人身份代为提货、报关、存仓、保险、出售货物，并承认货物所有权仍属代收行。货物销售后所得的货款，应于汇票到期时交代收行。

　　案例：我某外贸进出口公司与德国某贸易公司洽商某商品的出口交易，我方提出付款条件为 30% 的定金，货物装运后凭提单传真 T/T 付款，德国商人要求降价，否则付款条件应修改为 D/P90 天，并通过其指定的代收行代收方可接受。请问：德国商人提出修改付款条件的意图是什么？

　　分析：德国商人提出修改付款条件，将 T/T 付款修改为 D/P90 天，其目的在于推迟付款，争取了 90 天的资金周转时间。德国商人要求指定代收行，其目的在于凭信托收据向代收行借单，及早提货销售，达到利用我方资金的目的。

　　凭信托收据借单是代收行自己向进口商提供的信用便利，与出口商无关，如代收行借出单据后，到期不能收到货款，则代收行应对委托人负全部责任。因此，只有资信较好、实力较强的进口商，代收行才允许进口商凭信托收据借取货运单据，先行提货。

　　如果出口商主动授权代收行借单给进口商，即所谓"远期付款交单凭信托收据借单"（D/P·T/R），进口商在承兑汇票后可以凭信托收据先行借单提货。日后如果进口商在汇票到期时拒付，则与银行无关，应由出口商自己承担风险。

　　案例：我某外贸进出口公司与德国某贸易公司签订一份出口冷扎钢板的销售合同，6 月份交货，合同金额为 18 万多美元，付款条件为 D/P 见票后 45 天付款。卖方 6 月 15 日装运出口，随即将一整套结汇单据和以买方为付款人的 45 天远期汇票向银行托收货款。当汇票及所附单据通过托收行寄抵进口地代收行后，德商及时在汇票上履行了承兑手续。货抵目的港时，行情看好，由于用货心切而付款期未到，德商经代收行同意，出具信托收据向托收行借得单据，先行提货转售。汇票到期时，德商因经营不善，失去偿付能力，无力付款赎单。请问：这种情况下，我出口公司应如何处理？为什么？

　　分析：我出口公司应通过托收行向国外代收行索偿货款。因为，本案中，代收行允许进口商凭信托收据借单先行提货并非我方授权，付款人德国公司不能如期付款的责任应由代收行承担。据此，我方应通过托收行要求代收行付款。

　　2．承兑交单

　　承兑交单是指出口商的交单以进口商在汇票上承兑为条件。在承兑交单下，出口商在付款人承兑后已交出了物权凭证及有关的单据，其收款的保障完全依赖进口商的信用，一旦进口商到期不付款，出口商便会遭到货物与货款全部落空的损失。因而，承兑交单的风险比付款交单的风险大。

案例： 我某贸易发展进出口公司向非洲地区某贸易公司出口一批冻野味食品。合同规定 3 月份装船，付款条件为 D/A 见票后 30 天付款。卖方 3 月 5 日装船完毕，3 月 8 日向托收行办理 D/A30 天托收。3 月 17 日买方在汇票上履行了承兑手续。货抵目的港后，买方提取货物并售出，但亏损严重。4 月 16 日汇票到期时，买方因此借故提出拒付。我方只好委托我驻外机构直接与买方谈判，最终该批货物折价 25%，货款在第二年分四次偿还而结案，我公司损失严重。请问：我方应从此事件中吸取什么教训？

分析： 我方应吸取的教训：本案的问题主要在于 D/A 托收方式。D/A 方式的特点是买方只要在汇票上签字承兑，银行即可在买方不付款的情况下交单给买方，买方就可持有单据提货，等汇票到期时再付款。D/A 方式对卖方而言，无疑存在着极大的风险，如果买方资信不好，卖方能否收回货款就受制于买方，甚至可能"货、款两空"。可见，采用 D/A 方式付款，一定要调查买方的资信，在不了解买方资信的情况下不要轻易接受 D/A 方式结算。

（三）托收的性质及其利弊

托收方式一般都通过银行办理，故又称银行托收，但托收的性质为商业信用。使用托收方式的有利之处在于进口商不但可免去申请开立信用证的手续，不必预付银行押金，减少费用支出，而且有利于资金融通和周转，增强出口商品的竞争能力。

托收方式结算对出口商而言也存在着不少弊处，主要有：

（1）如银行办理托收业务时，只是按委托人的指示办事，并无检查单据内容和承担付款人必然付款的义务。

（2）如进口商破产或丧失清偿债务的能力，出口商则可能收不回或晚收回货款。

（3）在进口商拒不付款赎单后，除非事先约定，银行无义务代管货物；如货物已到达，还会造成在进口地办理提货、交纳进口关税、存仓、保险、转售以至被低价拍卖或被运回国内的损失。

（四）出口商使用托收方式应注意的问题

（1）要事先做好客户的资信调查，掌握适当的授信额度。

（2）了解进口国家的贸易管制和外汇管制条例，以免货到目的地后，由于不准进口或收不到外汇而造成损失。

（3）了解进口国家的商业惯例，以免由于当地习惯做法，影响安全、迅速收汇。

（4）出口合同应争取 CIF 或 CIP 条件成交，由出口商办理货运保险，也可投保出口信用险，在不采取 CIF 或 CIP 条件时，应投保卖方利益险。

（5）健全管理制度，定期检查，及时催收清理。

案例： 我某进出口公司向拉美地区出口一批货物 160 包，合同规定 5 月份装运，支付方式为 30 天付款交单。5 月 14 日卖方备齐全部单据向托收行办理 30 天远期付款交单手续。7 月 4 日代收行称，6 月 20 日汇票到期时买方拒绝付款，据称因货物水分超过标准，甚至有部分霉粒，所以不肯接受。我进出口公司甚感奇怪，最后证实，买方早已提货，后因经营不善，资金周转出现困难，借故不付款；且并非向代收行借单提货，该国对远期付款交单托收一律按承兑交单方式处理，这是事实。最后我进出口公司与买方几次磋商，以折价 15% 收回货款而结案。请问：我方应从此事件中吸取什么教训？

分析： 从本案例来看，我方应吸取的教训是：（1）采用托收支付方式的卖方首先要做好对买方资信的调查工作，因为托收完全是依靠商业信用，不像信用证方式那样有银行付款保证。（2）以托收方式结算还要了解对方国家的商业习惯和银行的惯例。例如，有些国家按本国的习惯将远期付款交单视同承兑交单处理，本案就是这种情况，我进出口公司对此缺乏掌握。（3）采用托收方式要建立管理和定期检查制度。每笔托收都应有专人负责管理及催收清理。本案中，汇票于 6 月 20 日到期，货款收到与否，我进出口公司一直没有反应，直到 7 月 4 日代收行来电通知买方拒绝付款才开始警觉，实不应该。

下　编

外贸跟单实务

第十一章
出口接单

　　接单是指外贸跟单员就买卖商品的有关条件，根据出口企业的有关营销意图和业务经理的指示，与对方进行协商以期达成交易的过程，即通常所说的交易磋商（Business Negotiation）。交易磋商的形式可分为口头和书面两种。

　　国际货物买卖中，交易磋商的一般程序有询盘、发盘、还盘和接受四个环节，其中发盘和接受是达成交易、订立合同必不可少的两个具有法律性的环节。交易磋商的内容一般包括合同中的常见交易条件，具体有品名、品质、数量、包装、运输、保险、价格、支付、检验、索赔、不可抗力和仲裁。外贸跟单员在交易磋商前和交易磋商中应及时向业务经理汇报情况，落实各个交易条件，方可与外商进行磋商。

　　在交易磋商之前，外贸跟单员的一项工作就是寻找国外客户，并与其建立业务关系，它是交易磋商的前提。

第一节　建立业务关系

一、建立业务关系的途径

寻找客户的途径很多，常用的有：

（一）第三方介绍、推荐

通过商务参赞、银行或贸易伙伴的介绍及推荐，与客户建立业务关系。

（二）企业网站

出口企业一般都有自己的网站，企业通过自己的网站发布商务信息，内容包括出口企业的简介、主要产品及型号、产品图片、包装要求等，客户通过访问出口企业的网站，了解产品的基本情况，并通过该网站与出口企业取得联系。

（三）互联网搜索

出口企业通过互联网，输入有关的产品名称、贸易国或地区等信息，利用互联网的搜索软件进行搜索，确定有关的贸易对象后，向对方发送出口企业和产品的资料，与对方建立业务关系。

（四）展览会或博览会

出口企业通过广州出口商品交易会或其他国内外的展览会和博览会，宣传本企业的产品并与客户建立业务关系。该途径对于比较专门的产品，效果比较明显。

（五）广告

出口企业根据营销需要，在一定的时期和一定的国家或地区，利用各种媒体进行广告宣传，客户在获知出口企业的信息后主动与出口企业建立业务关系。

二、建立业务关系英语函电

（一）写信要点（Writing Skills）

（1）信息来源和写信的目的。
（2）自我介绍。
（3）要求寄送有关资料和表达愿望。

（二）常用句型（Sentence Patterns）

句型 1：信息来源：我们从……处得知……

通过……，我们了解到……

（1）We learn your company from the internet that you are one of the leading manufacturers in this line.

我们从网上了解到贵公司是这一行业的主要生产商之一。

（2）We owe your name and address to *The Journal of Commerce*.

我们从《商业日报》得知贵公司的名称和地址。

（3）Having had/obtained the name and address of your company through ABC Trading Company, we know that you deal in textiles.

通过 ABC 贸易公司的介绍，我们得知贵公司的名称和地址，并获悉你方经营纺织品。

句型 2：写信目的：建立业务关系

（1）We are writing you and hope to enter into business relations with you.

我们今写信给你方建立业务关系。

（2）We are writing you and willing to open up business relations with you.

我们写信与你联系，以期与贵公司建立业务关系。

（3）We would like to take this opportunity to establish business relations with you.

我们愿借此机会与贵公司建立业务关系。

句型 3：自我介绍（公司经营范围等）

（1）We are an importer/exporter handling Textiles for many years. Our products have enjoyed a high reputation in the world for their good quality and reasonable prices.

我公司作为纺织品进口商/出口商已有多年。我们的产品质量好，价格合理，在世界上享有极高的声誉。

（2）We are writing to introduce ourselves as large dealers in Foodstuffs with good connections in the country.

现函告，我公司为食品大经销商，在国内拥有大批客户。

（3）We take this opportunity to introduce ourselves as exporters dealing exclusively in Garments.

我们利用此机会介绍，我公司为专门经营服装的出口商。

句型 4：要求寄送有关资料

（1）Please send us your catalogues and quotations.

请给我们寄你公司的商品目录和价目单。

（2）We shall appreciate your catalogues and quotations.

如能寄你公司的商品目录和价目单当十分感谢。

（3）We'll be pleased to have your catalogues and quotations.

我们将非常乐意收到你公司的商品目录和价目单。

（三）信函示例及译文（Sample Letters and Chinese Versions）

Dear Sir/Madam,

We have your name and address from Messrs. Hughes & Co. Ltd, London, England, who has informed us that you are in the market for Cotton Piece Goods.

We take this opportunity to write you and see if we can enter into business relations with you.

We have been handling the export of Cotton Piece Goods for many years. In order to give you a rough idea of our products, we are airmailing you our latest catalogue for your reference.

If you find any of the items interesting, please let us know as soon as possible. We await your specific enquiries.

Yours faithfully,

Encl.

参考译文

敬启者：

我们从休斯公司处得知你公司名称和地址，他们告知我们你们需要购买棉制品。

借此机会我们愿与你公司联系并建立业务关系。

我们经营棉制品的出口已多年。为了使你公司对我们的商品有所了解，现随函寄去我们的最新商品目录一份供参考。

如果你们对其中任何产品感兴趣，请告知。盼收到你方详细的询盘。

谨上

附件

第二节　询　盘

一、询盘概述

询盘（Inquiry），又称询价或邀请发盘，是指交易的一方打算购买或出售某种商品，向对方询问买卖该项产品的有关交易条件，或者就该项交易提出带有保留条件的建议。例如：

"请报 200 台华凌牌 KFR34 – GW 空调 FOB 广州最低价，5 月份装运。"

"可供节能灯，详细资料见目录，10 月份交货，请发盘。"

询盘可以是口头表达，也可以是书面表达，如采用打电话、发电子邮件、寄送价目表、商业广告、招标公告、拍卖公告等形式。询盘的对象可以是特定的人，也可以是公开的对所有人。

询盘的主要目的是寻找买主或卖主，不是同买主或卖主正式洽商交易条件。根据《联合国国际货物销售合同公约》（下称《公约》）的规定，询盘不具有法律效力。

二、询盘英语函电

（一）写信要点（Writing Skills）

（1）自我介绍和信息来源。

（2）说明感兴趣的商品并索取有关资料。

（3）要求报价或其他要求。

（二）常用句型（Sentence Patterns）

句型 1：对某产品感兴趣

（1）We take interest in various kinds of Men's Shirts.

我们对各种男式衬衫感兴趣。

（2）We are interested in Electronic Energy Saving Lamps.

我们对节能灯感兴趣。

（3）Your Textiles are of interest to us.

我们对你公司的纺织品感兴趣。

句型 2：要求寄送有关资料

（1）We shall be glad if you will send us your samples.

请给我们寄你公司样品。

（2）Please send us your samples and brochure.

请寄你们的样品和目录小册子。

（3）It would be appreciated if you could send us your latest catalogues and samples.

请寄来最新的目录和样品为感。

句型 3：要求报价

（1）We shall appreciate it if you will make us the best offer for your Children's Bicycles on CIF New York basis.

请报你公司童车的 CIF 纽约最低价。

（2）We will be pleased if you could quote us a price for Printed Shirting on the basis of CIF New York.

如能报印花细布的 CIF 纽约价当十分感谢。

（3）Please make us your lowest quotation for 500 tons of Walnuts.

请报我方 500 吨核桃的最低价。

句型 4：其他要求

（1）We intend to place a large order with you if your price is competitive.

如你方价格具有竞争性，我们将大量订购。

（2）We have to draw your attention to the point that we will place a large order if your price is acceptable.

我们拟提请你方注意，如你方价格合理，我们将大量订购。

（3）If your prices are in line, we trust important business can be closed.

如你方价格可行，相信我们可以达成大笔交易。

（三）信函示例及译文（Sample Letters and Chinese Versions）

From：Mayflower@ tom. com

To：vtc@ man. com

Date：January 12，2006，11：12

Subject：Sport Shoes

Dear Sirs，

Thank you for your catalogues and we are now interested in your Sport Shoes, and should appreciate it if you would give us the best quotation CIF New York for 500 dozen.

If your prices are competitive, we intend to place a large order with you.

We look forward to your early reply.

Yours truly，

参考译文

敬启者：

感谢你方寄来的商品目录，我们目前对你方的运动鞋感兴趣，如能报我方 500 打纽约成本加保费和运费的最低价当十分感谢。

如果价格具有竞争性，我们拟向你方大量订购。

谨上

第三节　发　盘

一、发盘概述

1. 发盘的含义

发盘（Offer），在法律上又称要约，根据《公约》的规定："凡向一个或一个以上的特定的人提出的订立合同的建议，如果其内容十分确定并且表明发盘人有在其发盘一旦得到接受就受其约束的意思，即构成发盘。"

一项发盘有两个当事人，一个是提出发盘的人称为发盘人（Offeror），另一个是收受发盘的人称为受盘人（Offeree）。发盘人可以是买方，也可以是卖方，实务中多数发盘人为卖方。

2. 发盘的构成条件

根据《公约》的规定，一项发盘要有效成立，必须具备下列条件：

（1）发盘必须向一个或一个以上特定人提出。此特定人即为受盘人，一般的商业广告不是对特定人提出，故不是一项发盘。

（2）发盘的内容必须十分确定。根据《公约》的解释，一项发盘中包含下列三个基本要素即为十分确定。

①应明示货物的名称。

②应明示或默示地规定货物的价格或规定确定价格的方法。

③应明示或默示地规定数量或规定数量的方法。

> **案例：**某粮油食品进出口公司与曼哈顿贸易公司签订一份为期两年的供货合同，规定："由卖方每月供应 10 吨一级花生油，价格每三个月议定一次。"又规定："如双方发生争议，应提交仲裁处理。"但合同执行了半年后，买方提出："因合同的价格未明确，主张合同无效。"后经仲裁裁决，确认该合同继续执行。请问：在上述情况下，合同的价格条件是否明确？买方能否以此为理由主张合同无效？
>
> **分析：**合同的价格条件是明确的。由于这份合同是为期两年的供货合同，不可能一次把两年的价格定死，因而只能采取活价条款，即合同中明确规定的"每三个月由双方议定价格一次"，这种作价方法是合理的。买方不能以此为理由主张合同无效。

（3）必须表明发盘人对其发盘一旦被受盘人接受就立即受约束的意思。

3. 发盘的有效期

通常情况下，发盘都具体规定一个有效期，作为受盘人表示接受的时间限制，超过了发盘规定的有效期，则发盘人将不受约束。

（1）规定发盘有效期的主要方法。

①发盘规定最迟接受的期限，如"限某年某月某日复到有效"。

②发盘规定一段接受的期限，如"限5天内复到有效"。

③口头发盘。根据《联合国国际货物销售合同公约》的解释，在没有其他约定的情况下，口头发盘应立即接受方为有效。

> **案例：** 外国 B 商行代表于 5 月 17 日上午来访我某电子工艺品公司洽购某商品，我方口头发盘后 B 商未置可否。次日上午该商再次来访，表示无条件接受我公司 17 日上午的发盘。此时，我方获悉该项商品的国际市场价格有趋涨的迹象。请问：根据《公约》的规定，我方该如何处理？
>
> **分析：** 根据《联合国国际货物销售合同公约》的解释，在没有其他约定的情况下，口头发盘应立即接受方为有效。本案中，我方 17 日上午口头发盘，B 商当时未置可否，该口头发盘即失效，我方不再受此发盘约束，B 商次日的接受也是无效的，双方合同不能成立。鉴于市价趋涨，我方可以拒绝或提高价格后重新发盘。当然，如果当时我方急于求售，或其他原因，同意按原发盘条件与对方达成交易也是可以的。

（2）发盘有效期的计算。

①《公约》第20条规定："发盘人在电报或信件内规定的接受时间，从电报交发时刻或信上载明的发信日期起算，如信上未载明发信日期，则从信封上邮戳日期起算。发盘人以电话、电传或其他快速通讯方法规定的接受时间，从发盘送达受盘人时起算。"

②《公约》还规定："在计算接受期间时，接受期间内的正式假日或非营业日应计算在内。但如果接受通知在接受期间的最后一天未能送达发盘人地址，因为那天在发盘人营业地是正式假日或非营业日，则接受期间应顺延至下一个营业日。"

③如发盘中未具体规定有效期，按惯例，应理解为受盘人在合理期限内接受有效。合理期限的理解，应根据商品特点、发盘方法等因素而定。对以信件、电报发盘，其合理期限前者长，后者短；对初级产品、制产品，其合理期限前者短，后者长。

4. 发盘的生效、撤回与撤销

（1）发盘的生效。

根据《公约》的解释，发盘于送达受盘人时生效。对于口头发盘，除非双方另有约定，应当立即接受方为有效。

根据我国《合同法》第16条第2款的规定："要约到达受要约人时生效。采用**数据电文**形式订立合同，收件人指定特定系统接收数据电文的，该数据电文进入该特定系统的时间，视为到达时间；未指定特定系统的，该数据电文进入收件人的任何系统的首次时间，视为到达时间。"

（2）发盘的撤回。

根据《公约》第15条第2款的规定："一项发盘，即使是不可撤销的，得以撤回，如果撤回的通知在发盘送达受盘人之前或同时，送达受盘人。"

案例： 我某公司于 5 月 5 日以特快专递向印度 B 公司发盘，出售一批电子管。5 月 6 日上午，我公司因在发出发盘通知后发现该商品行情趋涨，立即传真通知 B 公司，要求撤回其发盘。5 月 7 日下午 B 公司收到我公司发盘，立即答复我公司，表示接受发盘内容。事后双方就该项合同是否成立，发生纠纷。请问：按《公约》规定，双方合同是否成立？

分析： 双方合同不成立。《公约》中规定，一项发盘，即使是不可撤销的，得以撤回，如果撤回通知在发盘送达受盘人之前或同时，送达受盘人。本案中，我公司 5 月 5 日发盘后，又于 5 月 6 日上午传真通知撤回，而原发盘于 5 月 7 日下午才送达 B 处，即撤回通知到达在先，发盘到达在后，该发盘得以撤回，发盘即告失效，之后，B 公司的接受也显然无效，因此双方合同并不成立。

（3）发盘的撤销。

根据《公约》第 16 条的规定：

"①在未订立合同之前，发盘可以撤销，如果撤销发盘的通知于受盘人发出接受通知之前送达受盘人。"

"②在下列情况下，发盘不得撤销：发盘中写明了发盘的有效期或用其他方式表明发盘是不可撤销的；发盘人有理由信赖该发盘是不可撤销的，而且受盘人已本着对该发盘的信赖行事。"

5. 发盘的失效

根据《公约》的规定，一项发盘，即使是不可撤销的，在下列条件下也可失效。

（1）发盘人作出还盘。

（2）发盘人依法撤回或撤销发盘。

（3）不可抗力事件的发生。

（4）在发盘被接受前，当事人丧失行为能力。

（5）发盘中规定的有效期届满；如未规定具体有效期的，则指超过了合理期限。

（6）根据《联合国国际货物销售合同公约》的解释，一项发盘，即使是不可撤销的，于拒绝通知送达发盘人时终止。

案例： 我某外贸公司拟向国外购进特种钢一批，5 月 20 日我公司收到国外某公司的发盘，有效期至 5 月 26 日。5 月 22 日我方复电："如能把单价降低 6 美元，则可以接受。" 对方没有回复。此时国内用货工厂催货心切，又鉴于该商品行市看涨，我方随即于 5 月 25 日又去电表示同意对方 5 月 20 日发盘的各项条件，对方仍未回复。请问：根据《公约》的规定，双方合同是否成立？

分析： 双方合同并不成立。因为，我方 5 月 22 日复电是还盘，致使外商 5 月 20 日的发盘失效。我方 5 月 25 日去电构成一项新的发盘，只有在对方对此去电内容及时表示接受的情况下，双方合同才成立。而对方对我方 5 月 25 日去电内容并未表示接受，因此双方合同不成立。

二、商品核价

外贸跟单员在对外发盘前，应对出口商品进行成本核算，计算出口总成本、出口销售外汇（人民币）净收入出口销售换汇成本和出口销售盈亏率，据此判断该笔业务的经济效益，并根据业务经理的指示对外报价。

1. 出口总成本

出口总成本是指外贸企业为出口商品而支付的国内总成本，它的构成因素有进货成本及出口前的一切费用和税金。如果有出口退税时，应减去出口退税额。即

$$出口总成本 = 进货成本 + 出口前的一切费用 + 税金 - 出口退税额$$

2. 出口销售外汇（人民币）净收入

出口销售外汇净收入是指出口商品按 FOB 价所得的外汇收入。

出口销售人民币净收入是指出口商品的 FOB 价所得的外汇收入按当时外汇牌价折算成人民币的数额。

3. 出口销售换汇成本

$$出口销售换汇成本 = \frac{出口总成本（人民币元）}{出口销售外汇净收入（外汇）}$$

4. 出口销售盈亏率

$$出口销售盈亏率 = \frac{出口销售人民币净收入 - 出口总成本}{出口总成本} \times 100\%$$

例题：深圳维斯尔贸易有限公司出口一批工艺品，FOB 总值为 12 000 美元。已知该批工艺品成本结构为：国内进货价为 80 000 元人民币，商品加工费为 6 000 元人民币，商品流通费为 4 800 元人民币，税金支出为 3 200 元人民币。请问：（1）该批工艺品的出口总成本是多少？（2）该批工艺品的出口销售换汇成本是多少？（3）该工艺品的出口销售盈亏率是多少？（结汇当天的汇率：USD 100 = RMB￥827.36～827.68）

解：（1）出口总成本 = 进货成本 + 出口前的一切费用 + 出口前的一切税金
= 80 000 + 6 000 + 4 800 + 3 200 = 94 000（元人民币）
（2）出口商品换汇成本 = 出口总成本/出口销售外汇净收入
= 94 000/12 000 = 7.83（元人民币/美元）
（3）出口商品盈亏率 = （出口销售人民币净收入 - 出口总成本）/出口总成本×100%
= （12 000×8.2736 - 94 000）/ 94 000×100% = 5.62%

答：该笔业务中，出口总成本为 94 000 元人民币；出口商品换汇成本为 7.83 元人民币/美元；出口商品盈亏率为 5.62%。

三、发盘英语函电

（一）写信要点（Writing Skills）

（1）感谢对方的来函。

（2）发盘（商品、数量、价格、支付条款、装运、有效期）。

（3）盼早答复。

（二）常用句型（Sentence Patterns）

句型1：感谢对方的来函

（1）We've received your letter of May 10, and as requested, we are offering you the following, subject to our final confirmation.

5月10日函收悉，按你方要求，我们作如下发盘，以我方最后确认为准。

（2）We thank you for your enquiry of May 10 for 500 tons of Groundnuts.

感谢你方5月10日来函询购500吨花生。

（3）In reply to your enquiry for Walnuts, we offer you 500 tons of Walnuts as follows：

兹复你方对500吨核桃的询盘，我们特向你方发盘如下：

句型2：报价

（1）We offer you 5 tons of Frozen Fish at USD 500 per ton CIF EMP.

我们现向你方报5吨冻鱼，每吨500美元CIF欧洲主要港口。

（2）We are making you an offer for 500 dozen of Men's Shirts at USD 80 per dozen CIFC5 San Francisco for shipment in May.

我们现向你方报500打男式衬衫，每打80美元CIFC5旧金山，5月装运。

（3）We offer, subject to your reply reaching here on or before May 5th, 500 Bee Brand Bicycles at USD 35 per set CIF New York for July shipment.

我们现向你方报500辆蜜蜂牌自行车，每辆35美元CIF纽约，7月装运。此发盘以你方5月5日或之前复到为有效。

句型3：支付条款

（1）Payment is to be made by irrevocable L/C at sight to be opened in our favor.

付款方式以不可撤销即期信用证支付，并以我方为受益人。

（2）We require payment by irrevocable L/C payable against draft at sight to be opened 30 days before the time of shipment.

我们要求以不可撤销信用证凭即期汇票支付，在装运前30天开出。

（3）Our terms of payment are by confirmed, irrevocable letter of credit at sight against a full set of shipping documents.

我们的支付方式是保兑的、不可撤销即期信用证，凭全套装运单据支付。

句型 4：装运

（1）Shipment is to be made /effected in /during May.

这笔订货在 5 月装运。

（2）We will deliver the goods within 30 days after receipt of your L/C but specific time is to be fixed upon receipt of your official order.

我们将在收到你方信用证后 30 天内装运，但具体时间要在收到你方的正式订单后再定。

（3）The goods will be shipped within 3 months upon receipt of your relative L/C.

货物将在收到你方相关的信用证的 3 个月内装运。

句型 5：报盘有效期

（1）This offer is valid for 3 days.

本报盘有效期为 3 天。

（2）The offer is subject to our final confirmation.

本报盘以我方最后确认为准。

（3）The offer is subject to your reply reaching here before 23rd of May.

本报盘以你方 5 月 23 日复到为有效。

（三）信函示例及译文（Sample Letters and Chinese Versions）

Dear Sir / Madam,

We have received your letter dated January 21 and, as requested, are sending you the latest catalogues for your reference.

In order to start a transaction between us, we are making you an offer as follows, subject to your reply reaching here before 28th of this month.

Commodity：Mountain Bikes

Article No. ：ST256

Quantity：500 sets

Price：USD 45/set CIF New York

Shipment：In April

Payment：By irrevocable L/C at sight

Packing：In cartons

We trust the above will be acceptable to you and await your trial order.

Best Regards.

参考译文

敬启者：

你方 1 月 21 日函收悉。按你方要求，寄给你方最新商品目录供你方参考。

为了开展我们之间的贸易，特向你方作如下发盘，以你方本月 28 日前复到有效。

商品：山地车

型号：ST256

数量：500 辆

价格：每辆 45 美元 CIF 纽约价

装运期：4 月

付款方式：不可撤销即期信用证

包装：纸箱装

相信上述报盘你方可以接受，并盼收到你方的试订单。

谨上

商祺

第四节　还　盘

一、还盘概述

还盘（Counter Offer）又称还价，在法律上称为反要约。它是指受盘人不同意或不完全同意发盘人在发盘中提出的条件，为进一步协商，对发盘提出的修改意见。还盘一经作出，原发盘即告失效。还盘相当于一项新的发盘，还盘的内容对还盘人具有法律效力。

根据《联合国国际货物销售合同公约》的规定，受盘人对货物的价格、付款、品质、数量、交货时间与地点，一方当事人对另一方当事人的赔偿责任范围或解决争端的办法等条件提出添加或更改，均作为实质性变更发盘的条件。

　　案例：我 A 公司于某年 9 月 15 日收到意大利 B 公司发盘："马口铁 500 公吨，每吨 545 美元 CFR 汕头，10 月份装运，即期信用证付款，限 20 日复到有效。"我方于 16 日复电："若单价为 500 美元 CFR 汕头，可接受 500 公吨马口铁。履约中若有争议，在中国仲裁。"意 B 公司当日复电："仲裁条件可接受，但市场坚挺，价格不能减。"此时马口铁价格确实趋涨。我 A 公司即于 19 日复电："接受你 15 日发盘，信用证将由中国银行开出。"意商未回复。9 月 22 日我 A 公司委托中国银行开出信用证，但意 B 公司收到后退回信用证。请问：B 公司这样做有无道理？

　　分析：意商这样做是有道理的。我方 16 日复电对原发盘价格、仲裁条件进行更添，构成对原发盘内容的实质性变更，实为还盘，意商当日即予拒绝，对我 A 公司的还盘未表示接受。而发盘一经还盘即失效，因此我方 19 日复电中的"接受"是对已失效的发盘表示接受，据此双方合同不能成立，意商有权退证。

　　案例：我某纺织品公司向国外 S 公司发盘，报棉纺 300 公吨，每公吨 3 万元人民币。几天后，S 公司复电称，对该批货物感兴趣，但希望将有效期延长 10 天，我方同意。5 天后，S 公司来电，要求将货物数量增至 400 公吨，价格降至 2.9 万元人民币。7 天后我公司将这批棉纺卖给另一外商，并在第 9 天复电 S 公司，通知货已售出。但外商坚持要我交货，否则以我方擅自撤约为由，要求赔偿。请问：我方是否应赔偿？为什么？

　　分析：我方不应赔偿。因为 S 公司 5 天后的来电中改变了交货数量、价格，构成对我公司发盘内容的实质性变更，实为还盘。我公司未答复，应视为对 S 公司的还盘未表示接受，双方合同不能成立，我方有权将货另售。

　　处理对方的还盘应注意：

1. 实质性变更发盘的条件属于还盘性质

　　实质性变更发盘条件的接受，可看成是一项还盘，我方可不予理睬。

2. 对发盘表示有条件的接受，也是还盘的一种形式

　　在接受的同时提出某项条件，也只能看成是还盘。如以获得进口许可证为准、以本国的领事签证为准、以签订书面合同为准等。

　　案例：我某进出口公司与美国 H 公司洽谈进口一批乳胶制品，经往来电子邮件和传真磋商，几经还价，2 月 20 日我公司发出接受通知"接受各项交易条件，以签订书面确认书为准"。24 日 H 公司将拟就合同草稿寄达我公司，要我方确认。我方由于对某些条款的措辞需要进一步研究，未及时给予答复。不久，交货期临近，H 公司来电催促我公司开立信用证。此时，该商品的国际市场价格下跌，我方遂以未签订确认书，双方合同尚未有效成立为由拒绝开证。请问：我公司这样做是否有理？

　　分析：我公司这样做有理。因为我方接受通知中列有"以签订确认书为准"的保留条件，而对发盘表示有条件的接受，仅构成一项还盘，而不是有效的接受。事后外商提交书面合同草稿，我方尚未答复，再次说明合同成立的条件并不具备。合同既未成立，外商催我开证，理应拒绝。

3. **在接受的同时，表示某种希望或愿望，则该接受可视为一项有效的接受**

> **案例：** 某年 2 月 3 日我 A 出口公司应邀向西非 B 公司发盘："供应 A 规格印花织物 15 万米，每米 CIF 西非口岸 0.58 美元，5 月份交货，2 月 6 日前电复有效。" 2 月 4 日 B 公司复电："A 规格印花织物 15 万米，每米 CIF 西非口岸 0.58 美元，你能否同意两个月内交货？" 2 月 5 日下午在尚未收到 A 公司回复的情况下，B 公司又发出接受传真："A 规格印花织物 15 万米，每米 CIF 西非口岸 0.58 美元，5 月份交货，我接受。" 请问：A、B 双方合同关系有无建立？为什么？
>
> **分析：** 双方合同已经有效成立。2 月 4 日 B 公司复电仅仅是受盘人提出的一项请求或希望，不构成还盘。A 公司 2 月 3 日的发盘仍然有效，2 月 5 日下午 B 公司对此发盘做出了有效接受，因此双方合同成立。

二、还盘英语函电

（一）写信要点（Writing Skills）

（1）报盘信函收悉。
（2）抱怨价格太高。
（3）还盘建议。

（二）常用句型（Sentence Patterns）

句型 1：对价格的抱怨

（1）We regret to inform you that your price is rather on the high side though we appreciate the good quality of your products.

我们很遗憾告知你方，尽管我们很满意你方产品的质量，但我们认为你方价格偏高。

（2）We very much regret that your price is out of line with the prevailing market.

我们很遗憾你方价格与现行价格不符。

（3）Although we are desirous of doing business with you, we regret to say that your price is unacceptable to us.

尽管我们渴望与你方成交，但我们遗憾地说你方价格不可接受。

句型 2：与其他供应商价格相比

（1）Indian makes have been sold here at a level about 10% lower than yours.

印度产的商品以大约低于你方 10% 的价格在本地出售。

（2）When compared with the other suppliers' prices, your price is almost 10% higher than theirs.

与其他货源的价格相比，你方的价格比他们的报价几乎高出10%。

（3）Your price compares much higher than those we can get from elsewhere.

你方的价格比我们从其他货源得到的价格高得多。

句型3：还盘建议

（1）To step up trade, we counter-offer as follows: 500 tons of Walnuts at USD 900/ton CIF EMP.

为了促进贸易，我们还盘如下：500吨核桃，每吨900美元成本加保费运费欧洲主要港口。

（2）As the market of Walnuts is declining, there is no possibility of business unless you can reduce your price by 5%.

由于核桃行市下跌，除非你方能够降价5%，否则无法成交。

（3）We don't deny the quality of your products is superior to that of Indian makes, but the difference in price should not be as big as 10%. Our counter-offer is USD 900/ton CIF EMP.

我们不否认你方产品的质量比印度的更好，但差价不可能大于10%。我们还盘是每吨900美元成本加保费运费欧洲主要港口。

（三）信函示例及译文（Sample Letters and Chinese Versions）

Dear Mr. Wang,

Re: Carpets

Thank you for your letter of 25th October quoting us for the captioned goods at USD 250/piece CIF Los Angeles.

While we are desirous of doing business with you, we are regretful to say that we find your price much too high. As we know, the Turkish makes have been sold here at a price about 5% lower than yours.

We would like to place large orders with you if you could bring down your price to USD 220/piece CIF Los Angeles.

We hope you will agree to our suggestion and look forward to your favorable reply.

Yours truly,

Frank wilson

参考译文

王先生：

　　事由：地毯

　　感谢你方 10 月 25 日来信，按每件 250 美元 CIF 洛杉矶价格向我们报标题商品。

　　尽管我们很希望与你方成交，但我们很抱歉地告知，你方价格太高。据说，土耳其货已按低于你方约 5% 的价格在本地出售。

　　如能将价格降到每件 220 美元 CIF 洛杉矶价格，我们将大量订购。

　　希望你们能同意我们的建议并盼佳音。

Frank wilson 敬上

第五节　接　受

一、接受概述

　　接受（Acceptance），在法律上称为承诺，是指受盘人接到对方的发盘或还盘后，同意对方提出的条件，愿意与对方达成交易，并及时以声明或行动表示出来。

（一）构成接受条件

　　一项有效的接受，必须具备以下条件：

1. 接受必须由受盘人作出

　　接受必须是原发盘中的特定人作出方为有效，其他人对发盘表示接受，只能看成为对原发盘人的一项发盘。

　　案例：我某贸易公司应香港中间商 A 商行之邀，于 7 月 9 日向其发盘供应羽绒一批，并限 7 月 16 日复到有效。13 日我公司收到 A 商行来电称："你 9 日发盘已转美国 B 公司。"同时收到美国 B 公司按我方发盘规定的各项交易条件开来的信用证。而此时羽绒国际市场价格猛涨，于是我方将信用证退回开证行，再按新价直接向 B 公司发盘。B 公司拒绝接受新价，并要求我方接受信用证按原价发货，否则将追究我方违约责任。请问：B 公司的要求是否合理？为什么？

　　分析：B 公司的要求不合理，我方不应发货。构成接受应具备的条件之一是接受必须由特定的受盘人作出，而本案中，我方发盘中的特定受盘人是香港中间商 A 商行，只有他作出的接受才具有接受效力。美国 B 公司开来的信用证可视为一项发盘，该发盘须得到我方的接受，双方合同才能成立。在合同未成立的情况下，B 公司要求我方发货是没有依据的。

2. 接受的内容必须与发盘相符

接受的内容必须与发盘的内容完全相符，否则，发盘人有权拒绝。但如果是非实质性变更发盘内容的接受，发盘人保持沉默，根据《公约》的规定，接受生效。

案例： 我 A 贸易公司于 5 月 17 日向德国 B 公司发盘出售一批货物："报 W325，300 公吨，即期装船，不可撤销即期信用证付款，每公吨 CIF 汉堡 USD 900，5 月 24 日前复到有效。" 5 月 22 日 B 公司复电："你 5 月 17 日电，接受 W325，300 公吨，即期装船，不可撤销即期信用证付款，每公吨 CIF 汉堡 USD 900，适合海运的良好包装。" A 公司未回复。5 月 29 日 B 公司来电询问是否收到其 5 月 22 日接受电。5 月 30 日我 A 公司复电："你 22 日电收悉，由于你方变更了我方 5 月 17 日发盘，致使发盘失效。十分抱歉，由于世界市场价格变化，收到你 22 日电后，我货已另行出售。" B 公司坚持双方合同已经成立，要求我方履行合同。请问：B 公司 5 月 22 日的接受是否可使合同成立？为什么？

分析： B 公司 5 月 22 日的接受可使合同成立。因为，根据《联合国国际货物销售合同公约》的规定，B 公司 5 月 22 日的接受通知中对包装条件的添加并不构成对 A 发盘的实质性的改变，除非发盘人在合理的时间内及时表示不同意受盘人的添加，否则该接受仍具有效力。本案中，A 公司收到 B 公司 5 月 22 日的来电并没有表示反对，因此，B 公司 5 月 22 日的接受具有接受效力，双方合同成立。

3. 接受必须在有效期内作出表示

案例： 我某外贸进出口公司向菲律宾 B 商行发盘报冷扎钢板，发盘有效期截至 11 月 5 日。B 商行收到我方发盘后，由于市场情况不稳定，延至 11 月 6 日才发传真表示接受我公司发盘。请问：对此，我公司应如何处理？

分析： 根据当时情况有两种不同的处理方法：①B 商行 11 月 6 日表示接受的传真，已超过发盘的有效期，不具有接受效力，仅相当于一项新的发盘。但如我方愿达成这笔交易，也可及时回电确认，承认 B 商行逾期接受有效，合同于接受到达之日起生效。②如我公司不愿达成此笔交易，则可通知对方逾期，不能确认，也可不予答复，双方合同不成立。

4. 接受必须用声明或行为作出表示，保持沉默不能算作接受

接受必须以声明或行动表示出来。按《公约》的规定，如根据发盘或依照当事人业已确定的习惯做法或惯例，受盘人可以作出某种行为对发盘表示接受，而无须向发盘人发出接受通知。例如，发盘人在发盘中要求"立即装运"，则受盘人可作出立即发运货物的行为来表示接受，而且这种以行为表示的接受，在装运货物时立即生效，合同即告成立，发盘人受其约束。

案例： 我某进出口公司在 9 月 1 日向日本三井会社发出询价，拟购 320 吨聚丙烯，并在询价中说明："若在我方收到你方报价一周内，未得到我方答复，可视为接受。"9 月 5 日我公司收到日本三井会社报价。由于该商品市价变化，9 月 15 日我公司电告三井会社，拒绝其报价。双方就合同是否已成立发生激烈争执。请问：双方合同是否成立？为什么？

分析： 双方合同已经成立。根据《公约》的规定，本案中因双方事先已有约定，甲 9 月 5 日收到报价后，直至 9 月 15 日才通知拒绝，其答复已经超过了事先约定的收到对方报价后一周的期限，其行为可视为已接受了对方报价，已构成有效的接受，因此双方合同成立。

（二）逾期接受

在国际贸易中，由于各种原因，导致受盘人的接受通知有时晚于发盘人规定的有效期送达，这在法律上称为"逾期接受"。逾期接受在法律上不具有法律效力，对发盘人不具有约束力。

根据《公约》的解释，逾期接受在以下两种情况下仍具有效力。

（1）如果发盘人毫不迟延地用口头或书面形式将表示同意的意思通知受盘人。

（2）如果载有逾期接受的信件或其他书面文件表明，它在传递正常的情况下是能够及时送达发盘人的，那么这项逾期接受仍具有接受的效力，除非发盘人毫不迟延地用口头或书面方式通知受盘人，他认为发盘已经失效。

案例： 我农产品进出口公司根据国外 B 公司询盘，发盘销售 50 公吨蜂蜜，限 B 公司 5 日复到有效。B 公司于次日上午以特快专递向我公司发出接受通知，但由于邮递延误，该接受通知于第 6 日上午才送达我公司。此时，我方鉴于市价趋涨，当即回电拒绝，但 B 公司坚持接受通知迟到不是他的责任，坚持合同有效成立，要求我方按期发货。请问：B 公司的要求是否合理？为什么？

分析： B 公司的要求不合理。根据《公约》的规定，如果载有逾期接受的信件或其他书面文件表明，它在传递正常的情况下是能够及时送达发盘人的，那么这项逾期接受仍具有接受效力，除非发盘人毫不迟延地用口头或书面形式通知受盘人表示拒绝。本案中，我方收到 B 公司的逾期接受后当即回电拒绝，因此，该逾期接受无效，合同不能成立，B 公司无权要求我方发货。

（三）接受的生效与撤回

接受在受盘人的接受通知送达发盘人时生效。根据《公约》的解释，接受得以撤回，如果撤回通知于接受原应生效之前或同时送达发盘人。但接受一旦生效，合同即告成立，就不得撤销接受或修改其内容，因为这样做等于修改或撤销合同。

二、接受英语函电

（一）写信要点（Writing Skills）

（1）报盘/还盘信函收悉。

（2）报盘/还盘条件可接受。

（3）寄送订单/合同。

（4）其他要求（质量、装运等）。

（二）常用句型（Sentence Patterns）

句型1：下订单

（1）We thank you for your quotation of May 12 and now place an order with you for the following items.

感谢你方5月12日的报价，现向你方订购下列商品。

（2）In reply to your letter of May 12 quoting us the prices of Soy Beans, we are pleased to place a trial order as mentioned in the enclosed sheet.

兹回复你方5月12日大豆报价函，现试订购如所附订单。

（3）We have received your catalogues and price lists, and now we order the following goods at the prices named.

已收到你方目录和价格单，现按所示价格订购下列货物。

句型2：接受某人订单

（1）Thank you for Order No.123. We accept it and will dispatch the goods in the early June.

感谢你方第123号订单。我们接受此订单，并将于6月初交货。

（2）As regards the goods you ordered, we have decided to accept your order at the same price as that of last year.

关于你方订购的货物，我们决定按去年价格接受你方订单。

（3）Thank you very much for your order of May 23 for 300 cases of Canned Pineapple. We are pleased to confirm our acceptance as shown in the enclosed Sales Contract.

非常感谢你方于5月23日订购300箱菠萝罐头，并乐意确认予以接受，如附寄的销售合同所示。

句型3：其他要求（质量、装运等）

（1）As we are in urgent need of the goods, you are requested to effect shipment during May as promised in your offer.

由于我们急需该货，请在你方报盘所承诺的5月装船。

（2）Please note that the goods are required to reach us regularly from May.

请注意货物应从 5 月起定期运达我方。

（3）The relative Letter of Credit will be opened in your favor soon. Please arrange shipment without delay upon receipt of the credit.

相关的以你方为受益人的信用证将尽快开出。请收到信用证后立即安排装运。

（三）信函示例及译文（Sample Letters and Chinese Versions）

Dear Mr. Smith,

Your offer for T-Shirts has been approved and we are therefore enclosing our Purchase Order No. 123 for this transaction.

We would draw your attention that this order has to be delivered on or before July 5 due to commitments we have made to our customers.

Thank you for all of your co-operation in this matter.

Best regards,

Amy Lee

Encl. As stated

参考译文

史密斯先生：

我们接受你方对 T 恤衫的报价，为此我们附寄第 123 号购买订单。

我们希望提请你方注意，这个订单需要在 7 月 5 日或之前发货，因为我们对客户已作了承诺。

感谢你方在这方面的所有合作。

商祺

Amy Lee

附件：如上所述

第六节　合同的订立

当一笔交易达成后，外贸跟单员必须根据有关的函电内容，拟定合同。因此，外贸跟单员必须了解合同成立的时间、合同的形式、合同成立的条件，掌握合同条款的内容。

一、合同成立的时间

我国《合同法》规定，承诺生效时合同成立。当事人采用合同书形式订立合同的，在双方当事人签字或盖章时合同成立。当事人采用信件、数据电文等形式订立合同的，可以在合同成立之前要求签订确认书，签订确认书时合同成立。

《联合国国际货物销售合同公约》也规定接受送达发盘人时生效，接受生效的时间，就是合同成立的时间。

此外，根据我国法律和行政法规的规定，应当由国家批准的合同，在获得批准时，合同方成立。

二、合同的形式和书面合同的种类

（一）合同的形式

在国际上，合同的形式可以是口头形式、书面形式和其他形式，口头合同必须提供人证。而我国在核准《公约》时坚持，我国与国外当事人订立的国际货物买卖合同必须采用书面形式，书面形式包括电报和电传。

我国《合同法》第 11 条还规定："合同的书面形式是指合同书、信件和数据电文（包括电报、电传、传真、电子数据交换和电子邮件）等可以有形地表示记载内容。"据此，明确了数据电文的法律效力，确定了电子合同与书面合同具有同等效力的问题。对于电子合同生效的方式，我国《合同法》第 26 条第 2 款规定："采用数据电文形式订立合同的，承诺到达的时间适用本法第 16 条第 2 款规定。"

书面合同的意义有：①作为合同成立的证据；②作为合同生效的条件；③作为合同履行的依据。

（二）书面合同的种类

书面合同主要有售货合同和售货确认书两种，虽然繁简不同，但法律效力一样，出口企业可根据实际情况选用。

1. **售货合同**（Sale Contract）

售货合同的内容全面，条款齐全，对买卖双方的权利、义务以及发生争议后的处理都有全面的规定。适用于大宗商品或成交金额较大的交易。

2. 售货确认书（Sale Confirmaton）

售货确认书的条款比较简单，一般省略了索赔、不可抗力、仲裁等条款。适用于金额不大的交易，如轻纺产品、土特产品的交易。

三、合同成立的条件

根据各国合同法的规定，一项合同，除买卖双方就交易条件通过发盘和接受达成协议外，还需要具备下列有效条件，才算是一项具有法律约束力的合同。

（1）当事人必须在自愿和真实的基础上达成协议。

（2）当事人必须具有订立合同的行为能力。

（3）合同必须有对价和合法的约因。

（4）合同的标的和内容必须合法。

（5）合同的形式必须符合法律规定的要求。

四、货物买卖合同条款

（一）品质条款

在国际货物买卖合同中，表示品质的方法主要分为以实物表示的品质和以说明表示的品质两种，根据不同的出口商品选用不同的品质表示方法。

1. 以实物表示的品质

以实物表示商品品质就是通过买卖时的实际货物，直观地反映出货物的品质，一般可分为看货买卖和凭样品买卖两种。凭样品买卖又可分为凭卖方样品买卖、凭买方样品买卖和凭对等样品买卖。如："The quality is as per Seller's Sample."（"质量以卖方的样品为准。"）

2. 以说明表示的品质

除以实物表示商品的品质外，其他如以规格、等级、图样、文字等方式来表示商品的品质，都属于以说明表示商品的品质。以说明表示商品的品质一般可分为六种，即凭规格买卖（sale by specification）、凭等级买卖（sale by grade）、凭标准买卖（sale by standard）、凭说明书和图样买卖（sale by description and illustration）、凭商标或牌号买卖（sale by trade mark or brand）和凭产地名称买卖（sale by name of origin）。

（1）凭规格买卖。

商品规格（Specification of Goods）是指用以反映货物的成分、含量、纯度、容量、性能、大小、长短、粗细等质量的若干主要指标。如：

"Colour Lamps Candle type 110V 28W."　"彩色灯泡，烛形，110 伏，28 瓦。"

"Soybean Oil content Min. 20%；Moisture Max. 12%；Admixture Max. 1%；Imperfect Grains Max. 8%."　"大豆，含油量最低20%；水分最高12%；杂质最高1%；不完全粒最高8%。"

凭规格买卖能比较方便、准确地表示出商品的质量，在国际贸易中应用最广。

（2）凭等级买卖。

商品等级（Grade of Goods）是指同一类货物，按其质地的差异，或尺寸、形状、重量、成分、构造、效能等的不同，用文字、数字或符号所作的分类。如：

"Special Grade Chinese Black Tea." "特级中国红茶。"

（3）凭标准买卖。

商品标准（Standard of Goods）是指货物规格的标准化。如国际标准化组织 ISO 标准、国际电工委员会（IE）标准、欧洲合格评定（CE）标准、英国标准学会（BSI）标准等。

由于签订农产品贸易合同时，该农产品仍未收获，其质量如何，买卖双方都无法把握，因此，对农产品质量的表示，通常采用"良好平均品质"（Fair Average Quality，F. A. Q）来表示其质量标准。所谓"良好平均品质"是指在一定时期内某地出口货物的平均品质水平，一般是指中等货而言。如：

"Lichee of P. R. of China, 2003 crop, F. A. Q." "2003 年中国产荔枝，良好平均品质。"

（4）凭说明书和图样买卖。

有的商品（如机电产品），除了规定其名称、商标牌号、型号外，还要采用说明书（Description）来介绍产品的构造、原材料、产品形状、性能、使用方法等，有时还附以图样、图片、设计图纸、性能分析表等来完整说明其具有的质量特征。如：

"Quality and technical data to be strictly in conformity with the description submitted by the Seller."

"品质和技术数据必须与卖方所提供的产品说明书严格相符。"

（5）凭商标或牌号买卖。

由于市场营销的结果，著名的商标（Trade Mark）或牌号（Brand）不仅代表一定的质量水平，而且代表消费者一定的品位，能够增强消费者的购买欲望，刺激需求。如：

"Hualin Brand Air Conditioner Model：KFR34GW, 220V 50Hz with remote control." "华凌牌空调机，型号 KFR34GW，220 伏，50 赫兹，带遥控。"

（6）凭产地名称买卖。

由于自然条件和传统生产技术的影响，某些产品因产地的不同，其产品的质量、信誉也不同（如南非宝石、新疆哈密瓜、景德镇陶瓷）。对于这类产品可采用凭产地名称来表示产品的品质。如：

"Sichuan Preserved Vegetable" "四川榨菜"

"France Perfume" "法国香水"

（二）数量条款

国际货物买卖合同中商品数量条款的内容主要包括成交商品的数量和计量单位。如：

"6800PCS 5% more or less at seller's option." "6800 件，卖方可溢装或短装5%。"

（三）包装条款

合同中商品包装条款的内容一般包括包装材料、包装方式、包装规格、包装标志等。如：

"In cartons of about 15kg net, 500 cartons transported in one 20ft container." "纸箱装，每箱净重约 15 千克，500 纸箱装 1 只 20 英尺集装箱运送。"

"In cloth bags, lined with polythene bags of 25 kg net each." "布袋装，内衬聚乙烯袋，每袋净重 25 千克。"

"In double bags with kraft paper, each containing 25kg." "双层牛皮纸袋，每袋 25 千克。"

"The packing is at buyer's design with neutral packing, each, reinforces with iron straps, the charges of packing shall be borne by the buyer." "包装依据买方的设计，中性包装，并用铁皮带加固，费用由买方负担。"

（四）装运条款

国际货物买卖合同中装运条款的主要内容有装运时间、装运港和目的港、分批装运和转船等。如：

Shipment during May from London to Shanghai. The Sellers shall advise the Buyers 45 days before the month of shipment of the time the goods will be ready for Shipment. Partial shipments and transshipment allowed. 5 月份装运，由伦敦至上海。卖方应在装运月份前 45 天将备妥货物可供装船的时间通知买方。允许分批和转船。

During Mar. / Apr. in two equal shipments, transshipment to be permitted. 3/4 月份分两次平均装运，允许转运。

1. 装运时间

国际货物买卖合同中常见的装运期的规定方法有：①明确规定具体的装运期限；②规定在收到信用证后若干天内装运；③笼统地规定装运期。

《UCP 600》规定，不应使用诸如"迅速""立即""尽快"之类的词语，如使用此类词语，银行将不予置理；该惯例还规定，"以后"将理解为不包括所述日期。

2. 装运港和目的港

通常情况下，只规定一个装运地和一个目的地；在大宗商品交易条件下，可酌情规定两个或两个以上的装运地和目的地，并分别列明其名称供选用。就具体的目的地，买方在卖方发货前应从可供选择的地点中确定，并通知卖方安排运输。在双方洽商暂无法确定装运港和目的港时，可采用选择港的方式。选择港必须以同一航线班轮的寄航港为限。核算运费时，以运费最高的港口为基础，并明确选择港的附加费由买方负担，或在采用 CFR、CIF 条件时把附加费加进售价。规定"选择港的数目一般不超过三个"。

3. 分批装运和转船

分批装运（Partial shipment）是指一笔成交的货物，分若干批装运。

转船（Transshipment）是指货物没有直达船或一时无合适的船舶运输，而需通过中途港转运。

一般来说，允许分批装运和转船，对卖方比较主动。国际商会《跟单信用证统一惯例》规定，除非信用证有相反规定，可准许分批装运和转船。

（五）保险条款

根据交易达成的条件不同，保险条款可分为下面两种类型：

1. 按 FOB、FCA、CFR 或 CPT 条件成交的保险条款

按 FOB、FCA、CFR 或 CPT 条件成交，合同中的保险条款只需规定："Insurance: To be covered by the Buyer." "保险由买方办理。"

2. 按 CIF 或 CIP 条件成交的保险条款

按 CIF 或 CIP 条件成交的保险条款，则需具体规定保险金额、投保险别和保险适用的条款等内容。如：

"Insurance: To be covered by the Sellers for the full invoice value plus 10% against all risks and war risks as per and subject to the relevant ocean marine cargo clauses of the People's Insurance Company of China, dated Jan. 1, 1981. If the Buyers desire to cover for any other extra risks besides aforementioned of amount exceeding the aforementioned limited, the Sellers' approval must be obtained beforehand and all the additional premiums thus incurred shall be for the Buyers' account."

"保险：由卖方按发票金额加乘 10% 投保一切险及战争险，以中国人民保险公司 1981 年 1 月 1 日的有关海洋运输货物保险条款为准。如果买方要求加投上述保险或保险金额超出上述金额，必须提前征得卖方的同意，超出的保险费由买方承担。"

（六）价格条款

进出口合同中的价格条款，一般包括商品的单价和总值两项基本内容。单价通常由计量单位、单位价格金额、计价货币和贸易术语四个部分组成。总值是单价与数量的乘积，也是一笔交易的总金额。如：

"USD 300 per peace CIF Tokyo" "每件 300 美元 CIF 东京"

（七）支付条款

收付条款的内容是指货款结算方式如汇付、托收、信用证或这三种的结合。如：

"The Buyers shall open with A bank to be accepted by both the Buyers and the Sellers an irrevocable transferable letter of credit, allowing partial shipment, transshipment in favor of the Sellers and addressed to Sellers payable at sight against first presentation of the shipping document to Opening Bank. The covering letter of credit must reach the Sellers 30 days before shipment and remain valid in China until the 21st day (inclusive) from the date of shipment."

"买方应通过买卖双方都接受的银行向卖方开出以卖方为受益人的不可撤销、可转让的即期付款信用证并允许分装、转船。信用证必须在装船前 30 天开到卖方，信用证有效期限延至装运日期后 21 天在中国到期。"

"The Buyers shall duly accept the documentary draft drawn by the Sellers at 30 days sight upon first presentation and make payment on its maturity, The shipping documents are to be delivered against payment only. "

"买方对卖方开具的见票后 30 天付款的跟单汇票，于提示时应即予承兑，并应于汇票到期日即予付款，付款后交单。"

"50% of the total contract value as advance payment shall be remitted by the Buyer to the Seller through T/T within 15 days after sighing this contract. Payment to be effected by the Buyer shall not be later than 7 days after receipt of the documents listed in the contract by T/T. "

"买方同意在本合同签字之日起，15 天内将本合同总金额 50% 的预付款，以电汇方式汇交卖方，并在收到本合同所列单据后 7 天内电汇其余货款。"

(八) 检验条款

在国际货物买卖合同中商品检验条款的内容主要有检验时间与地点、检验机构和检验证书。如：

"It is mutually agreed that the Certificate of Quality and Weight (Quantity) issued by the China Exit and Entry Inspection and Quarantine Bureau at the port/place of shipment shall be part of the documents to be presented for negotiation under the relevant LC. The Buyers shall have the right to reinspect the quality and weight (quantity) of the cargo. The reinspection fee shall be borne by the Buyers. Should the quality and/or weight (quantity) be found not in conformity with that of the contract, the Buyers ate entitled to lodge with the Sellers a claim which should be supported by survey reports issued by a recognized surveyor approved by the Sellers. The claim, if any, shall be lodged within 30 days after arrival of the cargo at the port/place of destination. "

"买卖双方同意以装运港（地）中国出入境检验检疫局签发的质量和重量（数量）检验证书作为信用证项下议付所提交的单据的一部分，买方有权对货物的质量和/或重量（数量）与合同规定不符时，买方有权向卖方索赔，并提供经卖方同意的公证机构出具的检验报告。索赔期限为货物到达目的港（地）后 30 天内。"

在拟订检验条款中，要特别注意检验时间和地点的规定。商品检验的时间和地点一般应与交货的时间和地点一致。根据不同的贸易术语，商品检验的时间和地点也不相同，主要有在出口国检验、在进口国检验以及在出口国检验、进口国复验三种。

(1) 在出口国检验。

货物在装船前或装运时，由买卖双方约定的商检机构检验货物，并以其检验货物后出具的检验证明作为货物品质、重量或数量的最后依据。在出口国检验也称为"离岸品质、离岸重量 (Shipping Quality and Shipping Weight)"。

采用"离岸品质、离岸重量"，只要检验时货物的品质、重量或数量与合同相符，买方日后对货物无权提出任何异议。因此，买方一般不接受"离岸品质、离岸重量"。

案例： 广东成华进出口公司与泰国某商人以 **CFR** 价格术语达成一笔出口交易，合同规定商品为 **18 000** 公吨，每公吨 **150** 美元，信用证支付方式付款，商品检验条款规定："货物在装船前，由广州出入境检验检疫局对货物进行检验，并以其检验货物后出具的检验证明作为货物品质、重量的最后依据。"广东成华进出口公司按合同规定装运出口并已交单议付。不久，收到泰商因货物品质与合同规定不符而向广东成华进出口公司提出索赔的电传通知及目的港检验机构出具的检验证明。请问：泰商的索赔是否有理？为什么？

分析： 泰商的索赔无理。本案中，商品检验条款规定为："货物在装船前，由广州出入境检验检疫局对货物进行检验，并以其检验货物后出具的检验证明作为货物品质、重量的最后依据。"说明广州出入境检验检疫局出具的检验证明是确定交货品质和重量的最后依据，只要出具的检验证明符合双方签订的合同要求，货到目的港后，即使其质量与合同规定的不符，泰商也无权向广东成华进出口公司提出索赔。

（2）在进口国检验。

货物在卸货后，由买卖双方约定的商检机构检验货物，并以其检验货物后出具的检验证明作为货物品质、重量或数量的最后依据，也称为"到岸品质、到岸重量（Landed Quality and Landed Weigh）"。

采用"到岸品质、到岸重量"，卖方必须承担货物运输途中的风险，担心买方以到达目的港或目的地后货物的品质、重量或数量与合同不符而拒付货款。因此，卖方一般不接受"到岸品质、到岸重量"。

（3）在出口国检验、进口国复验。

在当前的国际贸易中，广泛采用在出口国检验、进口国复验的检验方法。按此做法，装运地的商检机构检验货物后出具的检验证明，作为卖方议付货款的凭证之一，但不是货物品质、重量或数量的最后依据。货到目的港后，由双方约定的检验机构在规定的期限内复验货物，并出具复验证明。复验中若发现交货品质、重量或数量与合同规定不符而责任属于卖方时，买方可凭复验的证明向卖方提出索赔。

复验是指买方对到货有复验权。复验权就是买方有复验的权利。除非另有约定，买方有权要求合理的机会检验货物，在这之前不能认为买方已经接受货物，也没有丧失拒收货物的权利。如果买方收到货物后未经复验便先行使用，此后，发现货物的品质、重量或数量与合同规定不符就不能提出索赔。复验期限实际上就是索赔期限，超过复验期限买方就丧失了索赔的权利。

案例：粤东茶叶进出口公司与印度巴巴达贸易公司签订出口一批茶叶的买卖合同，订约时，印度巴巴达贸易公司告知我粤东茶叶进出口公司该批货物要转销英国，并要求粤东茶叶进出口公司在包装上根据英国市场作特别处理。当茶叶到达印度后，为赶上船期，印度巴巴达贸易公司立即转运英国。事后，印度巴巴达贸易公司来电称，粤东茶叶进出口公司提供的茶叶净重短少，并提供由英国商检机构签发的在英国检验的证明书，向粤东茶叶进出口公司提出索赔。请问：印度巴巴达贸易公司的索赔是否有理？为什么？

分析：印度巴巴达贸易公司的索赔有理。《公约》第38条第（3）款规定："如果货物在运输途中改运或买方须再发运货物，没有合理机会加以检验，而卖方在订立合同时已知道或理应知道这种改运或再发运的可能性，检验可推迟到货物到达新目的地后进行。"根据上述规定，印度巴巴达贸易公司提交的英国检验证书应是有效的。

（九）索赔条款

1. 索赔条款的规定方法

进出口合同中的索赔条款有异议与索赔条款和罚金条款两种规定方法。

（1）异议与索赔条款（Discrepancy and Claim Clause）。

异议与索赔条款多用于货物买卖合同中，在条款中一般规定了买卖双方在履约过程中任何一方违约后，另一方有权对所造成的损失提出赔偿的要求。同时还对有关的索赔依据、索赔期限、赔偿损失的办法及赔偿金额等作出规定。

（2）罚金条款（Penalty Clause）。

罚金又称违约金（Damages for Breach Contract），是合同当事人一方未履行合同义务而向对方支付约定的违约金。罚金条款的目的是防止一方违约不履行合同义务，或延迟履行或履行中有缺陷，如卖方延迟交货、买方延期接货、买方延期开立信用证等。

根据《中华人民共和国合同法》规定："当事人可以约定一方违约时应根据违约情况向对方支付一定数额的违约金，也可以约定因违约产生的损失赔偿的计算方法。约定的违约金低于造成的损失的，当事人可以请求人民法院或者仲裁机构予以增加；约定的违约金过分高于造成的损失的，当事人可以请求人民法院或仲裁机构予以适当减少。当事人迟延履约约定的违约金的，违约方支付违约金后，还应当履行债务。"

2. 索赔条款的内容

国际货物买卖合同中的索赔条款的主要内容有：①约定解决索赔的基本原则。②提出索赔的有效期限；③规定索赔的范围；④提出索赔的通知方法；⑤规定索赔的证明文件等。如：

"In case discrepancy on the quality of the goods is found by the Buyers after arrival of the goods at the port of destination, claim may be lodged within 30 days after arrival of the goods at the port of destination, while for quantity discrepancy, claim may be lodged within 15 days after arrival of the goods at the port of destination, being supported by Inspection Certificate issued by a reputable public surveyor agreed upon by both parties. The Sellers shall, within 30 days after receipt of the notification of the claim, send reply to the Buyers. For the losses due to natural cause or causes falling within the responsibilities of the Ship-owners or the Underwriters, the Sellers shall not consider any claim for compensation, In case the Letter of Credit does not reach the Sellers within the time stipulated in the Contract, or under FOB price terms the Buyers do not send vessel to appointed ports or the Letter of Credit opened by the Buyers do not send vessel to appointed ports or the Letter of Credit opened by the Buyers does not correspond to the Contract terms and the Buyers fail to amend thereafter sits terms by shall have right to cancel the contract or to delay the delivery of the goods and shall have also the right to lodge claims for compensation of losses. "

"品质异议须在货到目的口岸之日起 30 天内提出，数量异议须在货到目的口岸之日起 15 天内提出，买方需同时提供双方同意的公证行的检验证明。卖方应于收到异议后 30 天内答复买方。由自然原因或船方、保险商责任造成的损失，卖方将不予考虑任何索赔。信用证未在合同指定日期内到达卖方，或在 FOB 条款下，买方未按时派船到指定港口，或信用证与合同条款不符，买方在未接到卖方通知所规定的期限内改有关条款时，卖方有权撤销合同或延迟交货，并有权提出索赔。"

（十）不可抗力条款

国际货物买卖合同的不可抗力条款的内容包括不可抗力事件的范围、对不可抗力事件的处理原则和方法、不可抗力事件发生后通知对方的期限和方法，以及出具证明文件的机构等。如：

"If the shipment of the contracted goods is prevented or delayed in whole or in part by reason of war, earthquake, flood, fire, storm, heavy snow or other causes of Force Majeure, the Seller shall not be liable fir non-shipment or late shipment of the goods of this contact. However, the Seller shall notify the Buyer by cable or telex and furnish the latter within 15 days by registered airmail with a certificate issued by the China Council for the Promotion of International Trade (China Chamber of International Commerce) attesting such event or events. "

"如由于战争、地震、水灾、火灾、暴风雨、雪灾或其他不可抗力的原因，致使卖方不能全部或部分装运或延迟装运合同货物，卖方对于这种不能装运或延迟装运本合同货物不负有责任。但卖方须用电报或电传通知买方，并须在 15 天以内航空挂号信件向买方提交由中国国际贸易促进委员会（中国国际商会）出具的证明此类事件的证明书。"

（十一）仲裁条款

国际货物买卖合同中仲裁条款的内容有提请仲裁的争议范围、仲裁地点、仲裁机构、仲裁规则、裁决的效力等。如：

"Any dispute arising from or in connection with this Contract shall be submitted to China International Economic and Trade Arbitration Commission for arbitration which shall be conducted by the commission in Beijing or by sits Shenzhen Sub-Commission in Shenzhen or by its Shanghai

Sub-Commission in Shanghai at the Claimant's option in accordance with the Commission's arbitration rules in effect at the time of applying for arbitration. The arbitral award is final and binding upon both parties. "

　　"凡因本合同引起的或与本合同有关的任何争议，均应提交中国国际经济贸易仲裁委员会按照申请仲裁时该会现行有效的仲裁规则，由申请一方选择由该会在北京或由该会深圳分会在深圳或由该会上海分会在上海进行仲裁。仲裁裁决是终局的，对双方均有约束力。"

第十二章
出口审单

审单是指外贸跟单员依据合同、《公约》和《UCP 600》等有关国际法规和国际惯例，对双方根据口头或函电内容达成的国际货物买卖合同各条款进行审核。审单的内容是国际货物买卖合同的各条款，审单的目的是避免合同中存在对出口企业不利或不公平的条款。经审单无误后，外贸跟单员将合同提交业务经理签名，完成签单业务环节。

第一节 买卖合同中品质、数量和包装条款的审核

一、品质条款

《公约》规定，若卖方的交货不符合约定的品质条件，买方有权要求损害赔偿，也可要求修理或交付替代货物，甚至拒收货物和撤销合同。因此，卖方交货如果品质不符合合同的规定，其后果是十分严重的。对品质条款的审核，一般应考虑以下问题：

（一）是否订立了品质机动幅度条款

《公约》第35条规定："货物的质量与卖方向买方提供的货物样品或式样相同。"为了避免因所交货物与样品不符，对于交货质量没有把握与样品完全一致的产品，卖方可把样品列为参考样品（Sample for Reference），或规定一定的品质机动幅度。

所谓品质机动幅度，是指允许卖方所交货物的质量指标在一定的幅度内且有灵活性。品质机动幅度可分为品质公差和品质机动幅度两种。品质机动幅度是指对特定质量指标在一定幅度内可以机动。具体的方法有：

1. **规定一定的范围**

如：植绒布，幅宽35/36英寸，意指植绒布的幅宽在35到36英寸的范围内，买方都认为是合格的。

2. **规定一定的极限**

如："Rice, Broken Grains（max.）20%；Moisture（max.）12%；Admixture（max.）

0.2%。""大米，碎粒（最高）20%；水分（最高）12%；杂质（最高）0.2%。"

3. 规定一定上下差异的幅度

如："China Grey Duck Feather with 90% down content, 1% more or less allowed.""中国灰鸭绒含绒量为90%，允许上下1%。"

品质公差（Quality Tolerance）是指国际上同行业公认的产品品质误差。凡在品质公差范围内的货物，买方不得拒收或要求调整价格。品质公差多用于工业制成品，而品质机动幅度多用于农副产品。

（二）商品品质的规定是否符合企业自身的实际，是否留有余地

合同中品质条款拟定后，对卖方来说意味着必须按合同规定办事；否则，卖方就违约，面临被买方索赔的局面。因此，卖方拟定品质条款，应根据自身的实际技术能力，不要定得过高，使自己提交的产品未能达到合同的要求，而是应该留有余地。

（三）表示商品品质的具体方法是否妥当

不同的商品采用不同的品质表示方法，是否既用实物同时又用文字说明表示商品品质，表示商品品质的各项指标是否绝对化，是否使自己陷于被动，等等，都是外贸跟单员应重点审核的问题。

案例： 我某土产贸易公司以 CIF 条件向新加坡 B 公司出口一批榛子仁。品质规定为：水分最高15%，杂质不超过3%。但在成交前我方公司曾向对方寄送样品，合同签订后又电告对方，确认成交货物与样品相似。货物装船前由中国商品检验局检验签发了品质规格合格证书。货物运抵新加坡后，B 公司出具了所交货物平均品质比样品低7%的检验证明，并据此向我方公司提出索赔 600 英镑。我方认为合同中并未规定凭样交货，而仅规定了凭规格交货，既然所交货物符合合同规格，因而拒赔。新加坡公司遂请求中国国际贸易促进委员会协助解决此案。我方进一步陈述说，交货时商品是经过挑选的，因该商品系农产品，不可能做到与样品完全相符，但不至于低7%。由于我方公司已将留存的样品遗失，对自己的陈述无法加以证明，我仲裁机构也难以管理。最后只好赔付一笔差价而结案。试分析此案，找出本案中双方争执的主要焦点及我们应当吸取的主要教训。

分析： 本案中双方争执的主要焦点在于：该交易究竟是凭规格买卖还是凭样品买卖，或是既凭规格又凭样品买卖。我方应当吸取的必要教训：首先，从合同规定来看并非凭样买卖，但遗憾的是，我方订约前所寄样品未声明是参考样品，订约后又通知对方货物与样品相似，这就授人以柄，该交易变为既凭规格又凭样品买卖，这样，卖方所交货物品质就既应符合合同中规定的规格，又应与样品一致，使自己多承担了责任。其次，既留有复样，就应妥善保存。若我方能以留存的复样为根据，反证我所交货物与样品并无不符，则本案就又当别论了。

二、数量条款

《公约》第 52 条规定，如果卖方交货数量大于合同规定的数量，买方可以收取也可以拒收多交部分的货物。如果买方收取多交部分货物的全部或一部分，他必须按合同价格付款。

《公约》第 51 条规定，如果卖方交货数量少于约定的数量或交货数量中只有一部分符合合同规定，卖方应在规定的交货期届满前补交，但不得使买方遭受不合理的不便或承担不合理的开支，即使如此，买方也有保留要求损害赔偿的权利。

> **案例**：我某农工商贸易公司经意大利一华侨介绍，从意大利某公司进口尿素，数量30 万公吨，单价为 USD 169/公吨 CIF 厦门，允许溢短装10%。而货到目的港后，发现卖方共装运了 40 万公吨。请问：按《公约》的规定，对卖方多交的 10 万公吨尿素，我方可以如何处理？
>
> **分析**：按《公约》规定，我方可拒收多交的 10 万公吨尿素，因此发生的费用由卖方承担；也可以收取多交的 10 万公吨，按合同价付款。

《公约》的规定，说明了卖方交货时必须按照合同规定的交货。因此外贸跟单员在审核数量条款时，一般应考虑以下问题：

（一）交易双方采用的度量衡制度是否相同

在国际货物买卖中，常用的度量衡制度有国际单位制、英制、美制和公制。不同国家，因采用不同的度量衡制度，对同一计量单位，其理解是不同的。如计算重量，实行英制的国家一般采用长吨（long ton），实行美制的国家一般采用短吨（short ton），国际单位制为公吨（metric ton）。它们的换算关系是：1 长吨 = 1 016 千克，1 短吨 = 907 千克。

> **案例**：我方某外贸公司从美国进口钢材 500 公吨，美商报价为每吨 3 000 美元 CIF 广州，不可撤销即期信用证付款。当我方凭单提货后发现，实际重量只有 453.5 公吨，当我方向美商提出交涉时，美商拒不补交剩余的 47.5 公吨。请问：美商的理由是什么？我方应吸取哪些教训？
>
> **分析**：因美商对我方报价为每吨 3 000 美元 CIF 广州，并没有明确说明重量单位是公吨，由于美国采用美制短吨计重，1 短吨 = 907 千克，因此美商按 500 短吨向我方交货。
>
> 我方应吸取的教训是，对于重量计量单位为吨的，应明确表明为公吨，避免"吨"在美制或英制国家中的长吨或短吨的不同理解而产生争议，造成我方的损失。

（二）订立数量条款时是否有合理规定数量的机动幅度

对于不准分批装运，以件数计数的商品，在实际装运时，既不能多装，也不能少装，使卖方陷于被动。因此，订立数量的机动幅度条款，可使卖方保持主动。

数量的机动幅度条款也称为溢短装条款（More or Less Clause），是指允许卖方在交货时，可根据合同的规定多交或少交一定的百分比。如："6 800PCS 5% more or less at seller's option."根据该条款，卖方交货数量可在 7 140 件至 6 460 件之间机动。规定溢短装条款应考虑以下问题：

（1）机动幅度的大小要适当。实务中一般规定为 5%。

案例：我方某公司与国外某客商达成一笔出口交易，合同中规定，数量为 10 000 公吨，允许有 5% 的溢短装，多交溢短装部分按合同价格计价。该商品的合同价格为每公吨 2 300 美元 FOB 广州。因该商品的市场行情上涨，货物装运前的价格为每公吨 2 400 美元。请问：（1）我方根据合同的规定最多和最少可交多少公吨货物？（2）此案例中，我方应多交还是少交？为什么？

分析：（1）我方根据合同的规定最多可交 10 500 公吨，最少可交 9 500 公吨。（2）此案中，我方应少交 500 公吨的货物。因为当时该商品的市场行情上涨，每公吨差价为 100 美元，我方完全可以依合同的规定少交 500 公吨的货物，减少 50 000 的贸易损失，将少交的 500 公吨货物出售给出价较高的买主。

（2）机动幅度的确定权由谁掌握。实务中有三种情况，即由买方、卖方或船公司确定。一般情况多由卖方确定，如买方租船订舱，应由买方确定。若合同或信用证没有说明由何方确定，按惯例由卖方确定。

（3）溢装或短装部分货物的价格如何确定。溢短装部分的价格有按市场价格计算和合同价格计算两种。若合同没有规定，对溢短装部分，依惯例应按合同价格计算。

案例：我某公司与国外 B 公司达成一份贸易合同，出口水产品 10 公吨，合同规定为箱装，每箱净重为 40 磅，总数量可以有 5% 的机动幅度。请问：在信用证金额也有 5% 增减的情况下，该批货物最多能装多少箱？最少应装多少箱？

分析：最多能装 578 箱，最少应装 524 箱。计算如下：

1 磅 = 0.45 359 千克，则 40 磅 = 18.144 千克

用 [10（1+5%）×1 000]/18.144 即可求得最多的装箱数为 578 箱（尾数应去掉）。

用 [10（1-5%）×1 000]/18.144 即可求得最少的装箱数为 524（尾数应进位）。

（三）是否已正确理解了《UCP 600》有关交货数量增减的规定

（1）根据《UCP 600》规定，凡"约""大概""大约"或类似词语，用于信用证、数量和单价时，应解释为有关金额、数量或单价不超过10%的增减幅度。如："about 1,000M/T""大约1 000公吨"则卖方实际交货最高可达1 100公吨，最低可达900公吨。

（2）若合同和信用证中未明确规定可否溢短装，则对于散装货，除非信用证规定货物的数量不得有增减外，在所支付款项不超过信用证金额的条件下，货物数量准许有5%的增减幅度。

> **案例**：我某公司向科威特出口散装小麦100公吨，每公吨FOB上海400美元。合同中未规定数量可增减。国外按时开来信用证，证中规定总金额不超过40 000美元。我方收到信用证后备货待运，在合同规定的装运期内我方按104公吨发货装运，并按实际交货数量制作单据，但持单到银行办理议付时遭拒绝。请问：银行拒付是否有理？为什么？
>
> **分析**：银行拒付有理。根据《UCP 600》的规定，除非信用证规定货物的数量不得增减外，在所支付款项不超过信用证金额的条件下，货物数量准许有5%的增减幅度，但是当信用证数量以单位或个数计数时，此项增减幅度则不适用。本案中，卖方出口100公吨散装小麦，信用证未表明可否溢短装，卖方本可多交货或少交货5%，但是，本信用证规定的总金额限定为40 000美元，则卖方只可少交货，不可多交货，最多只能交货100公吨。卖方实际交货104公吨，其单据必然与信用证规定不符，因而银行拒付有理。

三、包装条款

《公约》第35条规定，卖方交付的货物必须与合同所规定的数量、质量和规格相符，并须按照合同所规定的方式装箱或包装。除双方当事人业已另有协议外，货物除非符合以下规定，否则即与合同不符……货物按照同类货物通用的方式装箱或包装，如果没有此种通用方式，则按照足以保全和保护货物的方式装箱或包装。

按照某些国家法律规定，如卖方交付的货物未按约定的条件包装，或者货物的包装与行业习惯不符，买方有权拒收货物。如果货物虽按约定的方式包装，但与其他货物混杂在一起，买方可以拒收违反约定包装的那部分货物，甚至可以拒收整批货物。

案例： 我某出口公司向芬兰客户出口杏脯 1.5 公吨，合同规定纸箱装，每箱 15 千克，内装 15 小盒，每小盒 1 千克。交货时，由于此种包装的货物短缺，于是我方便将小包装更改为，每箱仍为 15 千克，但内装 30 小盒，每小盒 0.5 千克。货到目的港后，对方以包装不符为由拒绝收货。我方则认为数量完全相符，要求买方付款。请问：你认为责任在谁？应如何处理？

分析： 责任在我方。《公约》中规定："卖方交付的货物必须与合同规定的数量、质量和规格相符，并须按照合同所规定的方式装箱或包装。" 显然我方违反了合同中的包装条款，我方应立即主动向对方道歉，以求得买方的谅解，必要时，可能要负担买方更换包装的费用。

外贸跟单员审核商品包装条款一般应考虑以下问题：

（一）是否已考虑货物的特点和不同运输方式对货物的要求

对于易碎货物，包装时应有衬垫物以保护货物，但有些国家为防止动植物传染病传播，禁止采用报纸、稻草、麻袋等作为衬垫物。不同的运输方式（如飞机、火车、轮船等），对所载货物的单件长度、重量等都有明确规定，否则无法装运。

（二）包装条款的规定是否明确具体

包装条款中经常出现诸如 "习惯包装"（customary packing）"适合海运包装"（seaworthy packing）或 "卖方惯用包装"（seller's usual packing）之类的术语，为了避免引起争议，包装条款应明确规定具体的要求。

（三）包装费用由谁负担是否已明确

包装费用一般包括在货价之内，不另行计收。若买方对包装有特殊要求，应明确包装材料由谁供应和包装费用由谁负担。

第二节　买卖合同中装运和货物运输保险条款的审核

一、装运条款

装运条款一般涉及装运期、装运港和目的港、分批装运和转运等问题，这些问题直接影响到卖方能否按期交货，能否按规定航线运输，能否按规定的批次交货，每一个问题的失误都有可能引起买方拒付货款。因此，外贸跟单员应重视装运条款的审核。审核货物运输条款一般应考虑如下问题：

（一）装运期的规定是否明确具体

装运期的规定不应使用诸如"迅速""立即""尽快"之类的词语，如使用此类词语，按《UCP 600》规定，银行将不予置理；《UCP 600》还规定"以后"将理解为不包括所述日期。

（二）目的港和目的地是否明确具体

采用 CFR、CIF、CIP、CPT 等贸易术语成交时，目的港（地）的不同，将直接影响到卖方的交货成本，甚至影响到合同能否顺利履行。因此，应明确具体的目的港（地），使卖方确定能否运达合同规定的目的港（地）并准确核算运费、保费。

案例： 我某公司接加拿大 T 公司传真，欲以 CIF 魁北克每公吨 950 加元向我公司购买某商品，当年 12 月装船，不可撤销即期信用证付款。请问：对此条件，我公司应如何考虑并如何答复为宜？

分析： 魁北克在加拿大东岸，且属于季节封冻港口，对目的港订为魁北克、12 月装船的条件实难接受。此外，魁北克属加拿大 OCP 地区，因此我方最好的办法是让对方改报 CIF 温哥华 OCP 魁北克价。

在审核目的港时，特别要注意所选择的港口是否有重名问题。国际上有不少港口存在重名问题，审核时应注意是否有重名。凡有重名的港口或城市，应加注国名；在同一个国家有同名港口或城市者，应注明所在国家的部位，以防发生因漏注而错运货物的事故。

（三）特殊情况下的海运是否已订立转运的条款

合同中规定以海上运输方式交运的交易，货物运往目的港无直达班轮或航次很少的，应了解清楚航线，在合同中规定允许转运的条款，争取主动。

（四）目的港是否为船舶可以停泊的港口

对内陆国家的贸易，而又采用 CIF 或 CFR 条件的，一般应选择距离该国最近的、我方能够安排船舶的港口为目的港。在采用多式联运情况下，除非联运承运人接受全程运输，一般不可接受以内陆城市为目的港的条件。

（五）是否已熟练掌握《UCP 600》对分批装运和转船的有关规定

（1）《UCP 600》规定，运输单据表面注明货物系使用同一运输工具并经同一路线运输的，即使每套运输单据注明的装运日期不同及/或装货港、接受监管地、发运地不同，只要运输单据注明的目的地相同，也不视为分批装运。

（2）除非信用证另有规定，允许分批装运和转船。

（3）如信用证规定在指定时期内分期装运，其中任何一期未按期装运，信用证对该期和以后各期货物均告失效，除非信用证另有规定。

> **案例**：我 A 公司向英国 B 公司出口某商品 15 000 箱，合同规定 1 月至 6 月分数批装运，不可撤销即期信用证付款。合同签订后，B 公司按时开来信用证，装运条款规定为"最迟装运期 6 月 30 日，1 月至 6 月按月等量装运，每月 2 500 箱"。我方实际出口时，1—3 月份交货正常，我方顺利结汇。4 月份因船期延误，拖延至 5 月 3 日才实际装运出口，海运提单倒签为 4 月 30 日。5 月 5 日我公司在同船"吉庆"号又装运 2 500 箱。开证行收到单据后，来电表示对这两批货拒付货款。请问：我方有何失误？开证行拒付是否有理？
>
> **分析**：开证行拒付有理。我方的失误及开证行拒付的依据是：（1）4 月份我方未装运，实际延至 5 月 3 日才装运，为掩人耳目倒签了提单，这种侵权的做法不当。（2）《UCP 600》规定，信用证中规定期限定量分批装运时，如任何一批未按规定装运，本批及以后各批均告失效。本案中，自延误的 4 月份起信用证即告失效，银行当然拒付。（3）《UCP 600》规定，同船、同航次装运不作分批装运，显然与信用证要求不符。综上所述，开证行有权拒付。

二、保险条款

保险条款一般包括保险险别、保险金额、保险条款等问题，外贸跟单员审核保险条款时一般应考虑以下问题：

（一）保险条款中是否有明确保险适用的条款

实务中，保险条款主要有"中国保险条款"（China Insurance Clauses，简称 CIC）和伦敦保险协会海运货物保险条款（Institute Cargo Clauses，简称 ICC）。应避免出现两种保险条款同时出现的情况。

（二）投保险别是否有明确规定，"仓至仓条款"是否被误用

中国人民保险公司的《海洋运输货物保险条款》规定的平安险、水渍险和一切险三种险别和伦敦保险协会海运货物保险条款规定的 ICC（A）、ICC（B）、ICC（C）对承保责任起讫或称保险期限，均采用国际保险业务中惯用的仓至仓条款（即 Warehouse to Warehouse Clause，简称 W/W Clause）。但战争险和罢工险不适用"仓至仓条款"。

（三）加保战争险、罢工险时是否明示保险费率调整时保费由买方负担

一般情况下，战争险和罢工险的保险费率不高，但如有特殊情况如战争时，其保险费率将被大幅调高。若出口企业采用 CIF 或 CIP 等术语成交，将可能额外承担保费率调高的费用。因此，对于出口贸易，如加保战争险、罢工险，应明确"若发生有关的保险费率调整，所增加的保费由买方负担"，把可能出现的费用增加转移由买方支付。

（四）是否只投保了附加险

附加险只能在投保某一种基本险的基础上才可加保，但因一切险的责任范围已包括了一般附加险，故投保人在投保时选择了一切险，则无须再加保一般附加险。

伦敦保险协会海运货物保险条款的战争险和罢工险可单独投保。

（五）保险加成率是否过高

根据《UCP 600》的规定，保险加成率双方没规定的，按惯例卖方加成 10% 投保；没有规定保险险别的，卖方只有义务投保最低险别。若买方要求提高保险加成率，应在合同中规定额外的费用，由买方承担。

第三节　买卖合同中价格和支付方式条款的审核

一、价格条款

价格条款一般包括单价和总值两项内容。外贸跟单员在审核价格条款时，一般应考虑以下问题：

（一）单价的内容是否齐备，表述是否清楚

一个完整的单价包括计量单位、货币单位、单位价格的金额和贸易术语四个部分。应审核合同中单价是否完整，如出口商品报价为"每件 300 美元""每件 300 元 FOB 广州""每件 300 美元 CIF 广州"，这些报价不是内容不完整，就是表述不清楚，都必须改正。

（二）贸易术语的选择是否已考虑运输问题

不同的贸易术语，要求卖方承担不同的义务。如果在运输上卖方无把握按时安排船期，或无法提供买方指定的船公司，则不可采用 CIF 或 CFR 等贸易术语，而应改用 FOB

等贸易术语，由买方自行解决。

（三）是否已选择有利的计价货币

由于汇率的变动，选择不同的计价货币将影响到卖方的结汇，如果选择了软币，结汇时将造成损失。因此，外贸跟单员应及时跟踪国际金融市场，了解哪些货币是硬币，哪些货币是软币，在订立价格条款时才能选择对自己有利的货币计价。

（四）佣金或折扣的运用是否合理

佣金或折扣是国际贸易中经常使用的习惯做法，但不能因为佣金或折扣的使用而使出口企业造成损失。外贸跟单员应审核净价和含佣金价或含折扣价的换算是否正确。

> **案例：** 某出口企业出口一种电器产品，对外报价为每件 100 美元 CIF 东京，数量为 10 000 件，不可撤销即期信用证付款。外商要求我方改报 CIFC5% 东京价，该出口公司的外贸跟单员改报为 110 美元 CIFC10% 东京。请问：该公司外贸跟单员的报价是否有错？
>
> **分析：** 若按净价成交，我方最后收汇 1 000 000 美元。若按 CIFC5% 每件 105 美元成交，我方先收 1 050 000 美元，扣除佣金 52 500 美元，最后我方实收 997 500 美元，比原来报价少收 2 500 美元。正确的换算公式为，CIFC10% 东京价 = 100/（1 − 5%）= 105.263 2（美元）。我方先收汇 105.263 2 × 10 000 = 1 052 632（美元），扣除应支付的佣金 52 632 美元，我方最后实外汇 1 000 000 美元，跟原来相同。

二、支付条款

支付条款的选择，关系到是否能安全收汇。因此，外贸跟单员应注意审核以下问题：

（一）支付方式的运用是否合适

在国际贸易中使用的支付方式主要有汇付、托收和信用证。这三种支付方式虽都通过银行办理，但汇付和托收属于商业信用，而信用证属于银行信用。因此，在出口贸易中，原则上采用信用证支付方式，特别是第一次成交的新客户，更应该采用信用证支付。但出口企业为了提高竞争力和降低费用，对于信誉好的客户和多年合作的老客户，也可采用汇付或托收。

一笔交易大多使用一种支付方式，但有时根据不同需要，也可把两种或两种以上的支付方式结合使用。

（二）是否接受可撤销信用证

采用信用证付款时，由于可撤销信用证的开证行可随时撤销信用证，对卖方很不利，因此，我出口企业一般不接受可撤销信用证。

（三）信用证的付款人是否规定为开证人

信用证的特点之一就是银行信用，开证行承担第一性的付款责任。但合同规定信用证的付款人为开证人，则开证行不承担第一性的付款责任，失去了以信用证支付的意义。因此，外贸跟单员应认真审核支付条款中对信用证付款人的规定，如果付款人为开证人，应进行修改。

（四）T/T 付款是否有预先收取定金的条款

采用 T/T 付款时，出口企业经常装运后，传真提单通知对方电汇货款。这种情况风险比较大，一旦外商不付款或迟付款，我方将处于被动。最好是先收取一定的定金（如30%），在货物装运前通知买方电汇货款，款到后装运出口。

（五）信用证和托收结合付款时单据的处理是否合适

因为信用证是银行信用，而托收是商业信用，为降低风险，在采用信用证和托收结合付款时，全套单据必须随附托收项下的汇票，信用证项下的汇票采用光票收款。

（六）是否采用远期付款交单托收

付款交单（D/P）对于买方来说，必须先付款才能交单。但有些国家，对于远期付款交单，可以看成承兑交单处理。因此，外贸跟单员应注意尽量避免采用远期付款交单托收，非用不可时，应了解该国家或地区对远期付款交单的处理习惯后方可接受。

第四节　买卖合同中检验、索赔、不可抗力和仲裁条款的审核

一、检验条款

审核商品检验条款一般应考虑以下问题：

1. 商品检验的时间和地点的规定是否合适

在国际货物买卖合同中，商品检验的时间和地点一般采用出口国检验、进口国复验，这种方式对买卖双方都比较公平合理。对于商品检验的时间，由于买方只有在复验期限内检验并取得相关证书，才能以此为依据向卖方提出索赔，因此，要对买方复验的期限予以明确。

2. 商品检验的标准和方法是否明确

我国对外出口的商品的检验标准，合同无规定或规定不明确的，按国家标准检验；无国家标准的，按部颁标准检验；无部颁标准的，按企业标准检验。

案例：某粮油食品进出口公司以 FOB 广州向国外 B 公司出口 2 000 公吨油籽产品。合同规定商品规格为含油量最低 28%，杂质最高 3%，未规定检验方法、检验时间和地点及检验权事项。粮油食品进出口公司装运前取得我商检局出具的品质检验证书，证明货物含油量为 29.3%。卖方在买方指派的船只到达广州港时即装运出口。货到目的港后不久，卖方收到买方索赔函件，声称货物到港后复验结果是含油量只有 27.2%，与合同规定不符。卖方对此提出异议，坚持交货品质合格，双方争执不下。请问：本案合同中关于商品检验的规定有何失误？

分析：从本案例看，合同中有关商品检验条款的规定有两点失误：①合同中对含油量的具体规格作了规定，但却未明确检验的方法。实际上，按该商品专业要求，含油量的检验方法有以湿态、乙醚浸出物和干态、乙醚浸出物两种方法。不同的检验方法得出的检验结果不同，因此在签订合同时必须明确。本案合同中没有明确规定检验方法，因此我方以干态检验结果是 29.3%，对方以湿态检验结果是 27.2%，从而产生纠纷。②商品检验权的确定问题。合同中必须明确品质的检验是以卖方装运前检验机构检验还是买方的复验为最后依据。本案合同没有作类似规定，因此一方坚持检验合格，另一方坚持不合格，必然引起纠纷。

3. 合同中规定的商品质量认证是否有把握取得

有的国家规定，生产企业只有取得某项质量认证（如 CE 认证、ISO 认证等）后，其生产的产品方允许进口。外贸跟单员应确认出口产品是否需要认证，要哪些认证，能否取得相关认证。

二、索赔条款

一方当事人全部或部分未履行合同所规定的义务，或者拒不履行合同义务的行为，称为违约（Breach of Contract）。根据《联合国国际货物销售合同公约》的规定，受损方有权提出索赔。

审核索赔条款一般应考虑索赔范围的规定是否合理，索赔的证明文件是否明确规定，索赔的通知方法是否妥当，特别是索赔期限的确定是否适当。

索赔期限是指受损害一方有权向违约方提出索赔的期限。不同的商品应规定不同的索赔期限，按照法律和国际惯例，受损害一方只能在索赔的期限内提出索赔，否则将丧失索赔权。因此，应根据具体商品的特点具体规定索赔的期限。

三、不可抗力条款

审核不可抗力条款一般应考虑以下问题：

（1）不可抗力事故的范围，是否采用我国最常用的规定方法，即综合规定的办法在买卖合同中定明。

（2）是否明确规定不可抗力事件发生后向对方提交证明书的期限。实际业务中常规定事故发生时立即电告买方，并在事故发生后 15 天内航邮证明书。

（3）是否明确规定不可抗力事件发生后出具证明文件的机构。在我国应注明由中国国际贸易促进委员会（即中国国际商会）出具。

第十三章
出口跟单

第一节 催证、审证、改证

在出口接单、出口审单和出口签单之后，外贸跟单员要根据合同的要求进行备货。如果合同要求采用信用证方式付款，则外贸跟单员的首要工作是催证、审证和改证。

一、催证

（一）催证概述

催证就是指外贸跟单员根据双方达成的合同条款要求，考虑出口交货期限，催促外商及时开证。在实际业务中，有时国外进口商在遇到市场行情发生变化或资金周转困难等情况时，往往会拖延开证。因此，外贸跟单员的催证是必要的，它可以保证合同的按时履行。

催证时应由外销员或外贸跟单员直接向国外的进口商发出函电。例如：

"合同＊＊号，货已备妥，请速开证，电复。"

"合同＊＊号，请速开证，以便安排装运，电复。"

案例：我 A 公司向中东 B 公司按 CIF 中东口岸每磅 1.38 美元出口某商品，即期信用证付款，合同规定 11 月装运，未规定买方具体开到信用证的日期。合同签订后，该商品市场价格趋降，B 公司便拖延开证。我方从 10 月中旬起多次电催 B 公司开证，终于使该公司在 11 月 16 日开来了信用证。但由于开证太晚，我方安排装运发生困难，于是我公司要求买方对信用证的装运期和议付有效期进行修改，分别推迟一个月。但 B 公司拒不同意，并以我方未能按期装运为由单方面宣布解除合同，我方也就此作罢。请问：我方如此处理是否适当，应从中吸取哪些教训？

分析：我方处理不当。应吸取的教训有：（1）在合同中未规定信用证开到日期不妥；（2）按惯例，即使合同中未规定开证期限，买方也应于装运月前开到信用证，买方未及时开到信用证，我方应保留索赔权；（3）对于外商以我方未能按期装运为由，单方面宣布解除合同，我方不能就此作罢。

（二）催证英语函电

1. **写信要点**（Writing Skills）
（1）未收到有关的信用证；
（2）要求速开信用证；
（3）开证注意事项并盼早日收到信用证。
2. **常用句型**（Sentence Patterns）

句型 1：未收到有关的信用证

（1）Referring to the 500 sets of Children's Bicycles under our Sales Contract No. 123, we would draw your attention to the fact that the date of delivery is drawing near, but we haven't received your L/C.

关于第 123 号合同项下的 500 辆童车，我们拟提请你方注意，装运期临近，但至今还未收到你方信用证。

（2）As regards our S/C No. 234, we regret to find that your L/C has failed to arrive here within the time stipulated.

关于我方第 234 号合同，我们很遗憾地告知，你方的信用证没有在规定的时间开达我方。

（3）Regarding the 500 dozen Men's Shirts under our Sales Confirmation No. 123, we have to point out that the date of shipment is approaching, but up to the present we have not received the covering L/C.

关于第 123 号合同项下的 500 打男式衬衫，我们得指出，装运期临近，但至今还未收到你方信用证。

句型 2：要求速开信用证

（1）As the goods are ready for shipment, please expedite your L/C so that we may effect shipment by S. S. "Peace".

货已备好待装，请速开信用证以便我方赶上"和平"号货轮。

（2）Please do your utmost to open your L/C, so that we may execute your order smoothly.

请速开信用证，以便我们顺利执行这笔订货。

（3）Please see your way to rush the L/C, so as to enable us to make shipment within the stipulated time.

请尽力速开信用证，以便使我方能按规定日期发运。

句型 3：开证注意事项

（1）In order to avoid subsequent amendments, please see to it that the L/C stipulations are in exact accordance with the terms of the Contract.

为了避免日后的修改，请做到信用证规定的事项与合同条款完全相符。

（2）In order to avoid subsequent L/C amendments, please pay attention to the stipulations of the S/C.

为了避免日后的修改，请注意合同规定的事项。

（3）In order to avoid subsequent amendments, please see to it that the L/C stipulations conform to the terms of the Contract.

为了避免日后的修改，请做到信用证规定的事项与合同条款相一致。

3. 信函示例及译文（Sample Letters and Chinese Versions）

From：Lindawang ［Lindaw@ tom. com］
To：Mrs. Jenny Bright
C. C. :
Subject：S/C No. 234

Dear Mrs. Jenny,

Regarding our S/C No. 234, we would draw your attention to the fact that the date of shipment is drawing near, but we still have not received your covering L/C. Please open the relevant L/C immediately, so that we can ship the goods in time.

In order to avoid subsequent amendments, please see to it that the L/C stipulations are in exact accordance with the terms of the Contract.

Look forward to receiving your covering L/C soon.

Yours sincerely,

Linda Wang

参考译文

Jenny 女士：

关于我方第 234 号销售合同，拟提请注意交货期日益临近，但至今我们还未收到有关的信用证。请速开信用证，以便我方及时装运。

为了避免日后的修改，请做到信用证规定的事项与合同条款完全一致。

盼早日收到你们的信用证。

Linda Wang 谨上

二、审 证

国外开来信用证后，外贸跟单员应根据原先双方签订的合同，审核信用证。由于信用证是自足文件，所以，外贸跟单员必须认真审核信用证，发现问题及时提出，以免装货时或制单时才发现问题，造成无法结汇。信用证审核的主要内容有：

（一）开证银行

开证银行的政治背景、资信状况、印鉴、密押是否相符，索汇路线是否正确，是否符合支付协定，是否要加具保兑或由偿付银行确认偿付。

（二）信用证的类型

信用证不论是即期、远期、保兑、可转让、循环还是备用的信用证，都应该有"Irrevocable"字样。若信用证没有明示是否可撤销，根据《UCP 600》的规定，应理解为不可撤销。当合同规定开出的是保兑信用证或可转让信用证时，应检查信用证内是否已注明"Confirmed"或"Transferable"字样。

（三）开证人

开证人一般情况下是订立货物买卖合同的买方，也可能是买方的客户或买方委托的开证人。

（四）受益人

受益人应是订立货物买卖合同的卖方。审证时应以合同为依据，逐字严格检查受益人的名称和地址是否错写或漏写。

（五）币制和金额

原则上信用证的币别和币值应与合同的币别和币值相符。如信用证采用其他货币开证，应按收证当天的汇率折算是否与合同金额相符。如果信用证改用软币付款对我方造成损失，应要求改证。如信用证金额与合同金额不一致，可能是因含折扣或佣金造成的，此时应核算信用证的净值是否与合同的净值相一致。如果信用证规定数量有一定比例的增减，应检查信用证金额是否也有相同比例的增减。

（六）有效期、地点

根据《UCP 600》的规定，若信用证没有规定有效期，则视为无效信用证。因此，应检查信用证是否规定了一个有效期。根据《UCP 600》的规定，如信用证规定的有效期的最后1天，适逢法定假日或银行例假日，该期限可顺延至下一个营业日。同时，信用证的到期地点应在我国国内，以保证能按时提交单据结汇。

（七）汇票条款

审核汇票条款中付款期限是否与合同规定相符。若没有特别说明，汇票的受票人应为开证行，不能是开证人。

若信用证为即期付款，其汇票条款一般为"Credit available by your draft(s) at sight for 100 percent of Invoice value drawn on. . ."。

若信用证为远期付款，要分清是真远期还是假远期。真远期的汇票条款一般为"Available by your draft(s) at 30 days sight drawn on the issuing bank for 100% of Invoice value"。假远期的汇票条款一般为"The negotiation bank in authorised to negotiate the usance drafts on sight basis; discount charges, acceptance commission are for buyer's account"。

（八）分批装运及转运

审核信用证的分批装运及转运时应熟悉《UCP 600》的几个规定：

（1）运输单据表面注明货物系使用同一运输工具并经同一路线运输的，即使每套运输单据注明的装运日期不同及/或装货港、接受监管地、起运地不同，只要运输单据注明的目的地相同，也不视为分批装运。

（2）除非信用证另有规定，允许分批装运和转船。

（3）除非信用证特别授权，如信用证规定在指定时期内分批装运，其中任何一期未按期装运，则信用证对该期和以后各期均告失效。

信用证不准分批，又没有数量增减条款，则实际装运数量不得少装。但对于散装货而言，根据《UCP 600》的规定，即使信用证不准分批，数量也可有5%的增减幅度。

信用证不准转运，又不采用集装箱运输，要确定能否取得直达提单，否则必须改证。

信用证规定在某个港口转船，有的指定由某个船公司接转或在某港转装集装箱等，收证后都要核实能否按信用证要求办理，是否增加了额外的费用（如 ORC、THC）。

（九）装运港和目的港

信用证规定海运的装运港为中国港口（Chinese ports）或当地的港口，甚至规定亚洲口岸（Asian ports）都可以接受，但不能是一个内陆城市如乌鲁木齐、拉萨或北京等。

信用证的目的港应与合同一致，除非是分运几个港口，否则目的港只能列一个。

信用证笼统规定目的港为欧洲主要口岸（European main port），只需按合同或买方通知的港口发货即可，不必改证。

（十）装运期

信用证的装运期一般应规定为最迟（Latest）某月某日。

信用证没有规定装运期，根据《UCP 600》的规定，可理解为双到期，即装运期与信用证的有效期相同。

信用证如规定尽快装运（ASAP），根据《UCP 600》的规定，银行将不予置理。

信用证如在规定装运日期时使用"于"或"约于"之类词，根据《UCP 600》的规定，将理解为在所述日期前后各 5 天内装运，起讫日包括在内。

（十一）货物描述

信用证的品名、货号、规格、包装和合同号码等必须与合同一致。

信用证所列单价和数量应与合同一致。

（十二）单据要求

1. 商业发票（Commercial Invoice）

信用证要求出具两份不同买主名称的商业发票时，应要求改证。

2. 装箱单（Packing List）

信用证要求提供中性装箱单（Neutral Packing List），只需装箱单上不显示受益人的名称和地址即可，不必改证。

3. 提单（Bill of Lading，简称 B/L）

以 FOB、FCA 成交，一般信用证要求提单上注明 FREIGHT COLLECT。如信用证误开为 FREIGHT PREPAID，应要求改证。

信用证要求提单上列出集装箱号和/或铅封号，则须以集装箱装运并在提单上列出集装箱号和/或铅封号。

信用证要求提供直达提单或某船公司提单时，应考虑实际和可能，若无法提供时，应要求改证。

4. 保险单（Insurance Policy）

信用证要求保险单中的保险条款、险别、保险加成、保险人和理赔人等方面内容应与合同有关条款的要求一致。

信用证规定由于任何原因引起的灭失或残损（Loss or damage from any cause howsoever arising）都要赔偿，并应要求改证，改为任何外部原因（any external cause），方能被保险公司承保。

除非信用证另有规定，保险单据必须使用与信用证相同的货币开立。

保险加成，保险公司一般可承保加成到30%。如信用证规定加成高于30%，又不是投保关税险，要取得保险公司同意，否则应该改证。

5. 产地证（Certificate of Origin）

信用证指定由出入境检验检疫局或贸促会出具产地证可以接受，但要求上述两家机构互相出具证明的不能接受。

6. 普惠制产地证格式 A（Generalised System of Preferences Certificate of Origin FROM A，简称 GSP）

出入境检验检疫局是我国签发普惠制产地证的唯一机构，信用证指定其他机构如贸促会签发普惠制产地证，应要求改证。

7. 品质证（Certificate of Quality）和检验证（Inspection Certificate）

品质证和检验证是检验货物的证明文件，其检验项目有品质、数量和重量等。信用证未指定出证机构，可由出口公司或生产厂家出证，也可由出入境检验检疫局出证。但信用证要求出入境检验检疫局出证的，不能自己出证代替；信用证要求由贸促会出具品质证和检验证的，应要求改证。

8. 受益人证明书（Beneficiary's Certificate）

受益人证明书主要有寄单证明、电抄本和履约证明等。信用证要求出具的受益人证明书应是受益人实际已完成或受益人力所能及的任务的证明。

9. 装船通知（Advice of Shipment）

如信用证规定在装运前若干天发装船通知并且要列明装运日期，应要求改证，改为装运后发电（Immediately after shipment）。

10. 海关发票（Customs Invoice）

如信用证指定某种格式或编号的海关发票，应核查能否提供，否则应改证。

11. 领事发票（Consular Invoice）

如信用证要求提供领事发票，应要求改证删除。

（十三）交单期限

来证一般规定一个装运后的交单期限。如来证没有要求，根据《UCP 600》的规定，最长的交单期限为装船后 21 天，但不能超过信用证的有效期。

（十四）跟单信用证统一惯例文句

来证一般规定有依照惯例声明，如：

"This credit is subject to *The Uniform Customs and Practice for Documentary Credit* (2007 *Revision*), International Chamber of Commerce, Publication No. 600."

"本信用证是根据国际商会 600 号出版物《跟单信用证统一惯例》(2007 年修订版)而开出的。"

对于 SWIFT 信用证，可以省略依照惯例的声明。

三、改证

(一) 改证概述

信用证经过全面的审核后，如发现信用证存在问题，应及时通知国外客户通过开证行进行改证。改证时一般应掌握以下几点：

(1) 一份信用证如有几处需要修改，应集中一次通知开证人办理修改，避免一改再改，既增加双方的费用又浪费时间，而且还会产生不良影响。

(2) 修改信用证的要求一般应用电讯通知开证人，同时应规定一个修改书的到达时限。

(3) 对收到的信用证修改通知书应认真进行审核，如发现修改内容有误或我方不能同意的，出口企业有权拒绝接受。

(4) 根据《UCP 600》的规定，一份信用证的修改通知书的内容要么全部接受，要么全部拒绝，不能接受其中一部分而拒绝另一部分。

(5) 信用证修改通知书必须由原通知行转递或通知，如由开证人或开证行直接寄给出口企业的应提请原证通知行证实。

(二) 改证英语函电

1. 写信要点 (Writing Skills)

(1) 确认收到信用证，指出不符点；

(2) 要求改证，对不符点内容的修改；

(3) 望早日收到修改书。

2. 常用句型 (Sentence Patterns)

句型 1：指出不符点

(1) We have received your L/C No. 123, but find it contains the following discrepancies and would request you to make the following amendments:

我们已收到你方第 123 号信用证，但发现其中有下列不符点，请对信用证作如下修改：

(2) Thank you for your L/C No. 123, but we regret to say that we have found a number of discrepancies. Please amend the L/C as follows:

感谢你方第 123 号信用证，但我们遗憾地发现其中有一些不符点，请对信用证作如下修改：

（3）Referring to L/C No. 123, we must point out that the unit of quantity does not conform to the Contract.

关于第 123 号信用证，我们必须指出数量单位与合同不符。

句型 2：不符点内容的修改

（1）To add the clause "..." 增加"……"条款

（2）To insert the word(s) "..." before/after/between ... 在……之前/之后/之间加入……

（3）To increase the amount of ... from ... to ... 把金额由……增加到……

（4）To delete the clause/the words... 删除……条款/词

（5）"..." should read "..." "……"应改为"……"

（6）Please amend "..." instead of "..." 请将"……"修改为"……"

句型 3：要求尽快修改

（1）Please amend the L/C as soon as possible so as to enable us to effect shipment in time.

请尽快修改信用证以便我们按时装运。

（2）Please adjust the credit immediately so that we can make arrangements to ship the goods in time.

请马上修改信用证，以便我方按时交货。

（3）Your early amendment to the L/C will be highly appreciated.

请尽快修改信用证，甚为感谢。

3. 信函示例及译文（Sample Letters and Chinese Versions）

Dear Sirs,

Your Credit No. 12345 issued by the Bank of ABC Development has duly arrived. We wnet through it and found transshipment and partial shipments were not allowed. Please make the following amendment：

Please amend the Credit to read "transshipment and partial shipments are allowed". Please insert the word "about" before the quantity in the Credit.

As the goods have been ready for shipment for some time, please fax the amendment without fail.

Yours truly,

参考译文

阁下：

收到你方由 ABC 开发银行开立的第 12345 号信用证，并发现不允许转运和分运。

请修改信用证为"允许转运和分运"。请在数量前加"about"一词。

务必用传真发送修改书，因货物已备妥待运多时。

敬上

第二节　申领出口许可证

出口许可证管理是根据国家的法律、政策、对外贸易计划和国内市场的需求，对出口经营权，经营范围，贸易国别，出口货物品种、数量、技术及其相关产品等实行全面管制、有效监测、规范货物出口许可的制度。出口许可证（Export Licence）是国家批准某些商品出口的证明文件。当出口企业出口的商品属于许可证管理的范围时，必须向有关部门申领出口许可。因此，外贸跟单员应了解出口许可证的申办手续，掌握出口许可证申请表的填制规范。

一、出口许可证申办手续

出口许可证申办手续包括：

（1）填写出口许可证申请表；

（2）附上合同正本及出口计划批件；

（3）填写出口许可证一式四联。第一联为正本，供发货人办理海关手续之用，背面有海关签注栏，供海关验放使用；第二联交海关留存；第三联送银行办理结汇；第四联由发证机关留存。

二、出口许可证的缮制

（1）领证单位名称及编码：一般填写出口企业的名称及单位的编码。

（2）发货单位名称及编码：一般填写出口企业的名称及单位的编码。

（3）收款方式：填写合同规定的付款方式，主要有信用证、托收和汇付（M/T、T/T、D/D）等。

（4）贸易方式：填写该合同成交的贸易方式，主要有一般贸易、补偿贸易、进料加工贸易、来料加工装配贸易、寄售、代销贸易等。

（5）商品名称：填写合同规定的商品名称。

（6）输往国家（地区）：填写签订合同（协议）的国家（地区）或成交厂商所在地的国家名称。

（7）收货人：填写合同中买方的名称。

（8）运输方式：填写货物离境时所采用的运输方式。

（9）总值折美元：由签证机关根据国家公布的汇率和统计口径将商品金额折算成美元的金额。

三、出口许可证缮制应注意的事项

（1）出口许可证申请书中的出运数量应严格与合同和信用证规定的数量保持一致，实际出运的数量不得超出出口许可证准许的数量。

（2）出口许可证中的贸易方式、出运口岸等项目应与出口报关单一致。

（3）签订合同时商品的单价，不得低于出口许可证所准许的单价。

（4）出口许可证实行"一批一证"制，每一份出口许可证有效期自发证日起最长不超过3个月，在有效期内只能报关一次。某些特殊商品不实行"一批一证"制，这些商品的出口许可证有效期最长为6个月，允许多次报关使用，但最多不能超过12次，由海关逐批签注出运数。

出口许可证一般不能跨年度使用，其有效期最迟到当年12月31日。如需跨年度使用，须向原发证机关换证，该证的有效期最迟只能延续至次年的2月底，并不得再延续。

（5）出口许可证应由出口企业或单位根据分级管理的原则，分级申请，于货物装运前向签证机关提出书面申请，经签证机关审核，符合有关规定，手续完备的，3个工作日内即可予以签发。委托代理出口的，由接受代理的单位申领出口许可证。

（6）出口许可证一经签发后，出口单位需变更许可证内容时，必须到原发证机关换证，并应在原出口许可证和合同有效期内进行，任何涂改或伪报都要追究责任。

四、出口许可证申请表内容填写规范

凡申领出口许可证的单位，应按以下规范填写出口许可证申请表。

1. 出口商

（1）配额管理出口商品，应填写出口配额指标单位的进出口企业全称；

（2）一般许可证管理出口商品，应填写有出口经营权的各类进出口企业的全称；

（3）还贷出口、补偿贸易项目出口，应填写有出口经营权的代理公司全称；

（4）非外贸单位经批准出运货物，此栏可填写该单位名称；

（5）企业编码，应按外经贸部授权的发证机关编定的代码填写（下同）。

2. 发货人

（1）配额招标商品（包括有偿和无偿招标）的发货人与出口商必须一致；

（2）其他出口配额管理商品的发货人原则上应与出口商一致，但与出口商有隶属关系的可以不一致；

（3）还贷出口、补偿贸易出口和外商投资企业委托代理出口时，发货人与出口商可以不一致。

3. 出口许可证号

由发证机关编排。

4. 出口许可证有效截止日期

（1）实行"一批一证"制的商品，其许可证有效期自发证之日起最长为3个月。供港、澳（不包括转口）鲜活冷冻商品的许可证有效期为1个月。

（2）不实行"一批一证"制的商品、外商投资企业和补偿贸易项下的出口商品，其许可证有效期自发证之日起最长为6个月。

（3）许可证证面有效期如需跨年度时，可在当年将许可证日期填到次年，最迟至2月底。

5．贸易方式

（1）此栏内容有一般贸易、易货贸易、补偿贸易、进料加工、来料加工、外商投资企业出口、边境贸易、出料加工、转口贸易、期货贸易、承包工程、归还贷款出口、国际展销、协定贸易、其他贸易。

（2）进料加工复出口，此栏填写"进料加工"。

（3）外商投资企业进料加工复出口时，贸易方式填写"外商投资企业出口"。

（4）非外贸单位出运展卖品和样品每批价值在5 000元以上的，此栏填写"国际展览"。

（5）各类进出口企业出运展卖品，此栏填写"国际展览"，出运样品填写"一般贸易"。

6．合同号

（1）指申领许可证、报关及结汇时所用出口合同的编码。

（2）原油、成品油及非贸易项下出口，可不填写合同号。

（3）展品出运时，此栏应填写外经贸部批准办展的文件号。

7．报关口岸

指出运口岸，此栏允许填写三个口岸，但仅能在一个口岸报关。

8．进口国（地区）

指最终目的地，即合同目的地，不允许使用地域名（如欧洲等）。

9．支付方式

此栏的内容有信用证、托收、汇付、本票、现金、记账和免费等。

10．运输方式

可填写海上运输、铁路运输、公路运输、航空运输、邮政运输、固定运输。

11．商品名称和编码

按外经贸部（现改为商务部）发布的出口许可证管理商品目录的标准名称填写。

12．规格等级

（1）规格等级栏，用于对所出口商品作具体说明，包括具体品种、规格（如水泥标号、钢材品种等）、等级（如兔毛等级）。同一编码商品规格型号超过四种时，应另行填写出口许可证申请表。"劳务出口物资"也应按此填写。

（2）出运货物必须与此栏说明的品种、规格或等级相一致。

13．单位

指计量单位。非贸易项下的出口商品，此栏以"批"为计量单位，具体单位在备注栏中说明。

14．数量、单价及总值

（1）数量表示该证允许出口商品的多少。此数值允许保留一位小数，凡倍数超出的，一律以四舍五入进位。计量单位为"批"的，此栏均为1。

（2）单价是指与计量单位相一致的单位价格。计量单位为"批"的，此栏则为总金额。

15. 备注

填写以上各栏未尽事宜。

五、纺织品出口自动许可证

根据商务部公布的《纺织品出口自动许可暂行办法》（商务部令 2005 年第 3 号）及《纺织品出口自动许可目录》（商务部、海关总署 2005 年第 7 号公告）的有关要求，企业自 2005 年 3 月 1 日起出口《纺织品出口自动许可目录》中的商品须向海关提供《中华人民共和国纺织品出口自动许可证》。

企业申领纺织品出口自动许可证，应注意：

（1）企业应到企业所属地方商务主管部门纺织品出口自动许可证授权发证部门申领许可证。如广东的企业要向广东省外经贸厅纺织品出口自动许可证发证部门申领许可证，中央所属在京企业向许可证局申领许可证。

（2）企业领证可以采取两种方式：

①书面申领方式。企业可以登录许可证局网站（http：//www. licence. org. cn），找到"相关业务"栏目，点击"相关表格及软件下载"，下载"纺织品出口自动许可证申请表"，填写、打印、签字、盖章，持《纺织品出口自动许可暂行办法》中规定的相关文件到发证机关递交书面材料，发证机关受理后在规定时间内向企业发放许可证。

②网上申领方式。企业如果以前办理过网上申领许可证（含进口许可证、出口许可证、自动进口许可证）的电子钥匙，并且目前电子钥匙及用户有效可用，则可以在商务部配额许可证事务局许可证申领平台上点击"纺织品出口自动许可证申领系统"，以现有的用户名和口令即可登录进行网上申领，操作与目前所使用的许可证申领步骤相似。

如果企业从未办理过电子钥匙，则可以向当地商务主管部门（指目前签发进口许可证、出口许可证、自动进口许可证的省级商务主管部门）咨询办理，也可以到许可证局网络服务室办理（电话：010 – 84095551 – 7583），也可以直接咨询电子钥匙制作部门（电话：010 – 65129170）。办理好电子钥匙后，可以登录许可证局网站，点击首页右侧中间网上业务栏目中的"网上企业申领"链接，进入商务部配额许可证事务局许可证申领平台上点击"纺织品出口自动许可证申领系统"，进入登录页面。

样单：纺织品出口自动许可证

中华人民共和国纺织品出口自动许可证
AUTOMATIC TEXTILES EXPORT LICENCE OF THE PEOPLE'S REPUBLIC OF CHINA No.5463674

1. 出口商： Exporter 4400231116246 广东省纺织品进出口毛织品有限公司	3. 出口自动许可证号： Automatic export licence No. 05-19-B25532
2. 发货人： Consignor 4400231116246 广东省纺织品进出口毛织品有限公司	4. 出口自动许可证有效截止日期： Automatic export licence expiry date 2005年06月28日
5. 贸易方式： Terms of trade 一般贸易	8. 出口最终目的国（地区）： Country/Region of purchase 巴拿马
6. 合同号： Contract No. 2005AUMWBS09045	9. 付款方式： Payment 汇付
7. 报关口岸： Place of clearance 广州海关	10. 运输方式： Mode of transport 公路运输
11. 商品名称： Description of goods 化学纤维针织或钩编男T恤衫	商品编码： Code of goods 6109909051

12. 规格、等级 Specification	13. 单位 Unit	14. 数量 Quantity	15. 单价 USD Unit price	16. 总值 USD Amount	17. 总值折美元 Amount in USD
S.M.L	件	*9,500.0	*2.5000	*23,750	$23,750
18. 总 计 Total	件	*9,500.0		*23,750	$23,750

19. 备 注： Supplementary details 供货生产企业名称：广州市白云富成针织制衣厂 是否转口： 是 转口国（地区）： 香港	20. 发证机关盖章： Issuing authority's stamp （印章） 21. 发证日期： Licence date 2005年03月28日

中华人民共和国商务部监制（2005）

第三节　备　货

备货就是根据信用证和出口合同的规定，按时、按质、按量地准备好应交的货物。当以信用证方式付款时，出口商在收到信用证后，必须按信用证和合同的规定备货；当以托收或汇付方式付款时，出口商应按合同的规定备货。

一、备货的主要内容

1．筹备资金

出口企业无论自己生产产品出口，还是向国内厂家购买产品出口，都必须筹备资金，用于原材料的采购或产品的购进。

当出口企业资金紧张时，出口企业可以利用打包贷款。所谓打包贷款，是指出口企业在接到信用证后，以信用证正本作抵押，银行经审核后发放贷款。打包贷款的金额一般不超过信用证金额，贷款期限为货款收妥结汇之日止，最长不超过收汇后的一个星期。

2．生产、加工

根据合同和信用证的要求，制订生产、加工计划，组织产品的生产、加工，保证按期供货。

3．产品购进

出口企业出口非自产的产品，出口企业必须预先联系生产部门，制作样品，样品经客户确认后，正式下单生产。同时，跟踪产品的生产进度，按时购进产品。

4．包装、仓储

组织的货源必须按照合同和信用证的要求包装，刷制唛头，入仓待运。

二、出口企业非自产产品的备货跟单

出口企业自产产品的生产跟单，将在后面单独介绍。本部分以服装为例介绍出口企业非自产产品的备货流程。

（一）寻找生产厂商，建立工厂档案

根据"不熟不做"的原则，出口企业对自己经营的一系列产品都有一批固定的供应商，同时，还要不断地寻找新的生产厂商，对这些生产厂商有关生产技术水平、生产条件和生产规模等信息资料，要通过外贸跟单员先期进行了解搜集，根据国外客户的不同要求出具验厂报告，并在此基础上建立工厂档案。

（二）通知锁定工厂制样，审查工厂的物料

根据客户提供的原样和资料，填写制样单给工厂，要求工厂在规定的时间内出样。同时，跟踪工厂的物料品质，填写关于布料、辅料和颜色的检验和测试的申请，并负责递交测试申请及样品给测试公司和跟进测试结果。

（三）制样跟踪，验收投产前样

在投产前样品制作期间，外贸跟单员要联系 QC 配合品检。当投产前样品完成后，跟单员要根据客户提供的原样和资料进行核对验收，符合要求的寄客户确认，不符合要求的要工厂重做。

（四）工厂评估和辅导，通过客户的验厂

外贸跟单员对锁定工厂进行辅导，依据验厂报告的要求，逐项进行评估，出具验厂报告，使其通过客户方及公证行的验厂。

验厂报告是根据国外客户的要求填制的。欧美国家的验厂报告比较复杂，主要有：公司基本情况，公司保障人权、遵守法律的状况，工作场所的安全防范与卫生健康，环境保护，生产计划与控制，设备与维护，品质管理计划与控制等 7 大部分 120 项细则的内容。

如果没有特别要求，一般的验厂报告可以简单明了，说明有关内容即可。下面以服装跟单为例，列出验厂报告的格式。

广东省纺织集团公司验厂报告

工厂编号：

一、工厂基础情况

工厂名称：			法人机构编制：
工厂地址：			企业性质：
营业执照号：		税务登记号：	企业法人代表：
投资总额：		注册资本：	验资情况：
开办期：		联系人：	联系人职务：
联系电话：		传真：	
年销售额：			

二、工厂基本情况

厂房面积	宿舍面积	工人总数	厂房情况	宿舍情况	备 注

三、产品种类

产品档次：普通　　　中档　　　高档

衬衫		西装		游泳衣		运动服		
牛仔类服		连衣裙		休闲服		工人裤		
长裤/短裤		风衣		浴袍		男装		
裙		外套		睡衣		女装		
夹克		长袍		针织内衣		童装		
毛衣		针织上衣		针织内裤		婴儿装		

四、工厂常用的面料及成分

涤纶		麻		尼龙棉		针织类		
全棉		维棉		毛织类		梭织类		
涤棉		人棉				皮革类		
人造丝		拉架				人革类		
真丝		尼龙				牛仔类		

五、工厂的生产能力

1. 交货期的准确情况：	
2. 生产量：　　　本厂　　　　　打/月　　发外厂　　　　　打/月	
3. 洗水量：　　　本厂　　　　　打/月　　发外厂　　　　　打/月	
4. 生产周期：	
5. 工厂的占地面积：　　　　　　　厂房面积：　　　　仓库面积：	
车间面积：　　　　洗水房面积：	
6. 具有的生产线：开裁　条　车缝　条　钉打整理　条　整烫包装　条	
人数　　　　人数　　　　人数　　　　人数	
7. 工厂要求的起订量：	
每款　　　　　打　　每色织　　　打	
每色　　　　　打　　每印花　　　打	
8. 全厂人数：	

六、生产设备情况

1．开裁

裁床规格/数量		开裁刀规格/数量		电脑放码机型号/数量		验布机型号/数量	
模具裁剪型号/数量		贴压扒机型号/数量					

2．车缝

平缝机品牌/数量		双针机品牌/数量		三线锁边机品牌/数量		四线锁边机品牌/数量	
五线锁边机品牌/数量		双线机品牌/数量		虾须机品牌/数量			

3．专机

埋夹机品牌/数量		拉根机品牌/数量		拉边机品牌/数量		裤头机品牌/数量	
切边机品牌/数量		打枣机品牌/数量		直眼机品牌/数量		凤眼机品牌/数量	
钉钮机品牌/数量		洗衣机品牌/数量		吸线机品牌/数量			

4．整烫设备

一般烫斗品牌/数量		蒸汽烫斗品牌/数量		折叠烫床品牌/数量		抽湿烫床品牌/数量	

七、工厂的职员及各部门的管理员

职　别	人　数	职　别	人　数	职　别	人　数		
开裁工		报关员		设计员			
车缝工		仓管员		出样工			
整烫工		业务员		车板工			
包装工		跟单员		QA 人员			
洗水工		车间管理员		车间 QC			
副助工		生产厂长		剪线工			
机修工		行政管理员					

八、质检部

1. 是否独立部门。
2. 有否制定 QC 的工作程序。
3. 有否制定检验标准。
4. 抽检的方法和工具。
5. 有否建立检验档案，提供抽查的主副料、裁片、半成品的初检、中检报告和包装前后的检验报告。
6. 发现生产过程出现的质量问题如何解决。

九、需工厂提供的资料

1. 营业执照复印件。
2. 税务登记证复印件。
3. 近期有关部门对工厂的防火检查报告。
4. 半年工人工资表。
5. 3 个月打卡汇总。
6. 其他客户的验厂报告。

十、验厂意见

检验人：

日期：

（五）样品意见反馈及样品的确认

将客户对样品的评语反馈给工厂，反馈的内容主要有样品的尺寸、颜色、物料、包装等。工厂根据反馈的意见重新制样，直到客户最终确认样品。对于确认的样品，应提供3件，其中，1件给客户，1件给工厂，1件出口企业留存。出口企业留存的样品作检验工厂产品和出口交货验收产品之用。

（六）生产期间的检验

主要是指安排生产期间，外贸跟单员要定期下厂检验产品，发现生产中存在的问题，及时要求工厂整改。特别是生产初期，外贸跟单员必须对每个车间、每道工序进行半成品检验，对发现的问题，要协助、监督工厂进行整改。

生产期间的检验至少要进行5次，即：

（1）产前面料检验。

（2）第一批下线产品的检验，即大货完成30%前。

（3）中期检验（Inline Inspection），即大货完成50%～60%时。

（4）最后检验（Final Inspection），即大货完成80%，装箱完成50%以上。

（5）陪同客户方的QC做Final Inspection。

必须注意：所有大货面料必须由QC验货合格后才能发至成衣厂。大货面料每色须至少留样2米备查（不含业务及客人要求寄大样）。

（七）查货验收

生产完毕后，外贸跟单员根据资料要求进行查货，保证按时、按质交货。

（八）包装刷唛

对已验收合格的产品，必须根据客户的要求进行包装。要注意包装的材料、包装的规格是否符合该出口产品的特性，客户对包装是否有特别要求。最后，在运输包装上刷制有关的运输标志、指示性标志，对于危险品的出口，应刷制有关的警告性标志。

（十）入库待运

处理完上述环节后，产品应运入出口企业的仓库或租用的仓库，以便出口装运。

第四节　出口托运

完成备货，外贸跟单员的下一步工作就是办理出口托运。由于海运所占比例最大，空运的发展也很快，因此，外贸跟单员主要应了解海运出口托运和空运出口托运的业务程序，掌握相关托运单的填制。实务中，出口企业大多委托国际货运代理公司办理出口托运业务，只有业务量较大的出口企业才自己办理出口托运。

一、出口托运的业务程序

（一）海运出口托运的业务程序

以 CFR 或 CIF 成交时，外贸跟单员必须在合同规定的装运期内，办理租船或订舱手续。以出口企业自己办理出口托运为例，外贸跟单员租船订舱的业务程序为：

（1）外贸跟单员将填制好的海运出口托运单提交船公司，船公司结合船期安排船只和舱位。

（2）船公司在确定了船只和舱位的情况下，填制托运单中的有关内容，并在装货单上盖章、签字后交外贸跟单员。

（3）船公司根据货物配舱，将一联配舱回单交外贸跟单员，外贸跟单员据以缮制报关单、投保单和预制提单。

（4）在办理货物集港的同时，外贸跟单员持整套报关单据及装、收货单向海关办理出口报关。

（5）海关验货后，在装货单（俗称"关单"）上盖章放行，并将装、收货单退还外贸跟单员，由外贸跟单员将装、收货单交船公司。

（6）船方收到装、收货单后，留下装货单作为随船货运资料，并根据装船时货物的实际状况由大副在收货单上签字或作适当批注后退还外贸跟单员。

（7）外贸跟单员取得大副签字的收货单（即大副收据）后，即可凭此收货单（及预制好的提单）到船公司换取（签署）正本提单。

（二）集装箱货物整箱货出口货运代理的业务程序

以出口企业委托国际货运代理公司办理出口托运为例，集装箱货物整箱货出口货运代理的业务程序为：

（1）出口企业与国际货运代理公司建立货运代理联系。

（2）国际货运代理公司填写托运单证，及时订舱。

（3）订舱后，国际货运代理公司将有关订舱信息通知出口企业或将配舱回单转交出口企业。

（4）国际货运代理公司申请用箱，取得集装箱发放/设备交接单（Equipment Interchange Receipt，EIR）后就可以凭此到空箱堆场提取所需的集装箱。

（5）国际货运代理公司提空箱至出口企业指定地点装箱，制作集装箱装箱单（Container Load Plan，CLP），然后将重箱"集港"。

如果出口企业"自拉自送"，出口企业先从国际货运代理公司处取得集装箱发放/设备交接单，然后提空箱，装箱后制作CLP，并按要求及时将重箱送码头堆场，即集中到港区等待装船。

如果出口企业将货物送到国际货运代理公司集装箱货站（CFS），国际货运代理公司提空箱，并在CFS装箱，制作CLP，然后"集港"。

（6）出口企业自行报检、报关，并将单证交国际货运代理公司现场。

如果出口企业委托国际货运代理公司代理报检、报关，办妥有关手续后将单证交国际货运代理公司现场。

（7）国际货运代理公司现场办妥手续后将单证交码头堆场配载。

（8）货物装船后取得场站收据（Dock Receipt，D/R）正本。

（9）国际货运代理公司凭D/R正本到船方签单部门换取B/L或其他单据。

（10）国际货运代理公司将B/L等单据交出口企业。

（三）空运出口托运的业务程序

当货物通过航空运输时，必须办理空运托运手续。实务中，出口公司多数委托航空货运代理公司办理。其业务程序为：

（1）出口企业与航空货运代理公司建立联系，就出口货物运输事宜达成协议后，填写委托书交航空货运代理公司。

（2）出口企业的外贸跟单员填妥由航空货运代理公司提供的国际货物托运书。如果出口企业委托航空货运代理公司办理出口报检和出口报关的，外贸跟单员将国际货物托运书，连同合同副本（或出口货物明细单）、发票、装箱单交航空货运代理公司。航空货运代理公司人员审核后在托运书上签名和填上日期以示确认。

（3）如果出口企业自行办理报检、报关的，外贸跟单员办理报检和报关后，取得有关文件，连同国际货物托运书、合同副本（或出口货物明细单）、发票、装箱单交航空货运代理公司。航空货运代理公司人员审核后在托运书上签名和填上日期以示确认。

（4）航空货运代理公司从出口企业接货后运送至自己的仓库。

（5）航空货运代理公司填制航空货运单，向航空公司办理托运，订妥舱位。

（6）航空货运代理公司将出口货物向航空公司交接发运。

（7）航空公司或其代理签发航空运单，交航空货运代理公司。

（8）航空货运代理公司将航空运单交出口企业。

二、出口托运单的填制

(一) 海运出口托运单的填制

(1) 托运人 (Shipper 或 Consignor)。一般情况下,填写出口公司的名称和地址。如果是由中国对外贸易运输公司代理货主办理租船订舱的,此栏应填"中国对外贸易运输公司×××分公司"。

(2) 收货人 (Consignee)。在信用证支付的条件下,对收货人的规定常用以下两种表示方法:

①记名收货人。记名收货人是直接将收货人的名称、地址完整地表示出来的方法。这时,收货人是合同的买方,但记名收货人的单据不能直接转让,这给单据的买卖流通设下障碍,故记名收货人的表示方法不常使用。

②指示收货人。指示收货人是将收货人以广义的形式表示出来。常用空白指示和记名指示两种表达法。

指示收货人掩饰了具体的收货人的名称和地址,使单据可以转让。在空白指示(不记名指示)情况下,单据的持有人可自由转让单据。在记名指示情况下,记名人有权控制和转让单据。指示收货人的方法补充了记名收货人方法的缺陷,但也给船方通知货方提货带来了麻烦。对此,被通知人栏目可作出补充。

(3) 被通知人 (Notify)。这一栏中应填写接受船方发出货到通知的人的名称与地址。

被通知人的选择与确定的权力属于合同的买方或买方代理人。有时买方确定本人为被通知人,有时将自己的代理人或其他与买方联系较密切的人确定为被通知人。被通知人的职责是及时接受船方发出的到货通知并将该通知转告真实的收货人。被通知人无权提货。

在托收支付的条件下,一般合同不规定收货人和被通知人。这时可以有两种填写方法:

①收货人栏目空白,被通知人栏填写买方名称与地址。

②收货人栏中空白抬头,被通知人栏目填写买方的名称与地址。在托收或其他支付方式下,也可能出现与信用证内容相同的情况,在这时,填写方法可参照信用证情况下的填写方法。

在极少数的交易中,可能出现要求收货人栏目和被通知人栏目空白。这是因为提出要求的一方准备买卖在途货物。制作单据时要在副本单据的被通知人栏中填写买方或开证申请人的名称与地址。承运该批货的船方将承担货物实际卖出前的风险。货物说明 (Description of Goods) 类包括运输标志、重量、货物说明、数量和尺码与部分内容。

(4) 托运单编号 (No.)。一般填写商业发票的号码。

(5) 目的地 (Place of Delivery)。由出口企业按信用证的目的港填写。填写时注意重名港口的现象,一般将目的港所在的国家名称一起填写在这一栏目中。

如果目的地是一内陆城市,应该在这一栏目内填写货物卸下最后一艘海轮时的港口名称。在船方或其代理人计算运费时,是根据托运单的本项内容计算航程的。

(6) 运输标志 (Shipping Marks)。买卖合同或信用证都规定了唛头。填写这一栏目时，要求填写内容和形式与所规定的完全一致。

如果买卖合同和信用证中没有规定唛头，可填写"N/M"（无唛头），也可自行选择一个合适的唛头。在选择唛头时，要充分考虑买方提货方便、买方利益和买方所在国要求，包括商业习惯、港口规定、文化传统以及政府的有关政策。

（7）数量（Quantity）。托运单中的数量指最大包装的件数。

例如，出口10万码花布，分别用粗坯布捆成100捆。填写这一栏目时应填写100捆而不是10万码。

如果出口货物有若干种，包装方式和材料完全不同，则应先填写每种货物的最大包装件数。例如：20个托盘，10个集装袋，25个捆包布匹，然后合计总件数：55件。

（8）货物说明（Description of Goods）。对这一栏内容的填写允许只写大类名称或统称。但是，如果同时出口不同的商品，应分别填写，而不允许只填写其中一种数量较多或金额较大的商品。

（9）重量（Gross Weight/Net Weight）。重量应分别计算毛重和净重。

毛重是指包括包装材料在内的货物重量。

净重是指扣除包装材料的货物实际重量。

如果一次装运的货物中有几种不同的包装材料或完全不同的货物，那么在填写这一栏目时，应先分别计算并填写每一种包装材料或每一种货物的毛重或净重，然后合计全部的毛重和净重。在计算重量时，要求使用统一的计量单位。常用的计量单位是公吨或千克。

（10）尺码（Measurement）。该栏目填写一批货的尺码总数，一般单位为立方米。总尺码不仅包括各件货物尺码之和，还应包括件与件之间堆放时的合理空隙所占的体积。

（11）装运期（Time of Shipment）。装运期的表示可以全部使用阿拉伯数字，也可以使用英文与阿拉伯数字一起表示。如：6/5/1990 或 MAY 6，1990。

装运期还可以表示为一段时间，如1990年9至10月或"装运期不迟于……"。

（12）期满日（Expiry Date）。该栏目的填写一般按信用证规定，但如果装运期空白不填的话，这一栏目也可不填。

（13）存货地点。内容用中文填写。

（14）转船（Transshipment）。填写要求与分批一致，只能在"允许"和"不允许"中取一。

（15）分批（Partial Shipment）。应严格按照合同或信用证条款填写。填写的内容限在"允许"和"不允许"两者中取一。

如果合同或信用证规定分若干批，或对分批有进一步说明，不要将这些说明填入本栏目，而应将这些说明填入"特别条款"的栏目中。

（16）运费。提单一般不显示具体运费，只填写"运费待付"或"运费预付/已付"。

（17）托运单日期。托运单日期填写与发票日期一样的内容，即开立发票的日期。

（18）提单正本份数。

"3 Original Bills of Lading"，指3份正本提单；

"Original Bill of Lading in 3"，指3份正本提单；

"Full Set of Bill of Lading"，指全套提单。按照惯例解释指2份正本提单。

（19）提单副本份数。提单副本份数＝出口企业留底份数＋寄单所需份数＋信用证对正本提单要求的份数。

（20）特别条款。填写信用证或合同中有关运输方面的特殊要求。

（21）签字。经办人签字，出口企业盖章。其他项目如船名、提单号码等由船方或其代理人填写。

（二）航空货物出口托运单的填制

（1）托运人（Shippers' Name and Address）。填列托运人的全称、街名、城市名称和国家名称及便于联系的电话、电传或传真号码。

（2）收货人（Consignees' Name and Address）。填列收货人的全称、街名、城市名称、国家名称（特别是在不同的国家内有相同城市名称时，更应注意填上国名）以及电话、电传或传真号码。本栏内不得填写"to order"或"to order of the shipper"（按托运人的指示）等字样，因为航空货运单不能转让。

（3）始发站机场（Airport of Departure）。填写始发站机场的全称，可填城市名称。

（4）目的地机场（Airport of Destination）。填写目的地机场（机场名称不明确时，可填城市名称）。如果某一城市名称用于一个以上国家时，应加上国名。例如，LONDON CA伦敦，安大略省，加拿大。

（5）要求的路线/申请订舱（Requested Routing/Requested Booking）。本栏用于航空公司安排运输路线时使用。但如果托运人有特别要求时，也可填入本栏。为保证承运人收运的货物可以被所有续运承运人接受，可查阅 TACT – RULES 8.1 的双边联运协议。中转站的装卸及仓储条件情况查阅 TACT – RULES 7.3。

（6）供运输用的声明价值（Declared Value for Carriage）。填列供运输用的声明价值金额，该价值即为承运人赔偿责任的限额。承运人按有关规定向托运人收取声明价值费。但如果所交运的货物毛重每千克不超过 20 美元（或等值货币），无须填写声明价值金额，可在本栏内填入"NVD"（No Value Declared）（未声明价值）。如本栏空白未填写时，承运人或其代理人可视为货物未声明价值。

（7）供海关用的声明价值（Declared Value for Customs）。国际货物通常要受到目的站海关的检查，海关根据此栏所填数额征税。

（8）保险金额（Insurance Amount Requested）。中国民航各空运企业暂未开展国际航空运输代理保险业务，本栏可空白不填。

（9）处理事项（Handling Information）。填列附加的处理要求。例如另请通知（Also-Notify），除填写收货人之外，如托运人还希望在货物到达的同时通知他人，请另填写通知人的全名和地址；外包装上的标记；操作要求，如易碎、向上等。

（10）货运单所附文件（Documentation to Accompany Air Waybill）。填列随附在货运单上运往目的地的文件，应填上所附文件夹的名称，例如托运人所托运的动物证明书（Shipper's Certification for Live Animals）。

（11）件数和包装方式（Number and Kind of Packages）。填列该批货物的总件数，并注明其包装方法，例如包裹（Package）、纸板盒（Carton）、盒（Case）、板条箱（Crate）、袋（Bag）、卷（Roll）等。如货物没有包装时，就注明为散装（Loose）。

（12）实际毛重（Actual Gross Weight）。本栏内的重量应由承运人或其代理人在称重后填入。如托运人已填上重量，承运人或其代理人必须进行复核。

（13）运价类别（Rate Class）。包括所适用的运价、协议价、杂费、服务费。

（14）计费重量（千克）（Chargeable Weight）（kgs）。本栏内的计费重量应由承运人或其代理人在量过货物的尺寸（以厘米为单位）后，由承运人或其代理人算出计费重量后填入。如托运人已经填上，承运人或其代理人必须进行复核。

（15）费率（Rate/Charge）。本栏可空白不填。

（16）货物的品名及数量（包括尺寸或体积）[Nature and Quantity of Goods (Incl. Dimensions or Volume)]。填列货物的品名和数量（包括尺寸或体积）。若一票货物包括多种物品时，托运人应分别申报货物的品名，填写品名时不能使用"样品""部件"等比较笼统的名称。货物中的每一项均须分开填写，并尽量填写详细，如"9筒35毫米的曝光动画胶片""新闻短片（美国制）"等。本栏所填写的内容应与出口报关发票、进出口许可证列明的货物相符。

运输下列货物，按国际航协有关规定办理（参阅 TACT – RULES 2.3.3/7.3/8.3）：活体动物，个人物品，枪械、弹药、战争物资，贵重物品，危险物品，汽车，尸体，具有强烈气味的货物，裸露的机器、铸件、钢材，湿货，鲜活易腐物品。危险品应填写适用的准确名称及标贴的级别。

（17）托运人签字（Signature of Shipper）。托运人必须在本栏内签字。

（18）日期（Date）。填写托运人或其代理人交货的日期。

样单：出口托运系列单据 1：业务联系报告

致：货运部

營業代表業務聯系報告
SALES CANVASSING REPORT

提單編號： _57417_　　　　　托運單編號： _____
B/L NO.　　　　　　　　　　　SHPR'S REF

客户： _珠口化工_
CUSTOMER

地址： _____
ADDRESS

電話號碼： _81037407_　　　　傳真號碼： _81037415_
TEL NO.　　　　　　　　　　　FAX NO. _8/5_

聯系人： _Veuy's_　　　　　接單日期： _8/5_
PERSON CONTACTED　　　　　　DATE CONTRACTED

航程： 由 _VEUY(CBW)_ 經由 _____ 至 _BALTIMORE (海运)_
ROUTING: FROM　　　　　VIA　　　　　　TO

可否轉船 _____ ALLOW. ED　可否分批 _____ ALLOW. ED

貨物名稱： _红白纱_　　　　　件數： _____
COMMODITIES　　　　　　　　　(NO. OF PKGS)

貨櫃數量/種類/所屬船公司 _____ _2×Φ20'NSL_
QTY/SIZE/OWNER OF CTNRS

交货條款：　　CY/CFS/DOOR ----- CY/CFS/DOOR/FO　_吉隆_
DELIVERY TERMS

裝櫃地點： _____
VANNING ADDRESS/TEL NO./PERSON CONTACTED/DATE

電　話： _____ 聯系人： _____ 日期： _1/5 4/8_
 _14/5(C1039)_

特約事項：
SPECIAL INSTRUCTIONS

付款細則(PAYMENT TERMS)：
1. ☑運費預付(PERPAID) □ COD □ BETA □ _____ DAYS CREDIT
   □運費到付(TO BE COLLECTED)
2. 海運報價/報價單編號： _SCNCWN-040428_　吴主席开专区务
   FREIGHT RATES OFFERED/QUOTATION NO　(合NNS.DOC)
   海運費金額： _出)3772 延付　②446×8.2 = 3651.2_
   FREIGHT AMOUNT
   其他費用： _平₩2600(推车、报关单)　其平1720开/即珠口化工_
   LOCAL CHARGES
3. 注意事項： _DD(+BAF = 710 (到付)_
   REMARKS

營業代表： _不8对_　　　日期： _8/5_
PREPARED BY　　　　　　　DATE

样单：出口托运系列单据 2：出口托运单

广州珠江化工集团有限公司
GUANGZHOU PEARL RIVER CHEMICAL INDUSTRY GROUP LTD.

TO: *Dion Chen,*

出口货物托运单

托运日期：2004/05/08	起运港：GUANGZHOU	中转港：		目的港：BALTIMORE
托运人 SHIPPER	NEW CHEMIC LTD. RM 1011, 10/F., WING ON PLAZA, 62 MODY ROAD, T.S.T EAST, KOWLOON, HONGKONG			
收货人 CONSIGNEE	JOHN S. CONNOR CORPORATION FOR AND ON BEHALF OF CPH CHEMICALS BV WORLD TRADE CENTER 401 EAST PRATT STREET, SUITE 700 BALTIMORE, MD 21202 UNITED STATES OF AMERICA NTFY: ATTN MRS. SHARON MARCONI ADDRESS: CONNER BALTIMORE INTL: 6849034 (CONNER UW) TXT: 170914 CONNER UT FAX: IMPORT (410) 547 6865 EXPORT (410) 659 0635			
通知人 NOTIFY PARTY	JOHN S. CONNOR CORPORATION FOR AND ON BEHALF OF CPH CHEMICALS BV WORLD TRADE CENTER 401 EAST PRATT STREET, SUITE 700 BALTIMORE, MD 21202, UNITED STATES OF AMERICA NTFY: ATTN MRS. SHARON MARCONI ADDRESS:CONNER BALTIMORE INTL: 6849034 (CONNER UW) TXT:170914 CONNER UT FAX: IMPORT (410) 547 6865 EXPORT (410) 659 0635			
装运标记 SHIPPING MARKS	TITANIUM DIOXIDE ENAMEL GRADE 98% BALTIMORE EX GUANGZHOU TITANIUM DIOXIDE WORKS			

QUANTITY 件 数	COMMODITY 品 名	NET WEIGHT 净重	GROSS WEIGHT 毛重	MEASUREMENT 容积吨
40 BAGS	TITANIUM DIOXIDE ENAMEL GRADE 98% MIN. 2 X 20' CONTAINERS	40,000KGS	40,120KGS	38.4CBM

| TOTAL：（合计） 特约事项 | G.W. 40,120 KGS 40 BAGS "FREIGHT PREPAID" AND "SHIPPED ON BOARD DATE" MUST BE SHOWN ON THE B/L. THE FIRST AND SECOND VESSEL NAME MUST BE SHOWN ON THE B/L. | | | |

可否转船	YES	可否分批	YES
需要提单正本	3/3	装船期限	BEFORE 2004/05/017
远洋运费金额		包干费	

请配 2004 年 05 月 17 日 MSC 从赤湾开出的大船。定 2004 年 05 月 10 日到工厂装货。

样单：出口托运系列单据 3：中转托运单

Shipper (请用英文填写)		托运单 (出口中转货物)	托运单号（全程提单号）SY491
CHONG LONG LTD　Tel No.			已接受预定载位　日期：签名：
Consignee (请用英文填写)		70: ERA	
TO ORDER		CL 长朗有限公司　CHONLONG LTD	
Notify Address (请用英文填写)		合同/信用证号码	
TO BE ADV		结汇期／托运日期／正本提单份数	
		可否分批／可否转船	
		接交货柜类别、数量及方式 20'×　40'×	
地点	火车卡号	预约装货地点、时间及联络人资料	
GUZWAN	目的地 BALTIMORE		
标志、柜号	件数、包装种类及货名	毛重（公斤）	尺码（立方米）
	生太 白粉　ALL WATER　CY-CY		
		委托人（运货支付人）　Code	
		委托人盖章及签名：	
编号	运费支付地点 □起运地(预付)，□目的地(到付)	其他地点	
项		运费细项	
请放 2×20'GP 14/5 CG　MSC REGINA V.173A			
员签字/编号	配载职员签字/编号	头程船名及航次（预装）	
名及航次（预装）		船公司／载载日期／预计开航日期／预计到达日期	

样单：出口托运系列单据 4：拖柜计划表

广东长运国际货运有限公司
拖柜计划表

鹏洋达　　　拖车公司　赖　先生/小姐

长朗 公司 沈小姐　电话：83554322-23 传真：83552242

2004 年 05 月 09 日

EWTESY4117　　订舱号：AS04A/B9025638

船公司：MSC　　柜型：2 ×20GP，　　×40GP，×40HQ

日期：2004 年 05 月 10 日，到达时间：早上 8 时

地点：广州市天河区东圃石溪

电话：　020-82313549　　　　联系人：陈小姐

运费：RMB　　2300　　　　　，转关费：RMB　100

地点：罗岗　　报关员：罗先生

（注：以上资料如有疑问，请联系我司）

以下格式回传货资料给我司，请注意加盖公章！

拖柜信息反馈表

柜号：_____ 封号：_____ 柜型：_____

_____ 司机电话：_____

柜号：_____ 封号：_____ 柜型：_____

_____ 司机电话：_____

备注：1. 若提柜有问题，请立即与我司联系，否则产生的后果或费用由

拖车行自负，联系人：××小姐　××先生

2. 请拖车公司将柜号、封号、车牌号及司机资料及时传真我部。

3. 请按要求准时到指定地点装货，否则责任由拖车行负责。

4. 选柜务必选干净，无异味及无破损货柜，切记！

5. 司机提柜务必留意货柜顶部、底部及四面是否完整、无破损，

柜型是否与提柜纸相符，切记！否则责任自负。

拖车公司盖章：

签名：_____

样单：出口托运系列单据 5：船公司托运确认单

Mediterranean Shipping Co. (HK) Ltd.
Booking Confirmation

SHIPPER **ETERNAL WAY LTD.** CONTACT:EVA WEN Tel:88816759　Fax:88816763/16	Document no.　Booking **AS04A-B9025638**
	FORWARDING AGENT - REFERENCES
CHARGES DUE TO MIS STOWAGE BECAUSE OF ERRONEOUS BOOKING DETAILS OR DOCK RECEIPT DETAILS WILL BE FOR THE ACCOUNT OF THE SHIPPER OF RECORDS	CARGO SUPPLIER
ETD/SAILING DATE　　　PLACE OF RECEIPT	
VESSEL / VOYAGE　　　PORT OF LOADING **MSC REGINA 173A**　**CHIWAN**	SERVICES CONTRACT NUMBER. **03-045TPC**
PORT OF DISCHARGE　　PLACE OF DELIVERY **BALTIMORE**	LIVE LOAD NOT APPLICABLE

REQUESTED / ASSIGNED CONTR#	DESCRIPTION	APPOINTMENT DATE	INTERMODAL COMMENTS.
2X20GP **钛白粉** ALL WATER,　IT CAN NOT BE OPTIONAL CY-CY 开仓:05-08 截重柜:5-14 12:00 截放行条:5-14 17:00	To:谭's To: Carmon. SY411)		☐ DUTIABLE CARGO ☐ DANGEROUS CARGO ☐ FUMIGATED CARGO (DEGASSED ☐ YES NO ☐)

	Remarks:
TOTAL 20'E	1. All details completed by the Shipper in this shipping Order shall be identical with the one received by the Agents through fax booking.
TOTAL 40'E	2. VALID Export License(s) shall be submitted prior to vessel's arrival. Carrier reserves the right to hold the shipment in Hong Kong with all expenses for shipper's account in case export license(s) cannot be presented in time.
TOTAL 45'0	3. Hazardous Cargoes must be packed/stowed in accordance with the International Maritime Dangerous Goods standard. Failure in compliance will result with re-labelling, penalties and all consequence liabilities for Shipper's account.
TOTAL 45'E	4. Containerized shipment
	- Unless otherwise specify, container(s) shall be provided by the Carrier/Agents in accordance with the requirement(s) as indicated but subject to availability of the equipment(s).
TOTAL	- Internal condition of the laden container(s) is/are deemed to be sound and clean. Shipper is obligated to reimburse the Carrier/Agents of any damage found while empty container(s) returned to Carrier/Agents' assigned depot elsewhere.
	- Detention charges as per Carrier's Tariff will be levied in case container(s) cannot be returned in time, replacement value plus detention charges must be paid in full by Shipper for the empty container(s) overdue 30 days.
	5. Received the goods/the container(s) the package(s) said to contain the goods as specified therein for the custody and carriage in accordance with the terms and conditions of the Carrier's Bill of Lading which shall be deemed to be incorporated herein. Neither Carrier nor agents are responsible for short out/off-load or consequences arising there from.
	6. Detention Charges
	All container(s) are the property of MSC and that time is the essence in relation to the return of the container(s). Unless otherwise specified, Shipper or its appointed agent is given two (2) calendar days for local delivery and seven (7) calendar days for delivery to PRC (excluding Saturday, Sunday and public holidays) from the date of taking out the empty container(s) FOR CARGO STUFFING PURPOSE AND SHALL RETURN THE LADEN CONTAINER(S) TO THE NOMINATED Container Yard. After the elapse of time, detention charges per MSC will be levied.

A, For Hong Kong Booking: Transport set released at Unit 1-3, 22/F Tower II Ever Gain Plaza, 88 Container Port Rd.., Tel : 24032323 B, For Chiwan Booking: Please feel free to contact our colleagues at Shekou: Tel: 755-681 5568 (Silk - Lily/James., Golden Gate - Tina; Capricorn/Wallaby - William) Please Make sure all the information is accurate before your trucker go to exchange the transport sets.　　Note : Shipper is requested to declare exact cargo weight and carrier shall hold the customer(s) responsible for all charges, damage & excess arising from carry(s) payload exceeds the max road weight limits.	BOOKING TAKEN BY DATE BOOKING TAKEN

ANY PREPAID FOREIGN CURRENCY WILL BE CHARGED AT THE SAIL DATE'S EXCHANGE RATE If you should have any questions, please call.

样单：出口托运系列单据 6：提货单

广州珠江化工集团有限公司
GUANGZHOU PEARL RIVER CHEMICAL INDUSTRY GROUP LTD.
TEL：81037407，81037409　FAX：81037415

提货单号码：*B04a501*

提　货　单

广州钛白粉厂：

　　我司委托 ~~深州鹏洋达拖车公司~~，于 2004 年 5 月 10 日派　 *上午8:00*

车队前往贵厂提取 ___40___ 吨 ___40___ 袋钛白粉，请贵厂

给予办理提货。　　　　　　　　　*1吨大袋，中铝*

　　　　　　　　　　　　　　　　　　目的地：巴尔的摩

　　工厂联系人：陈小姐

　　电话：82313549

　　工厂地址：广州市天河区东圃石溪

SY417

广州珠江化工集团有限公司
2004 年 5 月 9 日

注意事项：

1.　请船公司和车队必须提供完整无损、干净的货柜到工厂装货，

　　否则由此而引起的货物破损和水浸受潮由船公司及车队负

　　责。

2.　工厂必须对到厂的货柜检查是否完整无损及干净，如对破损

　　货柜检查不出而引起的货物破损和水浸受潮负连带责任。

样单：出口托运系列单据 7：拖柜车资料

致：各拖车公司　　以后请用此格式！

如由我司罗先生(手机:13900028079 传真:020-83552242)

报关,请填写下表并回传我司:

(注:因用于报关,所提供之资料必须准确)

运输公司地址: 深圳市蛇口东湾村17栋403室

运输公司联系电话: 0755-26852221

运输公司: 深圳市湖达运输公司　　　提单号: SY4117

订舱号: ASO4APO25638　　　封号: 1P75560

柜号: MSCU2046516　　　柜型: 20HP

车牌: 鄂B-43675　拖货地点: 广州　　转关口岸: 蛇口

司机姓名: 蓝鹰　司机手机: 13902812115

司机簿海关编号: 531810028S　　柜重: 2330 公斤

车头重: 5.73 公斤　　车架重: 6.0 公斤

致：各拖车公司　　以后请用此格式！

如由我司罗先生(手机:13_____679　传真:020-83552242)

报关,请填写下表并回传我司:

(注:因用于报关,所提供之资料必须准确)

运输公司地址: 深圳市蛇口赤湾村17栋403室

运输公司联系电话: 0755-26852221

运输公司: 深圳市海东亿运输公司　　提单号: ST4117

订舱号: AS04BP025638　　　　封号: IP7556

柜号: GSTU2P77082　　　　　柜型: 20呎

车牌: 粤B-43675　拖货地点: 广州　　转关口岸: 蛇口

司机姓名: 盖超　司机手机: 1300_____712

司机簿海关编号: 5318100285　柜重: 2230 公斤

车头重: 5.73　公斤　　车架重: 6.0　公斤

样单：出口托运系列单据 8：交出口公司审核提单

11-MAY-84 15:49　　GZ PROI GROUP LTD.　　86 20 81037415　　P.01

Eternal Way Ltd.
長 運 有 限 公 司
Cable:ETERNALWAY　Telex:76497 ETWAY HX

B/L No. EWTESY4117

BILL OF LADING

SHIPPED on board in apparent good order and condition (unless otherwise indicated) the goods or packages specified herein and to be discharged at the mentioned port of discharge or as near thereto as the vessel may safely get and be always afloat.

地人
EMIC LTD.
,10/F., WING ON PLAZA, 62 MODY ROAD,
EAST, KOWLOON, HONGKONG
KOWLOON

收货人
S.CONNOR CORPORATION
AND ON BEHALF OF CPH CHEMICALS BV WORLD
CENTER.
AST PRATT STREET, SUITE 700 BALTIMORE,
202 UNITED STATES OF AMERICA**
AS CONSIGNEE

Vessel: REGINA V 233A
Port of loading: CHIWAN
Final destination: BALTIMORE, WA
Freight payable at: GUANGZHOU
Number of original B/L: (3) THREE

Marks and Numbers	No. & kinds of Package	Cargo Description	Gross weight(kgs)	Measurement(m³)
	40 BAGS	SHIPPER'S LOAD COUNT AND SEAL FCL/FCL S.T.C. TITANIUM DIOXIDE ENAMEL GRADE 98% MIN. THIS SHIPMENT CONTAINS NO SOLID WOOD OR SOLID WOOD PACKING MATERIALS.	40,120.000KGS	38.400 CBM

CNTNR NO.	TYPE	SEAL NO.	MOVEMENT	PACKAGES	KGS	CBM
045316	20GP	1975560	CY/CY	20BAGS	20,060.000	19.200
977082	20GP	197E556	CY/CY	20BAGS	20,060.000	19.200

TWO(2) X 20GP CONTAINERS ONLY

FREIGHT PREPAID
SHIPPED ON BOARD DATE:

ABOVE PARTICULARS FURNISHED BY SHIPPER

IN WITNESS whereof the number of original Bills of Lading stated above have been signed, one of which being accomplished, the other(s) to be void.

Signed for or on behalf of GUANGZHOU
AS AGENT FOR THE CARRIER: McGs Agents

TOTAL P.01

样单：出口托运系列单据 9：出口公司确认提单

ETW

B/L No. EWESY4117

長　運　有　限　公　司

Eternal Way Ltd.

Cable:ETERNALWAY　　Telex:76497 ETWAY HX

BILL OF LADING

Shipper 托运人	
NEW CHEMIC LTD. RM1011,10/F.,WING ON PLAZA,62 MODY ROAD, T.S.T.EAST,KOWLOON,HONGKONG	

SHIPPED on board in apparent good order and condition (unless otherwise specified)
the goods or packages specified herein and to be discharged at the mentioned port of
discharge or as near thereto as the vessel may safely get and be always afloat.
The weight, measure, marks and numbers, quantity, contents and value, being
particulars furnished by the Shipper, are not checked by the Carrier on loading.
The Shipper, Consignee and the Holder of this Bill of Lading hereby expressly accept
and agree to all printed, written or stamped provisions, exceptions and conditions of this Bill
of Lading, including those on the back hereof.
IN WITNESS whereof the number of original Bills of Lading stated below have been
signed, one of which being accomplished, the other(s) to be void.

Consignee 收货人
JOHN S.CONNOR CORPORATION FOR AND ON BEHALF OF CPH CHEMICALS BV WORLD TRADE CENTER. 401 EAST PRATT STREET,SUITE 700 BALTIMORE, MD 21202 UNITED STATES OF AMERICA**

Notify address 通知地址
SAME AS CONSIGNEE

Pre-carriage by 前段运输		Place of receipt 收货地点	
Ocean vessel 海运船名 MSC REGINA V.173A		Port of loading 装货港口 CHIWAN	
Port of discharge 卸货港 BALTIMORE,WA	Final destination 目的地 BALTIMORE,WA	Freight payable at 运费支付地 GUANGZHOU	Number of original BS/L 正本提单份数 (3) THREE

唛头和号码 Marks and Numbers	件数和包装种类 No. & Kinds of Package	货名 Cargo Description	毛重（公斤） Gross weight(kg's)	尺寸（立方米） Measurement(m³)
		SHIPPER'S LOAD COUNT AND SEAL FCL/FCL S.T.C.		
TITANIUM DIOXIDE ENAMEL GRADE 98% BALTIMORE EX GUANGZHOU TITANIUM DIOXIDE WORKS	40 BAGS	TITANIUM DIOXIDE ENAMEL GRADE 98% MIN. THIS SHIPMENT CONTAINS NO SOLID WOOD OR SOLID WOOD PACKING MATERIALS.	40,120.000KGS	38.400CBM

CONTAINER NO.　TYPE　SEAL NO.　MOVEMENT　PACKAGES　KGS　　CBM
MSCU2046516　20GP　1975560　CY/CY　20BAGS 20,060.000　19.200
GSTU2977082　20GP　1975556　CY/CY　20BAGS 20,060.000　19.200
TOTAL:TWO(2) X 20GP CONTAINERS ONLY

FREIGHT PREPAID
SHIPPED ON BOARD DATE:

S/C NO.03-045TPC
**NTFY:ATTN MRS.SHARON MARCONI ADDRESS:CONNER BALTIMORE
INTL:6949034(CONNER UW) TXT:170914 CONNER UT
FAX:IMPORT(410)547 6865 EXPORT(410) 以上信息由托运人提供
ABOVE PARTICULARS FURNISHED BY SHIPPER

运费和费用 Freight and charges	
AGENT AT DESTINATION:	IN WITNESS whereof the number of original Bills of Lading stated above have been signed, one of which being accomplished, the other(s) to be void.
	签单地点和日期 Place and date of issue 代表承运人签字 Signed for or on behalf of the GUANGZHOU
	AS AGENT FOR THE CARRIER as Agents

样单：出口托运系列单据 10：正本提单

Shipper 托运人	
NEW CHEMIC LTD. RM1011,10/F.,WING ON PLAZA,62 MODY ROAD, T.S.T.EAST,KOWLOON,HONGKONG	

ETW

長 運 有 限 公 司

Eternal Way Ltd.

Cable: ETERNALWAY　　Telex: 76497 ETWAY HX

B/L No.: EWTESY4117

Consignee 收货人
JOHN S.CONNOR CORPORATION FOR AND ON BEHALF OF CPH CHEMICALS BV.WORLD TRADE CENTER. 401 EAST PRATT STREET,SUITE 700 BALTIMORE, MD 21202 UNITED STATES OF AMERICA**

Notify address 通知地址
SAME AS CONSIGNEE

BILL OF LADING

SHIPPED on board in apparent good order and condition (unless otherwise indicated) the goods or packages specified herein and to be discharged at the mentioned port of discharge or as near thereto as the vessel may safely get and be always afloat.

The weight, measure, marks and numbers, quantity, contents and value, being particulars furnished by the Shipper, are not checked by the Carrier on loading.

The Shipper, Consignee and the Holder of this Bill of Lading hereby expressly accept and agree to all printed, written or stamped provisions, exceptions and conditions of this Bill of Lading, including those on the back hereof.

IN WITNESS whereof the number of original Bill of Lading stated below have been signed, one of which being accomplished, the other(s) to be void.

Pre-carriage by 前段运输	Place of receipt 收货地点
Ocean vessel 海运船名 MSC REGINA V.173A	Port of loading 装货港 CHIWAN
Port of discharge 卸货港 BALTIMORE,WA	Final destination 目的地 BALTIMORE,WA

Freight payable at 运费支付地 GUANGZHOU	Number of original BS/L 正本提单份数 (3) THREE

標誌和號碼 Marks and Numbers	件數和包裝種類 No. & kinds of Package	货名 Cargo Description	毛重（公斤） Gross weight (kgs)	尺碼（立方米） Measurement (m³)
		SHIPPER'S LOAD COUNT AND SEAL FCL/FCL S.T.C.		
TITANIUM DIOXIDE ENAMEL GRADE 98% BALTIMORE EX GUANGZHOU TITANIUM DIOXIDE WORKS	40 BAGS	TITANIUM DIOXIDE ENAMEL GRADE 98% MIN. THIS SHIPMENT CONTAINS NO SOLID WOOD OR SOLID WOOD PACKING MATERIALS.	40,120.000KGS	38.400CBM

CONTAINER NO. TYPE　SEAL NO.　MOVEMENT　PACKAGES　KGS　CBM
MSCU2046516　20GP　1975560　CY/CY　20BAGS　20,060.000　19.200
GSTU2977082　20GP　1975556　CY/CY　20BAGS　20,060.000　19.200
TOTAL:TWO(2) X 20GP CONTAINERS ONLY

S/C NO.03-045TPC
**NTFY:ATTN MRS.SHARON MARCONI ADDRESS:CONNER BALTIMORE
INTL:6849034(CONNER UW) TXT:170914 CONNER UT
FAX:IMPORT(410)547 6865 EXPORT(410)659 6635 托运人提供
ABOVE PARTICULARS FURNISHED BY SHIPPER

FREIGHT PREPAID
SHIPPED ON BOARD DATE:
16 MAY 2004
SHIPPED ON BOARD
GUANGDONG ETERNAL WAY INTL FREIGHT CO. LTD.

IN WITNESS whereof the number of original Bills of Lading stated above have been signed, one of which being accomplished. the other(s) to be void.

運費和費用 Freight and charges	

AGENT AT DESTINATION:
CN LINK FREIGHT SERVICES,INC.
182-16 149TH ROAD,ROOM218,
JAMAICA,NY 11413,USA
TEL:718-656-6996
FAX:718-656-7101

簽單地點和日期：
Place and date of issue:　　GUANGZHOU
For and on behalf of:
廣東長運國際貨運有限公司 16 MAY 2004
GUANGDONG ETERNAL WAY INTERNATIONAL FREIGHT CO. LTD.
AS AGENT FOR THE CARRIER(MSC
　　　　　　　　　　as Agents

样单：出口托运系列单据 11：美国海关 24 小时预报舱单

Eternal Way Limited   对美国海关提前24小时申报舱单货物资料

Tel.＿＿＿ Fax.＿＿＿、作为发货人或订舱人，兹此保证：

兹提供以下一切有关资料是真实无讹准确的，并特针对各美国海关发布的1302号（the U.S.Customs Form 1302）系统补全要求。我司保证，无论有限公司如因上述要求所引起的一切延误、索赔、罚款、或违法等责任。

NEW CHEMIC LTD. RM 1011,10/F.,WING ON PLAZA,62 MODY ROAD, T.S.T.EAST,KOWLOON,HONGKONG	CONSIGNEE Full name JOHN S.CONNOR CORPORATION Full address FOR AND ON BEHALF OF CPH CHEMICALS BV WORLD TRADE CENTER.401 EAST PRATT STREET,SUITE 700 BALTIMORE, NTFY:ATTN MRS.SHARON MARCONI

SAME AS CONSIGNEE
ADDRESS:CONNER BALTIMORE INTL:6849034(CONNER UW)
10913 CONNER UT FAX:IMPORT(410)547 6865 EXPORT(410)659 0635

PLACE OF RECEIPT

VAN   PORT OF DISCHARGE BALTIMORE

TIMORE   MODE OF CARRIAGE

REGINA V.173A   AGENTS AT PORT OF DISCHARGE or DELIVERY

B/L Type:
Original ☐   Seaway ☐
Service Contract:
B/L Release At:＿＿＿

Ocean Freight Payment:
Prepaid ☐   Collect ☐
Ocean Freight Payable At:＿＿＿

Cargo Description	Gross Weight	Measurement
40BAGS ~~TITANIUM DIOXIDE~~ ~~ENAMEL GRADE 98%~~ ~~BALTIMORE~~ ~~GUANGZHOU TITANIUM~~ ~~DIOXIDE WORKS~~ TITANIUM DIOXIDE ENAMEL GRADE 98% MIN. THIS SHIPMENT DOES NOT CONTAIN ANY SOLID WOOD PACKING MATERIALS. CONTAINER NO./SEAL NO./ MSCU2046516/ 1975560 /20'GP/20BAGS/20060KGS/19.2CBM GSTU2977082/ 1975556/20'GP/20BAGS/20060KGS/19.2CBM TOTAL:TWO(2)X20'GP CONTAINERS ONLY	40120KGS	38.40CBM

TO:潘小姐 请确认并盖章回传！

PREPAID

FREIGHT & CHARGES

广州珠江化工集团有限公司
GUANGZHOU PEARL RIVER CHEMICAL
INDUSTRY GROUP LTD.

11/5

FREIGHT & CHARGES		PAYABLE at
	POL	POD	ELSEWHERE

样单：出口托运系列单据 12：运费到付担保书

TO 珠江化工储小组　　请填写以下保函，并盖章回传。谢谢！
FM 省纺仓储沈小姐

运费到付担保书

提单号（House B/L）：EWTESY4117
托运人：珠江化工

托运人填写

1	2	3	4	5	6 到付费用		7 预付费用		8 回退费用	
被运港	目的港	数量		船公司	项目	金额	项目	金额	项目	金额
		柜量	柜型							
CHIWAN	BALTIMORE	2	20'GP	MSC	OF	USD710/20'GP	OF	USD1590/20'GP		
							AMS	USD25		
							DOC	USD15		
							拖车费	RMB2500		
							报关费			
					合计	USD1420	合计			合计

我司保证：若目的港收货人拒绝支付上述部分或全部到付费用，或者拒绝提货而未能支付上述到付费用，则由我司偿付全部运费或偿付不足部分及负责由此所产生的一切后果。

托运人签名、盖章：广州珠江化工集团有限公司
GUANGZHOU PEARL RIVER CHEMICAL INDUSTRY GROUP LTD

分公司司计费签名：

分公司经理签名：

备注：1）托运人填实本担保书后，长运营业员将填实的担保书连同托运单速交到分公司经总经签名后方可安排订舱。
（请托运人将此担保书与托运单一年作真至找可展传订舱手续。谢谢合作！）
2）本担保书经分公司司经理签名交到计货人员存备。

第五节　出口报检

凡属国家规定或合同规定必须经国家出入境检验检疫局出证的商品，在货物备齐后，应向出入境检验检疫局申请检验。只有取得出入境检验检疫局签发的合格证书，海关才准予放行。因此，外贸跟单员必须了解出口商品的报检范围、报检时限、报检方法、报检时应提交的单证和报检的业务程序，掌握出境货物报检单的填制。

一、报检范围

《中华人民共和国进出口商品检验法》（以下简称《商检法》）于1989年8月1日开始施行。根据《商检法》的规定，商检机构实施进出口商品检验的内容，包括商品的质量、数量、重量、包装以及是否符合安全、卫生要求。

1. 商品的质量检验

商品的质量不仅包括商品的化学成分、物理和机械性能、生物特征、造型、结构、色香味以及技术指标等内在的特征，还包括颜色、光泽、透明度、款式、花色等外在因素。其检验方法一般采取感官检验、物理检验、化学检验、微生物检验等方法。

2. 商品的数量检验

商品的数量检验方法，一般只查点包装件数。

3. 商品的重量检验

商品的重量检验方法，根据商品性质的不同而采用不同的方法。对固态商品，一般用衡器计量；对液态商品，一般采用流量、容积计量；对大宗原料商品，一般采用水尺计量。

二、出口报检时限及报检时须提供的单证

（一）出口报检时限

《商检法》规定：①出境货物最迟应于报关或装运前7天报检；②需隔离检疫的出境动物在出境前60天预报，隔离前7天报检。

（二）出口报检时须提供的单证

出境报检时，一般应填写出境货物报检单并提供对外贸易合同、信用证、发票、装箱单等有关单证。特殊情况还须提交其他相关文件。

三、出口报检的业务程序

进出口商品检验主要有接受报检、抽样、检验和签发证书等环节。

(一) 接受报检

报检是指进出口货物的出口商或进口商向出入境检验检疫局申请检验。其申请行为体现在填写并提交中华人民共和国出入境检验检疫出境货物报检单或中华人民共和国出入境检验检疫入境货物报检单。

(二) 抽样 (Sampling)

抽样是指检验检疫人员到现场抽取样品。除委托检验外,一般不得由报检员送样,而是由检验检疫人员在货物堆存现场自行抽样。

抽样的方法按进出口合同规定的方法抽取,若进出口合同没有规定抽样方法的按有关标准进行抽样。

对所抽取的样品经过加工方能进行检验的称为制样,如矿产品、铁合金、粮谷等成分的检验、金属材料的拉力性能检测、纺织面料性能检测等。

(三) 检验 (Inspection)

检验检疫机构抽取样品后,按规定的检验标准和方法,对样品进行检验。同时,做到认真、准确、迅速、证货相符。

(四) 签发证书 (Grant Certificate)

凡法律、行政法规、规章或国际公约规定须经检验检疫机构检验检疫的出境货物,经检验检疫合格的,签发出境货物通关单,作为海关核放货物的依据;经检验检疫不合格的,签发出境货物不合格通知单。

进出口合同要求签发有关检验检疫证书的,检验检疫机构根据对外贸易关系人的申请,经检验检疫合格的,签发相应的检验检疫证书,作为买卖双方交接货物的依据,也是向银行办理议付的单证之一。

凡法律、行政法规、规章或国际公约规定须经检验检疫机构检验检疫的入境货物,检验检疫机构接受报检后,先签发入境货物通关单,海关据以验放货物。然后,经检验检疫机构检验检疫合格的,签发入境货物检验检疫情况通知单,不合格的对外签发检验检疫证书,供有关方面对外索赔。

商检证书一般使用英文书写,进口商检证书一般使用中英文合并本。商检证书一般自货物签发之日起两个月内有效,鲜果、蛋类两个星期内有效。

四、出口食品卫生注册/登记

根据《商检法》的规定，出口食品实施卫生注册/登记制度，对不需要卫生注册的食品实行卫生登记，需要卫生注册的产品共20类：

（1）罐头类；

（2）水产品类（不包括活品和晾晒品）；

（3）肉及肉制品；

（4）茶叶类；

（5）肠衣类；

（6）蜂产品类（不包括蜂蜡）；

（7）蛋制品类（不包括鲜蛋）；

（8）速冻果蔬类、脱水果蔬类（不包括晾晒品）；

（9）糖类（指蔗糖、甜菜糖）；

（10）乳及乳制品类；

（11）饮料类（包括固体饮料）；

（12）酒类；

（13）花生、干果、坚果制品类（不包括炒制品）；

（14）果脯类；

（15）粮食制品及面、糖制品类；

（16）食用油脂类；

（17）调味品类（不包括天然的香辛干料及粉料）；

（18）速冻方便食品类（系指用粮油、面粉、果菜、肉类、水产品等原料制作，经加热或未加热后速冻、冷藏的方便食品）；

（19）功能食品类（系指保健食品）；

（20）食品添加剂类（专指食用明胶）。

五、出境货物报检单的填制

出境货物报检单所列各栏必须填写完整、准确、清晰，没有内容填写的栏目应以斜杠"/"表示，不得留空。

（1）报检单位：指向检验检疫机构申报检验、检疫、鉴定业务的单位。报检单应加盖报检单位公章。

（2）报检单位登记号：指在检验检疫机构登记的号码。

（3）发货人：指本批货物贸易合同中卖方名称或信用证中受益人名称。如需要出具英文证书的，填写中英文。

（4）收货人：指本批出境货物贸易合同中或信用证中买方名称。如需要出具英文证书的，填写中英文。

（5）货物名称：按贸易合同或发票所列的货物名称，根据需要可填写型号、规格或牌号。货物名称不得填写笼统的商品类，如"陶瓷""玩具"等。货物名称必须填写具体的类别名称，如"日用陶瓷""塑料玩具"等。不够位置填写的，可用附页的形式填报。

（6）H. S. 编码：指货物对应的海关商品代码，填写 8 位数或 10 位数。

（7）产地：指货物生产/加工的省（自治区、直辖市）以及地区（市）名称。

（8）数/重量：填写报检货物的数/重量，重量一般填写净重。如填写毛重或以毛重作净重则需注明。

（9）货物总值：按本批货物合同或发票上所列的总值填写（以美元计）。如同一报检单报检多批货物，需列明每批货物的总值。（注：如申报货物总值与国内、国际市场价格有较大差异，检验检疫机构保留核价权力。）

（10）包装种类及数量：指本批货物运输包装的种类及件数。

（11）运输工具名称号码：填写货物实际装载的运输工具类别名称（如船、飞机、货柜车、火车等）及运输工具编号（船名、飞机航班号、车牌号码、火车车次）。报检时，未能确定运输工具编号的，可只填写运输工具类别。

（12）贸易方式：一般贸易、来料加工、进料加工、其他等。

（13）货物存放的地点：指本批货物存放的地点。

（14）合同号：指本批货物贸易合同编号。

（15）信用证号：指本批货物的信用证编号。

（16）用途：指本批出境货物用途，如种用、食用、奶用、观赏或演艺、伴侣、实验、药用、饲用、加工等。

（17）发货日期：按本批货物信用证或合同上所列的出境日期填写。

（18）输往国家（地区）：指贸易合同中买方（进口方）所在的国家或地区。

（19）许可证/审批号：对实施许可证制度或者审批制度管理的货物，报检时填写许可证编号或审批单编号。

（20）起运地：指装运本批货物离境的交通工具的起运口岸/地区城市名称。

（21）到达口岸：指装运本批货物的交通工具最终抵达目的地停靠的口岸名称。

（22）生产单位注册号：指生产/加工本批货物的单位在检验检疫机构的注册登记编号。

（23）集装箱规格、数量及号码：填写装载本批货物的集装箱规格（如 40 英尺、20 英尺等）以及分别对应的数量和集装箱号码。若集装箱太多，可用附单的形式填报。

（24）合同、信用证订立的检验检疫条款或特殊要求：指贸易合同或信用证中贸易双方对本批货物特别约定而订立的质量、卫生等条款和报检单位对本批货物检验检疫的特别要求。

（25）标记及号码：按出境货物实际运输包装标记填写。如没有标记，填写 N/M。标记栏不够位置填写时，可用附页的形式填写。

（26）随附单据：按实际提供的单据，在对应的"□"中打"√"。对报检单上未标出的，须自行填写提供的单据名称。

（27）需要证单名称：按需要检验检疫机构出具的证单，在对应的"□"中打"√"，并对应注明所需证单的正副本的数量。对报检单上未标出的，如"通关单"等，须自行填写所需证单的名称和数量。

（28）报检人郑重声明：必须有报检人的亲笔签名。

六、原产地证明书

（一）产地证的作用及分类

产地证明书是证明货物原产地和制造地的文件，也是进口国海关采取不同的国别政策和关税待遇的依据。

产地证明书一般可分为：①普通产地证（又称原产地证）（Certificate of Origin）；②普惠制产地证（Generalized System of Preference Certificate of Origin Form A）；③欧洲纺织品产地证。

在我国，普通产地证由商检机构和贸易促进委员会两个机构出证，普惠制产地证由商检机构出证。

（二）普通产地证（CO）

通常不使用海关发票或领事发票的国家，要求提供产地证明可确定对货物征税的税率。有的国家为限制从某国家或地区进口货物，要求以产地证来确定来源国。

根据我国的规定，CO产地证一般只签发一正三副，其中一份副本（黄色）为签证机构留存用。企业最迟于货物报关出运前3天向签证机构申请办理原产地证，并严格按照签证机构的要求，真实、完整、正确地填写以下材料：

（1）中华人民共和国出口货物原产地证明书/加工装配证明书申请书；

（2）中华人民共和国出口货物原产地证明书一式四份；

（3）出口货物商业发票；

（4）签证机构认为必要的其他证明文件。

（三）普惠制产地证明书格式 A（FORM A）

1. 普惠制及其原则

普惠制是普遍优惠制的简称，是发达国家对发展中国家的出口产品所实行的一种关税优惠制度。其目的是使发展中国家的出口商品在发达国家具有竞争力，从而扩大发展中国家的出口贸易，增加外汇收入，促进工农业发展，加速国民经济增长。

普惠制的原则有普遍原则、非互惠原则和非歧视原则。普遍原则是指发达国家应对发展中国家的制成品和半成品给予普遍的优惠待遇。非互惠原则是指非对等的，发达国家应单方面给予发展中国家优惠关税待遇，而不要求发展中国家给予同等待遇。非歧视原则是指应对所有的发展中国家都给予优惠待遇，不应区别对待，不应有例外。

2. 我国对普惠制工作的管理

自1978年10月我国接受普惠制待遇后，我国政府授权国家进出口商品检验检疫局全面负责普惠制的签证管理工作，由设在各地的商检机构具体负责普惠制产地证书的签发和统计工作。

3. 我国和各给惠国的具体关系

目前，除了美国和保加利亚，世界上共有 29 个发达国家是我国的给惠国。他们给予我国普惠制待遇的时间是：

给惠国	给惠开始时间
新西兰	1978. 10
澳大利亚	1978. 10
挪威	1979. 03
瑞士	1979. 07
加拿大	1980. 01
欧洲联盟十五国	1980. 01
日本	1980. 04
波兰	1991. 04
俄罗斯	1992. 08
乌克兰	1992. 08
白俄罗斯	1994. 04
捷克	1995. 01
斯洛伐克	1995. 01
哈萨克斯坦	1996. 04
土耳其	2002. 01

4. 原产地证明书格式 A 的有效期

除下列国家有规定以外，其他给惠国未作具体规定：

国　家	有效期
加拿大	自进口之日起 2 年内
欧洲联盟十五国、瑞士	自签发之日起 10 个月内
日本	签发机关签发之日起 4 个月内

一般来讲，发货人应在货物抵达给惠国前将证书送达对方，以便海关审核，尽早取得普惠制关税优惠。尤其对于有限额、配额的商品，大都遵循先来先得的原则，额满为止。

（四）原产地证明书（CO）的填制

1. 证书编号（Certificate No.）
此栏不得留空，否则证书无效。

2. 出口方（Exporter）
填写出口公司的详细地址、名称和国家（地区）名。若经其他国家或地区需填写转口商名称时，可在出口商后面加填英文 VIA，然后再填写转口商名称、地址和国家。

例：

GUANGDONG TEXTILES IMPORT & EXPORT KNITWEARS

CO., LTD., 15/F GUANGDONG TEXTILE MANSION

NO. 168 XIAOBEI RD. GUANGZHOU, CHINA

VIA HONGKONG DAMING CO., LTD.

NO. 566, GUANGDONG ROAD, HONGKONG

3. 收货方（Consignee）

填写最终收货人的名称、地址和国家（地区）名。通常是外贸合同中的买方或信用证上规定的提单通知人。如信用证规定所有单证收货人一栏留空，在这种情况下，此栏应加注"TO WHOM IT MAY CONCERN"或"TO ORDER"，但不得留空。若需填写转口商名称时，可在收货人后面加填英文 VIA，然后再填写转口商名称、地址、国家。

例：

AL OTHAIMAN TRADING CO., LLC

P. O. BOX 23631 DUBAI, U. A. E.

VIA HONGKONG DAMING CO., LTD.

NO. 566, GUANGDONG ROAD, HONGKONG

4. 运输方式和路线（Means of transport and route）

填写目的港和装运港、运输方式。若经转运，还应注明转运地。例如，通过海运，于 2005 年 7 月 1 日由广州港经香港转运至鹿特丹港，应填为：

FROM GUANGZHOU TO HONGKONG ON JULY 1, 2005,

THENCE TRANSSHIPPED TO ROTTERDAM BY VESSEL

或

FROM GUANGZHOU TO ROTTERDAM

BY VESSEL VIA HONGKONG

5. 目的地国家（地区）（Country/region of destination）

填写目的地国家（地区）。一般应与最终收货人或最终目的港（地）国别一致，不能填写中间商国家名称。

6. 签证机构用栏（For certifying authority use only）

由签证机构在签发后发证书、补发证书或加注其他声明时使用。证书申领单位应将此栏留空。一般情况下该栏不填。

7. 运输标志（Marks and numbers）

填写唛头。应按照出口发票上所列唛头填写完整图案、文字标记及包装号码，不可简单填写"按照发票（AS PER INVOICE NO.）"或者"按照提单（AS PER B/L NO.）"。货物无唛头时，应填写 N/M（NO MARK）。此栏不得留空。如唛头多，本栏填写不够，可填写在第 7、8、9 栏的空白处；如还不够，可用附页的形式填写。

8. 商品名称、包装数量及种类（Number and kind of packages; description of goods）

填写商品名称及包装数量。商品名称要填写具体名称，不得用概括性表述，例如服装（GARMENT）。包装数量及种类要按具体单位填写，例如 100 箱彩电，填写为"100 CARTONS（ONE HUNDRED CARTONS ONLY）OF COLOUR TV SET"。包装数量应在阿拉伯数字后加注英文表述。如货物为散装，在商品名称后加注"散装"（IN BULK），例如 1 000 公吨生铁，填写为"1 000 M/T（ONE THOUSAND M/T ONLY）PIG IRON IN BULK"。有时信用证要求在所有单证上加注合同号、信用证号码等，可加注在此栏。本栏的末行要打上表示结束的符号（＊＊＊＊＊＊＊＊＊＊＊＊＊＊＊＊＊＊＊＊＊），以防加填内容。

例：

ONE HUNDRED AND FIFTY（150）CARTONS OF

MEN'S T/C PRINTED 2 PC SETS

SIXTY-SEVEN（67）CARTONS OF BOY'S T/C

PRINTED 2 PC SETS

＊＊＊＊＊＊＊＊＊＊＊＊＊＊＊＊＊＊＊＊＊

9. 商品编码（H. S. Code）

此栏要求填写 HS 编码，应与报关单一致。若同一证书包含有几种商品，则应将相应的税目号全部填写。此栏不得留空。

10. 量值（Quantity）

此栏要求填写出口货物的量值以及商品的计量单位。如上述的 100 台彩电，此栏填"100 SETS"。1 000 公吨散装生铁，此栏填"N. W. 1 000 M/T"（净重 1 000 公吨）或"1 000 M/T（N. W.）"。如果只有毛重时，则需注明"G. W."。

11. 发票号码及日期（Number and date of invoices）

此栏填写申请出口货物的商业发票日期和号码。此栏不得留空。为避免对月份、日期的误解，月份一律用英文表述，如 2005 年 12 月 10 日，用英文表述为：

DEC. 10，2005

12. 出口方声明（Declaration by the exporter）

填写出口人的名称、申报地点及日期，由已在签证机构注册的人员签名并加盖有中英文的印章。

13. 签证机构签字、盖章（Certification）

填写签证地址、日期。签证机构签证人经审核后在此栏（正本）签名，并盖签证印章。

（五）普惠制原产地证明书格式 A 的填制

原产地证明书格式 A 是出口商的声明和官方机构的证明合二为一的联合单证。联合国贸发会议优惠问题特别委员会对原产地证明书格式 A 的印刷格式、填制方法都有严格明确的规定，对所需纸张的质量、重量、大小尺寸，使用文种作了规定，并要求正本加印绿色检索图案，防止涂改或伪造。因此，填制必须十分细心，本证书一律不得涂改，证书不得加盖校对章。本证书一般使用英文填制，应进口商要求，也可使用法文。特殊情况下，第二栏可以使用给惠国的文种。唛头标记不受文种限制，可据实填制。

1. 证书号码（Reference No.）

此栏不得留空，否则证书无效。

2. **出口商名称、地址和国家**（Goods consigned from）

例：

CHINA ARTEX（HOLDINGS）CORP. GUANGDONG CO.

119（2ND BUILDING），LIUHUA ROAD，GUANGZHOU，CHINA

出口商的地址应填详细地址，包括街道名、门牌号码等。中国地名的英文译音应采用汉语拼音。如：GUANGZHOU（广州）、GUANGDONG（广东）、PANYU（番禺）等。

3. **收货人名称、地址和国家**（Goods consigned to）

例：

JERSON & JESSEN，LANGE NEHREN9，F－2000，HAMBURG，GERMANY

根据信用证要求应填写给惠国的最终收货人名称（即信用证上规定的提单通知人或特别声明的收货人）。如果信用证未明确最终收货人，可以填写商业发票的抬头人，但不可填中间商的名称。

欧洲联盟、挪威对此栏有非强制性要求。如果商品直接运往上述给惠国，而且进口商要求将此栏留空时，则可以不填。

4. **所知的运输方式和航线**（Means of transport and route）

例：

ON/AFTER NOV. 6，2005

FROM GUANGZHOU TO HONGKONG BY TRUCK

THENCE TRANSSHIPPED TO HAMBURG BY SEA

一般应填装货、到货地点（起运港、目的港）及运输方式（如海运、陆运、空运）等内容。对转运商品应加上转运港，如 VIA HONGKONG。该栏还要填明预定自中国出口的地点和日期。

对输往内陆给惠国的商品，如瑞士、奥地利，由于这些国家没有海岸，因此，如系海运，都须经第三国，再转运至该国，填证时应注明。如：

ON/AFTER NOV. 6，2005

FROM GUANGZHOU TO HAMBURG

W/T HONGKONG BY VESSEL

IN TRANSIT TO SWITZERLAND

5. **供官方使用**（For official use）

此栏正常情况下留空。下列特殊情况，签证当局在此栏加注：

（1）货物已出口，签证日期迟于出货日期，签发"后发"证书时，此栏盖上"ISSUED RETROSPECTIVELY"红色印章。

（2）证书遗失、被盗或损毁，签发"复本"证书时盖上"DUPLICATE"红色印章，并在此栏注明原证书的编号和签证日期，并声明原发证书作废，其文字是"THIS CERTIFICATE IS IN REPLACEMENT OF CERTIFICATE OF ORIGIN NO. DATED WHICH IS CANCELLED"。

6. **商品顺序号**（Item number）

如同批出口货物有不同品种，则按不同品种、发票号等分列"1""2""3"……单项商品，此栏填"1"。

7. 唛头及包装号（Marks and numbers of packages）

如果没有唛头应填写"N/M"或"NO MARK"。如唛头过多，此栏不够填写，可填写在第 7、8、9、10 栏的截止线以下的空白处。如果还不够，此栏打上"（SEE THE AT-TACHMENT）"，用附页的形式填写所有唛头（附页的纸张要与原证书一般大小），在右上角打上证书号，并由申请单位和签证当局授权签字人分别在附页末页的右下角和左下角手签、盖印。附页手签的笔迹、地点、日期均与证书第 11、12 栏相一致。

8. 包装件数、包装种类及商品名称（Number and kind of packages; description of goods）

例如：

ONE HUNDRED AND FIFTY（150）CARTONS OF DOOR LOCKS

该栏填写时应注意：

（1）包装件数必须用英文和阿拉伯数字同时表示。

（2）商品名称必须具体填写，不能笼统填写"MACHINE"（机器）"GARMENT"（服装）等。对一些商品，如玩具电扇应写明为"TOYS：ELECTRIC FANS"，不能只列"ELECTRIC FANS"（电扇）；人造花类应写明"ARTIFICIAL FLOWERS"，不能只列具体的花名"玫瑰""兰花"等。

（3）商品的商标、牌名（Brand）及货号（Art No.）一般可以不填。商品名称等项列完后，应在下一行加上表示结束的符号，以防止加填伪造内容。

（4）国外信用证有时要求填具合同、信用证号码等，可加填在此栏空白处。

9. 原产地标准（Origin Criterion）

此栏是国外海关审核的核心项目。对含有进口成分的商品，因情况复杂，国外要求严格，极易弄错而造成退证查询。

（1）如果本商品完全是出口国自产的，不含任何进口成分，出口到所有给惠国，填写"P"。

（2）如果出口商品有进口成分，出口到欧盟、挪威、瑞士和日本，填写"W"，其后加上出口产品的 HS 品目号，如"W"42.02。条件：①产品列入了上述给惠国的"加工清单"，符合其加工条件；②产品未列入"加工清单"，但产品生产过程中使用的进口原材料和零部件要经过充分的加工，产品的 HS 品目号不同于所用的原材料或零部件的 HS 品目号。

（3）含有进口成分的产品，出口到加拿大，填写"F"。条件：进口成分的价值未超过产品出厂价的 40%。

（4）含有进口成分的产品，出口到波兰、俄罗斯、乌克兰、白俄罗斯、捷克、斯洛伐克六国，填写"Y"，其后加上进口成分价值占该产品离岸价格的百分比，如"Y"38%。条件：进口成分的价值未超过产品离岸价的 50%。

（5）输往澳大利亚、新西兰的商品，此栏可以留空。

（6）在一个受惠国生产而在另一个或一个以上受惠国制作或加工的产品，填写"PK"。

10. 毛重和其他数量（Gross weight or other quantity）

此栏应以商品的正常计量单位填，如"只""件""双""台""打"等。以重量计算的则填毛重，只有净重的，填净重亦可，但要标上 N. W（NET WEIGHT）。如 3,200 DOZ 或 6,270 KGS。

11. 发票日期和号码（Number and date of invoices）

此栏不得留空。月份一律用英文（可用缩写）表示。此栏的日期必须按照正式商业发票填制。

例：PHK 50016

　　NOV. 2，2005

12. 签证当局的证明（Certification）

签证单位要填写商检局的签证地点、日期。商检局签证人经审核后在此栏（正本）签名，盖签证印章。本栏日期不得早于发票日期（第 10 栏）和申报日期（第 12 栏），但应早于货物的出运日期（第 3 栏）。

例：GUANGZHOU NOV. 3，2005

13. 出口商声明（Declaration by the exporter）

在生产国横线上填"中国"（CHINA）。进口国横线上填最终进口国，进口国必须与第 3 栏目的港的国别一致，如转运内陆目的地，应与内陆目的地的国别一致。凡货物运往欧盟十五国范围内，进口国不明确时，进口国可填 E. U.。

申请单位应授权专人在此栏手签，标上申报地点、日期，并加盖申请单位中英文印章，手签人笔迹必须在商检局注册备案。

此栏日期不得早于发票日期（第 10 栏）（最早是同日）。盖章时应避免覆盖进口国名称和手签人姓名。

样单：出境货物报检单

中华人民共和国出入境检验检疫
出境货物报检单

2-0035

报检单位(加盖公章)：广东省华实业发展有限公司

报检单位登记号：4401004824　　　　　联系人：吴会芳　　电话：82170725　　报检日期：200年　　日

发货人	(中文)	广东省华实业发展有限公司
	(外文)	***
收货人	(中文)	***
	(外文)	***

*编　号　442200205000589E

货物名称(中/外文)	H.S. 编码	产地	数/重量	货物总值	包装种类及数量
木雕	44201090.90 P/Q	广东省	4,000件 4,000千克	20,000 港币	200纸箱
木家具	94036099.00 P/Q	广东省	60件 2,500千克	12,000 港币	60捆装
木家具	94016900.00 P/Q	广东省	80件 20,00千克	12,000 港币	80纸箱
竹雕	44201010.90 P/Q	广东省	400件 500千克	4,000 港币	50纸箱

USD6,000

运输工具名称号码	船舶	贸易方式	一般留易	货物存放地点	永业码头
合同号	DH050322	信用证号	***	用途	其他
发货日期	2005-06-20	输往国家(地区)	中国台湾	许可证/审批号	***
启运地	天河永业码头口岸	到达口岸	中国台湾省	生产单位注册号	***

集装箱规格、数量及号码　***

合同、信用证订立的检验检疫条款或特殊要求	标记及号码	随附单据(画"✓"或补填)	
***	N/M	□合同	□包装性能结果单
		□信用证	□许可/审批文件
		□发票	□
		□换证凭单	□
		□装箱单	□

需要证单名称(画"✓"或补填)		检验检疫费	
□品质证书 __正__副	□植物检疫证书 __正__副	总金额(人民币元)	66.-
□重量证书 __正__副	□熏蒸/消毒证书 __正__副	计费人	李平
□数量证书 __正__副	□出境货物换证凭单 __正__副		
□兽医卫生证书 __正__副	□出境货物通关单 1 2	收费人	
□健康证书 __正__副	□		
□卫生证书 __正__副	□		
□动物卫生证书 __正__副	□		

报检人郑重声明：	领取证单	
1.本人被授权报检。 2.上列填写内容正确属实，货物无伪造或冒用他人的厂名、标志、认证标志，并承担货物质量责任。 　　　　　　签名：吴会芳	日期	05. 6. 20
	签名	

注：有"＊"号栏由出入境检验检疫机关填写

◆国家出入境检验检疫局制
[1-2(2004)-1]

样单：出境货物通关单

中华人民共和国出入境检验检疫
出境货物通关单

编号： 442200205001033-5

1. 发货人 从化市华盈外贸企业有限公司	5. 标记及号码 N/M
2. 收货人 东美发展有限公司 ***	

3. 合同/信用证号 05HY0107 //	4. 输往国家或地区 香港	
6. 运输工具名称及号码 火车 /	7. 发货日期 ***	8. 集装箱规格及数量 ***

9. 货物名称及规格 竹叶 / （以下空白）	10. H.S.编码 1404900000 *** （以下空白）	11. 申报总值 *3,024港币 *** （以下空白）	12. 数/重量、包装数量及种类 *168千克, *12纸箱 （以下空白）

13. 证明

上述货物业经检验检疫，请海关予以放行。

本通关单有效期至 二〇〇五年 七月 一日

签字： 日期： **2005**年 06月 20日

14. 备注

C 5842764

② 本局留存 印刷流水号：C5842764 [2-2(2000.1.1)]

样单：一般原产地证明书（CO）

ORIGINAL

1. Exporter	Certificate No
GUANGDONG TEXTILES IMPORT AND EXPORT KNITWEARS COMPANY LTD 15/F GUANGDONG TEXTILES MANSION 168 XIAOBEI ROAD GUANGZHOU 510045 CHINA TEL 83856391 FAX NO.83866713	971697422

CERTIFICATE OF ORIGIN

OF

THE PEOPLE'S REPUBLIC OF CHINA

2. Consignee

M/S ALAMOUDI SPORT CENTER P.O.BOX
40616 JEDDAH 21511 K.S.A.
TEL 6447453 FAX NO.6447433

3. Means of transport and route

FROM GUANGZHOU CHINA TO JEDDAH
BY VESSEL

5. For certifying authority use only

4. Country / region of destination

JEDDAH

6. Marks and numbers	7. Number and kind of packages;description of goods	8. H.S.Code	9. Quantity	10. Number and date of invoices
ALAMOUDI SPORT CENTER JEDDAH	ONE HUNDRED AND FIFTY (150) CARTONS OF BOY'S SPORT SUIT THE NAME OF THE MANUFACTURERS:SAME AS EXPORTER GOODS EXPORTED ARE WHOLLY OF DOMESTIC ORIGIN. **	6112	600 DOZ	97229KES OCT. 28. 1997

11. Declaration by the exporter	12. Certification
The undersigned hereby declares that the above details and statements are correct, that all the goods were produced in China and that they comply with the Rules of Origin of the People's Republic of China. 广东省纺织品进出口针织品有限公司 GUANGDONG TEXTILES IMPORT & EXPORT KNITWEARS COMPANY LIMITED GUANGZHOU NOV. 01.1997 Place and date. signature and stamp of authorized signatory	It is hereby certified that the declaration by the exporter is correct. GUANGZHOU NOV. 01.1997 Place and date, signature and stamp of certifying authority

样单：普惠制产地证明书格式 A（FORM A）

5.　　　　　　ORIGINAL　　　　　9861004896

1. Goods consigned from (Exporter's business name, address, country)	Reference No. Z8/80293/0120
GUANGDONG TEXTILES IMP. AND EXP. COTTON MANUFACTURED GOODS COMPANY LTD. 14/F, GUANGDONG TEXTILES MANSION NO 168 XIAO BEI ROAD, GUANGZHOU CHINA	GENERALIZED SYSTEM OF PREFERENCES CERTIFICATE OF ORIGIN (Combined declaration and certificate) FORM A
2. Goods consigned to (Consignee's name, address, country) BRUSSELS LACES AND GIFTS SERV.SA RUE DE LUSAMBO, 21/23 1190 BRUXELLES, BELGIUM	Issued in THE PEOPLE'S REPUBLIC OF CHINA (country) See Notes overleaf
3. Means of transport and route (as far as known) ON/AFTER APR.24 1998 FROM GUANGZHOU GUANGDONG CHINA TO ANTWERP BELGIUM VIA HONG KONG BY SEA	4. For official use THIS IS TO CERTIFY THAT THE GOODS STATED IN THIS CERTIFICATE HAD NOT BEEN SUBJECTED TO ANY PROCESSING DURING THEIR STAY/ TRANSHIPMENT IN HONG KONG. SIGNATURE DATE: 14 MAY 1998

5.Item number	6. Marks and numbers of packages	7. Number and kind of packages; description of goods	8. Origin criterion (see Notes overleaf)	9. Gross weight or other quantity	10. Number and date of invoices
1.	BLGS VIA ANTWERP PO NO 970366 ART.NR... BEACH TOWELS C.C SIZE:75X150 CM QTY:24 PCS	ONE HUNDRED AND SIXTY-FOUR (164) CARTONS OF COTTON PRINTED VELVET TOWELS (WOVEN) *****************************	"P"	3,936 PCS	98,422CBS APR.21, 1998

11. Certification It is hereby certified, on the basis of control carried out, that the declaration by the exporter is correct.	12. Declaration by the exporter The undersigned hereby declares that the above details and statements are correct; that all the goods were produced in
	CHINA (country) and that they comply with the origin requirements specified for those goods in the Generalized System of Preferences for goods exported to BELGIUM (importing country)
GZ1　APR.23,1998 Place, date, signature and stamp of certifying authority	GUANGZHOU APR.22,1998 Place and date, signature of authorized signatory

第六节　出口报关

根据我国《海关法》的规定，所有的进出境货物、进出境运输工具和进出境物品都必须向海关申报，由海关查验后，按规定缴纳有关税费后，才能放行。这要求出口货物在办理完出口报检后，必须办理出口报关。因此，外贸跟单员必须了解有关报关的制度、报关的基本内容和报关的期限、报关的业务程序、报关单的填制等业务知识。

一、出口报关概述

（一）报关及报关制度

1. 报关

报关是指进出境运输工具负责人、进出口货物发货人、进出境物品的所有人或者他们的代理人向海关办理运输工具、货物、物品进出境手续及相关手续的全过程。报关的主体就是报关人，即进出境运输工具负责人、进出口货物发货人、进出境物品的所有人或者他们的代理人。

出口货物的报关内容是以货物本身为中心，包括进出口商品的基本情况、进出口贸易的成交方式、货物进出境的运输情况以及对特定货物适用于不同的海关管理办法和进出境国家管制的办法。

2. 报关制度

海关报关制度主要有报关注册登记制度和异地报关备案制度。向海关注册办理报关企业可分为三大类：①专业报关企业；②代理报关企业；③自理报关企业。出口企业一般委托代理报关企业办理报关。异地报关备案制度是已经在所在地海关办理了报关注册登记的企业，为取得在其他海关所辖关区报关的资格，而在有关海关办理报关备案审批手续的海关管理制度。该制度一般只适用于自理报关单位。

二、一般出口货物的报关

一般出口货物是指在出境环节缴纳了应征的出口税费并办结了所有必要的海关手续，海关放行后不再进行监管的出口货物。一般出口货物的报关通常经过四个基本环节：①出口申报；②查验货物；③缴纳税费；④放行装运。

1. 出口申报

出口货物的申报期限为货物运抵海关监管区后、装货的 24 小时以前。出口申报主要是单证的准备以及申报方式的选择。

出口申报单证可分为主要单证和随附单证两大类。其中，主要单证就是出口报关单。随附单证包括基本单证、特殊单证和预备单证。基本单证是指出口装货单据（海运为装货单、陆运为陆运单、空运为空运单)、商业发票、装箱单等。特殊单证主要是指出口许可证件、加工贸易登记手册、特定减免税证明、出口收汇核销单、原产地证明书等。预备单证主要是指贸易合同、出口企业的有关证明文件等。

出口申报方式可以选择终端申报方式、委托 EDI 方式、自行 EDI 方式和网上申报方式等四种电子申报方式中的一种,将报关单内容录入海关电子计算机系统,生成电子数据报关单。

2.查验货物

海关查验是指海关依法确定进出境货物的性质、价格、数量、原产地、货物状况等是否与报关单上已申报的内容相符,对货物进行实际检查的行政行为。

海关查验时,出口货物的发货人或其代理人应当到场。对海关要求彻底查验的货物,出口货物的发货人或其代理人应当配合海关查验。

3.缴纳税费

对需要缴纳税费的出口货物,发货人或其代理人在规定时间内,持纸质缴款书或收费票据到指定银行办理税费交付手续。

对于已实行中国电子口岸网上缴税和付费的海关,发货人或其代理人可根据海关发出的电子税款缴款书和收费票据,通过网络向海关指定的银行缴付。

4.放行装运

海关放行是指海关接受出口货物的申报、审核电子数据报关单和纸质报关单及随附单证、查验货物、征收税费以后,对出口货物作出结束海关进出境现场监管决定,允许出口货物离开海关监管现场的工作程序。

海关放行后,出口货物发货人或其代理人凭海关加盖"海关放行章"戳记的出口装货凭证(装货单、空运单等)到货物出境地的港区、机场等地的海关监管仓库办理将货物装运上运输工具运离关境的手续。

三、保税货物的报关

保税货物是指进入一国关境,在海关监管下未缴纳进口捐税,存放后再复运出口的货物。我国《海关法》关于保税货物的定义是:"保税货物,是指经海关批准未办理纳税手续进境,在境内储存、加工、装配后复运出境的货物。"

保税货物的报关应当符合海关对保税货物监管的基本特征和满足海关的监管要求。保税货物的报关程序包括三个阶段:①备案申请保税;②进出境报关;③报核申请结案。

1.备案申请保税

经国家批准的保税区域包括保税区、出口加工区。从境外运入区内储存、加工、装配后复运出境的货物,采用填制进出境备案清单的方式报关,备案阶段与报关阶段合并,并省略了按照每一个合同或每一批货物进行备案申请保税的环节。

经海关批准的保税仓库,在货物进境入库时,海关根据核定的保税仓库存入货物范围和商品种类对报关入库货物的品种、数量、金额进行审核,并对入库货物进行核注登记。

加工贸易进口料件,包括来料加工、进料加工。外商投资企业履行产品出口合同,保税工厂、保税集团进口料件之前,都必须进入备案申请保税阶段。加工贸易进口料件备案批准保税阶段的具体环节是：①企业申请备案；②海关审核准予保税；③设立或不设立银行台账；④海关建立电子登记手册或核发纸质登记手册。

2. 进出境报关

经海关批准保税的货物，包括区域保税货物、仓储保税货物和加工贸易经海关批准准予保税的货物，在进出境时都必须和其他货物一样进入进出境报关阶段。与一般进出口货物报关阶段不同的是，保税货物暂缓纳税，不进入纳税环节。

3. 报核申请结案

海关批准的保税货物，包括区域保税货物、仓储保税货物和加工贸易经海关批准准予保税的货物，都必须按规定由保税货物的经营人向主管海关申请报核，海关受理报核后进行核销，核销后视不同情况，分别予以结关销案：

（1）区域保税货物因为没有规定具体的保税期限，所以最终的结案应当以进区货物最终全部出境或出区，办结海关手续为结案的标志。本期核销的保税货物没有全部出境或出库，未办结海关手续的，则不能结案，结转到下期继续监管，直到能够结案。

（2）仓储保税货物应当以该货物在规定的保税期限内最终全部出境或出库，办结海关手续为结案的标志。仓储保税货物每月报核一次。本期核销该批保税货物没有全部出境或出库，未办结海关手续的，则不能结案，结转到下期继续监管，直到能够结案或者到期提取、依法变卖处理。

（3）加工贸易经海关批准准予保税的货物应当以该加工贸易项下产品在规定期限内全部出口或者部分出口，不出口部分全部得到合法处理为结案的标志。海关受理报核后，在规定的核销期限内实施核销。对不设立台账的，予以结案；对设立台账的，应当到银行撤销台账，然后结案。

四、出口报关单及其填制

（一）报关单

对于一般贸易方式，报关单一般填写一式三联：第一联为海关留存联，第二联为海关统计联，第三联为企业留存联。如果利用计算机进行数据录入的口岸报关，只需提供一份报关单，交指定的预录入中心将数据输入计算机。

为了更方便区分，对不同贸易方式，报关单采用不同的颜色。一般贸易进出口货物，填写白色的报关单；进料加工的进出口货物，填写粉红色的报关单；来料加工装配和补偿贸易的进出口货物，填写浅红色的报关单；外商投资企业进出口货物，填写浅蓝色的报关单；出口后需国内退税的货物，填写浅黄色的报关单。

出口报关单的主要内容包括出口口岸、出口日期、申报日期、经营单位、运输方式、运输工具名称、贸易方式、运抵国（地区）、结汇方式、指运港、成交方式、合同协议号、批准文号、运费、件数、包装种类、毛重、净重、商品编号、商品名称和规格型号、数量及单位、最终目的国（地区）、单价及总价、币制、标记唛码及备注。

（二）出口报关单的填制

1．预录入编号

预录入编号指申报单位或预录入单位对该单位填制录入的报关单的编号。预录入编号用于该单位与海关之间引用其申报后尚未批准放行的报关单。

报关单录入凭单的编号规则由申报单位自行决定。预录入报关单及 EDI 报关单的预录入编号由接受申报的海关决定编号规则，计算机自动打印。

2．海关编号

海关编号指海关接受申报时给予报关单的编号。

海关编号由各海关在接受申报环节时确定，应标识在报关单的每一联上。

报关单海关编号为 9 位数码，其中前两位为分关（办事处）编号，第三位由各关自定义，后六位按顺序编号。

3．出口口岸

出口口岸指货物实际出口我国关境口岸海关的名称。

本栏目应根据货物实际出口的口岸海关选择填报关区代码表中相应的口岸海关名称及代码。

加工贸易合同项下的货物必须在海关核发的登记手册限定或指定的口岸海关办理报关手续。登记手册限定或指定的口岸与货物实际进出境口岸不符的，应向合同备案主管海关办理登记手册的变更手续后填报。

出口转关运输货物应填报货物出境地海关名称及代码。按转关运输方式监管的跨关区深加工结转货物，出口报关单填报转出地海关名称及代码。

其他未实际出境的货物，填报接受申报的海关名称及代码。

4．备案号

备案号指进出口企业在海关办理加工贸易合同备案或征、减、免税审批备案等手续时，海关给予进料加工登记手册、来料加工及中小型补偿贸易登记手册、外商投资企业履行产品出口合同进口料件及加工出口成品登记手册或其他有关备案审批文件的编号。

一份报关单只允许填报一个备案号。

具体填报要求如下：

（1）加工贸易合同项下货物，必须在报关单备案号栏目填报登记手册的 12 位编号。加工贸易货物转为享受减免税或需审批备案后办理形式进口的货物，进口报关单填报征免税证明等审批证件备案编号，出口报关单填报登记手册编号。

（2）凡涉及减免税备案审批的报关单，本栏目填报征免税证明编号，不得为空。

（3）无备案审批文件的报关单，本栏目免于填报。

备案号号码为 12 位，其中第 1 位是标记代号。备案号的标记代码必须与"贸易方式"及"征免性质"栏目相协调，例如，贸易方式为来料加工，征免性质也应当是来料加工，备案号的标记代号应为"B"。

5．出口日期

出口日期指运载所申报货物的运输工具办结出境手续的日期。本栏目供海关打印报关单证明联用，预录入报关单及 EDI 报关单均免于填报。

无实际出境的报关单填报办理申报手续的日期。

本栏目为 6 位数，顺序为年、月、日各 2 位。如 2005 年 9 月 15 日填为 05.09.15，不能填为 05.9.15。

6. 申报日期

申报日期指海关接受出口货物的发货人或其代理人申请办理货物出口手续的日期。

预录入及 EDI 报关单填报向海关申报的日期与实际情况不符时，由审单关员按实际日期修改批注。

本栏目为 6 位数，顺序为年、月、日各 2 位。

7. 经营单位

经营单位指对外签订并执行进出口贸易合同的中国境内企业或单位。

本栏目应填报经营单位名称及经营单位编码。经营单位编码为 10 位数字，指出口企业在所在地主管海关办理注册登记手续时，海关给企业设置的注册登记编码。

特殊情况下确定经营单位原则如下：

（1）援助、赠送、捐赠的货物，填报直接接受货物的单位；

（2）进出口企业之间相互代理进出口，或没有进出口经营权的企业委托有进出口经营权的企业代理进出口的，填报代理方；

（3）外商投资企业委托外贸企业进口投资设备、物品的，填报外商投资企业；

（4）开展来料加工和补偿贸易的企业进口货物，其经营单位应填报对外签订合同的外贸进出口公司或有出（进）口经营权的企业；

（5）中外双方仅执行技术合作项目，而未成立合作经营企业的，其经营单位应填报参加合作项目的境内单位。

8. 运输方式

运输方式指载运货物出关境时所使用的运输工具的分类，包括江海、铁路、汽车、航空、邮递和其他运输等 10 大类。

本栏目应根据实际运输方式按海关规定的运输方式代码表选择填报相应的运输方式。

特殊情况下运输方式的填报原则如下：

（1）非邮政方式进出口的快递货物，按实际运输方式填报。

（2）进出境旅客随身携带的货物，按旅客所乘运输工具填报。

（3）进口转关运输货物，按载运货物抵达进境地的运输工具填报；出口转关运输货物，按载运货物驶离出境地的运输工具填报。

（4）无实际进出境的，根据实际情况选择填报运输方式代码表中运输方式"0"（非保税区运入保税区和保税区退区）、"1"（境内存入出口监管仓库和出口监管仓库退仓）、"7"（保税区运往非保税区）、"8"（保税仓库转内销）或"9"（其他运输）。

运输方式代码表

运输方式代码	运输方式名称
0	非保税区运入保税区和保税区退区
1	境内存入出口监管仓库和出口监管仓库退仓
2	江海运输
3	铁路运输
4	汽车运输
5	航空运输
6	邮政运输
7	保税区运往非保税区
8	保税仓库转内销
9	其他运输

9. 运输工具名称

运输工具名称指载运货物出境的运输工具的名称或运输工具编号。

本栏目填制内容应与运输部门向海关申报的载货清单所列相应内容一致。

一份报关单只允许填报一个运输工具名称。

具体填报要求如下：

（1）江海运输填报船舶呼号（来往港澳小型船舶填报监管簿编号）+"/"+航次号。

（2）汽车运输填报该跨境运输车辆的国内行驶车牌号+"/"+进出境时期（8位数字，即年年年年月月日日，下同）。

（3）铁路运输填报车次（或车厢号）+"/"+进出境日期。

（4）航空运输填报航班号+进出境日期+"/"+总运单号。

（5）邮政运输填报邮政包裹单号+"/"+进出境日期。

（6）出口转关运输货物报关单填报要求如下：

①江海运输出境货物：出口非中转货物填报"@"+16位转关申报单预录入号（或13位载货清单号）；中转货物：境内江海运输填报驳船船名+"/"+驳船航次；境内铁路运输填报车名（4位关别代码+TRAIN）+"/"+日期（6位起运日期）；境内公路运输填报车名（4位关别代码+TRUCK）+"/"+日期（6位起运日期）。

上述"驳船船名""驳船航次""车名""日期"均须事先在海关备案。

②铁路运输出境货物：填报"@"+16位转关申报单预录入号；多张报关单需要通过一张转关单转关的，填报"@"。

③其他运输方式出境货物：填报"@"+16位转关申报单预录入号（或13位载货清单号）。

（7）其他运输填报具体运输方式名称，例如管道、驮畜等。

（8）无实际进出境的加工贸易报关单按以下要求填报：

加工贸易深加工结转及料件结转货物，应先办理结转进口报关，并在结转出口报关单栏目填报转入方关区代码（两位）及进口报关单号，即"转入××（关区代码）×××

（进口报关单号）"。按转关运输货物办理接转手续的，按上列第 6 项规定填报。

加工贸易成品凭征免税证明转为享受减免税进口货物的，应先办理进口报关手续，并在出口报关单栏目填报进口方关区代码（两位）及进口报关单号。

上述规定以外无实际进出境的，本栏目为空。

10. 提运单号

提运单号指出口货物提单或运单的编号。

本栏目填报的内容应与运输部门向海关申报的载货清单所列相应内容一致。

一份报关单只允许填报一个提运单号。一票货物对应多个提运单时，应分单填报。

具体填报要求如下：

（1）江海运输填报进口提单号或出口提单号。

（2）铁路运输填报运单号。

（3）汽车运输免于填报。

（4）航空运输填报总运单号。

（5）邮政运输填报邮政包裹单号。

（6）无实际进出境的，本栏目为空。

出境转关运输货物报关单填报要求如下：

（1）江海运输出境货物：出口中转货物填报海运正本提单号，出口非中转货物为空，广东省内提前报关的转关货物填报车牌号。

（2）其他运输方式出境货物：广东省内提前报关的转关货物填报车牌号，其他地区为空。

11. 发货单位

发货单位指出口货物在境内的生产或销售单位，包括：①自行出口货物的单位；②委托有外贸进出口经营权的企业出口货物的单位。

本栏目应填报发货单位的中文名称或其海关注册编码。

加工贸易报关单的发货单位应与登记手册的"货主单位"一致。

12. 贸易方式

本栏目应根据实际情况，并按海关规定的贸易方式代码表选择填报相应的贸易方式简称或代码。一份贸易报关单只允许填报一种贸易方式。

加工贸易报关单特殊情况下填报要求如下：

（1）进料加工客供辅料 5 000 美元以下（78 种以内）的出口合同，使用登记手册的，按登记手册备案的贸易方式填报。

（2）三资企业按内外销比例加工内销产品而进口的料件或进口供加工内销产品的料件，进口报关单填报"一般贸易"。

三资企业为加工出口产品全部使用国内料件的出口合同，成品出口报关单填报"一般贸易"。

（3）加工贸易料件结转或深加工结转货物，按批准的贸易方式填报。

贸易方式代码表（部分）

代　码	全　称	简　称
0110	一般贸易	一般贸易
0130	易货贸易	易货贸易
0214	来料加工装配贸易进口料件及加工出口货物	来料加工
0513	补偿贸易	补偿贸易
1110	对台直接贸易	对台贸易
1427	出料加工	出料加工
1523	租期在一年以上的租赁贸易进出口货物	租赁贸易
1616	寄售、代销贸易	寄售代销
3010	有经营权单位进出口的货样广告品	货样广告品 A
3039	无经营权单位进出口的货样广告品	货样广告品 B
3511	国家或国际组织无偿援助物资	援助物资
3612	华侨，港、澳、台同胞，外籍华人捐赠物资	捐赠物资

（4）加工贸易合同项下料件或加工的成品经批准内销（包括转为享受减免税货物的），进出口报关单均填报"来料转内销"或"进料转内销"（区分料件或成品）。

（5）加工贸易出口成品因故退运进口及复进口，以及复运出境的原进口料件退换后复运进口的，填报与登记手册备案相应的退运（复出）贸易方式。

（6）备料登记手册中的料件结转入加工出口登记手册的，进出口报关单均填报为"进料余料结转"。

（7）保税工厂加工贸易进出口货物，根据登记手册填报相应的来料或进料加工贸易方式。

13. 征免性质

征免性质指海关对进出口货物实施征、减、免税管理的性质类型。

本栏目应按照海关核发的征免税证明中批注的征免性质填报，或根据实际情况按海关规定的征免性质代码表选择填报相应的征免性质简称或代码。

加工贸易报关单本栏目应按照海关核发的登记手册中批注的征免性质填报相应的征免性质简称或代码。特殊情况下填报要求如下：

（1）保税工厂经营的加工贸易，根据登记手册填报"进料加工"或"来料加工"。

（2）三资企业按内外销比例为加工内销产品而进口料件，填报"一般征税"或其他相应征免性质。

（3）加工贸易转内销货物，按实际应享受的征免性质填报（如一般征税、科教用品、其他法定等）。

（4）料件退运出口、成品退运进口货物填报"其他法定"。

（5）加工贸易结转货物，本栏目为空。

一份报关单只允许填报一种征免性质。

征免性质代码表

序　号	代　码	名　称	简　称
01	101	一般征税进出口货物	一般征税
02	201	无偿援助进出口货物	无偿援助
03	299	其他法定减免税进出口货物	其他法定
04	301	特定区域进口自用物资	特定区域
05	307	保税区进口自用物资	保税区
06	399	其他执行特殊政策地区出口货物	其他地区
07	401	大专院校及科研机构进口科教用品	科教用品
08	403	企业技术改造进口货物	技术改造
09	406	国家重大项目进口货物	重大项目
10	412	通信、港口、铁路、公路、机场建设进口设备	基础设施
11	413	残疾人组织和企业进出口货物	残疾人
12	417	远洋渔业自捕水产品	远洋渔业
13	418	国家定点生产小轿车和摄录机企业进口散件	国产化
14	606	勘探、开发海上石油进口货物	海上石油
15	608	勘探、开发陆地石油进口货物	陆地石油
16	801	救灾捐赠进口物资	救灾物资
17	501	加工贸易外商提供的不作价进口设备	加工设备
18	502	来料加工装配和补偿贸易进口料件及出口成品	来料加工
19	503	进料加工贸易进口料件及出口成品	进料加工
20	506	边境小额贸易进口货物	边境小额
21	601	中外合资经营企业进出口货物	中外合资
22	602	中外合作经营企业进出口货物	中外合作
23	603	外商独资企业进出口货物	外资企业
24	609	利用贷款进口货物	贷款项目
25	789	国家鼓励发展的内外资项目进口设备	鼓励项目
26	898	国务院特准减免的进出口货物	国批减免
27	999	例外减免税的进出口货物	例外减免
28	998	享受内部暂定税率进出口货物	内部暂定

14．结汇方式

结汇方式即出口货物的发货人或其代理人收结外汇的方式。本栏目应按海关规定的结汇方式代码表选择填报相应的结汇方式名称或代码。

结汇方式代码表

结汇方式代码	结汇方式名称
1	信汇
2	电汇
3	票汇
4	付款交单
5	承兑交单
6	信用证
7	先出后结
8	先结后出
9	其他

15．许可证号

应申领出口许可证的货物，必须在此栏目填报商务部及其授权发证机关签发的出口货物许可证的编号，不得为空。

一份报关单只允许填报一个许可证号。

16．运抵国（地区）

运抵国（地区）指出口货物直接运抵的国家（地区）。

对发生运输中转的货物，如中转地未发生任何商业性交易，则运抵国不变；如中转地发生商业性交易，则以中转地作为运抵国（地区）填报。

本栏目应按海关规定的国别（地区）代码表选择填报相应的起运国（地区）或运抵国（地区）中文名称或代码。

无实际进出境的，本栏目填报"中国"（代码"142"）。

17．指运港

指运港指出口货物运往境外的最终目的港。最终目的港不可预知的，可按尽可能预知的目的港填报。

本栏目应根据实际情况按海关规定的港口航线代码表选择填报相应的港口中文名称或代码。

无实际出境的，本栏目填报"中国境内"（代码"0142"）。

18．境内货源地

境内货源地指出口货物在国内的产地或原始发货地。本栏目应根据进口货物的收货单位、出口货物生产厂家或发货单位所属国内地区，并按海关规定的国内地区代码表选择填报相应的国内地区名称或代码。

19．批准文号

出口报关单本栏目填报出口收汇核销单编号。

20．成交方式

本栏目应根据实际成交价格条款按海关规定的成交方式代码表选择填报相应的成交方式代码。

无实际出境的，出口填报 FOB 价。

成交方式代码表

成交方式代码	成交方式名称
1	CIF
2	CFR
3	FOB
4	C&I
5	市场价
6	垫仓

21. 运费

本栏目用于成交价格中不包含运费的进口货物或成交价格中含有运费的出口货物，应填报该份报关单所含全部货物的国际运输费用。可按运费单价、总价或运费率三种方式之一填报，同时注明运费标记，并按海关规定的货币代码表选择填报相应的币种代码。

运保费率合并计算的，运保费填报在本栏目中。

运费标记"1"表示运费率，"2"表示每吨货物的运费单价，"3"表示运费总价。例如：5%的运费率填报为5；24美元的运费单价填报为502/24/2；7 000美元的运费总价填报为502/7 000/3。

货币代码表

货币代码	货币符号	货币名称	货币代码	货币符号	货币名称
110	HKD	港币	304	DEM	德国马克
113	IRR	伊朗里亚尔	305	FRF	法国法郎
116	JPY	日本元	306	IEP	爱尔兰镑
118	KWD	科威特第纳尔	307	ITL	意大利里拉
121	MOP	澳门元	309	NL	荷兰盾
122	MYR	马来西亚林吉特	312	ESP	西班牙比塞塔
127	PKR	巴基斯坦卢比	315	ATS	奥地利先令
129	PHP	菲律宾比索	318	FIM	苏兰马克
132	SGD	新加坡元	326	NOK	挪威克朗
136	THB	泰国铢	330	SKR	瑞典克朗
142	CNY	人民币	331	SF	瑞士法郎
143	TWD	台币	332	SUR	俄罗斯卢布
201	DZD	阿尔及利亚第纳尔	398	ASF	清算瑞士法郎
300	ECU	欧洲货币单位	501	CAD	加拿大元
301	BEF	比利时法郎	502	USD	美元
302	DKK	丹麦克朗	601	AUD	澳大利亚元
303	GBP	英镑	609	NZD	新西兰元

22. 保费

本栏目用于成交价格中不包含保险费的进口货物或成交价格中含有保险费的出口货物，应填报该份报关单所含全部货物国际运输的保险费用。可按保险费总价或保险费率两种方式之一填报，同时注明保险费标记，并按海关规定的货币代码表选择填报相应的币种代码。

运保费合并计算的，运保费填报在运费栏目中。保险费标记"1"表示保险费率，"3"表示保险费总价。例如：0.3%的保险费率填报为0.3；10 000港元保险费总价填报为110/10 000/3。

23. 杂费

杂费指成交价格以外的、应计入完税价格或应从完税价格中扣除的费用，如手续费、佣金、回扣等。可按杂费总价或杂费率两种方式之一填报，同时注明杂费标记，并按海关规定的货币代码表选择填报相应的币种代码。

应计入完税价格的杂费填报为正值或正率，应从完税价格中扣除的杂费填报为负值或负率。杂费标记"1"表示杂费率，"3"表示杂费总价。例如：应计入完税价格的1.5%的杂费率填报为1.5；应从完税价格中扣除的1%的回扣率填报为 -1；应计入完税价格的500英镑杂费总价填报为303/500/3。

24. 合同协议号

本栏目应填报出口货物合同（协议）的全部字头和号码。

25. 件数

本栏目应填报有外包装的出口货物的实际件数。特殊情况下填报要求如下：

（1）舱单件数为集装箱（TEU）的，填报集装箱个数。

（2）舱单件数为托盘的，填报托盘数。

本栏目不得填报为0，裸装货物填报为1。

26. 包装种类

本栏目应根据出口货物的实际外包装种类，按海关规定的包装种类代码表选择填报相应的包装种类代码。

27. 毛重（千克）

实际货物及其包装材料的重量之和。

本栏目填报出口货物的实际毛重，计量单位为千克，不足1千克的填报为1。

28. 净重（千克）

净重指货物的毛重减去外包装材料后的重量，即商品本身的实际重量。

本栏目填报出口货物的实际净重，计量单位为千克，不足1千克的填报为1。

29. 集装箱号

集装箱号是在每个集装箱体两侧标示的全球唯一的编号。本栏目用于填报和打印集装箱编号及数量。集装箱数量四舍五入填报整数，非集装箱货物填报为0。例如：

TEXU3605231 * 1（1）表示1个标准集装箱；

TEXU3605231 * 2（3）表示2个集装箱，折合为3个标准集装箱，其中1个箱号为TEXU3605231。

在多于一个集装箱的情况下，其余集装箱编号打印在备注栏或随附清单上。

30. 随附单据

随附单据指随出口货物报关单一并向海关递交的单证或文件。合同、发票、装箱单、许可证等必备的随附单证不在本栏目填报。

本栏目应按海关规定的监管证件名称代码表选择填报相应证件的代码，并填报每种证件的编号（编号打印在备注栏下半部分）。

监管证件名称代码表

许可证或批文代码	许可证或批文名称	许可证或批文代码	许可证或批文名称
1	经贸部进口许可证	I	精神药物进（出）口准许证
2	特派员进口许可证	J	金银产品出口准许证
3	省级经贸委进口许可证	K	非军事枪药进（出）口批件
4	经贸部出口许可证	L	无委办无线电设备进关审查批件
5	特派员出口许可证	M	保密机进口许可证
6	省级经贸委出口许可证	N	机电产品进口证明
7	特定商品进口登记证明	O	机电产品进口登记表
8	禁止出口商品	P	进口废物批准证书
9	机电产品进口配额证明	R	兽药进口报验证明
A	进口商检证明	S	统一经营管理出口港澳果菜放行证
B	出口商检证明	T	广东经营管理出口港澳果菜放行证
C	动植物检疫放行证	U	有毒化学品进出口放行通知单
D	医药检验合格证	V	麻醉药品进出口准许证
E	食品进口检验证	W	有毒化学品环境管理放行通知单
F	濒危动物进出口允许证	X	赴港澳印刷件审查卡片
G	被动出口配额证	Y	音像制品进出口管理许可证
H	文物出口证书			

31. 生产厂家

生产厂家指出口货物的境内生产企业。本栏目供必要时手工填写。

32. 标记唛码及备注

本栏目下部供打印随附单据栏中监管证件的编号，上部用于打印以下内容：

（1）标记唛码中除图形以外的文字、数字；

（2）一票货物多个集装箱的，在本栏目打印其余的集装箱号；

（3）受外商投资企业委托代理其进口投资设备、物品的外资企业名称；

（4）加工贸易结转货物，其对应的备案号应填报在"备注"栏目。如出口报关单应填报"转出至××××××号手册"。经批准转内销的边角料、废次料，应在本栏目注明"残次料"。

（5）其他申报时必须说明的事项。

33. 项号

本栏目分两行填报及打印。

第一行打印报关单中的商品排列序号。

第二行专用于加工贸易等已备案的货物，填报和打印该项货物在登记手册中的项号。

加工贸易合同项下进出口货物，必须填报与登记手册一致的商品项号，所填报项号用于核销对应项号下的料件或成品数量。

特殊情况下填报要求如下：

（1）深加工结转货物，分别按照登记手册中的进口料件项号和出口成品项号填报。

（2）料件结转货物，出口报关单按照转出登记手册中的进口料件项号填报；进口报关单按照转进登记手册中进口料件的项号填报。

（3）料件复出货物，出口报关单按照登记手册中进口料件的项号填报。

（4）成品退运货物，退运进境报关单和复运出境报关单按照登记手册原出口成品的项号填报。

（5）加工贸易料件转内销货物（及按料件补办进口手续的转内销成品）应填制进口报关单，本栏目填报登记手册中进口料件的项号。

（6）加工贸易成品凭征免税证明转为享受减免税进口货物的，应先办理进口报关手续。进口报关单本栏目填报征免税证明中的项号，出口报关单本栏目填报登记手册原出口成品项号，进、出口报关单货物数量应一致。

34. **商品编号**

商品编号指按海关规定的商品分类编码规则确定的出口货物的商品编号。

加工贸易登记手册中商品编号与实际商品编号不符的，应按实际商品编号填报。

35. **商品名称和规格型号**

本栏目分两行填报及打印。第一行打印出口货物规范的中文商品名称，第二行打印规格型号，必要时可加注原文。

具体填报要求如下：

（1）商品名称及规格型号应据实填报，并与所提供的商业发票相符。

（2）商品名称应当规范，规格型号应当足够详细，以能满足海关归类、审价以及监管的要求为准。禁止、限制进出口等实施特殊管制的商品，其名称必须与交验的批准证件上的商品名称相符。

（3）加工贸易等已备案的货物，本栏目填报录入的内容必须与备案登记中同项号下货物的名称与规格型号一致。

36. **数量及单位**

数量及单位指出口商品的实际数量及计量单位。

本栏目分三行填报及打印。

具体填报要求如下：

（1）进出口货物必须按海关法定计量单位填报。法定第一计量单位及数量打印在本栏目第一行。

（2）凡海关列明第二计量单位的，必须报明该商品第二计量单位及数量，打印在本栏目第二行。无第二计量单位的，本栏目第二行为空。

（3）成交计量单位与海关法定计量单位不一致时，还需填报成交计量单位及数量，打印在商品名称、规格型号栏下方（第三行）。成交计量单位与海关法定计量单位一致时，本栏目第三行为空。

加工贸易等已备案的货物，成交计量单位必须与备案登记中同项号下货物的计量单位一致，不相同时必须修改备案或转换一致后填报。

37. **最终目的国（地区）**

最终目的国（地区）指已知的出口货物的最终实际消费、使用或进一步加工制造国家（地区）。

加工贸易报关单特殊情况下填报要求如下：

（1）来料结转货物，出口报关单填报"中国"（代码"142"），进口报关单填报原料件生产国。

（2）深加工结转货物，进出口报关单均填报"中国"（代码"142"）。

（3）料件复运出境货物，填报实际最终目的国；加工出口成品因故退运境内的，填报"中国"（代码"142"），复运出境时填报实际最终目的国。

38. **单价**

本栏目应填报同一项号下出口货物实际成交的商品单位价格。

无实际成交价格的，本栏目填报货值。

39. **总价**

本栏目应填报同一项号下出口货物实际成交的商品总价。

无实际成交价格的，本栏目填报货值。

40. **币制**

币制指出口货物实际成交价格的币种。

本栏目应根据实际成交情况按海关规定的货币代码表选择填报相应的货币名称或代码。如货币代码表中无实际成交币种，需转换后填报。

41. **征免**

征免指海关对出口货物进行征税、减税、免税或特案处理的实际操作方式。

本栏目应按照海关核发的征免税证明或有关政策规定，对报关单所列每项商品选择填报海关规定的征减免税方式代码表中相应的征减免税方式。

加工贸易报关单应根据登记手册中备案的征免规定填报。

征减免税方式代码表

征减免税方式代码	征减免税方式名称
1	照章征税
2	折半征税
3	全免
4	特案
5	征免性质
6	保证金
7	保函
8	折半补税
9	全额退税

42. **税费征收情况**

本栏目供海关批注出口货物税费征收及减免情况。

43．**录入员**

本栏目用于预录入和 EDI 报关单，打印录入人员的姓名。

44．**录入单位**

本栏目用于预录入和 EDI 报关单，打印录入单位的名称。

45．**申报单位**

本栏目指报关单左下方用于填报申报单位有关情况的总栏目。

申报单位指对申报内容的真实性直接向海关负责的企业或单位。自理报关的，应填报出口货物的经营单位名称及代码；委托代理报关的，应填报经海关批准的专业或代理报关的企业名称及代码。

本栏目还包括报关单位地址、邮编和电话等分项，由申报单位的报关员填报。

46．**填制日期**

填制日期指报关单的填制日期。预录入和 EDI 报关单由计算机自动打印。

本栏目为 6 位数，顺序为年、月、日各 2 位。

47．**海关审单批注栏**

本栏目指供海关内部作业时签注的总栏目，由海关关员手工填写在预录入报关单上。其中"放行"栏填写海关对接受申报的进出口货物作出放行决定的日期。

样单：出口货物报关单

中华人民共和国海关出口货物报关单

预录入编号： 002102133　　　　　　　海关编号： 1510761

出口口岸 南风罗冲(5102)	备案号		出口日期	申报日期 97.10.30
经营单位 广东纺织进出口广通贸易有限公司 (4401913490)	运输方式 江海运输(2)	运输工具名称		提运单号 (81)NBSL-971009
发货单位 广东纺织进出口广通贸易有限公司(	贸易方式 一般贸易(0110)		征免性质	
许可证号	运抵国(地区) 西班牙(312)		指运港 西班牙(312)	境内货源地 广州(4019)
批准文号 ENX:2991703	成交方式 FOB	运费 0.00	保费	杂费 0.00
合同协议号 97GTE0221	件数 100	包装种类 纸箱	毛重(公斤) 700	净重(公斤) 600
集装箱号	随附单据 发票 装箱单 委托书			生产厂家
标记唛码及备注 防伪标贴签收 收货单位：C.I.S.L. 黄伯祥				
商品名称： 9120.00玖仟壹佰贰拾美圆整角整分整				

项号	商品编号	商品名称、规格型号	数量及单位	最终目的国(地区)	单价	总价	币制	征免
0001	63049290	棉印花靠垫	7,200.00件 600.00公斤	西班牙 (312)	1.27	9,120.00	USD	(502)
			7,200.00个					
******以下空白******								

税费征收情况					
	税则号列	关税 税率 税款	进口环节税 税率 税款	完税价格 (RMB)	关税¥
1			¥		
2			¥		进口
3			¥		环节税 ¥
4			¥		
5			¥		

申请出口产品
退税专用联

录入员 9999	录入单位	兹声明以上申报无讹并承担法律责任	海关审单批注及放行日期(签章) 审单 97.10.30 审价
报关员			
单位地址		申报单位(签章) 中国外运广东公司	征税 统计
邮编　电话		填制日期 97.10.30	查验 放行 10.30

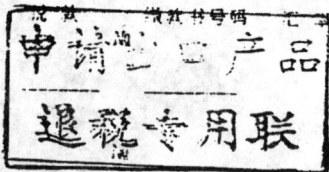

第七节　出口投保

如果采用 CIF 或 CIP 等贸易术语成交，出口企业必须在货物准备装运前投保。外贸跟单员必须在掌握中国保险条款和英国伦敦保险协会条款以及海运、陆运和空运等运输方式货物保险险别的基础上，熟悉实际投保的做法、出口投保的业务程序、保险费的计算及保险单的填制。

一、投保做法

（一）逐笔投保

逐笔投保是指进出口企业根据每一笔进出口业务对保险的不同要求，逐一向保险公司投保。由于不同国家或地区的不同贸易伙伴，在每一笔业务中对保险的要求不同，因此，逐笔投保多用于出口业务。

（二）预约投保

预约投保是指进出口企业与保险公司预先签订保险合同，规定在一定时期内，按约定的保险加成率和保险险别向保险公司投保。采用 FOB、CFR、FCA 和 CPT 等贸易术语成交，主要运输中的风险由买方承担，因此，预约投保比较适合用于进口业务。实务中，进口企业不必填制保险单，只需提供出口方的装船通知或出口方传真过来的提单即可，保险公司对该批货物的保险责任自动生效。

二、出口投保的业务程序

采用 CIF 或 CIP 等贸易术语成交，卖方承担投保的义务。实务中，出口企业一般备有保险公司的保险单，由出口企业根据合同或信用证的规定填制保险单后交保险公司，保险公司在审核并收取保险费后，签发保险单。其业务程序为：
（1）出口企业在各个保险公司进行优选，并向保险公司领取保险单；
（2）出口企业根据出口合同或信用证的规定填制保险单；
（3）出口企业送保险公司投保，并缴纳保险费；
（4）出口企业领取保险单。

三、保险费的计算

保险费是指被保险人应缴纳的费用，保险费由保险金额和保险费率计算得出。保险金额是指当保险标的发生承保范围内的损失时保险人所应承担的最高赔偿金。保险金额一般按 CIF 和 CIP 的总值加成 10%，保险加成率是作为买方的经营管理费用和预期利润加保。如果合同或信用证没有说明，按惯例，卖方加 10% 的保险加成率投保即可。

保险金额 = CIF 价值 ×（1 + 加减率）

保险费 = 保险金额 × 保险费率

例题： 我某外贸公司以 1 200 美元/千克 CIF 威尼斯向意大利某商人出口中药材 2 000 千克，根据合同规定，我方向保险公司投保平安险、串味险及淡水雨淋险，平安险、串味险及淡水雨淋险的保险费率分别为 0.5%、0.2% 和 0.3%，按发票金额的 120% 投保。请问：该批货物的保险金额和保险费各是多少？

解： 保险金额 = CIF 总值 ×120%

$$= 1\ 200 \times 2\ 000 \times 120\%$$

$$= 2\ 880\ 000\ （美元）$$

保险费 = 保险金额 × 保险费率

$$= 2\ 880\ 000 \times （0.5\% + 0.2\% + 0.3\%）$$

$$= 28\ 800\ （美元）$$

答： 该批货物的保险金额是 2 880 000 美元，保险费是 28 800 美元。

四、保险单的缮制

1. **发票号码**（Invoice No.）

填写投保货物商业发票的号码。

2. **保险单号次**（Policy No.）

填写保险单号码。

3. **被保险人**（Insured）

如来证无特别规定，保险单的被保险人应是信用证上的受益人。由于出口货物绝大部分均由外贸公司向保险公司投保，按照习惯，被保险人一栏中须填写出口公司的名称。

信用证要求保险单为"to order of ×××　Bank"或"in favour of ×××　Bank"，即应在被保险人处填写"出口公司名称 + Held to order of ×××　Bank（或 in favour of ×××　Bank）"。

信用证有特殊要求，所有单据以 ××× 为抬头人，那么应在被保险人栏以 ××× 为被保险人，这种保险单就不要背书。

信用证规定，保单抬头为第三者名称即中性名义，可填为"被保险利益人"即填写"To whom it may concern"。

信用证规定，保单为空白抬头（TO ORDER），被保险人名称应填写"The applicant + 出口公司名称，for the account of whom it may concern"。

4. **保险货物项目**（Descriptions of Goods）

与提单相同，填写货物的总称。

5. **包装、单位、数量**（Packing Unit Quantity）

与提单相同，填写最大包装的总件数。裸装货物填写货物本身件数，散装货物填写货物净重，有包装但以重量计价的应同时填写总件数和计价总重量。

6. **保险金额**（Amount Insured）

一般按照发票金额加一成（即发票金额的110%）填写。最终以双方商定的比例计算而成，但人保公司不接受保额超过发票总值的30%，以防止个别买主故意灭损货物，串通当地检验部门取得检验证明，向保险公司索赔。按惯例，保险金额货币单位应与信用证一致，如发票已扣除佣金或折扣，应按扣除佣金或折扣前的毛值投保。

7. **承保险别**（Conditions）

出口公司只需在副本上填写这一栏目的内容。当全套保险单填好交给保险公司审核、确认时，才由保险公司把承保险别的详细内容加注在正本保险单上。填制时应注意：

（1）应严格按信用证规定的险别投保，并且为了避免混乱和误解，最好按信用证规定的顺序填写。

（2）如信用证没规定具体险别，或只规定"Marine Risk""Usual Risk"或"Transport Risk"等，则可投保一切险（All Risks）、水渍险（WA 或 WPA）、平安险（FPA）三种基本险中的任何一种。

（3）如信用证规定的险别超出了合同规定，或成交价格为 FOB 或 C&F，应由买方保险，但信用证规定由卖方保险。遇到这种情况应与买方交涉，在买方同意支付额外保险费的情况下，应按信用证规定的险别投保。否则，应要求取消此条款。

（4）如信用证规定使用伦敦协会条款，包括修订前的或修订后的，根据中国人民保险公司的现行做法，可以按信用证规定承保，保险单应按要求填制。

（5）如信用证要求投保转船险或无限转船险（Unlimited Transshipment Risk），即使直达提单也必须按规定保险，以防在运输途中由于特殊原因强迫或被迫转船而使货物受损。

（6）如果信用证没有规定"不计免赔率"（Irrespective of Percentage），则保险单内可以加注免赔率条款。

（7）投保的险别除注明险别名称外，还应注明险别适用的文本及日期。例如："Covering All Risks and War Risks as per Ocean Marine Cargo Clauses & Ocean Marine Cargo War Risks Clauses of The People's Insurance Company of China dated 1/1/1981"（按照中国人民保险公司1981 年 1 月 1 日海运货物条款和海运货物战争险条款承保一切险和战争险）。再如"Covering Marine Risks Clauses（A）as per Institute Cargo Clauses（A）dated 1/1/1982"（按照伦敦协会1982 年 1 月 1 日货物 A 条款承保海运险 A 条款）。

（8）在实际业务中，有些文句可采用缩略写的形式。例如，上述第一个条款可写成"…as per OMCC & OMCWRC of the PICC（CIC）dd 1/1/1981"或"…as per CIC. All Risks & War Risks"。上述第二个条款可写成"…as per ICC（A）dd 1/1/1982"等。

8. **货物标记**（Marks of Goods）

与提单相同，也可以填写"AS PER INVOICE NO. ×××"。但如果信用证规定所有单据均要显示装运唛头，则应按实际唛头缮制。

9. **总保险金额**（Total Amount Insured）

将保险金额以大写的形式填入。计价货币也应以全称形式填入。注意保险金额使用的货币应与信用证使用的货币一致，总保险金额大写应与保险金额的阿拉伯数字一致。

10. 保费（Premium）

一般已由保险公司在保险单印刷时填入"as arranged"字样。出口公司在填写保险单时无须填写。但如来证要求："Insurance Policy/Certificate endorsed in blank full invoice value Plus 10% marked Premium paid."或"Insurance Policy/Certificate endorsed in blank full invoice value Plus 10% marked Premium paid USD ×××."对于上述要求，制单时应把原有的"as arranged"删去。加盖校对章后，打上"Paid"或"Paid USD ×××"字样。

11. 载运工具

填写装载船的船名。当运输由两程运输完成时，应分别填写一程船名和二程船名。例如，一程船名：Mayer，二程船名：Dongfeng，该栏填写：Mayer/Dongfeng，如转运到内陆加 Other Conveyance。

12. 开航日期

一般填写提单签发日期，也可填写提单签发日前后各5天之内的任何一天的日期，或填写"As Per B/L"。

13. 起运港

填写起点即装运港名称。

14. 目的港

填写讫点即目的港名称。

当一批货物经转船到达目的港时，这一栏填写"目的港 W/T（VIA）转运港"。当一批货物到达目的港后须转运内陆某地买方仓库，如到达纽约港后转运芝加哥，保单目的港可填"NEWYORK AND THENCE TO CHICAGO"或"NEWYORK IN TRANSIT TO CHICAGO"。

15. 保险单份数

当信用证没有特别说明保险单份数时，出口公司一般提交一套完整的保险单（一份"original"，一份"duplicate"）。

中国人民保险公司出具的保险单一套五份。由一份正本（original），一份复联（复本）（duplicate）和三份副本（copy）构成。

当来证要求提供的保险单"in duplicate/in two folds/in 2 folds/in 2 copies"时，出口公司提交给议付行的是正本保险单和复联（复本）保险单，构成全套保险单。其中的正本保险单可经背书转让。

16. 赔款偿付地点

一般将目的地作为赔付地点，将目的地名称填入该栏。如买方指定理赔代理人，则理赔代理人必须在货物到达目的港的所在国内，便于到货后检验。赔款货币一般为与投保额相同的货币。

17. 日期

日期指保险单的签发日期。由于保险公司提供仓至仓（Warehouse to Warehouse）服务，所以要求保险手续在货物离开出口方仓库前办理。保险单的日期也应是货物离开出口方仓库前的日期。

18．投保地点

填写投保地点的名称，一般为装运港（地）的名称。

19．背书

（1）空白背书（Blank Endorsed）。空白背书只注明被保险人（包括出口公司的名称和经办人的名字）的名称。当信用证或合同没有明确使用哪一种背书时，可使用空白背书方式。

（2）记名背书。当信用证或合同要求 "Delivery to（The order of）×××Co.（Bank）" 或 "Endorsed in the name of ×××"，即规定使用记名方式背书。具体做法是：在保险单背面注明被保险人的名称和经办人的名字后，打上 "Delivery to ×××Co.（Bank）" 或 "in the name of ×××" 的字样。记名背书在出口业务中较少使用。

（3）记名指示背书。当信用证或合同要求 "Insurance policy or certificate in negotiable form issued to the order of ×××"，在制单时，具体做法是：在保险单背面打上 "To order of ×××"，然后签署被保险人的名称。

五、信用证保险单条款举例

例 1

Insurance policy or certificate, name of assured to be showed：ABC Co.，Ltd..

该条款要求保险单或保险凭证须作成以 ABC 有限公司为被保险人。

例 2

Marine insurance policy or certificate in duplicate, endorsed in blank, for full invoice value plus 10 percent stating claim payable in Thailand covering FPA as per Ocean Marine Cargo Clause of The People's Insurance Company of China dated 1/1/1981, including TPND loss and/or damage caused by heat, ship's sweat and odour, hoop-rust, breakage of packing.

该条款要求保险单或保险凭证一式两份，空白背书，按发票金额加成 10% 投保，声明在泰国赔付。根据中国人民保险公司 1981 年 1 月 1 日的海洋运输货物保险条款投保平安险，包括偷窃提货不着、船舱受热发汗、串味、铁箍锈损、包装破裂所导致的损失。

例 3

Insurance Policy/Certificate, issued to the applicant, covering risks as per Institute Cargo Clauses（A），and Institute War Clauses（Cargo）including Warehouse to Warehouse Clause up to final destination at Schorndorf for at least 110 pct of CIF-Value, marked："Premium Paid"，showing claims if any payable in Germany, naming settling agent in Germany.

该条款要求保险单或保险凭证签发给开证申请人。按照伦敦保险协会条款投保 ICC（A）和协会战争险，包括仓至仓条款到达最后目的地 Schorndorf，至少按 CIF 价发票金额的 110% 投保，标明保费已付，注明在德国赔付，同时标明在德国理赔代理人的名称。

例 4

Negotiable insurance policy/certificate in duplicate by The People's Insurance Co. of China incorporating their Ocean Marine Cargo Clauses (all risks) and war risks from China to Waterloo Ontario for 110% of invoice value, plus 23% for duty, additional cost of insurance is for buyer's account and to be drawn under this credit.

该条款要求出具可转让的保险单或保险凭证一式两份，投保中国人民保险公司的一切险和战争险，额外加保 23% 的关税险，连同原来保额共为发票金额的 133%，超额保险费可在信用证项下支付。

例 5

Insurance Policy/Certificate endorsed in blank of 110% of invoice value covering All Risks & War Risks as per CIC with claims payable at KUALA LUMPUR in the currency of draft (irrespective of percentage), including 60 days after discharge of the goods at port of destination (of at station of destination) subject to CIC.

该条款要求保险单或保险凭证空白背书，按发票金额的 110% 投保中国保险条款的一切险和战争险，按汇票所使用的货币在吉隆坡赔付（无免赔率），并根据中国保险条款，保险期限在目的港卸船（或在目的地车站卸车）后 60 天之内。

样单：保险单

中保财产保险有限公司
The People's Insurance (Property) Company of China, Ltd.

PICC PROPERTY

№ 0071897

97-257-501367

发票号码
Invoice No.

No. of Original, One
保险单号次
Policy No.

海 洋 货 物 运 输 保 险 单
MARINE CARGO TRANSPORTATION INSURANCE POLICY

KC04 97 0 1 1 5 0 5 1 0 4

被保险人：
Insured : . . . . G M G HARDWARE & TOOLS IMP. & EXP. COMPANY LTD.

中保财产保险有限公司（以下简称本公司）根据被保险人的要求，及其所缴付约定的保险费，按照本保险单承保险别和背面所载条款与下列特别条款承保下述货物运输保险，特
签发本保险单。
This policy of Insurance witnesses that the People's Insurance (Property) Company of China, Ltd.(hereinafter called " the Company"),at the request of the Insured
and in consideration of the agreed premium paid by the Insured, undertakes to insure the undermentioned goods in transportation subject to the conditions of this
Policy as per the Clauses printed overleaf and other special clauses attached hereon.

保险货物项目 Descriptions of Goods	包装 单位 数量 Packing Unit Quantity	保险金额 Amount Insured
HAND TOOLS TOTAL: 203 PACKAGES	203 PACKAGES	USD7,391.84

承 保 险 别
Conditions

货 物 标 记
Marks of Goods

Covering All Risks as per Ocean Marine Cargo Clauses (1/1/1981)
(Warehouse to Warehouse Clause is included) of The People's
Insurance Company of China.

GIATRAKIS

COPY

U.S.Dollar SEVEN THOUSAND THREE HUNDRED & NINETY-ONE CENTS EIGHTY-FOUR ONLY.

总 保 险 金 额：
Total Amount Insured: . . . .
保费   as arranged
Premium . . . . . as arranged
起运港
From . . . GUANGZHOU . . . .

载运输工具
Per conveyance S.S. . . . . . NING GLORY V.98/207W

目的港
To . . . . . PIRAEUS . . . .

开航日期
Slg. on or abt. DEC. 10. 1997 . . . . . .

所保货物，如发生本保险单项可能引起索赔的损失或损坏，应立即通知本公司下述代理人查勘。如有索赔，应向本公司提交保险单正本（本保险单共有 份正本）及有关文
件。如一份正本已用于索赔，其余正本则自动失效。
In the event of loss or damage which may result in a claim under this Policy, immediate notice must be given to the Company's Agent as mentioned hereunder.
Claims, if any, one of the Original Policy which has been issued in   Original (s) together with the relevant documents shall be surrendered to the Company.
If one of the Original Policy has been accomplished, the others to be void.

Macrymichalos Brothers S.A.
2, Gounari Street, Piraeus.

中保财产保险有限公司
THE PEOPLE'S INSURANCE (PROPERTY) COMPANY OF CHINA,LTD.

THE PEOPLE'S INSURANCE (PROPERTY) CO. OF CHINA, LTD.
GUANGDONG PROVINCIAL BRANCH
INTERNATIONAL DEPT

赔款偿付地点   PIRAEUS
Claim payable at
日期
Date. DEC.10. 1997 . . . . . at . . . GUANGZHOU . . . .
地址
Address : 2 Guangwei Road, Guangzhou,China
        Fax:83324566 Tlx:440462 PICC CN

. . . .
UNDERWRITING SIGNATORY (220)

第八节　出口装运

当出口货物已备妥，并完成出口报关和出口投保后，出口企业必须按照与船公司达成的装运计划，及时安排货物装运。此阶段，外贸跟单员更要注意货、船的衔接。明了出口装运的程序，并在货物装运完毕后，属于 FOB、CFR、FCA、CPT 成交的贸易术语或合同信用证有规定的，应及时向买方发出装船通知。

一、出口装运程序

（1）货物集中港区：外贸跟单员密切跟踪船舶到港装货计划，收到港区进货通知后，在规定的期限内，办妥集运手续，将出口货物及时运至指定港区集中，等待装船。

（2）外贸跟单员或出口企业委托的货运代理向理货员（代表船公司）提交经海关放行货物的装货单和收货单。

（3）理货员按照积载图和舱单，分批接货装船。装船过程中，外贸跟单员或出口企业委托的货运代理应有人在现场监装，随时掌握装船进度并处理临时出现的问题。

（4）装货完毕，理货组长要与船方大副共同签署收货单，交与外贸跟单员或出口企业委托的货运代理。

（5）外贸跟单员或出口企业委托的货运代理凭收货单向船公司或其代理换取已装船海运提单。如果在装船时理货员发现某批有缺陷或包装不良，即在收货单上批注，并由大副签署，船公司出具的提单即为不清洁提单。

（6）装运完毕，外贸跟单员向买方发出装船通知。

二、装船通知

（一）装船通知概述

1. 装船通知的作用

装船通知为在 FOB、CFR 或 FCA、CPT 条件下成交的合同的买方提供办理货物保险的凭证，也可使以 CIF 或 CIP 价格成交的买方了解货物装运情况、准备接货或筹措资金。

买方为了避免卖方因疏忽未及时通知，所以经常在信用证中明确规定，卖方必须按时发出装船通知，并规定通知的内容，而且在议付时必须提供该装船通知的副本，并与其他单据一起向银行议付。因而装船通知也是提交银行结汇的单据之一。

2. 装船通知的主要内容

装船通知（Shipping Advice 或 Advice of Shipment）或称"装船声明"（Shipping Statement 或 Shipment Declaration），即按信用证或合同规定，发货人通常在装船后将装船情况通知进口商，以便及时办理保险或准备提货租仓等。接受通知的一般是进口商，也有的是进口商指定的保险公司。通知的方式通常为电报通知，电报抄本随其他单据交银行议付。

装船通知的主要内容有收件人名称和地址、合同号或信用证号、货名、数量、金额、船名、开航日期、提单号码、发电日期等。

发电日期不能超出信用证规定的时限，如信用证规定"within two days after shipment"（装船后两天内），假如提单日为 21 日，最晚发电不能超过 23 日午夜 12 点，如信用证规定"immediately after shipment"（装船后立即），应在提单日后 3 天之内。

3. 装船通知的制作

（1）装船通知制作人名称和地址。一般情况下，装船通知的制作人就是出口公司，制作通知时标出出口公司的中文和英文名称。

（2）电报挂号或电传号码。

（3）参考号码一般为商业发票号码。

（4）抬头人名称和地址。

①填写保险公司的名称和地址，即给买方签发了预约保险单的保险人名称与地址。有些进口国家规定保险须在进口国投保，进口商与保险人签订预保合同，要求卖方公司在装船时直接向进口国的保险人发出装船通知。这种装船通知在上述预保合同业务中，又叫保险声明（Insurance Declaration）。该装船通知没有固定格式，主要内容包括保险人名称、信用证号、预保合同号、出口公司、发票号、船名、装船通知、品名、数量、重量、发票、金额等装船项目。当保险人直接收到装船通知后，可以将预约保单及时转成为一份正式的保险单。

②填写开证人的名称与地址。

③填写信用证规定的代理人的名称与地址。代理人收到通知后，可及时通知保险公司实际装船情况，以便及时投保，同时方便收货人准备收货或卖出在途货物。代理人可以是保险公司的代理人，也可以是开证人的代理人，甚至可以是收货人本人。

（5）单据名称。单据名称常用"ADVICE OF SHIPMENT"或"SHIPPING ADVICE"表示。

（6）商品名称。商品名称填写商品的总称即可。

（7）数量。该处填写商品的包装总数量，而不是计价单位的总数量。

（8）发票总金额。

（9）船名。当需要转船时，必须填写第一程和第二程的船名。

（10）开航日期。

（11）唛头。

（12）信用证号码。

（13）预约保单号码。该预约保单的号码由开证人通过信用证条款或其他方式通知卖方。

（14）出口公司名称及签章。

三、信用证装船通知条款举例

例 1

Insurance covered by buyers, Shipping Advice must be sent to Credit & Commercial Insurance Co., Ltd., P. O. Box No. 397, Aden, by registered airmail immediately after shipment, advising full detailed shipping particulars and Cover Note No. ×××, such copy of shipping advice to accompany the documents for negotiation.

该条款要求由买方投保。装船通知必须在货物装船后立即通过挂号航空寄给指定的保险公司，告知全部的装船情况和预约保单号码，该装船通知副本议付时必须与其他单据一起提交银行。

例 2

Certificate from beneficiary stating that they have advised applicant by cable date of shipment, number of packages, name of commodity, total net and gross weight, name of vessel and number of voyage within 5 days after shipment.

该条款要求出口人出具证明书声明在装船后 5 天内即以电报通知开证人装运日期、包装数量、商品名称、总净重和总毛重、船名和航号等有关事项。

例 3

Beneficiary's certified copy of telex dispatched to the accountee within 3 days after shipment advising number and date of B/L, quantity and value of shipment, name of vessel, sailing date and estimated time of arrival.

该条款要求交单时须向银行提交受益人签字证明的电传副本。该电传必须在货物装船 3 天内发给开证人，告知提单号码与日期、货物数量和金额、装运船名、开航日期以及预计到达目的港的日期。

例 4

Shipment advice in full details including shipping marks, carton numbers, vessel name, B/L number, value and quantity of goods must be sent on the date of shipment to the following parties: (1) Consignee, (2) Applicant, (3) Notify party. Copy of this telex required for negotiation.

该条款要求提供的装船通知必须具备详细内容，包括唛头、箱号、船名、提单号码、货值和货量，于装船日以电传告:（1）收货人;（2）开证人;（3）被通知人。凭电传副本议付。

例 5

Copy of cable stamped by post office, sent to Pila/Lyon indicating name of carrying vessel, actual date of shipment and amount of goods.

该条款要求提供由邮电局加盖印戳的、发给 Pila/Lyon 的电报副本，注明船名、实际装船日期及货物金额。

四、装船通知英语函电

1．**写信要点**（Writing Skills）

（1）通知货已装船；

（2）附寄装船资料；

（3）期待货物如期到达。

2．**常用句型**（Sentence Patterns）

句型 1：通知货已装船

（1）We are pleased to inform you that the goods were shipped on board S/S "Peace" which sails for your port tomorrow.

我们很高兴通知你方，货已装上"和平"号轮，该轮将于明日驶往你方港口。

（2）Regarding your Order No. 123, we take pleasure in advising you that your consignment of TV sets has been dispatched by M/S "Sunlight" which is due to arrive at London on May 30.

有关贵方第 123 号订单，很高兴告知，电视机已交由"阳光"号轮承运，预定 5 月 30 日抵达伦敦。

（3）We are pleased to advise you that the toys you ordered was dispatched by S/S "Mayflower" today, which is due to arrive at Sydney on June 15.

我们很高兴通知你方，你方订购的玩具已于今天由"五月花"号轮发运，该轮将于 6 月 15 日抵达悉尼港。

句型 2：附寄装船资料

（1）Enclosed please find the shipping documents covering this shipment as follows:

现附上这批货物的装船单据如下：

（2）We are enclosing one set of the shipping documents covering this consignment, which comprises: ...

现附上这批货物的装船单据一套，包括：……

（3）In compliance with the terms of the Contract, a full set of non-negotiable documents will airmailed to you immediately after the goods are shipped.

按照合同条款，在货物装船后即将全套单据副本空邮给你方。

句型 3：期待货物如期到达

（1）We trust that the goods will reach you in good condition and give you complete satisfaction.

相信货物将安然抵达贵公司，并使你方完全满意。

（2）We hope the goods will reach you in due course and give you complete satisfaction so that you may favor us with further orders.

希望本货能安然送达，并能使你方感到满意，我们期待接到你方更多的订单。

（3）We hope the goods will reach you in good time and turn out to your satisfaction.

希望本货能如期运达你方并令你方满意。

3. 信函示例及译文（Sample Letters and Chinese Versions）

Dear Sir or Madam,

We are pleased to advise you that the Computers you ordered were dispatched by S/S "Victory" today, which is due to arrive at New York on June 15.

Enclosed please find one set of shipping documents covering this consignment, which comprises:

1. One non-negotiable copy of B/L;

2. Commercial Invoice in duplicate;

3. One copy of Certificate of Quality;

4. One copy of Certificate of Quantity.

We trust that the goods will reach you in good condition and turn out to your entire satisfaction.

　　　　　　　　　　　　　　　　　　　　　　　　　　Yours faithfully,

Encl.

参考译文

敬启者:

我们很高兴通知你方，你方订购的电脑已于今天由"胜利"号轮发运，该轮将于6月15日抵达纽约港。

现附上这批货物的装船单据一套，包括:

1. 不可转让提单副本一份;

2. 商业发票一式二份;

3. 品质检验证书一份;

4. 数量检验证书一份。

相信货物将安然抵达贵公司，并使你方完全满意。

　　　　　　　　　　　　　　　　　　　　　　　　　　谨上

附件

样单：装船通知

广 东 轻 工 家 电 有 限 公 司

GUANGDONG LIGHT ELECTRICAL APPLIANCES COMPANY LIMITED
52，DEZHENG ROAD SOUTH GUANGZHOU，CHINA.

传真 FAX：+86－20－8331 6675
编号 OUR REF. NO.：　　GDP982653
To Messrs：　　　　A.B.C.CORP.AKEDSANTERINK AUTO
　　　　　　　　　P.O.BOX.9，FINLAND

ADVICE OF SHIPMENT

1）Name of Commodity：	HALOGEN FITTING W500
2）Quantity：	800 CARTONS
3）Invoice Value：	CIF USD36,480.00
4）Name of Carrying Steamer：	DONGFANGHONG
5）Date of Shipment：	MAY 20，1998
6）Shipping Marks：	N/M
7）Credit No.：	LRT9802457
8）Port of Loading：	GUANGZHOU
9）Port of Discharge：	HELSINKI

GUANGDONG LIGHT ELECTRICAL
APPLIANCES CO.，LTD.

第九节　催　单

货物装运出口后，出口企业要着手准备有关单证，向银行议付。在准备的有关单证中，有些是出口企业自己缮制的单据，有些是他人出具的单证。从时间上看，出口企业自己出具的单证比较容易把握，但他人出具的单证不容易把握，为了争取主动，外贸跟单员在这个阶段必须对他人出具的单证进行催收。通常催收的单证有海运提单、航空运单、保险单、原产地证明书、商检证书和船公司证明书等。

一、海运提单

（一）海运提单的内容

海运提单内容可分为固定部分和可变部分。固定部分是指海运提单背面的运输契约，这一部分一般不作更改。可变部分是指海运提单正面的内容，主要包括船名、装运港、目的港、托运人名称、收货人名称、被通知人名称、货物名称、唛头、包装、件数、重量、体积、运费、海运提单正本份数、海运提单签发地点和日期、承运人或船长签字等。这些内容根据运输的货物、运输时间、托运人以及收货人的不同而变化。

海运提单一般由船公司或其代理出具，也可由出口企业填制后交船公司或其代理签章。因此，外贸跟单员必须掌握提单的填制规范，特别是对信用证或合同对提单有特殊规定时提单的处理。

（二）海运提单的缮制

1. 托运人（Shipper/Consignor）

托运人是指委托运输的人，在贸易中是合同的卖方。一般在填写海运提单 Shipper 栏目时，如信用证无特殊的规定，都填写出口企业的名称。许多制单人是直接把公司的公章盖在这一栏目中。如果信用证或合同规定以第三者（Third Party）为发货人时，可以外运公司的名义。

2. 收货人（Consignee）

与托运单"收货人"栏目的填写完全一致。根据信用证在记名收货人、凭指示和记名指示中选择一个：

例如，信用证或合同对提单要求如下：

（1）"Full set of B/L consigned to ABC Co."——记名收货人；

（2）"Full set of B/L made out to order"——to order 凭指示，即"空白抬头"；

（3）"B/L issued to order of Applicant"——记名指示；

（4）"Full set of B/L made out to our order"——记名指示（our 指开证行 XYZ 银行）；

（5）"Full set of B/L made out to order of shipper"——与 to order 没有区别。

提单"收货人"栏目填写如下：

（1）"Consigned to ABC Co."（注：ABC Co. 为 Applicant 的名称）；

（2）"To order"；

（3）"To order of ABC Co."；

（4）"To order of XYZ Bank"或"To XYZ Bank's order"（注：XYZ Bank 为开证行的名称）；

（5）"To order of shipper"。

3．被通知人（Notify party，Notify，Addressed to）

该栏目填写货物到达目的港（地）船公司需要通知的人，一般情况下，该栏目填写的内容与托运单内容一致。实务中主要有两种情况：

（1）如果信用证或合同没有说明哪一方为被通知人，那么就应将 L/C 中的申请人名称、地址填入副本 B/L 的这一栏目中，而正本的这一栏目保持空白。如"收货人"栏目已填"凭××人指定"，被通知人如另无规定，可以不填。

（2）如果信用证或合同要求两个或两个以上的公司为被通知人，出口公司应把这两个或两个以上的公司名称和地址完整地填写在这一栏目中。若这一栏目太小，填写不下，可在结尾部分做上记号"＊"，然后在海运提单中描述货物的内容的空白地方做上同样的记号"＊"，接着写完应填写的内容。

4．前段运输（Pre-carriage by）

如果货物需转运，在这一栏目中填写第一程船的名称；如果货物不需转运，这一栏目空白。但驳船用"Lighter"字样填入此栏目。如海运提单没有此栏目，应将驳船的名称写在大船名称之前，如 Lighter/Beijing（北京轮），但对日本、美国不能用"Lighter"，须填写驳船的具体名称，如"粤海110"（YUEHAI 110）。对多式联运提单，此栏可填运输工具统称，如填写"Train"或"Truck"。

5．收货地点（Place of Receipt）

如果货物需转运，填写收货的港口名称或地点；如果货物不需转运，这一栏目空白。

6．海运船只、航次（Ocean Vessel Voy. No.）

如果货物需转运，填写第二程船的船名；如果货物不需转运，填写第一程船的船名。

7．装运港（Port of Loading）

填写装运港名称。如果货物需转运，填写装运港/中转港名称。如货物在广州装运，需在香港转船，则在此栏目填写"GUANGZHOU/HONGKONG"。

8．卸货港（Port of Discharge）

填写卸货港（指目的港）名称。如货物需转运，装运港后面没有注明中转港，则可在目的港之后加注"WITH TRANSSHIPMENT AT 中转港"，简写为 W/T 中转港，如"SINGAPORE W/T HONGKONG"（目的港新加坡，在香港转船）。如货运目的港装运内陆某地，或利用邻国港口过境，须在目的港后加注"IN TRANSIT TO 某地"或"IN TRANSIT 某地"，如"KUWAIT IN TRANSIT SAUDI ARABIA"（目的港科威特装运沙特阿拉伯）。

9. 交货地点（Place of Delivery）

填写最终目的地名称。如果货物的目的地就是目的港，该栏空白。

10. 集装箱号码（Container No.）

填写集装箱箱号。海运集装箱号码由四个字母箱主代码（第四位为海运集装箱代号 U）+顺序号六位数+核对数一位组成，如 "KHLU620686 – 7"。

11. 封箱号、唛头及件号（Seal No. Marks & Nos.）

填写唛头和封箱号。封箱号一般由五位数组成，如 "SEAL 08134"。

12. 商品描述及数量（Description of Goods）

提单的商品描述可用货物统称。商品描述使用文字可根据以下原则处理：

（1）在没有特别说明时全部使用英文。

（2）来证要求使用中文填写时，应遵守来证规定，用中文填写。

数量是指本海运提单项下的商品总包装件数。

（1）对于包装货物，本栏应注明包装数量和单位，例如 "1,000 BALES" "250 DRUMS" 等。提单下面应加大写数量，大小写数量应一致。

（2）如是散装货，例如煤炭、原油等，此栏可加 "IN BULK"，数量无须加大写。

（3）如是裸装货物，应加件数。如一台机器或一辆汽车，填 "1 UNIT"；两架飞机应填 "2 PLANES"；100 头牛应填 "100 HEADS" 等，并加大写数量。

（4）如是集装箱运输，由托运人装箱的整箱货可只注集装箱数量，如 "2 CONTAIN-ERS" 等。只要海关已对集装箱封箱，承运人就对箱内的内容和数量不负责任，提单内应加注 "SHIPPER'S LOAD & COUNT"（托运人装货并计数）。如需注明集装箱箱内小件数量时，数量前应加 "SAID TO CONTAIN…"。

（5）如是托盘装运，此栏应填托盘数量，同时用括号加注货物的包装件数，如 "5 PALLETS（60 CARTONS）"。提单内还应加注 "SHIPPER'S LOAD & COUNT"。

（6）如是两种或多种包装，如 "5 CARTONS" "10 BALES" "12 CASES" 等。件数栏内要逐项列明，同时下面应注合计数量，如上述包装数量可合计为 "27 PACKAGES"，在大写栏内应加大写合计数量。

（7）如件数栏注 "20 CARTONS"，但同时提单内又注有 "SHUT OUT 2 CARTONS" 或 "SHORT LOADED（SHIPPED）2 CTNS" 等，表示少装 2 箱，发票和其他单据应注 "18 CARTONS"。

13. 毛重（Gross Weight）

填写承运货物的总毛重，该数据是船公司计算运费的根据之一。

14. 尺码（Measurement）

填写承运货物的总尺码，该数据是船公司计算运费的根据之一。

15. 特殊条款（Special Conditions）

提单特殊条款主要根据合同或信用证的要求，填写一些一般情况下不必填写的内容。提单中出现特殊条款的内容主要有：

（1）指定船名；

（2）强调运费的支付；

（3）出现 "预计" 的条款；

（4）不显示发票金额、单价、价格等的条款，或强调显示信用证号码、合同号码等的条款；

（5）限制使用班轮公会的条款或指定承运人的条款。

16．运费缴付方式

除非信用证或合同有特别要求，几乎所有的海运提单都不填写运费的数额，而只是表明运费是否已付清或什么时候付清。主要有：

（1）运费已付——FREIGHT PAID；

（2）运费预付——FREIGHT PREPAID；

（3）运费到付——FREIGHT PAYABLE AT DESTINATION；

（4）运费待付——FREIGHT COLLECT。

如信用证或合同规定加注运费，一般可加注运费的总金额。如规定要详细列明运费，就必须将计算单位、费率等详细列明。

17．签发地点和时间（Place and date of issue）

海运提单签发时间表示货物实际装运的时间或已经接受船方、船代理的有关方面监管的时间。

海运提单签发地点，表示实际货物装运的港口或接受有关方面监管的地点。

18．正本的签发份数（No. of Original B(s)/L）

承运人一般签发海运提单正本两份，也可应收货人的要求签发两份以上。签发的份数，应用大写数字（如 Two，Three 等），在栏目内标明。

信用证或合同规定要求出口方提供"全套海运提单"（Full Set or Complete Set B/L），实务中一般提供两份或三份海运提单正本。

19．有效的签章（Stamp & Signature）

海运提单必须经装载船只的船长签字才能生效，在没有规定非船长签字不可的情况下，船方代理可以代办。

信用证或合同规定手签的必须手签。印度、斯里兰卡、黎巴嫩、阿根廷等国港口，信用证虽未规定手签，但当地海关规定必须手签。有的来证规定海运提单须由中国贸促会签证，也可照办。

承运人或船长的任何签字或证实，必须表明"承运人"或"船长"的身份。代理人代表承运人或船长签字或证实时，也必须表明所代表的委托人的名称和身份，即注明代理人是代表承运人或船长签字或证实的。

按照上述规定，提单签字应根据签字人的不同情况批注不同内容。例如：

（1）承运人签字。如果承运人为 COSCO，则提单签字处显示：

COSCO

（承运人签字）As Carrier 或 The Carrier

（2）代理人签字。如果承运人为 COSCO，代理人为 ABC SHIPPING CO.，则提单签字处显示：

ABC SHIPPING CO.

（代理人签字）As agent for the Carrier COSCO

（3）船长签字。如果承运人为 COSCO，则提单签字处显示：

COSCO（注或不注船名）

<u>（船长签字）</u>As Master 或 The Master

（三）海运提单上常见术语

术 语	含 义
BAF	bunker adjustment factor 燃油附加费
CFS	container freight station 集装箱货运站
C. O. C.	Carrier's own container 船主箱
CY	container yard 集装箱堆场
DC	dry cargo container 干货集装箱
DDC	destination delivery charge 目的地交货费
FCL	full container load 整箱货
FEU	forty-foot equivalent unit 40 英尺箱
GP	general propose container 通用集装箱（干货箱）
GH（HC、HQ）	general high container 通用高箱（干货高箱）
LCL	less than container load 拼箱货
ORC	original receiving charge 原产地接货费
OT	open-top container 敞顶集装箱
RF	reefer container 冷藏集装箱
RH	reefer high container 冷藏高箱
SBS	said by shipper 托运人申报
SLAC	shipper's load and count 由托运人装箱和点数
SLACS	shipper's load and count and Seal 由托运人装箱、点数和封箱
S. O. C.	shipper's own container 货主箱
STC	said to contain 据称包括
TEU	twenty-foot equivalent unit 20 英尺标准箱
TK	tank container 罐式集装箱

（四）关于海运提单的背书

1. 背书的类型

（1）当收货人一栏填写凭指示（To order）时，由托运人（shipper）背书。

（2）当收货人一栏填写记名指示（To ×××'s order 或 To order of ×××）时，由记名的一方背书。

①当收货人一栏填写凭托运人指示时（To shipper's order 或 To order of shipper），由托运人背书。

②当收货人一栏填写凭申请人或其他商号公司指示时，由申请人或其他商号公司背书。

③当收货人一栏填写凭某银行指示时，由该银行背书。

2. 背书方式

（1）空白背书。书写背书人的名称、地址。

（2）记名背书。既书写背书人的名称、地址，又书写被背书人（海运提单转让对象）的名称与地址。

（3）记名指示背书。既书写背书人的名称、地址，又要书写"TO ORDER OF + 被背书人（海运提单转让对象）的名称与地址"。

（五）信用证条款与海运提单举例

例1

Full set of clean on board shipped bills of lading（3/3 negotiable copies minium and 5 non-negotiable copies）issued to the order of ABC Limited notify ABC Limited，mentioning destination Hongkong.

该条款要求提供全套清洁已装运提单（至少三份可议付的正本和五份不可议付的副本）作成"凭 ABC 有限公司指定"，通知 ABC 有限公司，标上目的港香港。

例2

Full set of clean on board shipped bill of lading，made out to the order and blank endorsed，evidencing shipment from Guangzhou to La Spezia port not later than April 5，1998，marked "freight prepaid"and notify to the applicant.

该条款要求全套清洁已装船海运提单，空白抬头并空白背书，证明从广州运输到拉斯佩齐亚，不迟于 1998 年 4 月 5 日装运，注明"运费预付"并通知开证人。

例3

Bill of lading should mark freight payable as per charter party，evidencing shipment from Huangpu，China to US Gulf port.

该条款要求在提单上标明运费根据租船契约支付，并标明装运由中国黄埔至美国的哥尔夫波特港。制单时应在提单的空白处打上"Freight has been payable as per charter party""The shipment has been made from Huangpu，China to US Gulf port"。

例4

Full set of not less than two clean on-board marine bills of lading marked "freight prepaid"and made out to order and endorsed to our order，showing ABC CO. as notifying party，short form Bills of lading are not acceptable. Bill of lading to state shipment has been effected in containers and container numbers.

该条款要求全套不少于两份清洁已装船海运提单，注明"运费预付"，空白抬头并背书给开证行，通知 ABC 公司，不接受简式提单。提单声明集装箱运输并标明集装箱号码。

例5

Bill of lading must specifically state that the merchandise has been shipped or loaded on board a named vessel and/or bill of lading must evidence that merchandise has been shipped or loaded on board a named vessel in the on-board notation.

该条款要求在提单上特别地注明货物装上一指定船名的船。制单时可在提单的空白处打上"We certify that the merchandise has been shipped on a ship named ×××"。

二、航空运单

航空运单（Airway Bill）简称为 AWB，是航空运输公司及其代理人签发给发货人表示已收妥货物并接受托运的货物收据。航空运单不是物权凭证，不能通过背书转移货物的所有权。航空运单不可转让，持有航空运单也并不能说明可以对货物要求所有权。

航空运单正本按国际惯例为一式三份，每份都印有背面条款。第一份"ORIGINAL 1（FOR ISSUING CARRIER）"，由航空公司留存，作为记账凭证；第二份"ORIGINAL 2（FOR CONSIGNEE）"，随货同行，在货物到达目的地，交付给收货人时作为核收货物的依据；第三份"ORIGINAL 3（FOR SHIPPER）"，交给托运人，是承运人或其代理人接收货物的依据。虽然正本签发三份，但银行允许只提交一份正本。副本9份，由航空公司按规定和需要分发。

（一）航空运单的作用和种类

1. 航空运单的作用

（1）航空运单是航空运输承运人与托运人之间的运输合同。海运提单只是运输合同的证明，它本身不是运输合同。但航空运单不仅是航空运输合同的证明，而且航空运单本身就是托运人与航空运输承运人之间签订的货物运输合同。

（2）航空运单是航空公司或其代理人收运货物的证明文件。在托运人将货物托运后，航空公司或其代理人就会将其中一份交给托运人，作为已按航空运单所列内容收妥货物的证明。

（3）航空运单是承运人核收运费的依据。航空运单分别记载着属于收货人负担的费用，属于应支付给承运人的费用和应支付给代理人的费用，并详细列明费用的种类、金额，因此可作为运费账单和发票。承运人往往也将其中的承运人联作为记账凭证。

（4）航空运单是进出口货物办理清关的证明文件。当货物通过航空运输出口报关时必须提交航空运单。在货物到达目的地机场进行进口报关时，海关也是根据航空运单查验放行货物的。

（5）航空运单是承运人处理货物运输过程情况的依据。航空运单中的一份随货同行，用于记载有关该票货物发送、转运、交付的事项，是承运人处理货物运输过程情况的依据。

（6）航空运单是收货人核收货物的依据。航空运单的正本一式三份，其中一份交托运人，是承运人或其代理人接收货物的依据；第二份由承运人留存，作为记账凭证；最后一份随货同行，用于记载有关该票货物发送、转运、交付的事项，在货物到达目的地，交付给收货人时作为核收货物的依据。

2. 航空运单的种类

航空运单可分为出票航空公司（Issue Carrier）标志的航空货运单和无承运人任何标志的中性货运单两种。

（二）航空运单的缮制

1. 航空公司数字代号（Airline Code Number）

填写航空公司的代号，如中国民航的代号为 999，日本航空公司的代号为 131 等。

2. 始发站机场（Airport of Departure）

填写始发站机场的 IATA 三字代号。

3. 货运单序号及检验号（Serial Number）

填写货运单号及检验号共 8 位数字。

4. 托运人名称和地址（Shipper's Name and Address）

填写托运人的名称、地址、国家（或国家两字代号）以及托运人的电话、传真、电传号码。

托运人的名称依据不同的支付方式确定填写内容。信用证结算方式，当信用证有特殊规定时按信用证要求填写，否则，一般填写受益人名称；托收结算方式，一般填写合同中卖方的名称。

必须注意，一张航空运单只能用于一个托运人在同一时间、同一地点托运的由承运人承运的，运往同一目的站同一收货人的一件或多件货物。

5. 托运人账号（Shipper's Account Number）

除非承运人需要，此栏一般空白不填。

6. 收货人名称和地址（Consignee's Name and Address）

填写收货人的名称、地址、国家（或国家两字代号）以及收货人的电话、传真、电传号码。

收货人的名称依据不同的支付方式确定填写内容。信用证结算方式，根据信用证的规定填写，有时以买方为收货人，有时以开证行为收货人；托收结算方式，一般填写合同中的买方。

7. 收货人账号（Consignee's Account Number）

除非承运人需要，此栏一般空白不填。

8. 签发航空运单的承运人的代理人名称和城市（Issuing Carrier's Agent Name and City）

如果航空运单由承运人的代理人签发时，填写收取佣金的代理人名称及城市名；如果航空运单直接由承运人本人签发，此栏空白不填。

9. 代理人国际航协代号（Agent's IATA Code）

IATA 是 International Air Transport Association（国际航协）的缩写。国际航协的代号为 7 位数字，如 34 - 41234。实务中，本栏一般不需填写，有时航空公司要求其代理人在此栏填写相应的代码。

10. 账号（Account Number）

填写代理人账号，供承运人结算时使用。实务中除非承运人需要，一般不需填写。

11. 始发站机场和指定航线（Airport of Departure and Requested Routing）

填写始发站机场名称和所要求的运输路线。实务中一般仅填写起航机场名称或所在城市的全称。

12. to （by First Carrier）

填写目的站机场或第一个转运点的 IATA 三字代号。当该城市有多个机场而又不知道机场名称时，可填写该城市代号。

13. by First Carrier

填写第一承运人的名称或 IATA 两字代号。

14. to （by Second Carrier）

填写目的站机场或第二个转运点的 IATA 三字代号。当该城市有多个机场而又不知道机场名称时，可填写该城市代号。

15. by （Second Carrier）

填写第二承运人的 IATA 两字代号。

16. to （by Third Carrier）

填写目的站机场或第三个转运点的 IATA 三字代号。当该城市有多个机场而又不知道机场名称时，可填写该城市代号。

17. by （Third Carrier）

填写第三承运人的 IATA 两字代号。

18. 目的地机场（Airport of Destination）

填写货物运输的最终目的地机场全称。当该城市有多个机场而又不知道机场名称时，可填写该城市代号。

19. 航班/日期（仅供承运人使用）（Flight/Date for Carrier's Use Only）

填写飞机航班号及其实际起飞日期，本栏一般不需填写。

《UCP 600》第 23 条 a 款规定，在空运单据的方格（标明"仅供承运人使用"或类似说明）内所表示的有关航班号和起飞日期的信息不能视为发运日期。因此，本栏即使填写，其所填内容也只能供承运人使用，该起飞日期不能视为货物的装运日期，货物的装运日期一般以航空运单的签发日期为准。

20. 财务说明（Accounting Information）

填写运费缴付方式及其他财务说明事项。如 FREIGHT PREPAID（运费预付）、FREIGHT COLLECT（运费到付）或托运人结算时使用的信用卡卡号、账号。货物到达目的站无法交付收货人而需退运的，应将原始货运单号码填入新货运单的本栏内。

21. 货币（Currency）

填写始发国支付费用使用的 ISO（国际标准组织）的货币代号，如 USD、HKD 等。

22. 费用代码（CHGS Code）

本栏一般不需填写，仅供电子传送货运单信息时使用。

23. 航空运费/声明的价值及其他费用（WT/VAL and Other）

航空运费（Weight Charge，WT）是指根据货物计费重量乘以适用的运价收取的运费。

声明的价值费（Valuation Charge，VAL）是指下列第 17 栏向承运人声明了价值时，必须与运费一起交付的声明价值费。在"PPD"（Prepaid）栏下打"×"表示预付，在

"COLL"（Collect）栏下打"×"表示到付。

其他费用（Other Charges at Origin，OTHER）是指在始发站的其他费用预付或到付。在"PPD"（Prepaid）栏下打"×"表示预付，在"COLL"（Collect）栏下打"×"表示到付。

24. 运输申报价值（Declared Value for Carriage）

填写托运人声明的托运货物总价值，一般按发票的总额填写。如果托运人没有声明价值，此栏必须填写"NVD"（No Value Declared），即没有声明价值。

25. 海关申报价值（Declared Value for Customs）

填写报关货物的商业价值金额。此栏所填价值是提供给海关的征税依据。当以出口货物报关单或商业发票作为征税时，本栏可空白不填或填"AS PER INVOICE"。如果货物没有商业价值（如样品等），此栏必须填"NCV"（No Commercial Value），即没有商业价值。

26. 保险金额（Amount of Insurance）

如果承运人向托运人提供代办货物保险业务时，则在本栏填写托运人货物的保险金额；如果承运人不提供此项服务或托运人不要求投保时，则此栏必须填写"×××"符号，或填写"NIL"（No Insurance L）。

27. 运输处理注意事项（Handling Information）

填写出票航空公司的注意事项：

（1）当货物为危险货物时，分两种情况处理：①需要附托运人的危险品申报单，则填写"DANGEROUS GOODS AS PER ATTACHED SHIPPER'S DECLARATION"，对于要求装上货机的危险货物，还应再加填"CARGO AIRCRAFT ONLY"。②不要求附危险品申报单的危险货物，则填写"SHIPPER'S DECLARATION NOT REQUIRED"。

（2）当一批货物既有危险货物又有非危险货物时，危险货物必须填写在第一项。一般情况下，此类危险货物应属于不要求托运人附危险品申报单、危险货物不是放射性物质且数量有限的货物。

（3）其他注意事项：①包装情况如唛头、包装方法等；②飞机随带的有关商业单据名称如商业发票、装箱单等；③被通知人的名称、地址、国家、电话等；④托运人对货物在途时的某些特别处理规定等；⑤海关规定等。

28. 件数（No. of Pieces RCP）

填写托运货物的总包装件数。"RCP"（Rate Combination Point）即运价组合点。如果使用非公布直达运价计算运费时，则在件数的下面应填写运价组合点城市的 IATA 三字代号。

29. 毛重（Gross Weight）

填写托运货物的实际毛重。以千克为单位时可保留小数点后一位。

30. 千克/磅（kg/lb）

填写重量的计量单位。以千克为单位用代号"K"，以磅为单位用代号"L"。

31. 运价等级（Rate Class）

根据航空公司的有关资料，按实际填写运价等级的代号。运价等级代号有：

（1）M。代表 Minimum Charge（最低运费），即货物的起运运价。

（2）N。代表 Normal under 45kgs Rate（45 千克以下运价），即 45 千克以下的普通货物的运价。

（3）Q。代表 Quantity over 45kgs Rate（45 千克以上运价），即 45 千克以上普通货物的运价。45 千克被称为重量分界点（Weight Break Point）。

（4）C。代表 Special Commodity Rate（特种货物运价）。

（5）R。代表 Class Rate Reduction（折扣运价），即对少数货物，可按"N"运价给予一定百分比的折扣。

（6）S。代表 Class Rate Surcharged（加价运价），即对少数货物，按"N"运价加一定的百分比。

（7）U。代表 Unit load Device Basic Charge or Rate（集装化设备基本运费或运价）。

（8）E。代表 Unit load Device Additional Rate（集装化设备附加运价）。

（9）X。代表 Unit load Device Additional Information（集装化设备附加说明）。

（10）Y。代表 Unit load Device Discount（集装化设备折扣）。

32. 商品编号（Commodity Item No.）

使用指定商品运价时，按运价等级填写托运货物的商品编号。填写时应注意商品编号应与运价代号保持水平。

使用等级货物运价时，填写附加或附减运价的比例（百分比）。

当托运的货物是集装货物时，填写集装货物运价等级。

33. 计费重量（Chargeable Weight）

填写托运货物的实际毛重。若属于"M"运价等级和以尺码计费者，此栏则可空白。

如果托运货物是集装货物，则：

（1）与运价代号"U"对应打印适合集装货物基本运费的运价点重量；

（2）与运价代号"E"对应打印超过使用基本运费的重量；

（3）与运价代号"X"对应打印集装器空重。

34. 运价/运费（Rate/Charge）

填写实际计费的运价。对折扣运价或加价运价，此栏与运价等级对应填写附加或附减后的运价。

35. 运费总额（Total）

填写计收运费的总额，即计费重量与适用运价的乘积。如果是最低运费或集装货物基本运费时，本栏与"运价/运费（Rate/Charge）"填写的金额相同。

36. 货物品名和数量（包括体积或容积）（Nature and Quantity of Goods Incl. Dimensions or Volume）

填写合同或信用证中规定的货物名称、数量及尺码等内容。注意：

（1）当托运货物中含有危险货物时，应分别填写，并把危险货物填列在第一项；

（2）当托运货物为活动物时，应根据 IATA 活动物运输规定填写；

（3）对于集合货物，填写"Consolidation as Per Attached List"；

（4）货物的体积，表示为"长×宽×高"，例如："DIMS：30×30×20cm"；

（5）当合同或信用证要求标明产地国时，可在此栏中标出货物的产地国。

37. **计重运费**（Weight Charge）（Prepaid/Collect）

在对应的"预付"或"到付"栏内填入按重量计算的运费额。其运费额与上面"运费总额（Total）"中的金额一致。

38. **声明价值附加费**（Valuation Charge）

如果托运人对托运货物声明价值，则在对应的"预付"或"到付"栏内填入声明价值附加费金额，其公式为：

$$声明价值附加费金额 = （声明价值 - 实际毛重 × 最高赔偿额）× 0.5\%$$

若托运人无声明价值，本栏一般空白不填。

39. **税款**（Tax）

在对应的"预付"或"到付"栏内填入适用的税款。

40. **由代理人收取的其他费用**（Total Other Charges Due Agent）

在对应的"预付"或"到付"栏内填入由代理人收取的其他费用总额。

41. **由承运人收取的其他费用**（Total Other Charges Due Carrier）

在对应的"预付"或"到付"栏内填入由承运人收取的其他费用总额。一般填写"AS ARRANGED"。

42. **预付费用总额**（Total Prepaid）

填写前面37、38、39、40、41等项有关预付费用之和，也可在相应栏内填列"AS ARRANGED"。

43. **待付费用总额**（Total Collect）

填写前面37、38、39、40、41等项有关到付费用之和，也可在相应栏内填列"AS ARRANGED"。

44. **货币兑换比价**（Currency Conversion Rate）

填写目的站国家货币代号及兑换比率。

45. **用目的站国家货币付费**（CC Charges in Destination Currency）

填写目的站国家货币到付的费用总金额。

46. **仅供承运人在目的站使用**（For Carrier's Use Only at Destination）

本栏一般不填。

47. **在目的站的费用**（Charges at Destination）

填写最后承运人将目的站发生的费用金额包括利息等。

48. **待付费用总额**（Total Collect Charges）

填写待付费用总额。

49. **其他费用**（Other Charges）

填写始发站运输中发生的其他费用，如集中货物服务费、货运单费、危险品处理费、始发站保管费、目的站保管费等。各种其他费用填写时应冠以代号，具体为：

AC——Animal Container 动物容器租费

AS——Assembly Service Fee 集中货物服务费

AT——Attendant 押运员服务费

　　AW——Air Waybill 货运单费

　　BR——Bank Release 银行放行

　　DB——Disbursement Fee 代垫付款手续费

　　DF——Distribution Service 分发服务费

　　FC——Charges Collect Fee 运费待付手续费

　　GT——Government Tax 政府捐税

　　HR——Human Remains 尸体、骨灰附加费

　　IN——Insurance Premium 代办保险服务费

　　LA——Live Animals 动物处理费

　　MA——Miscellaneous-Due Agent 代理人收取的杂项费用

　　MC——Miscellaneous-Due Carrier 填开货运单的承运人收取的杂项费用

　　PK——Packaging 包装服务费

　　RA——Dangerous Goods Surcharge 危险品处理费

　　SD——Surface Charge Destination 目的站地面运输费

　　SI——Stop in Transit 中途停运费

　　SO——Storage Origin 始发站保管费

　　SR——Storage Destination 目的站保管费

　　SU——Surface Charge 地面运输费

　　TR——Transit 过境费

　　TX——Taxes 税捐

　　UH——ULD Handling 集装设备操作费

　　承运人收取的其他费用用"C"表示，代理人收取的其他费用用"A"表示。若无"其他费用"，本栏空白不填。

　　50. 托运人或其代理人签名（Signature of Shipper or His Agent）

　　签名后以示保证所托运的货物并非危险品。

　　51. 运单日期（Executed on Date）

　　签单以后，正本航空运单方能生效。本栏所表示的日期为签发日期，也就是本批货物的装运日期。如果信用证规定运单必须注明实际起飞日期，则以该所注的实际起飞日期作为装运日期。本栏的日期不得晚于信用证规定的装运日期。以代理人身份签章时，如同提单一样，需在签章处加注"AS AGENT"；承运人签章则加注"AS CARRIER"。

　　52. 签发运单地点（Executed at Place）

　　53. 承运人或其代理人签字（Signature of Issuing Carrier or Its Agent）

三、保险单

　　保险单是在被保险货物遭受损失时，被保险人索赔的主要依据，也是保险公司理赔的主要依据。保险单主要有以下几种：

（一）保险单（Insurance Policy）

保险单俗称"大保单"，该保险单印有保险条款。它是一种独立的保险凭证，一旦货物受到损失，承保人和被保险人都要按照保险条款和投保险别来分清货损，处理索赔。

（二）保险凭证（Insurance Certificate）

保险凭证俗称"小保单"，是一种简单的保险凭证。它不印刷保险条款，只印刷承保责任界限，以保险公司的保险条款为准。这种保险凭证格式简单，但其作用与保险单完全相同。

（三）联合保险凭证（Combined Insurance Certificate）

联合保险凭证利用商业发票在上面加盖保险章，注明保险编号、险别、金额、装载船名、开船日期等，以此作为保险凭证。它与保险单有同等效力，但不能转让。一般用于港澳地区中资银行开来的信用证项下业务。

（四）预约保险单（Open Policy）

预约保险单是保险公司承保被保险人在一定时期内发运的、以 CIF 价格条件成交的出口货物或以 FOB、CFR 价格条件成交的进口货物的保险单。预约保险单载明保险货物的范围、险别、保险费率、每批运输货物的最高保险金额以及保险费的结付办法等。凡属于预约保险范围内的进出口货物，一经起运，即自动按预约保险单所列条件承保，但被保险人在获悉每批保险货物起运时，应立即以起运通知书或其他书面形式将该批货物的名称、数量、保险金额、运输工具的种类和名称、航程起讫地点、开航日期等情况通知保险公司。

（五）批单（Endorsement）

批单是专门用于修改保险单的一种修改书。当被保险人投保后，由于某种原因需要补充或修改保险单的内容，可向保险人提出修改申请，由保险人出具批单进行修改。实际操作中，批单应粘贴在保险单上，并加盖骑缝章，批单的效力优先于保险单。

批单的内容通常有：①更改被保险人名称；②更改货物名称；③更改货物包装或数量；④更改保险金额；⑤更改承保险别；⑥更改货物标记（唛头）；⑦更改船名、加注转船或内陆目的地；⑧更改开航日期；⑨更改起运港或目的港；⑩更改赔款偿付地点；⑪更改出单日期；⑫延长保险有效期（期限）等。

四、原产地证明书

产地证明书是证明货物原产地和制造地的文件，也是进口国海关采取不同的国别政策和关税待遇的依据。产地证明书一般可分为：①普通产地证（又称原产地证）（Certificate of Origin）；②普惠制产地证（Generalized System of Preference Certificate of Origin FORM A）；③欧洲纺织品产地证。其中，普惠制产地证由商检机构出证，普通产地证由商检机构或贸促会出证。

五、商检证书

商检证书的作用主要有：①作为议付货款的一种单据。如果商检证书中所列的项目或检验结果和信用证的规定不符，有关银行可以拒绝议付货款。②作为证明交货的品质、数量、包装以及卫生条件等是否符合合同规定的依据。③如交货品质、数量、包装以及卫生条件与合同规定不符时，买卖双方可以凭此作为拒收、索赔或理赔的依据。

根据信用证或合同的规定，出具的商检证书是结汇的必备单据，必须按信用证或合同的规定严格出证。如果没有说明，商检证书可由出口企业出证，但信用证或合同有明确要求出证机构的，必须按要求办理。

五、船公司证明书

有些合同或信用证要求出口企业租用的承运货物的船只必须符合一定的要求（如船龄、船籍等），并且要有船公司的证明书加以证明，在结汇时随全套结汇单据一并提交银行。因此，出口企业的外贸跟单员在租船订舱时，必须了解有关的要求，选择符合要求的船公司作为承运人，并在装运后要求船公司出具相关的证明书。

样单：海运提单

YANGDONG IMPORT AND EXPORT TRADING CORPORATION OF GUANGDONG 1,XIN CHANG ROAD, YANGDONG COUNTY GUANGDONG,CHINA TEL: (86-662)881-3059 FAX: (86-662)366-3890	**ORIGINAL**　　B/L NO.: COSU294898200

景华船务有限公司
Kenwa Shipping Co., Ltd.

2.Consignee insert Name, Address and Phone
("Order" means 'To Order of Shipper')

TO ORDER OF INTERNATIONAL BANK OF CALIFORNIA

Port-to-Port or Combined Transport
BILL OF LADING

RECEIVED in external apparent good order and condition except as otherwise noted. The total number of the packages or units stuffed in the container, the description of the goods and the weights shown in this Bill of Lading are furnished by the Merchants, and which the carrier has no reasonable means of checking and is not a part of this Bill of Lading contract. The carrier has issued the number of Bills of Lading stated below, all of this tenor and date. one of the original Bills of Lading must be surrendered and endorsed or signed against the delivery of the shipment and whereupon the other Original Bills of Lading shall be void. The Merchants agree to be bound by the terms and conditions of this Bill of Lading as if each had personally signed this Bill of Lading. SEE clause 4 on the back of this Bill of Lading (Terms continued on the back hereof, please read carefully)

3.Notify Party insert Name, Address and Phone
(It is agreed that no responsibility shall attach to the Carrier or his agents for failure to notify)

KAB TRADE CO 12953 E.GARVEY AVE. BALDWIN PARK, CALIFORNIA 91706
TEL: (626)813-9995
FAX: (626)338-1202

10.For delivery of goods please apply to:
KENWA SHIPPING, USA INC.
701 S. Atlantic Blvd. Suite 200
Monterrey Park, CA 91754
Telephone: (818) 293 8811
Facsimile : (818) 588 2266

4.Combined Transport * Pre-carriage by	5.Combined Transport * Place of Receipt	
6.Ocean Vessel　Voy.No. JI WANG V.0129M	7.Port of Loading HUANGPU HARBOR,CHINA	
8.Port of Discharge LOS ANGELES HARBOR, CALIFORNIA	9.Combined Transport * Place of Delivery	

Marks & Nos. Container. Seal No.	No. of Containers or Pkgs	Description of Goods (If Dangerous Goods, See Clause 20)	Gross Weight kgs	Measurement
ITEM NO.: DESC: ORDER NO. CTN.NO.1-UP MADE IN CHINA 1X40'HQ FCL/FCL CY/CY TGHU7036445/54660	640CTNS	SHIPPER'S LOAD & COUNT & SEAL 1X40'HQ CONTAINER S.T.C. METAL FRUIT BASKET W/WOOD BASE D/C NO. 7911 SHIPMENT AS FULL CONTAINER LOAD IN 40'HQ CONTAINER FREIGHT PREPAID ORC PREPAID DDC COLLECT USD755.00/40'HQ BAF COLLECT USD82.00/40'HQ	14,160KGS	65.441CBM

Description of Contents for Shipper's Use Only (Not Part of This B/L Contract)

11.Total Number of containers and / or packages(in words) ONE (1X40'HQ) CONTAINER ONLY.
Subject to Clause 7 Limitation　　(STC. SIX HUNDRED AND FORTY CARTONS ONLY.)

12.Freight & Charges	Revenue Tons	Rate	Per	Prepaid	Collect
Declared Value Charge					

AS AGENT FOR THE CARRIER:
KENWA SHIPPING CO.,LTD.

SHIPPED ON BOARD

Ex. Rate:　NOV. 05,1998

Payable at

No. of Original B(s)/L　THREE

Place and date of issue
GUANGZHOU NOV. 05,1998
Stamp & Signature

LADEN ON BOARD THE VESSEL DATE
(KENWA STANDARD FORM 9802)
* Applicable Only When Document Used as a Combined Transport Bill Of Lading

CHINA OCEAN SHIPPING AGENCY GUANGZHOU
AS AGENTS (12)

00331

样单：航空运单

160　HKG　36877175		FILE NO. : AE05-02-0016	House Air Waybill Number
			IFS-31661

Shipper's Name and Address	Shipper's Account Number
STEP ELEGANT LTD RM201,2/F,WAI CHING COMM BLDG, 77 WAI CHING ST,KLN,HONG KONG 27812910 DEREK CHENG	

Not negotiable
Air Waybill
(Air Consignment note)
Issued by

IFS　　運航國際空運有限公司
IFS INTERNATIONAL AIR CARGO LIMITED

Copies 1, 2 and 3 of this Air Waybill are originals and have the same validity.

Consignee's Name and Address	Consignee's Account Number
TO ORDER OF BNP PARIBAS (CANADA)	

It is agreed that the goods described herein are accepted in apparent good order and condition (except as noted) for carriage SUBJECT TO THE CONDITIONS OF CONTRACT ON THE REVERSE HEREOF. THE SHIPPER'S ATTENTION IS DRAWN TO THE NOTICE CONCERNING CARRIERS' LIMITATION OF LIABILITY. Shipper may increase such limitation of liability by declaring a higher value for carriage and paying a supplemental charge if required.

FREIGHT PREPAID
NOTIFY COSACO INC
9600 RUE MEILLEUR,MONTREAL,
QC H2N 2E3
CONTACT PERSON:KAREN CRAWLEY
TEL:(514)3824860 FAX:(514)3878086

Airport of Departure (Addr. of First Carrier) and Requested Routing									
HONG KONG									

to	By First Carrier	Routing and Destination	Air Waybill Number	Currency	CHGS Code	WT/VAL PPD COLL	Other PPD COLL	Declared Value for Carriage	Declared Value for Customs
YUL	CX			HKD		P	P	N.V.D.	AS PER INV

Airport of Destination	Flight/Date	For Carrier Use only	Flight/Date	Amount of Insurance	INSURANCE - If Carrier offers insurance and such insurance is requested in accordance with conditions on reverse hereof, indicate amount to be insured in figures in box marked amount of insurance.
MONTREAL	CX828		05 FEB 2005	NIL	

Handling information

THIS SHIPMENT,INCLUDING ITS CONTAINERS,DOES NOT CONTAIN ANY
NON-MANUFACTURED WOODEN PACKING MATERIAL,DUNNAGE,BRACING MATERIAL,PALLETS,
CRATING OR OTHER NON-MANUFACTURED WOODEN PACKING MATERIAL.

No. of Pieces RCP	Gross Weight	kg lb	Rate Class / Commodity Item No.	Chargeable Weight	Rate / Charge	Total	Nature and Quantity of Goods (incl. Dimensions or Volume)
22	189.0K			189.0	PREPAID AS ARRANGED		LADIES' 95% COTTON 5% SPANDEX KNITTED SWEATER PO. C9588 STYLE NO.52309D5S/LD QTY:800PCS
MARKS: OUR MARK OUR P/O NO. CONCECUTIVE PACKAGE NUMBER STYLE NO. COLOR SIZE QTY MADE IN CHINA WEIGHT MEASURMENT			INVOICE,PACKING LIST,ORIGINAL CHINA C/O#040551659 ATT'D E/L : E501221500005				[D34*60*31CM*14] [D54*31*31CM*8] VOL. = 1300512.0CM BY VOL. 186.0K

Prepaid	Weight Charge	Collect	Other Charges
AS ARRANGED		PREPAID	
	Valuation Charge		
	Tax		
	Total other Charges Due Agent		Shipper certifies that the particulars on the face hereof are correct and that insofar as any part of the consignment contains restricted articles, such part is properly described by name and is in proper condition for carriage by air according to the applicable Dangerous Goods Regulations.
	Total other Charges Due Carrier		
			IFS INTERNATIONAL AIR CARGO LIMITED Signature of Shipper or his Agent
Total Prepaid	Total Collect		03 FEB. 2005　HONG KONG
Currency Conversion Rates	CC Charges in Dest. Currency		Executed on　(Date)　at　(Place)　Signature of Issuing Carrier or its Agent

ORIGINAL 1 (FOR SHIPPER)

House Air Waybill Number
IFS-31661

样单：保险单

中 国 人 民 保 险 公 司
The People's Insurance Company of China
总公司设于北京　　　　　一九四九年创立
Head Office: BEIJING　　　Established in 1949

海 洋 货 物 运 输 保 险 单
MARINE CARGO INSURANCE POLICY

发票号码
Invoice No.　07229KES

保险单号次
Policy No.　KC04 97 01 1 06 10 0 45

被保险人：
Insured :　GUANGDONG TEXTILES IMPORT AND EXPORT KNITWEARS COMPANY LTD

中国人民保险公司（以下简称本公司）根据被保险人的要求，及其所缴付约定的保险费，按照本保险单承保险别和背面所载条款与下列特约条款承保下述货物运输保险，特签发本保险单
This policy of Insurance witnesses that The People's Insurance Company of China (hereinafter called "The Company"), the request of the Insured and in consideration of the agreed premium paid by the insured, undertakes to insure the undermentioned goods in transportation subject to the conditions of this policy as per the Clauses printer overleaf and other special clauses attached hereon.

保险货物项目 标记 数量及包装
Description , Marks , Numbers & Quantity of Goods :

承保条件
Conditions:

ALAMOUDI SPORT CENTER
JEDDAH

COVERING ALL RISKS AS PER OCEAN MARINE CARGO CLAUSES (1/1/1981) (WAREHOUSE TO WAREHOUSE CLAUSE IS INCLUDED) OF THE PEOPLE'S INSURANCE COMPANY OF CHINA
INCLUDING THE RISKS OF STRIKES, RIOTS & CIVIL COMMOTIONS AS PER S.R.C.C. CLAUSES OF THE PEOPLE'S INSURANCE COMPANY OF CHINA
INCLUDING WAR RISKS AS PER OCEAN MARINE CARGO WAR RISK CLAUSES (1/1/1981) OF THE PEOPLE'S INSURANCE COMPANY OF CHINA
INCLUDING THE RISKS OF THEFT PILFERAGE AND NON-DELIVERY (INSURED VALUE).
INCLUDING "EXTENDED COVER" ES AMALGAMATED IN TRANSIT CLAUSE OF I.C.C. MENTIONED ABOVE
INCLUDING ALL ITEMS DAMAGES FROM WAREHOUSE TO WAREHOUSE INCLUDING IRRESPECTIVE OF PERCENTAGE

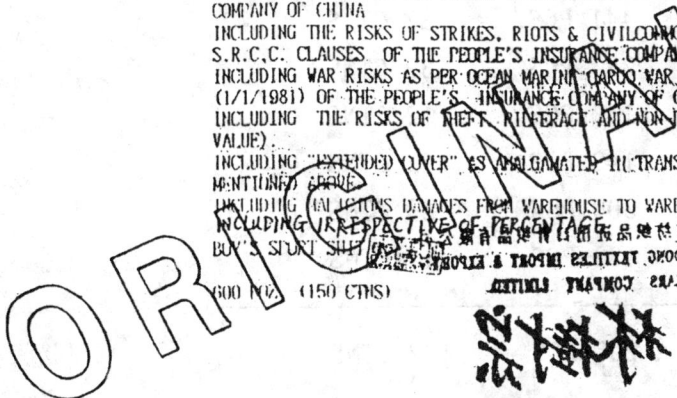

总 保 险 金 额 ：
Total Amount Insured : USDM1580.0000 U.S. DOLLARS FORTY-ONE THOUSAND FIVE HUNDRED AND EIGHTY ONLY

保费 as arranged
Premium

装载运输工具
Per conveyance S.S. VESSEL T.IDDM JERVIS BAY V. 10AC46

开行日期
Slg. on or abt. Nov.01.1997　　from GUANGZHOU CHINA　　to JEDDAH

This policy has been issued in　Two　ORIGINALS of the same tenor and date, one of which being accomplished, the other to be void. In the event of accident whereby loss or damage may result in a claim under this Policy immediate notice applying for survey must be given to the Company's Agent as mentioned hereunder.

CARGO SURVEYING AGENT:
ARADIAN ESTABLISHMENT FOR TRADE JOHARA BUILDING, JEDDAH
P.O.BOX NO.832 ;JEDDAH
"MEYASSER TELEX 40138 MEYASER SJ

Claim payable at JEDDAH
广 州 Guangzhou
Date NOV.01.1997
Address: 2. Guangwei Road, Guangzhou China
Tlx: 44462 PICCG CN　Fax :0086 20 3324566

THE PEOPLE'S INSURANCE CO. OF CHINA
GUANGDONG PROVINCIAL BRANCH
INTERNATIONAL DEPT.

UNDERWRITING MANAGER

中国人民保险公司广东省分公司
THE PEOPLE'S INSURANCE CO. OF CHINA
GUANGDON PROVINCIAL BRANCH

样单：出口商出具的检验证书

CERTIFICATE OF INSPECTION

DATE: Jul. 19, 2000
RE: L/C NO. ILCT507553
  INV. NO. 2000057WBS-5

DESCRIPT. OF GOODS: MEN'S WOMEN'S SWEATERS

STYLE NO.	QUANTITY	NO. OF CTN.
22275	758 PCS	63 CTNS
22277	441 PCS	37 CTNS
22292	383 PCS	32 CTNS
22328	140 PCS	12 CTNS
22332	143 PCS	12 CTNS
52281	300 PCS	25 CTNS
52281BH	132 PCS	11 CTNS
TTL.	2,297 PCS	192 CTNS

THIS IS TO CERTIFY THAT WE HAVE INSPECTED OF CAPTIONED
MERCHANDISES AND THE (CONTROL OF) QUALITY ARE IN CONFORMITY
WITH S/C NO. 2000CA44GMWBS11033

CERTIFIED BY:

————————
INSPECTOR

广东省纺织品进出口毛织品有限公司
GUANGDONG TEXTILES
            IE   WOOLEN
KNITWEARS CO.   LTD.

样单：船公司证明书

即達船務有限公司
JETER SHIPPING LTD.

香港皇后大道中367
萬利商業大廈106室
Rm 106, Manley Comm Bldg.,
367-375 Queen's Rd., Central, H.K.
Tel : 2545 7979   Fax : 2854 0836

CERTIFICATE

DATE:6 AUG.,1997

VSL/VOY:JI CHANG/AL IHSA'A V.WU735

B/L NO:JT97-1778

PORT OF DISCHARGE:DUBAI ,UAE

SHIPPING MARKS:
AL SHAMALI/DUBAI

WE CERTIFY THAT THE RELATIVE CARRYING VESSEL IS FULLY CLASSIFIED
AS PER INSTITUTE OF CLASSIFICATION CLAUSE,DATED 13-04-1992 AND
IS NOT ODDER THAN 15 YEARS OLD AND NO F.O.C. (FLAG OF
CONVENIENCE COUNTRIES) OR PROBLEM FLAG VESSELS.FOR BULK CARRIERS TH

For and on behalf of
JETER SHIPPING LIMITED
即達船務有限公司
馬紅光
....
AS CARRIER

第十节　制　单

由出口企业自己出具的单据，主要有汇票、发票、装箱单和受益人证明书等。外贸跟单员应掌握有关单据的填制规范，能根据信用证或合同的要求缮制有关单据。

一、汇票

（一）汇票的定义和基本内容

1. 汇票的定义

根据英国《票据法》所下的定义，汇票是指"由一人签发给另一人的无条件书面命令，要求受票人见票时或于未来某一规定的或可以确定的时间，将一定金额的款项支付给某一特定的人或其指定的人或持票人"。

我国《票据法》第 19 条对汇票下了如下的定义："汇票是出票人签发的，委托付款人在见票时或者在指定日期无条件支付确定的金额给付款人或者持票人的票据。"

2. 汇票的基本内容

各国《票据法》对汇票内容的规定不同。我国《票据法》第 22 条规定，汇票必须记载下列事项：①注明"汇票"字样；②无条件地支付委托；③确定的金额；④付款人的名称；⑤收款人的名称；⑥汇票的出票日期；⑦出票人签章。汇票上未记载规定事项之一者，汇票无效。

我国《票据法》第 23 条还就付款日期、付款地和出票地等内容作了以下规定："汇票上未记载付款日期的，为见票即付。汇票上未记载付款地的，付款人的营业场所、住所或经常居住地为付款地。汇票上未记载出票地的，出票人的营业场所、住所或经常居住地为出票地。"

上述基本内容，一般为汇票的要项，但并不是汇票的全部内容。按照各国《票据法》的规定，汇票的要项必须齐全，否则受票人有权拒付。

（二）汇票的当事人

1. 出票人（Drawer）

出票人即签发汇票的人。在进出口业务中，出票人通常是出口商。

2. 受票人（Drawee）

受票人即汇票的付款人。在进出口业务中，受票人通常是进口商或其指定的银行。

在信用证付款方式下，若信用证没有指定付款人，根据《UCP 600》的规定，开证行即是付款人，也就是汇票的受票人。

3. **受款人**（Payee）

受款人即汇票规定的可受领金额的人，也称为汇票的抬头人。在进出口业务中，若信用证没有特别指定，受款人通常是出口商本人或其指定的银行。

（三）汇票的填制

汇票属于资金单据，它可以代替货币进行转让或流通。因此，汇票是一种很重要的有价证券。为了防止丢失，一般汇票都有两张正本，即 First Exchange 和 Second Exchange。根据《票据法》的规定，两张正本汇票具有同等效力，但付款人付一不付二，付二不付一，先到先付，后到无效。银行在寄送单据时，一般也要将两张正本汇票分为两个邮次向国外寄发，以防在邮程中丢失。

1. **出票根据**（Drawn under）

（1）信用证项下，出票根据是表明汇票起源交易是允许的。一般内容要具备三项，即开证行名称、信用证号码和开证日期。

出票根据是说明开证行在一定的期限内对汇票的金额履行保证付款责任的法律依据，是信用证项下的汇票不可缺少的重要内容之一。

（2）托收项下，一般应加发运货物的名称、数量，有的还加起运港和目的港以及合同号等。如：

Covering 500 cartons of garments shipped from Xingang to Hong Kong under Contract No. 90GD030.

清偿第 90GD030 号合同项下自新港装运至香港的服装 500 箱。

Being amount of 1,200 cartons Apple under Contract No. 667TMK6204.

系第 667TMK6204 号合同项下 1 200 箱苹果之金额。

有的只加合同号，如"Drawn under Contract No. WK – 4653 – 74"（第 WK – 4653 – 74 号合同项下开立）。

托收汇票应在出票条款栏内或其他位置加注"For collection"。有的在出票条款栏内只加此项内容而不加任何其他说明。

上述这些做法，从实务中看，一般均能接受。

2. **年息**

填写合同规定的利息率。若合同没有规定，该项留空。

3. **号码**

填写商业发票的号码，实务中一般留空不填。

4. **小写金额**

汇票上的一定金额数，表示确切的金额数目。一般要求汇票金额使用货币缩写和用阿拉伯数字表示的金额小写数字。例如，USD 345.00。

除非信用证另有规定，否则，汇票金额所使用的货币必须与信用证规定和发票所使用的货币一致。在正常情况下，汇票金额应为发票金额的 100%，但以不超过信用证规定的最高金额为限。

5. 付款期限 (Tenor)

付款期限在各国票据中都被认为是票据的重要项目。一张汇票没有确定的期限，这张汇票将是无效的。在缮制汇票付款期限时，应按照信用证的规定填写。即期的要打上"At Sight"或"＊＊＊"。如证内规定开具远期汇票，应在"at"后面打印上期限。依据起算日期的不同，主要有如下几种：

（1）以装船日期为起算日期。如：

"We hereby issue our irrevocable documentary letter of Credit No. ××× available, at 60 days after B/L date by draft."

制单时应在汇票的付款栏目中填写" 60 days after B/L date"。

（2）以交单日期为起算日期。如：

"This L/C is available with us by payment at 30 days after receipt of full set of documents at our counters."

制单时应在汇票的付款栏目中填写"30 days after receipt of full set of documents at your counters"。

（3）以发票日期为起算日期。如：

"Draft at 30 days from invoice date."

制单时应在汇票的付款栏目中填写"30 days from invoice date"。

（4）以见票日期为起算日期。如：

"Draft at 90 days sight."

制单时应在汇票的付款栏目中填写"90 days"。

6. 受款人

受款人又称收款人（Payee），是汇票的抬头人，是出票人所指定的接受票款的当事人。有的以出口商或以其所指定的第三者为受款人。在国际票据市场上，汇票的抬头人通常有如下 3 种写法：

（1）记名式抬头（Demonstrative order），即在受款人栏目中填写"付给×××人的指定人"（Pay to the other of ×××）。这种类型是最普遍使用的一种。

（2）限制性抬头（Restrictive order），即在受款人栏目中填写"仅付给×××人"（Pay to ××× only）或"限付给×××人，不许转让"（Pay to ××× only not transferable）。

（3）持票人抬头（Payable to bearer），即在受款人栏目中填写"付给持票人"（Pay to bearer）。

在我国对外贸易中，汇票的受款人一般都是以银行指示为抬头。常见的信用证对汇票的受款人一般有以下 3 种做法：

（1）来证规定由中国银行指定或其他议付行，或来证对汇票受款人未作明确规定。通常，汇票的受款人应打印上："Pay to the order of Bank of China."（由中国银行指定）

（2）当来证规定由开证行指定时，在汇票的这一栏目应打印上："Pay to the order of... Bank."（开证行的名称）

（3）当来证规定由偿付行指定时，在汇票的这一栏目应打印上："Pay to the order of... Bank."（偿付行名称）

7. 大写金额

用文字表示并在文字金额后面加上"ONLY"（"整"），防止涂改。例如："UNITED STATES DOLLARS ONE THOUSAND TWO HUNDRED AND THIRTY FOUR ONLY."

大写金额应与上面的小写金额以及所使用的货币一致。如果大写与小写不符，议付行将不予接受。

8. 付款人及付款地点

汇票的付款人（Payer）即汇票的受票人（Drawee），也称为致票人。在汇票中表示为"此致……"（to...）。凡是要求开立汇票的信用证，证内一般都指定了付款人。若信用证没有指定付款人，根据《UCP 600》的规定，制票时以开证行为付款人。

（1）当信用证规定须开立汇票而又未明确规定付款人时，应理解为开证行就是付款人，从而打印上开证行的名称和地址。

（2）当信用证要求"DRAFT DRAWN ON APPLICANT"时，应填写该证的开证人的名称、地址。

（3）当信用证要求"DRAWN ON US"时，应填写开证行的名称和地址。

付款人旁边的地点，就是付款地点。它是汇票金额支付地，也是请求付款地或拒绝证书作出地。有时出票人也可在金额后写明用何地的货币偿还。

9. 出票人及出票地点

出票人（Drawer）即签发汇票的人。在进出口业务中，通常是指卖方（信用证的受益人）。按照我国的习惯，出票人一栏通常打上出口公司的全称，并由公司经理签署，也可以盖上出口公司包括有经理章字模的印章。

必须注意，汇票出票人应该是信用证指定的受益人。如果证内的受益人不是出具汇票的公司，应修改信用证。如未作修改，汇票的出票人应该是信用证指定的受益人名称，按来证照打，否则银行将当作出单不符而拒收。同时，汇票的出票人也应同其他单据的签署人名称相符。

汇票上必须注明出票地点，因为汇票如在一个国家出票，在另一个国家付款时，确定以哪个国家的法律为依据，来判断汇票所具备的必要项目是否齐全，从而使之有效。对此，各国采用出票地法律或行为地法律的原则，即以出票行为的当地法律，认为汇票已具备必要项目而生效时，付款地点也同样认为有效。

（四）汇票的使用

汇票的使用程序，除出票外，还有提示、承兑、付款等。

1. 提示（Presentation）

提示是指持票人将汇票提交付款人，要求承兑和付款的行为。付款人看到汇票叫做见票（Sight）。如系即期汇票，付款人见票后立即付款；如系远期汇票，付款人见票后办理承兑手续，到期立即付款。

2. 承兑（Acceptance）

承兑是指付款人对远期汇票表示承担到期付款责任的行为。其手续是由付款人在汇票正面写上"承兑"字样，注明承兑的日期，并由付款人签名。付款人对汇票作出承兑，即成为承兑人（Acceptor）。承兑人有在远期汇票到期时立即付款的责任。

3. 付款（Payment）

对即期汇票，在持票人提示时，付款人即应付款，无须经过承兑手续；对远期汇票，付款人经过承兑后，在汇票到期日付款。

4. 背书（Endorsement）

背书是转让汇票的一种手续，就是由汇票抬头人（受款人）在汇票背面签上自己的名字，或再加上受让人，即被背书人（Endorsee）的名字，并把汇票交给受让人的行为。经背书后，汇票的收款权利便转移给受让人。汇票可以经过背书不断转让下去。对于受让人来说，所有在他以前的背书人（Endorser）以及原出票人都是他的"前手"；对于出让人来说，在他出让以后的所有受让人都是他的"后手"。前手对后手负有担保汇票必然会被承兑或付款的责任。

在国际市场上，汇票持有人如要求付款人付款之前取得票款，可以经过背书将汇票转让给银行，银行在扣除一定的利息后将票款付给持票人，这叫做贴现（Discount）。银行贴现汇票后，就成为汇票的持票人，可以在市场上继续转让汇票，或者向付款人索取票款。

5. 拒付（Dishonour）

当汇票在提示时，遭到付款人拒绝付款或拒绝承兑，称为拒付。汇票经过转让，如果遭到拒付，最后的持票人有权向所有的"前手"追索，一直追索到出票人。持票人为了行使追索权，应及时作出拒付证书（Protect）。拒付证书，是由付款地的法定公证人或其他依法有权作这种证书的机构（例如法院、银行等）所作出的付款人拒付的文件，是最后持票人凭以向其"前手"进行追索的法律依据。如拒付的汇票已经承兑，出票人也可凭拒付证书向法院起诉，要求承兑汇票的付款人付款。

汇票的出票人或背书人为了避免承担被追索的责任，可在背书时加注"不受追索"（Without Recourse）的字样。凡列有这种批注的汇票，在市场上一般是很难转让流通的。

（五）信用证汇票条款举例

例 1

Credit available with any bank, by negotiation, against presentation of beneficiary's draft(s) at sight, drawn on applicant induplicate to order of ourselves.

该条款要求出具的即期汇票，作成以开证人为付款人，并进行记名指示背书。填制汇票时，应在汇票的背面填"议付行名称、地址 + TO ORDER OF + 开证行名称、地址"。

例 2

All drafts must be marked "Drawn under the Royal Bank of Canada, Montreal L/C No. ××× dated ××× and Banco de Chile, Santiago Credit No. ××× dated ×××".

该出票条款中有两家银行、两个信用证号码、两个开证日期。前者是转开证行也是指定的付款行或保兑行，后者是原始开证行。由于原始开证行与通知行无代理关系，因此通过另一家银行转开信用证，这样就出现了有两家银行、两个证号、两个开证日期的条款，出口人在开立汇票时须按该条款的要求缮制。

例 3

Draft to be enfaced with the following clause: "Payable with interest at bank's current rate of interest pertaining to the currency of this bill from date here of to the date of payment."

该条款要求在汇票上注明开证行自汇票开出的日期（即议付日期）起至其转向进口人收回垫款之日止这段时间的利息，开证人应按条款规定偿付给开证行。事实上这是开证行与进口人之间的利息结算，与出口人无关。但出口人须按此条款缮制汇票，以符合信用证要求（一般由银行代加）。

例 4

Draft at 90 days sight. We are authorized to pay interest at the rate of 9% p. a. for full invoice value at Materity. Invoice and draft must show the amount of interest.

该条款是 90 天远期汇票，见票后起算。开证行被授权按年息 9 厘计息到期付款。发票与汇票上必须显示利息金额。此条款表明货款金额连同利息都可在见票 90 天后在信用证项下支付，这就是真远期加利息。在发票上应打出"Plus 90 days interest × × ×"，然后再把货款加利息的总金额打在下面。汇票上应打出："The amount of 90 days interest at 9% p. a. being × × × is included."

例 5

Draft at 180 days sight drawn on Saitama Bank Ltd. , Tokyo Office. Usance drafts drawn under this L/C are to be negotiated at sight basis. Discount charges and acceptance commission are for account of accountee.

该条款由日本银行开来，汇票开立远期见票 180 天付款，但可即期议付，其承兑费和贴现费均由开证人负担。对受益人来说是即期信用证，通常称为假远期信用证。

二、发票

（一）商业发票

1. 商业发票的作用

商业发票是所有结汇单据的核心单据，其作用主要有：①发票是交易的合法证明文件，是货运单据的中心，也是装运货物的总说明。②发票是买卖双方收付货款和记账的依据。③发票是买卖双方办理报关、纳税的计算依据。④在信用证不要求提供汇票的情况下，发票代替了汇票作为付款依据。⑤发票是出口人缮制其他出口单据的依据。

2. 商业发票的缮制

（1）出票人名称与地址。一般情况下，出票人即为出口公司，制单时应标出出票人的中文和英文名称和地址。当企业采用印刷空白发票或电脑制单时，都已预先印上或在程序中编入出票人的中文名称和地址。

出票人的名称和地址应与信用证的受益人的名称和地址一致。

（2）发票名称。发票名称必须用粗体标出"COMMERCIAL INVOICE"或"IN-VOICE"。

（3）发票抬头人（Messrs.）名称与地址。当采用信用证支付货款时，如果信用证上有指定抬头人，则按来证规定制单。否则，一般情况下填写开证申请人（进口商）的名称和地址。当采用托收方式支付货款时，填写合同买方的名称和地址。填写时，名称和地址不应同行放置。

（4）出票人（Exporter）名称与地址。填写出票人的英文名称和地址。

（5）运输资料（Transport Details）。填写货物实际的起运港（地）、目的港（地）以及运输方式。如果货物需经转运，应把转运港的名称表示出来。如：

FROM GUANGZHOU TO HELSINKI W/T HONGKONG BY VESSEL.

（6）发票号码（Invoice No.）。发票号码由出口公司根据本公司的实际情况自行编制。

（7）发票日期（Invoice Date）

在所有结汇单据中，发票是签发日期最早的单据，该日期可以早于开证日期，但不得迟于信用证的议付有效期（Expiry Date）。

（8）信用证号码（L/C No.）。当采用信用证支付货款时，需填写信用证号码。若信用证没有要求在发票上标明信用证号码，此项可以不填。当采用其他支付方式时，此项不填。

（9）开证日期（L/C date）。填写信用证的开证日期。

（10）合同号码（S/C No.）。合同号码应与信用证上列明的一致。一笔交易牵涉几个合同的，应在发票上表示出来。

（11）支付方式（Terms of Payment）。填写该笔业务的付款方式，如L/C、T/T等。

（12）唛头及件号（Marks and Nos.）。发票的唛头应按信用证或合同的规定填写，并与托运单、提单等单据唛头严格保持一致。若为裸装货或散装货，可填写"N/M"（No Mark的缩写）。

如信用证或合同没有指定唛头，出口商可自行设计唛头。唛头内容包括客户名称的缩写、合同号（或发票号）、目的港、件号等部分。如货物运至目的港后还要转运到内陆城市的，可在目的港下面加打"IN TRANSIT TO ×××"或"IN TRANSIT"字样。

（13）货物内容（Description of Goods）。货物内容一般包括货物的名称、规格、数量、单价、贸易术语、包装等项目。制单时应与信用证的内容严格一致，省略或增加货名的字或句，都会造成单证不符，开证银行有权拖延或拒付货款。信用证引导货物内容的词或词组主要有：Description of goods、Shipment of goods、Covering Value of、Covering the following goods by、Covering shipment of、Description of merchandise。

对成交商品规格较多的，信用证常规定："AS PER S/C NO..."，制单时须分别详列各种规格和单价。

当使用其他支付方式（如托收）时，货物内容应与合同内容一致。

（14）商品的包装、件数（Quantity）。填写实际装运的数量及包装单位，并与其他单据相一致。凡信用证数量前有"约""大概""大约"或类似的词语，交货时允许数量有

10%的增减幅度。

（15）单价（Unit Price）。完整的单价由计价货币、计量单位、单位金额和价格术语四个部分组成。凡信用证单价前有"约""大概""大约"或类似的词语，交货时允许单价有10%的增减幅度。

（16）总值（Amount）。原则上发票的总值不能超过信用证规定的最高金额。但《UCP 600》第18条规定，按照指定行事的指定银行、保兑行或开证行可以接受超过信用证所允许金额出具的商业发票。信用证总值前有"约""大概""大约"或类似的词语，交货时允许总值有10%的增减幅度。

实际装运时，如信用证金额有余额，在开证人和开证行同意接受的情况下，可用发票金额制单结汇。如信用证金额不够，可作如下处理：

①发票金额比信用证金额多一点（如8.20美元），可在发票上加注"Written off USD 8.20, net proceed USD 10,000.00"（实收货款10 000美元，少收8.20美元），以便保证发票金额与信用证金额一致。

②发票金额比信用证金额多一些（如80.20美元），可在发票上加注"Less USD 80.20 to be paid by D/D latter, net proceed USD 10 000.00"（实收货款10 000美元，80.20美元通过以后的票汇收取），以便保证发票金额与信用证金额一致。

③发票金额比信用证金额多许多（如300美元），则须征得进口商和开证行同意，方可按发票的实际金额制单。具体操作可通过议付行电询开证行，得到开证行同意后制单结汇。对于扣佣金，要按信用证规定处理。信用证没有明确表示的，不能直接在实际进口商开来的信用证规定的毛额中扣除，否则，变成佣金付给实际进口商，而中间商却未得到。

（17）价格术语（Trade terms）。价格术语涉及买卖双方的责任、费用和风险的划分问题，同时，也是进口地海关核定关税的依据。因此，商业发票必须标出价格术语。信用证中的价格术语一般在货物内容的单价中表示出来。

（18）声明文句。信用证要求在发票内特别加列船名、原产地、进口许可证号码等声明文句，制单时必须一一详列。常用的声明字句有：

①证明所到货物与合同或订单所列货物相符。如：

We certify that the goods named have been supplied in conformity with Order No. 888.

兹证明本发票所列货物与第888号合同相符。

②证明原产地。如：

We hereby certify that the above mentioned goods are of Chinese Origin.　或

This is to certify that the goods named herein are of Chinese Origin.

兹证明所列货物系中国产。

③证明不装载于或停靠限制的船只或港口。如：

We certify that the goods mentioned in this invoice have not been shipped on board of any vessel flying Israeli flag or due to call at any Israeli port.

兹证明本发票所列货物不装载于悬挂以色列国旗或驶靠任何以色列港口的船只。

④证明货真价实。如：

We certify that this invoice is in all respects true and correct both as regards to the price and description of the goods referred herein.

兹证明本发票所列货物在价格、品质规格各方面均真实无误。

⑤证明已经航邮有关单据。如：

This is to certify that two copies of invoice and packing list have been airmailed direct to applicant immediate after shipment.

兹证明发票、装箱单各两份，已于装运后立即直接航邮开证人。

（19）出单人签名或盖章。商业发票只能由信用证中规定的受益人出具。

除非信用证另有规定，如果以影印、电脑处理或复写方法制作的发票，作为正本者，应在发票上注明"正本"字样，并由出单人签字。

《UCP 600》规定商业发票可不必签字，但有时来证规定发票需要手签的，则不能盖胶皮签字章，必须手签。对墨西哥、阿根廷出口，即使信用证没有规定，也必须手签。

3. 部分国家对发票的特殊规定

（1）智利：发票内要注明运费、保险费和 FOB 值。

（2）墨西哥：发票要手签。一般发票要求领事签证，可由贸促会代签，并注明"THERE IS NO MEXICAN CONSULATE HERE"（此地无墨西哥领事）。在北京可由墨西哥驻华使馆签证。

（3）澳大利亚：发票内应加发展中国家声明，可享受优惠关税待遇。声明如下：

"Developing country declaration that the final process of manufacture of the goods for which special rates are claimed has been performed in China and that not less than one half of the factory or works cost of the goods is represented by the value of the labour or materials or of labor and materials of China and Australia. "

（4）伊拉克：要求领事签证，由贸促会代替即可。

（5）黎巴嫩：发票应加证实其真实性的词句。如：

"We hereby certify that this invoice is authentic, that it is the only one issued by us for the goods herein, that the value and price of the goods are correct without any deduction of payment in advance and its origin is exclusively China. "

（6）科威特：发票内要注明制造厂商名称和船名，注明毛、净重并以千克表示。

（7）巴林：发票内应注明货物原产地，并且应手签。

（8）斯里兰卡：发票要手签，并且要注明"BTN NO. "。

（9）秘鲁：如信用证要求领事签证，可由贸促会代签。发票货名应以西班牙文表示，同时要列明 FOB 价值、运费、保险费等。

（10）巴拿马：可由贸促会签证并须注明"此地无巴拿马领事"。

（11）委内瑞拉：发票应加注西班牙文货名，由贸促会签证。

（12）伊朗：发票内应注明关税号。

（13）阿拉伯地区：一般都要求发票注明货物原产地并由贸促会签证，或者由贸促会出具产地证。

（14）尼泊尔、印度：发票要手签。

（15）土耳其：产地证不能联合在发票内。

4．信用证商业发票条款举例

例 1

Manually signed commercial invoices in six fold certifying that goods are as per indent No. GA/MAMN/003/98 of 03.06.1998 quoting L/C No. BTN/HS No. and showing original invoice and a copy to accompany original set of documents.

该条款要求手签的商业发票一式六份，证明货物是根据 1998 年 6 月 3 日、号码为 GA/MAMN/003/98 的订货单，注明信用证号码和布鲁塞尔税则分类号码，显示正本发票和一份副本随附原套单证。

例 2

5% discount should be deducted from total amount of the commercial invoice.

该条款要求商业发票的总金额须扣除 5% 折扣。

例 3

Signed commercial invoices in quadruplicate showing a deduction of USD 141.00 being ORC charges.

该条款要求签署的商业发票一式四份，并在商业发票上显示扣除 141 美元的 ORC 费用。

例 4

Manually signed commercial invoices in triplicate （3）indicating applicant's ref. No. SCLI -98-0474.

该条款要求手签的商业发票一式三份，并在商业发票上显示开证人的参考号码。

例 5

Beneficiary's original signed commercial invoices at least in triplicate issued in the name of the buyer indicating the merchandise, country of origin and any other relevant information.

该条款要求以买方的名义开具、注明商品名称、原产国及其有关资料，并经签署的受益人的商业发票正本至少一式三份。

（二）海关发票

海关发票（Customs Invoice）是进口国（地区）海关制订的一种专用于向该国（地区）出口的一种特别的发票格式。其主要内容是证明商品的成本价值和商品的生产国家。国外来证对海关发票所使用的名称常见的有以下几种：

（1）Customs Invoice（海关发票）；

（2）Appropriate Certified Customs Invoice；

（3）Invoice and Combined Certificate of Value and Origin（估价和原产地联合证明书）；

（4）Certified Invoice in accordance with ×××（进口国名称）*Customs Regulations*（根

据××国《海关法》开具的诚实发票）；

（5）Signed Certificate of Value and Origin in Appropriate Form.

1. 海关发票的作用

海关发票由出口商填制，供进口商在报关时提交给进口国（地区）海关。其主要作用有：

（1）进口国海关以此作为进口货物估价完税的依据；

（2）进口国海关以此核定货物原产地，以实行差别税率政策；

（3）进口国海关以此查核货物在出口国市场的销售价格，以确定出口国是否以低价倾销而征收反倾销税；

（4）进口国海关以此为统计资料依据。

2. 要求提供海关发票的主要国家（地区）

目前，要求提供海关发票的主要国家（地区）有美国、加拿大、澳大利亚、新西兰、牙买加、加勒比共同市场国家、非洲国家等。

3. 海关发票的填制（以加拿大海关发票为例）

（1）卖方（Vendor）的名称及地址。填写出口单位的名称及地址。

（2）直接运往加拿大的日期（Date of Direct Shipment to Canada）。必须填写货物开始进行连续运输的日期，即装运日期，须与提单日期相一致。如单据送银行预审，可请银行按正本提单日期代为加注。

（3）其他参考事项（Order Reference）。应填写有关合约、订单号码或商业发票号码等。

（4）收货人（Consignee）的名称及地址。必须填写加拿大收货人的名称和地址。

（5）买方（Purchaser's）。应填写向出口商（卖方）购买货物的人。如果是第4栏内的收货人则此栏可打上"Same as Consignee"。

（6）转船国家（Country of Transshipment）。填写转船地点的名称。如在香港转船可填写"From Shanghai to Montreal with Transshipment at Hongkong by Vessel"，如不转船可填"N/A"（Not Applicable）。

（7）生产国别（Country of Origin of Goods）。应填 CHINA。

（8）运输方式及直接运往加拿大的起运地点（Transportation：Give Mode and Place of Direct Shipment to Canada）。只要货物不在国外加工，不论是否转船，均填写起运地和目的地名称以及所用运载工具，如"From Shanghai to Montreal by Vessel"。

（9）价格条件及支付方式（Condition of Sales and Terms of Payment）。按商业发票的价格条件填写，如"C&F Montreal by L/C at sight"或"CIF Vancouver D/P at 60 days sight"。

（10）货币名称（Currency of Settlement）。卖方要求买方支付货币的名称，须与商业发票一致，如"CAD"。

（11）件数（No. of PKG）。应填写总包装件数，如"400 Cartons"。

（12）商品描述（Specification of Commodities）。应按商业发票的描述填写，并将包装情况及唛头填写在此栏。

（13）数量（Quantity）。应填写商品的具体单位数量，而不是包装的件数。

（14）单价（Unit Price）。应按商业发票的单价填写。

（15）总值（Total）。应按商业发票的总价填写。

（16）净重及毛重的总数（Total Weight）。填写总毛重和总净重。

（17）发票总金额（Invoice Total）。按商业发票的总金额填写。

（18）If any of fields 1 to 17 are included on and attached Commercial invoice, Check this box. 如果 1～17 的任何栏内容均已包括在随附的商业发票内，则在方框内打上"√"记号，并将有关的商业发票号填写在横线上。

（19）出口商名称及地址（Exporter's Name and Address）。可将第一栏卖方名称及地址填入，也可以打上"Same as Vendor"。

（20）负责人的姓名及地址（Originator Name and Address）。此栏仍应填写出口公司名称、地址、负责人签名。

（21）主管当局的现行管理条例（Departmental Ruling）。指加方海关和税务机关对该货进口的有关规定。一般填写"N/A"（Not Applicable）。

（22）If fields 23 to 25 are not applicable, Check this box. 如果 23～25 这三个栏目均不适用，可在方框内打上"√"记号。

（23）If included in field 17 indicate amount：如果以下金额已包括在第 17 栏目内：

①自起运地至加拿大的运费和保险费，可用原币制填写在横线上面。

②货物进口到加拿大后进行建造、安装及组装而发生的成本费用，我出口纺织品和服装类商品不适用，可打上"N/A"。

③出口包装费用，可按实际情况将包装费用金额打上。

（24）If not included in field 17 indicate amount. 如果以下金额不包括在第 17 栏目内：

①、②、③三栏一般均填写"N/A"。但如价格条件为 FOB，由出口方代进口方订舱出运，运费在货到时支付，则①栏可填实际运费金额。

（25）与补偿贸易、来料加工、产品专卖等业务有关，一般出口业务不适用，①、②两栏均填写"N/A"。

三、装箱单、重量单和尺码单

（一）装箱单、重量单和尺码单的作用

装箱单的作用主要是补充商业发票内容的不足，通过表内的包装件数、规格、唛头等项目填制，明确阐明商品的包装情况，便于买方对进口商品包装及数量的了解和掌握，也便于国外买方在货物到达目的港时，供海关检查和核对货物。

重量单和尺码单的作用与装箱单的作用基本相同，一般均列明每件货物的毛重和净重。在具体业务中，卖方须根据国外来证的规定及商品性质主要提供这两种单据，或只提供其中一种。

（二）装箱单、重量单和尺码单的缮制

（1）出口公司的中文、英文名称和地址。

（2）单据名称。填写装箱单、重量单和尺码单的中英文字样。中英文字样用粗体标出。常见的单据名称有：

PACKING LIST（NOTE）　装箱单

WEIGHT LIST（NOTE）　重量单

MEASUREMENT LIST　尺码单

PACKING LIST AND WEIGHT LIST　装箱单/重量单

PACKING NOTE AND WEIGHT NOTE　装箱单/重量单

PACKING LIST AND WEIGHT LIST AND MEASUREMENT LIST　装箱单/重量单/尺码单

PACKING NOTE AND WEIGHT NOTE AND MEASUREMENT NOTE　装箱单/重量单/尺码单

WEIGHT AND MEASUREMENT LIST　重量单/尺码单

WEIGHT AND MEASUREMENT NOTE　重量单/尺码单

PACKING AND MEASUREMENT LIST　装箱单/尺码单

PACKING AND MEASUREMENT NOTE　装箱单/尺码单

（3）填写出口公司的名称和地址。

（4）填写发票的开票日期。

（5）填写发票的号码。

（6）填写提单的号码。

（7）填写合同的号码或销售确认书的号码。

（8）填写运输的装运港、目的港和中转港名称以及运输方式和船名。

（9）填写唛头。

（10）填写商品的数量。该数量为运输包装单位的数量，而不是计价单位的数量。

（11）填写商品的名称。

（12）填写商品的单位净重和总净重。

（13）填写商品的单位毛重和总毛重。

（14）填写商品的单位尺码和总尺码。

（15）填写数量的大写。

（16）特别说明。

（17）出口公司落款。

装箱单一般不显示收货人、价格和装运情况，对货物内容的描述一般都使用统称。

装箱单着重表现货物的包装情况，包括从最小包装到最大包装所有使用的包装材料、包装方式。对于重量和尺码内容，在装箱单中一般只体现它们的累计总额。

包装条款一般包括包装材料、包装方式及包装规格等。

重量单在装箱单的基础上，详细表示货物的毛重、净重、皮重等。

尺码单要用"m^3"表示货物的体积，其他内容与重量单相同。

装箱单、重量单或尺码单可以出现特殊条款，是根据信用证要求填写的。如来证要求在装箱单中标明信用证号码、合同号码或特殊包装的说明文句等。

（三）包装的表示法举例

1. 只注明包装方式、造型等

PACKED IN CARTON（箱装）

PACKED IN BAG（袋装）

若为散装货，只注"IN BULK"。

2. 加注包装材料

PACKED IN WOODEN CASE（木箱）

PACKED IN GUNNY BAG（麻袋装）

3. 包装内货物数量或重量

EACH CARTON CONTAINS 2 SETS（每箱装 2 套）

ONE DOZEN PER BAG（每袋一打）

2 KGS/CASE（每箱 2 千克）

4. 注明包装件数及每件内含量

PACKED IN 100 CARTONS OF 2 PIECES EACH（装 100 箱，每箱 2 件）

200 SETS = 2 SETS/CTN × 100CTNS（200 套 = 每箱 2 套共 100 箱）

PACKED IN 160 EXPORT CARTONS EACH CONTAINING 5 PIECE OF 56 × 20 YARDS（装 160 个出口包装箱，每箱 5 匹，每匹 56 英寸 × 20 码）

500 M/TONS NET PACKED IN 2,500 DRUMS OF 200 KGS NET EACH（净重 500 公吨装 2 500 桶，每桶净装 200 千克）

EACH PIECE IN A POLY BAG, 1,000 PCS IN 200 CARTONS AND THEN IN CONTAINER（每件装在一个聚乙烯塑料袋内，1 000 件装 200 箱，然后装在集装箱内）

5. 带附带说明的包装

25KGS NET IN POLY WOVEN CLOTH LAMINATED WITH OUTER 1 – PLY KRAFT PAPER BAG（每个聚乙烯塑料袋内净装 25 千克，外套单层牛皮纸袋）

ONE SET PACKED IN A BOX TIED UP WITH STRIPE, TWO BOXES PER CARTON（1 个盒子内装 1 套，用带子扎起来，2 套装 1 箱）

EACH PIECE IN A POLY BAG WITH A HANGER, 2,500 PCS HANGED IN ONE CONTAINER（每件带 1 个衣架装在塑料袋内，2 500 件挂在 1 个集装箱内）

EACH PIECE/EXPORT CARTON CARRIES A STAMP/LABEL INDICATING THE NAME OF COUNTRY OF ORIGIN IN A NON-DETACHABLE OF NON-ALTERABLE WAY（每件装在 1 个出口包装箱内，并带有 1 个印章/标签，上面以不可分开或不能更改的方式注有产地国名称）

6. 包装相同、货物和货量不同的表示法

Art No.	Description of Goods	Quantity	G. W.	N. W.
SW0520	DINNER SET	300 CTNS	@18 KGS	@14.5 KGS
		2 SETS/CTN	5,400 KGS	4,350 KGS
TS0450	TEA SET	450 CTNS	@15 KGS	@12 KGS
		4 SETS/CTN	6,750 KGS	5,400 KGS
	TOTAL	750 CTNS	12,150 KGS	9,750 KGS

7. 纺织品货物相同、型号不同的表示法

MEN'S/WOMEN'S SWEATERS

STYLE NO.	C/NO.	COLOUR	SIZE/CTN (PCS)				@ QTY.
			S	M	L	XL	(PCS)
22275	1 – 19	INDIGO	2	4	4	2	12
	20	– DO –		8	3	1	12
	21 – 42	CHARCOAL	2	4	4	2	12
	43 – 50	LT CHARCOAL	2	6	2	2	12
	51 – 63	OLIVE	2	4	5	1	12
TTL	63 CTNS					756 PCS	

8. 信用证规定包装要求的表示法

有的信用证规定"SEAWORTHY PACKING"（适于海运的包装）、"PACKING SUIT-ABLE FOR LONG DISTANT TRANSPORTATION"（适于长途运输的包装）或"STRONG WOODEN CASE PACKING"（坚固木箱装）等。发票和装箱单应照抄。

（四）信用证装箱单条款举例

例1

Signed Packing List, original and nine copies.

该条款要求签名的正本装箱单和九份副本。

例2

Manually signed Packing List in triplicate detailing the complete inner packing specifications and contents of each package.

该条款要求手签装箱单一式三份，详注每件货物内部包装的规格和内容。

例 3

Packing List in six fold.

该条款要求装箱单一式六份。

例 4

Signed Packing List in quadruplicate showing gross weight, net weight, net/net weight, measurement, color, size and quantity breakdown for each package, if applicable.

该条款要求签名的装箱单一式四份，如果适用请标明每个包装的毛重、净重、净净重、尺码、颜色、尺寸和数量。

例 5

Detailed Weight and Measurement List showing in detail the colors, sizes and quantities in each carton and also NT. WT and G. WT.

该条款要求明细重量和尺码单，详注每箱货物的颜色、尺寸和数量以及毛重和净重。

四、受益人证明书

受益人证明书（Beneficiary's Certificate）是一种由受益人自己出具的证明，以便证明自己履行了信用证规定的任务或证明自己按信用证的要求办事，如证明所交货物的品质，证明运输包装的处理，证明按要求寄单等。

（一）受益人证明书的种类

1. 寄单证明

寄单证明是根据信用证的规定，在货物装运前后的一定期限内，由发货人邮寄给信用证规定的收货人全套或部分副本单据（个别的要求寄送正本单据），并单独出具寄单证明书，或将寄单证明内容列明在发票内，作为向银行议付的单证。

2. 电抄本

电抄本是根据信用证的规定，在货物出运前后的一定期限内，由发货人按信用证规定的内容，用电报、电传通知信用证规定的收电人，并以电报、电传的副本，或另缮制发电证明书，作为已发电的证明，交银行作为议付的单证。

3. 履约证明

证实某件事实、货物符合成交合约或来自某产地。如交货品质证明，由发货人按信用证的规定，证明所交货物的品质，该证明书可直接作为银行议付的单证。交货品质证明书中所证明的内容一般在发票或其他单据中已表明，但信用证要求单独出具该证明书，表明开证人对货物品质的关切程度。又如生产过程证明，由生产厂家说明产品的生产过程，该证明书也可直接作为银行议付的单证。

（二）受益人证明书的制作

受益人证明书的特点是自己证明自己履行了某项义务。一份受益人证明书一般有以下几个栏目：

（1）受益人中文、英文名称；

（2）单据名称。一般标明"BENEFICIARY'S CERTIFICATE"（受益人证明）或"BENEFICIARY'S STATEMENT"（受益人声明）；

（3）发票号码；

（4）信用证号码；

（5）出证日期；

（6）证明内容；

（7）受益人名称及签字。

（三）信用证受益人证明书条款举例

例 1

One copy of Invoice and Packing List to be sent direct to Applicant immediately after shipment, and Beneficiary's Certificate to be effect is required.

该条款要求装运后立即将发票和装箱单副本寄给开证人，并出具受益人证明书。

例 2

One full set of non-negotiable documents should be sent to buyer by regd. Airmail and certificate to this effect together with the relative postal receipt should be accompanied with the documents.

该条款要求提供寄送一套副本单据的证明，并要提供邮电局的航空挂号收据。

例 3

Certificate in duplicate issued by the beneficiary to the effect that 1/3 Original B/L, 1 Invoice, 1 Packing List have been sent by regd. Airmail to the above mentioned shipping agent with irrevocable instructions to reforward the goods up to Bujumbura to the order of × × bank and notify buyer × × ×.

该条款要求发货人除须出具上述寄单证明一式两份外，还须将证明内容的要求函告该运输代理行照办。

例 4

Beneficiary's Certificate certifying that the following documents have been sent to Applicant by expressed airmail or handed to applicant's representative after shipment effected:

① Certificate of Weight issued by CCIB/CCIC in quadruplicate.

② Certificate of Origin issued by CCIB/CCIC in quadruplicate.

③ Certificate of Quality issued by CCIB/CCIC in quadruplicate and showing the actual value of rofat and moisture.

④ One full set of non-negotiable shipping documents.

该条款要求出具受益人证明书证明受益人已在装船后把重量证书、产地证书、质量证书和一套装运单据寄交开证人。

例 5

Beneficiary's Certificate stating that certificate of manufacturing process and of the ingredients issued by Guangdong Yuefeng Trading Co., should be sent to SUMITOMD CORP. ESCLZ SEC-TION.

该条款要求出具受益人证明书说明该出口公司出口货物的生产过程，并提交作为议付的单证。

样单：汇票

```
凭               CANADIAN IMPERIAL BANK OF COMMERCE TORONTO
Drawn under
信 用 证          第  ILCT507553      号
L/C               No.
日 期            年      月      日
dated ........................ July 10, 2000
按    息                 付    款
Payable with interest @ ............. % per annum
号 码          汇票金额                    中 国      广 州       年  月  日
No. ..........  Exchange for  USD20,792.20  Guangzhou, China        19
见 票          —                日 后（本 汇 票 之 正 本 未 付）付
At ..................................... sight of this SECOND of Exchange ( First of exchange being unpaid)
pay to the order of ...............  BANK OF CHINA ,GUANGDONG , BRANCH
全    额                                              或其指定人
the sum of  U.S.DOLLARS  TWENTY  THOUSAND  SEVEN  HUNDRED  AND  NINETY-TWO ...
                                          GUANGDONG TEXTILES
                                             18      WOOLEN
                                          KNITWEARS CO.         LTD.
此致       CIBCCATT
To   CANADIAN IMPERIAL BANK OF COMMERCE
     TORONTO
```

样单：商业发票

广东省纺织品进出口毛织品有限公司
GUANGDONG TEXTILES
WOOLEN KNITWEARS CO., LTD.
中国广州市小北路168号粤纺大厦13楼
13/F　Guangdong Textiles Mansion,
168 XiaoBei Road, Guangzhou China

出口专用

纺外00092号

B№. 0002057

号码 No.	核销单号：449835114
日期 Date	2000057WBS-5
信用证号 L/C No.	July 12,2000

To: M/S
ABC CO.

SCARBOROUGH, ONTARIO

商业发票
COMMERCIAL INVOICE

装船口岸 From	目的地 To	
（YANTIAN）, GUANGDONG, CHINA	TORONTO, CANADA	ILCT507553

唛 号 Marks & Nos.	货 名 数 量 Descriptions and Quantities		总 值 Amount
			CIP TORONTO, CANADA INCOTERMS 1990
PRATEX-TOR P.O.# STYLE# COLOUR QUANTITY SIZE RATIO LABEL PREPACKS RATIO/	2000CA44GMWBS11033 MEN'S / WOMEN'S SWEATERS STYLE NO.22275 758 PCS—63 CTNS STYLE NO.22277 441 PCS—37 CTNS STYLE NO.22292 383 PCS—32 CTNS STYLE NO.22328 140 PCS—12 CTNS STYLE NO.22332 143 PCS—12 CTNS STYLE NO.52281 300 PCS—25 CTNS STYLE NO.52281BH 132 PCS—11 CTNS	@USD 9.10/PC @USD 9.50/PC @USD 9.10/PC @USD 8.80/PC @USD 9.20/PC @USD 8.50/PC @USD 8.50/PC	USD 6,897.80 USD 4,189.50 USD 3,485.30 USD 1,232.00 USD 1,315.60 USD 2,550.00 USD 1,122.00
		TOTAL VALUE:	USD 20,792.20
	TOTAL:2,297 PCS 192 CTNS		
合　　　计			

广东省纺织品进出口毛织品有限公司
GUANGDONG TEXTILES
WOOLEN KNITWEARS CO., LTD.

样单：海关发票

<table>
<tr><td colspan="2">CANADA CUSTOMS INVOICE
FACTURE DES DOUANES CANADIENNES</td><td>Page　　　of
de</td></tr>
<tr><td>1 Vendor (Name and Address)/ Vendeur (Nom et adresse)

GUANGDONG TEXTILES IMP. & EXP.
(GROUP) WOOLEN COMPANY LTD.
NO.168 XIAO-BEI ROAD,GUANGZHOU</td><td colspan="2">2 Date of Direct Shipment to Canada/ Date d'expédition directe vers le Canada

July 30,2000
3 Other References (Include Purchaser's Order No.)
Autres références (Inclure le n. de commande de l'acheteure)

2000CA44GMRS11033</td></tr>
<tr><td>4.Consignee (Name and Address)/ Destinataire (Nom et adresse)

A B C CO.</td><td colspan="2">5 Purchaser's Name and Address (If other than Consignee)
Nom et adresse de l'acheteur (S'il diffère du destinataire)

SAME AS CONSIGNEE.

6 Country of Transhipment/ Pays de transbordement
NIL
7. Country of Origin of Goods
Pays d'origine des marchandises   IF SHIPMENT INCLUDES GOODS OF DIFFERENT ORIGIN ENTER ORIGINS AGAINST ITEMS IN 12
CHINA   B ORIGINES DIFFERENTES PRECISER LEUR PROVENANCE EN 12</td></tr>
<tr><td>8 Transportation: Give Mode and Place of Direct Shipment to Canada
Transport: Préciser mode et point d'expédition directe vers le Canada

BY VESSEL
SHIPMENT FROM (YANTIAN),GUANGDONG,CHINA TO TORONTO, CANADA</td><td colspan="2">9 Conditions of Sale and Terms of Payment
(i.e Sale Consignment Shipment: Leased Goods etc.)
Conditions de vente et modalités de paiement
(p ex vente expédition en consignation location de marchandises etc)

BY L/C AT SIGHT CIP TORONTO, CANADA INCOTERMS 1990

10 Currency of Settlement/ Devises du Paiement
U.S.DOLLARS</td></tr>
<tr><td>11 No of Pkgs
Nbre de colis

192 CTNS</td><td>12. Specification of Commodities (Kind of Packages Marks and Numbers General Description and characteristics I e Grade Quality)
Désignation des article (Nature des colis marques et numéros description generale et caractéristiques,p. ex.classe,qualité)

(PLS SEE ATTACHING SHEET)</td><td>13 Quantity
(State Unit)
Quantité
(Préciser l'unité)

    Selling Price/ Prix de vente
14 Unit Price / Prix Unitaire   15. Total
PER/PC CIP TORONTO, CANADA INCO</td></tr>
<tr><td colspan="2">18
If only of fields 1 to 17 are included on an attached commercial invoice check this box
Si les renseignements des zones 1 à 17 figurent sur la facture commerciale cocher cette boîte
commercial invoice no/ N de la facture commerciale _____
2000057RS-5</td><td>Net Weight / Poids Net
Net   Gross/ Brut   USD40792.20 Total
Total de la facture</td></tr>
<tr><td colspan="2">19 Exporter's Name and Address (If other than vendor)
Nom et adresse de l'exportateur (S il diffère du vendeur)
SAME AS VENDOR

NIL.</td><td>20. Originator (Name and Address)/ Expéditeur d'origine (Nom et adresse)
SAME AS VENDOR</td></tr>
<tr><td colspan="2">21 Departmental Ruling (if applicable)/ Décision du Ministère(S il y a lieu)</td><td>22
if fields 23 to 25 are not applicable check this box
Si les zones 23 à 25 sont sans objet, cocher cette boîte</td></tr>
<tr><td>23. If included in field 17 indicate amount:
Si compris dans le total à la zone 17, préciser
(i) Transportation charges,expenses and insurance from the place of direct shipment to Canada
Les frais de transport dépenses et assurances à partir du point d'expédition directe vers le Canada
$ _____
(ii) Costs for construction, erection and assembly incurred after importation into Canada
Les coûts de construction. d'érection et a assemblage après importation en au Canada
$ RMB 1,536.00</td><td>24. If not included in field 17 indicate amount
Si non compris dans le total à la zone 17 Préciser
(i) Transportation charges expenses and insurance to the place of direct shipment to Canada
Les frais de transport dépenses et assurances jusqu'au point d'expédition directe vers le Canada
$ _____
(ii) Amounts for commissions other than buying commissions
Les commissions autres que celles versées pour l'achat
$ NIL
(iii)Export packing
Le coût de l emballage d exportation
$ _____</td><td>25 Check (if applicable)
Cocher (S il y a lieu)
(i) Royalty payments or subsequent proceeds are paid or payable by the purchaser
Des redevances ou produits ont été ou seront versés par l'acheteur

(iii) The purchaser has supplied goods or services for use in the production of these goods
L acheteur a fourni des marchandises ou des services pour la production des marchandises</td></tr>
<tr><td colspan="3">(iii) Export packing
Le coût de l'emballage d'exportation
$ _____</td></tr>
</table>

样单：海关发票（附页）

唛 号 Marks & Nos.	货 名 数 量 Descriptions and Quantities		总 值 Amount
PRATEX-TOR P.O.# STYLE# COLOUR QUANTITY SIZE RATIO LABEL PREPACKS RATIO/	2000CA44GMWBS11033 MEN'S / WOMEN'S SWEATERS STYLE NO.22275 758 PCS—63 CTNS STYLE NO.22277 441 PCS—37 CTNS STYLE NO.22292 383 PCS—32 CTNS STYLE NO.22328 140 PCS—12 CTNS STYLE NO.22332 143 PCS—12 CTNS STYLE NO.52281 300 PCS—25 CTNS STYLE NO.52281BH 132 PCS—11 CTNS	@USD 9.10/PC @USD 9.50/PC @USD 9.10/PC @USD 8.80/PC @USD 9.20/PC @USD 8.50/PC @USD 8.50/PC TOTAL VALUE:	CIP TORONTO, CANADA INCOTERMS 1990 USD 6,897.80 USD 4,189.50 USD 3,485.30 USD 1,232.00 USD 1,315.60 USD 2,550.00 USD 1,122.00 USD 20,792.20
	TOTAL:2,297 PCS 192 CTNS		
合 计			

广东省纺织品进出口毛织品有限公司
GUANGDONG TEXTILES IEXPORT
WOOLEN KNITWEARS CO. LTD.

样单：装箱单

PACKING LIST

2000CA44GMWBS11033

2000057WBS-5

ILCT507553

July 12, 2000

MEN'S / WOMEN'S SWEATERS

STYLE NO.	C/NO.	COLOUR	S	M	L	XL	@QTY. (PCS)
22275	1-19	INDIGO	2	4	4	2	12
	20	-DO-		8	3	1	12
	21-42	CHARCOAL	2	4	4	2	12
	43	-DO-	3	6	7	2	18
	44-50	LT CHARCOAL	2	4	4	2	12
	51	-DO-	2	2	2	2	8
	52-62	OLIVE	2	4	4	2	12
	63	-DO-	2	4	5	1	12

TTL.: 63 CTNS　　758 PCS

STYLE NO.	C/NO.	COLOUR	S	M	L	XL	@QTY. (PCS)
22277	1-11	NAVY	2	4	4	2	12
	12	-DO-	5		4	3	12
	13-28	CHARCOAL	2	4	4	2	12
	29	-DO-	2	1	6	3	12
	30-36	LT CHARCOAL	2	4	4	2	12
	37	-DO-	2	4	1	2	9

TTL.: 37 CTNS　　441 PCS

STYLE NO.	C/NO.	COLOUR	S	M	L	XL	@QTY. (PCS)
22292	1-11	INDIGO	2	4	4	2	12
	12	-DO-	2	5	3	2	12
	13-19	CHARCOAL	2	4	4	2	12
	20	-DO-	2	4	6		12
	21-31	OLIVE	2	4	4	2	12
	32	-DO-	1	2	6	2	11

TTL.: 32 CTNS　　383 PCS

STYLE NO.	C/NO.	COLOUR	S	M	L	XL	@QTY. (PCS)
52281	1-6	INDIGO	3	6	3		12
	7-14	CHARCOAL	3	6	3		12
	15	-DO-		7	5		12
	16-18	-DO-	3	6	3		12
	19-25	OLIVE	3	6	3		12

TTL.: 25 CTNS　　300 PCS

STYLE NO.　C/NO.　COLOUR　SIZE/CTN(PCS)　@QTY.

PACKING LIST

2000CA44GMWBS11033

2000057WBS-5

ILCT507553

July 12,2000

			S	M	L	XL	(PCS)
52281BH	1-5	INDIGO	3	6	3		12
	6	-DO-	3	5	4		12
	7-11	OLIVE	3	6	3		12

TTL.: 11 CTNS 132 PCS

STYLE NO.	C/NO.	COLOUR	SIZE/CTN (PCS)				@QTY.
			S	M	L	XL	(PCS)
22328	1-11	OLIVE	2	4	4	2	12
	12	-DO-	1	2	4	1	8

TTL.: 12 CTNS 140 PCS

STYLE NO.	C/NO.	COLOUR	SIZE/CTN (PCS)				@QTY.
			S	M	L	XL	(PCS)
22332	1-11	CHARCOAL	2	4	4	2	12
	12	-DO-	1	7	1	2	11

TTL.: 12 CTNS 143 PCS

===

TTL.: 192 CTNS 2,297 PCS
TTL.G.W.: 1,250 KGS TTL.N.W.: 962 KGS TTL.MEAS.: 9.81 CBM

SHIPPING MARK
============

PRATEX-TOR
P.O.#
STYLE#
COLOUR
QUANTITY
SIZE RATIO
LABEL
PREPACKS RATIO/

广东省纺织品进出口毛织品有限公司
GUANGDONG TEXTILES
1E WOOLEN
KNITWEARS COMPANY LTD.

PAGE 2

样单：受益人证明书

(CERTIFICATE)

INV.NO.:2000057WBS-5

L/C NO.:ILCT507553

DATE:July 30,2000

BENEFICIARY'S CERTIFICATE

WE HEREBY CERTIFYING THAT COMMERCIAL INVOICE,
PACKING LIST, ORIGINAL EXPORT LICENCE AND ORIGINAL
CANADA CUSTOMS INVOICE HAVE BEEN DESPATCHED BY
COURIER DIRECT TO *ABC CO.*

广东省纺织品进出口毛织品有限公司
GUANGDONG TEXTILES
IE   WOOLEN
KNITWEARS CO.   LTD.

第十一节　审单及出口结汇

当全套结汇单据已完成后，外贸跟单员必须对全套单据进行认真的审核。对于信用证付款，审核单据的依据是信用证、《UCP 600》和《ISBP》，信用证没有规定的以合同为准；对于汇付或托收付款的，审核单据的依据是合同。

一、《UCP 600》对单据的要求

外贸跟单员应掌握《UCP 600》对单据的有关规定，依照有关的国际惯例办理。有关的要求主要有：

（1）除非信用证另有规定，只要单据注明为正本，如必要时，已加签字，银行也将接受下列方法制作或把按该方法制作的单据作为正本单据：①影印、自动或电脑处理；②复写。

（2）单据签字可以手签，也可用签样印制、穿孔签字、盖章、符号表示或其他任何机械或电子证实的方法处理。

（3）除非信用证另有规定，银行将接受标明副本字样或没有标明正本字样的单据作为副本单据，副本单据无须签字。

（4）如信用证要求多份单据，诸如"一式两份""两张""两份"等，可以提交一份正本，其余份数以副本来满足。但单据本身另有显示者除外。

（5）当要求提供运输单据、保险单据和商业发票以外的单据时，信用证中应规定该单据的出单人及其措辞或内容。如信用证对此未作规定，只要所提交单据的内容与提交的其他规定单据不矛盾，银行将接受此类单据。

（6）除非信用证另有规定，银行将接受出单日期早于信用证日期的单据，但该单据必须在信用证和本惯例规定的期限内提交。

二、审核各种结汇单据应考虑的主要问题

以信用证付款，必须按照"严格符合"的原则，做到"单单相符，单证相符"。以信用证为基础的审核可以做到"单证相符"，以商业发票为中心对其他单据的审核可以做到"单单相符"。因此，对单据的审核应从综合审核和分单审核两个方面进行。

（一）综合审核

（1）信用证规定的单证是否齐全？
（2）信用证规定的各单证所需份数是否足够？
（3）单据之间的货物名称是否存在矛盾？

（4）单据的名称是否符合信用证的要求？

（5）单据之间的出单日期顺序是否合理？

（6）单据之间的货物数量、重量、体积、唛头和金额等内容是否一致？

（7）信用证对单据要求的特别认证是否已办妥？

（二）分单审核

1．商业发票

（1）商业发票的抬头人是否为信用证的开证人？信用证对商业发票的抬头人有特殊规定时是否按规定处理？

（2）商业发票的出票日期和号码是否漏填？出票日期是否在信用证规定的到期日之后？

（3）商业发票中货物的描述是否与信用证的要求完全一致？

（4）商业发票是否列明合同或信用证规定的贸易术语？

（5）商业发票上的总值大小写是否一致？含佣金或折扣的是否按要求列明？

（6）商业发票上的总值是否超过信用证规定的最高金额？

（7）商业发票上的币制是否与信用证一致？

（8）信用证要求在商业发票内加列如船名、原产地等的声明文句，是否按要求一一详列？

（9）商业发票的出票人是否为信用证的受益人？

（10）信用证要求商业发票手签时，是否按要求处理？

2．汇票

（1）信用证付款时，是否按信用证规定的出票条款填写？

（2）汇票上的金额是否与商业发票上的金额一致？是否有佣金的处理？

（3）汇票上的金额是否超过信用证规定的金额？

（4）汇票上的金额大小写是否一致？

（5）汇票上的币制是否与信用证一致？

（6）汇票的付款人是否误填为进口商？

（7）付款人的名称、地址是否填写正确齐备？

（8）出票人的名称、地址、签章是否齐备？

（9）汇票须背书时是否按合同或信用证的要求处理？

（10）汇票的出票日期是否在信用证规定的有效期内？

3．提单

（1）提单的种类（如已装船提单、舱面提单、直运提单或集装箱提单等）是否符合信用证的要求？

（2）提单的收货人、被通知人是否按信用证的要求填制？

（3）提单中的装运港、目的港及转运港是否填写正确？

（4）提单上运费缴付方式（如 FREIGHT PREPAID、FREIGHT COLLECT 等）填写是否准确？

（5）提单日期是否迟于投保日期及信用证规定的最迟装运日期？

（6）提单是否已表明签发人的身份？提单是否有承运人及其代理人的名称？

（7）所有正本提单是否都有承运人或其代理人的签章？

（8）提单是否有不良批注？

（9）提单是否需要背书？

（10）提单内容的更改是否有提单签发人的签章？

4. 保险单

（1）保险单据的名称是否与信用证规定的相符？

（2）被保险人是否按信用证的要求填写？

（3）保险金额是否已含所要求的保险加成率？

（4）保险金额的货币单位是否与信用证一致？保险单上的保险金额大小写是否一致？

（5）保险条款是否按信用证的要求填写？保险险别和附加险别是否有遗漏？

（6）保险单中的船名、航次、装运港、目的港是否与提单一致？

（7）赔款偿付地点和投保地点是否混淆？

（8）保险单的签发日期是否在提单签发日期之后？

（9）保险单是否按要求背书？

（10）保险单是否有保险公司或其代理人签章？

5. 原产地证明书

（1）是否按信用证或合同的要求出具一般原产地证明书或普惠制原产地证明书 FORM A？

（2）签证机构是否符合信用证或合同的要求？

（3）一般原产地证明书或普惠制原产地证明书 FORM A 的第 1 项和第 2 项是否漏填了出口国和进口国的名称？

（4）一般原产地证明书第 7 项的包装数量和第 9 项的计价数量是否混淆？

（5）普惠制原产地证明书 FORM A 第 12 项的出口国和进口国是否错填为装运港和目的港？

（6）一般原产地证明书或普惠制原产地证明书 FORM A 的签发日期是否错填为早于申请日期？

三、出口结汇

（一）出口结汇的常用方法

1. 收妥结汇

收妥结汇是指议付行收到出口商的出口单据后，经审查无误，将单据寄交国外付款行索取货款，待收到付款行将货款拨入议付行账户的贷记通知书时，即按当日外汇牌价，折成人民币，扣除有关费用后拨给出口商。

目前，我国大多采用收妥结汇的方法。银行一般在扣除议付费后拨给出口商，议付费用中资银行一般以人民币扣费，外资银行一般以外汇扣费（参见后面的银行水单）。因此，当议付行为外资银行时，核算出口外汇净收入时应减去以外汇扣除的议付费。

2. 押汇

押汇是指议付行在审单无误的情况下，按信用证条款买入受益人的汇票和单据，从票面金额中扣除从议付日到估计收到票款之日的利息，将余款按议付日外汇牌价折成人民币，拨给外贸公司。

3. 定期结汇

定期结汇是指议付行根据向国外付款行索偿所需时间，预先确定一个固定的结汇期限，到期后主动将票款金额折成人民币拨给外贸公司。

（二）出口结汇时应注意的问题

1. 交单期最后一天的特殊情况

《UCP 600》第29条规定，如信用证的到期日及/或信用证规定的交单期限，或第43条规定所适用的交单的最后一天，适逢接受单据的银行因第17条规定以外的原因而终止营业，则规定的到期日及/或装运后一定期限内交单的最后一天，将顺延至该银行开业的第一个营业日。

> **案例：**我国A公司向加拿大B公司以CIF术语出口一批货物。B公司于4月5日开来不可撤销信用证，此证按《UCP 600》规定办理，证内规定：装运期不得晚于4月15日，交单期为4月24日前，信用证有效期为5月4日。我A公司赶在4月14日装船，提单签发日为4月14日。4月22日我A公司备齐单据向银行交单，恰逢4月22、23日为银行非营业日，只好在4月24日将全套符合信用证规定的单据交银行办议付。请问：我A公司能否顺利议付？为什么？
>
> **分析：**我国A公司在4月24日交单，可以顺利议付。本案中，信用证规定在4月24日前交单，A公司备齐单据于4月22日向银行交单，恰逢4月22、23日为银行非营业日，根据《UCP 600》规定，该公司交单的时间将顺延至银行开业的第一个营业日即4月24日。因此，A公司4月24日将全套符合信用证规定的单据交银行办议付是可以顺利议付的。

2. 交单期限的规定

《UCP 600》第14条规定，除规定一个交单到期日外，凡要求提交运输单据的信用证，尚需规定一个在装运日后按信用证规定必须交单的特定期限。如未规定该期限，银行将不予接受迟于装运日期后21天提交的单据。但无论如何，提交单据不得迟于信用证的到期日。

案例：某外贸公司出口某货物一批，数量为 1 000 公吨，每公吨 USD78 CIF Rotterdam。国外买方通过开证行按时开来信用证，证内注明按《UCP 600》办理，该证规定：总金额不得超过 USD78 000，有效期为 11 月 30 日。外贸公司于 11 月 4 日将货物装船完毕，取得提单，签发日期为 11 月 4 日。请问：（1）外贸公司最迟应在何日将单据送交银行议付？为什么？（2）本批货物最多、最少能交多少公吨？为什么？

分析：（1）最迟应在 11 月 25 日交单。《UCP 600》中规定，信用证中如无规定最迟交单期，银行将拒收迟于装运日期后 21 天提交的单据，但无论如何，提交单据不得迟于信用证的到期日。本案中，装运期是 11 月 4 日，则最迟交单期应为 11 月 25 日。（2）本批货最多能交 1 000 公吨，最少 950 公吨。《UCP 600》中规定，对于散装货，即使信用证没有规定溢短装，交货数量也可增减 5%，但不能超过信用证的总金额。因此，本案中，卖方可以少交货 5%，但不可多交，即最多能交 1 000 公吨，最少 950 公吨。

3. 装运期某些词语的理解

《UCP 600》第 3 条规定，不应使用诸如"迅速""立即""尽快"之类词语，如使用此类词语，银行将不予置理。又规定如使用"于"或"约于"之类词语限定装运日期，银行将视为在所述日期前后各 5 天内装运，起讫日包括在内。

4. 单据中货物描述的规定

《UCP 600》第 18 条 c 款的规定，商业发票中的货物描述，必须与信用证规定相符。其他一切单据则可使用货物的统称，但不得与信用证规定的货物描述有抵触。

（三）出口结汇应提交的单据

目前，国际货物买卖使用的贸易术语多采用 FOB、CFR、CIF 以及 FCA、CPT、CIP，这些贸易术语都属于象征性交货。不管是采用汇付、托收，还是信用证付款方式，结汇时一般都需要提交一系列单据。常用的结汇单据有：

（1）汇票；

（2）商业发票；

（3）装箱单；

（4）海运提单或航空运单；

（5）一般原产地证明书；

（6）普惠制原产地证明书；

（7）保险单；

（8）受益人证明书；

（9）商检证书；

（10）船公司证明书；

（11）邮寄证明；

（12）装船通知；

（13）海关发票。

样单：国际结算业务收费费率表

中国民生银行国际结算业务收费费率表

单位：人民币元

业务项目			费率/费额	最低	最高	备注
出口业务	一．跟单信用证					
		1．通知/转递费	200			
		2．修改/预通知/注销费	100			
		3．议付费/验单费	1.25‰	200		
		4．保兑费	2‰	300		每三个月收取一次，不足三个月按三个月计算，不另收通知费
		5．转让费　信用证条款不变	300			
		信用证条款改变	1‰	300	1000	
		6．付款费	1.5‰	200		付款信用证
	二．跟单托收					
		1．跟单托收手续费	1‰	100	2000	
		2．免付款交单手续费	100			
		3．退单费	100			
	三．光票托收					
		1．手续费	1‰	20	1000	
		2．退票费	50			
		3．收益人退汇/转汇	1‰	50	1000	按汇出汇款业务收费
进口业务	一．跟单信用证					
		1．开证费	1.5‰	200		有效期三个月以上，每三个月增收0.05%，100%保证金者不加收
		2．修改/注销/退单	100			增额或展期应加收相应费用，增额且展期按高额收费
		3．承兑	1.5‰	200		按月收取，不足1个月按1个月计收，收足保证金者免收
		4．拒付	200			
		5．付款费	100			对外付款时收取
		6．不符点处理费	USD50			向境外银行（受益人）收取
		7．单据处理费	USD12.1			向境外银行（受益人）收取
		8．提货担保	0.5‰	300		收足保证金者按最低标准收取
	二．进口代收					
		1．进口代收手续费	1‰	100	2000	
		2．承兑费	150			
		3．免付款交单	100			
		4．拒付/退单	100			
		5．付款费	100			对外付款时收取
	三．汇出汇款					
		1．手续费	1‰	50	1000	
		2．汇款修改	100			
		3．退汇/挂失止付	100			
保函	一．开立保函					
		1．投标保函	0.5‰	300		按季收取
		2．履约保函	1‰	500		按季收取
		3．付款保函	2‰	300		按季收取，有效期三个月以上，每三个月增收0.5‰，100%保证金者不加收
		4．预付款保函	1‰	300		按季收取
		5．其他保函	0.5‰-2‰	300		按不同类型不同期限收取
	二．保函修改/注销		100			增额或展期应加收相应费用，增额且展期按高额收费
	三．保函通知		200			
其他	电报费			100	400	往来电报：港澳100，远洋200 开证/保函：港澳200，远洋400
	邮电费					快邮费按实收取

注：邮费：港澳地区：USD8.00　　　　　东亚及东南亚地区：USD15.00

　　　　欧洲及北美地区：USD20.00　　　中东，南美，非洲及其他：USD30.00

样单：银行水单

東 亞 銀 行
廣 州 分 行

THE BANK OF EAST ASIA, LIMITED
GUANGZHOU BRANCH

廣州天河北路 183 號大都會廣場一至四樓　電話:87551138　傳真:87553938　電傳:440726 BEAGZ CN　環球銀行財務電信:BEASCNSHAGZU　電報掛號:BEAGUANGZHOU
G/F - 3/F, METRO PLAZA, 183 TIAN HE BEI ROAD, GUANGZHOU, CHINA. TEL:87551138 FAX:87553938 TELEX:440726 BEAGZ CN S.W.I.F.T.:BEASCNSHAGZU TELEGRAM:BEAGUANGZHOU

出口水单

致：GD TEXTILES I/E COTTON MANUFACTURED GOODS CO. LTD.

发 票 号 码：2002706MCBS　　　　　金　　额：USD 85,689.10
敝 行 编 号：1012N013591　　　　　　　　　　D/P AT SIGHT
核 销 单 号：44H585289

☐ 上述的买单单据，年利率＿＿＿＿%，于今天付款予　　贵公司
☒ 上述的单据之款项已经收妥，于今天付款予　　贵公司

现将细目列出以供　　贵公司参考

发票金额　　　　　　　　　　　　　　　USD 85,689.10
国外扣费用　　　　　　　　　　　　　　USD 60.00
敝行扣除偿还打包放款及/或买单单据

敝行扣除打包放款及/或买单利息

敝行扣除费用：议付费　　　　　　　　　USD 68.55
　　　　　　　无兑换佣金
　　　　　　　邮费　　　　　　　　　　USD 18.00
　　　　　　　电报费/电汇费
　　　　　　　其他费用

敝行退还费用：

净付金额　　　　　　　　　　　　　　　USD 85,542.55

上述净付金额于 26 MAR 2002 通过　　　　　　　汇往/划入
省中行　　　　　后拨入　贵公司账户，账号 8001057538080991001
如贵公司发现款项尚未收妥,请即与敝行联络,敝行定尽快调查及解决。

东亚银行广州分行　谨启
26 MAR 2002　日

總行：香港中環德輔道中十號　電話:28423200　電傳:HX 73017　電報掛號:BANKEASIA　環球銀行財務電信:BEASHKHH　傳真:2845 9333
Head Office:10 Des Voeux Road Central, Hong Kong　Telephone:28423200　Telex:HX73017　Telegram:BANKEASIA　S.W.I.FT.:BEASHKHH　Fax:2845 9333
GZBL 020

样单：提交银行全套结汇单据1：客户交单联系单

3053-②

客户交单联系单

致：中国银行

兹随附下列出口单据一套，信用证业务请按国际商会现行《跟单信用证统一惯例》办理，跟单托收业务请按国际商会现行《托收统一规则》办理。

信用证	开证行：Union Bank of Switzerland H.K	信用证号：ILC-43 5289
	通知行号：4015 958 9	提单日期：15/1	有效期：30/10	交单期限：15 天
无证托收	付款人全名及详址：		
	代收行外文名称及详址（供参考）：		
	交单方式：（ ）D/P （ ）D/P	付款期限：	

| 发票编号：97-380-2240 | 核销单编号：29 2897 | 金额：USD 16701.00 |

单据	名称	汇票	发票	海关发票	装箱/重量单	产地证	GSP FORM A	数量/质量/重量证	检验/分析证	出口许可证	保险单	运输单据	电抄	受益人证明	船公司证明		
	份数	2	3	3		1					1	2					

委办事项：（打"×"者）

（ ）上述单据请按我司与贵行签订之总质押书办理押汇。

（ ）上述单据系代理出口项下业务，收妥后请原币划＿＿＿＿＿＿＿＿＿＿

（ ）开户行：＿＿＿＿＿＿＿＿＿＿，账号：＿＿＿＿＿＿＿＿＿＿

（ ）若付款人拒绝付款/承兑，不必作成拒绝证书，但须以电传通知我司。

（ ）附信用证及修改书共＿＿＿＿＿＿纸。

（ ）单据中有下列不符点：（ ）请向开证行寄单，我司承担一切责任。

　　　　　　　　　　　　（ ）请电询开证行同意后再寄单。

（ ）＿＿＿＿＿＿＿＿＿＿＿＿＿＿＿＿＿＿＿＿

（ ）＿＿＿＿＿＿＿＿＿＿＿＿＿＿＿＿＿＿＿＿

（ ）＿＿＿＿＿＿＿＿＿＿＿＿＿＿＿＿＿＿＿＿

公司联系人： 　　　联系电话：0578 216？-8473　　公司公章：乐菁机械进出口公司

银行审单记录：	银行接单日期：1997年10月24日上午	
	索汇金额：	BP NO.
	寄单日期：	OC NO. 10/30
	银行费用	通知/保兑：	索汇方式：
		议/承/付：	
		邮费：	
		电传：	寄单方式：Email
		小计：	
		费用由 承担	
退单记录：	银行经办：1997.10.24	银行复核：

样单：提交银行全套结汇单据 2：商业发票

广东省机械进出口公司
GUANGDONG MACHINERY IMPORT AND EXPORT CORPORATION
726,DONGFENG ROAD EAST,GUANGZHOU CHINA.

商业发票
COMMERCIAL INVOICE
===================

Messrs: ORIENTAL STAR TRADING AND
INVESTMENT CO LTD
RM 1808 STAR HOUSE 3 SALISBURY. ROAD
KOWLOON HONG KONG

INVOICE NO. : 97-380-2240
INVOICE DATE: OCT.09, 1997
L/C NO. : ILC-435289
L/C DATE : AUG.28, 1997
S/C NO. : A97SE38000217

Exporter: GUANGDONG MACHINERY IMPORT AND
EXPORT CORPORATION
726,DONG FENG ROAD EAST,GUANGZHOU
CHINA.

Transport details:
FROM GUANGZHOU TO GOTHENBURG BY
VESSEL

Terms of payment:
L/C

Marks and numbers	Description of goods	Quantity	Unit price	Amount
	GARDEN TOOLS			
	A601H Axe with Wooden Handle			
A97SE38000217	1+1/2 lbs	100 DOZ	USD 16.10/DOZ	USD 1,610.00
	2 lbs	200 DOZ	USD 18.20/DOZ	USD 3,640.00
R.A.	2+1/2 lbs	100 DOZ	USD 22.50/DOZ	USD 2,250.00
	A613H Axe with Wooden Handle			
	600 g	150 DOZ	USD 14.60/DOZ	USD 2,190.00
	A631H Axe with Metal Handle			
	400 g	200 DOZ	USD 26.70/DOZ	USD 5,340.00
	BOW SAW			
	12"	250 DOZ	USD 10.20/DOZ	USD 2,550.00

USD 17,580.00
LESS 5 PCT COMMISSION USD 879.00

CIF GOTHENBURG .....USD 16,701.00
===================================

TOTAL QUANTITY: 1,000 DOZ PACKING: 450 CTNS
TOTAL: U.S.DOLLAR SIXTEEN THOUSAND SEVEN HUNDRED & ONE ONLY.
AS PER SALES CONTRACT NO:A97SE38000217 DATED
AUG.21, 1997

GUANGDONG MACHINERY IMPORT AND
EXPORT CORPORATION

样单：提交银行全套结汇单据 3：装箱单

广东省机械进出口公司
GUANGDONG MACHINERY IMPORT AND EXPORT CORPORATION
726,DONGFENG ROAD EAST,GUANGZHOU CHINA.

装　箱　单
PACKING LIST

Exporter : GUANGDONG MACHINERY IMPORT AND
　　　　　 EXPORT CORPORATION
　　　　　 726,DONG FENG ROAD EAST,GUANGZHOU
　　　　　 CHINA.

Date　　　　: Oct.09, 1997

Invoice No.: 97-380-2240

S/C No.　　 : A97SE38000217

FROM GUANGZHOU TO GOTHENBURG BY VESSEL
Shipped per: HANJIN COLOMBO V.WN747

标记 Shipping Marks	件数 Quantity	货名 Description of goods	净重 NET WEIGHT	毛重 GROSS WEIGHT	尺　码 MEASUREMENT
		GARDEN TOOLS A601H Axe with Wooden Handle			
A97SE38000217	50 CTNS	1+1/2 lbs　100 DOZ	@ 24.00 KGS	@ 25.00 KGS	@(48×24×17)CM
	100 CTNS	2 lbs　200 DOZ	@ 27.00 KGS	@ 28.00 KGS	@(57×26×18)CM
R.A.	100 CTNS	2+1/2 lbs　100 DOZ	@ 19.00 KGS	@ 20.00 KGS	@(74×29×10)CM
		A613H Axe with Wooden Handle			
	75 CTNS	600 g　150 DOZ	@ 22.00 KGS	@ 24.00 KGS	@(52×25×16)CM
		A631H Axe with Metal Handle			
	100 CTNS	400 g　200 DOZ	@ 17.00 KGS	@ 18.00 KGS	@(50×24×24)CM
		BOW SAW			
	25 CTNS	12"　250 DOZ	@ 18.00 KGS	@ 20.00 KGS	@(47×37×28)CM
	450 CTNS		9,600.00 KGS	10,150.00 KGS	11.450 M³

TOTAL QUANTITY: 1,000 DOZ

TOTAL:　FOUR HUNDRED & FIFTY CTNS ONLY.

GUANGDONG MACHINERY IMPORT AND
EXPORT CORPORATION

样单：提交银行全套结汇单据4：海运提单

Shipper GUANGDONG MACHINERY IMPORT AND EXPORT CORPORATION	B/L NO. SH97-675

SINOTRANS

中国外运广东公司

SINOTRANS GUANGDONG COMPANY

Consignee or order TO ORDER	

OCEAN BILL OF LADING

Notify address RUNSVEN AB BOX 143, S-596 23, SKANNINGE, SWEDEN.	SHIPPED on board in apparent good order and condition (unless otherwise indicated) the goods or packages specified herein and to be discharged at the mentioned port of discharge or as near thereto as the vessel may safely get and be always afloat. 　The weight, measure, marks and numbers, quality, contents and value, being particulars furnished by the Shipper, are not checked by the Carrier on loading. 　The Shipper, Consignee and the Holder of this Bill of Lading hereby expressly accept and agree to all printed, written or stamped provisions, exceptions and conditions of this Bill of Lading, including those on the back hereof. 　IN WITNESS whereof the number of original Bills of Lading stated below have been signed, one of which being accomplished, the other (s) to be void.

Pre-carriage by	Port of loading GUANGZHOU
Vessel HANJIN COLOMBO V.WN747	Port of transhipment
Port of discharge GOTHENBURG	Final destination

Container, seal No. or marks and Nos.	Number and kind of packages	Description of goods	Gross weight (kgs.)	Measurement (m³)
		SAID TO CONTAIN:	KGS	M³
A97SE38000217 R.A.	450 CTNS	GARDEN TOOLS	10,150.00	11.450
		TOTAL:FOUR HUNDRED AND FIFTY CARTONS ONLY.		
				FREIGHT PREPAID

PARTICULARS FURNISHED BY SHIPPER

SHIPPED ON BOARD
15 OCT 1997

ORIGINAL

Freight and charges AGENT AT DESTINATION TERMINUS SPEDITION & TRANSPORT AB BOX 55. TEL 640210	REGARDING TRANSHIPMENT INFORMATION PLEASE CONTACT

Ex. rate	Prepaid at	Freight payable at	Place and date of issue GUANGZHOU 15 OCT 1997
	Total Prepaid	Number of original Bs./L TWO	Signed for or on behalf of the Master SINOTRANS GUANGDONG COMPANY TELEX: 44046 CGTIS CN FAX (20) 86596411 (G) AS AGENT FOR THE CARRIER: PACIFIC BRIDGE SERVICE

(SINOTRANS STANDARD FORM 5) SUBJECT TO THE TERMS AND CONDITIONS ON BACK HEREOF. 97 GUAN DE 0010747

样单：提交银行全套结汇单据 5：保险单

№ 0071925

中保财产保险有限公司
The People's Insurance (Property) Company of China, Ltd.
PICC PROPERTY

发票号码   97-380-2240
Invoice No.

保险单号次
Policy No.

海 洋 货 物 运 输 保 险 单
MARINE CARGO TRANSPORTATION INSURANCE POLICY

被保险人：
Insured : . . . . . GUANGDONG MACHINERY IMPORT AND EXPORT CORPORATION

中保财产保险有限公司（以下简称本公司）根据被保险人的要求，及其所缴付约定的保险费，按照本保险单承保险别和背面所载条款与下列特别条款承保下述货物运输保险，特签发本保险单。

This policy of Insurance witnesses that The People's Insurance (Property) Company of China, Ltd.(hereinafter called "The Company",at the request of the Insured and in consideration of the agreed premium paid by the Insured, undertakes to insure the undermentioned goods in transportation subject to the conditions of this Policy as per the Clauses printed overleaf and other special clauses attached hereon.

保险货物项目 Descriptions of Goods	包装 单位 数量 Packing Unit Quantity	保险金额 Amount Insured
GARDEN TOOLS TOTAL: 450 CTNS	450 CTNS	USD19,338.00

承 保 险 别
Conditions

货 物 标 记
Marks of Goods

COVERING ALL RISKS AND WAR RISKS

A97SE38000217
R.A.

COPY

总 保 险 金 额 ：
Total Amount Insured: . . . . . U.S.Dollar NINETEEN THOUSAND THREE HUNDRED & THIRTY-EIGHT ONLY.

保费   载运输工具
Premium . . as arranged   Per conveyance S.S   HANJIN COLOMBO V.WN747

开航日期
Slg. on or abt. OCT.15, 1997

起运港   目的港
From . . . GUANGZHOU . . . . To. . . . . GOTHENBURG

所保货物, 如发生本保险单项下可能引起索赔的损失或损坏, 应立即通知本公司下述代理人查勘。如有索赔, 须向本公司提交保险单正本. 本保险单共有   份正本）及有关文件。如一份正本已用于索赔, 其余正本则自动失效。

In the event of loss or damage which may result in a claim under this Policy, immediate notice must be given to the Company's Agent as mentioned hereunder. Claims, if any, one of the Original Policy which has been issued in   Original (s) together with the relevant documents shall be surrendered to the Company. If one of the Original Policy has been accomplished, the others to be void.

中保财产保险有限公司
THE PEOPLE'S INSURANCE (PROPERTY) COMPANY OF CHINA,LTD.

赔款偿付地点   SWEDEN
Claim payable at . . . .

日期   在
Date . . OCT.15, 1997 . . . . at . . . . . GUANGZHOU . . . .

地址：
Address :

样单：提交银行全套结汇单据6：普惠制原产地证明书

ORIGINAL

1. Goods consigned from (Exporter's business name, address, country) GUANGDONG MACHINERY IMPORT AND EXPORT CORPORATION 726, DONG FENG ROAD EAST, GUANGZHOU CHINA.	Reference No. GZ7/80060/0599 GENERALIZED SYSTEM OF PREFERENCES CERTIFICATE OF ORIGIN (Combined declaration and certificate) FORM A Issued in THE PEOPLE'S REPUBLIC OF CHINA (country) See Notes overleaf
2. Goods consigned to (Consignee's name, address, country) RUNSVEN AB, BOX 143, S-596 23, SKANNINGE, SWEDEN.	
3. Means of transport and route (as far as known) ON/AFTER OCT.10, 1997 FROM GUANGZHOU TO GOTHENBURG BY VESSEL	4. For official use

5. Item number	6. Marks and numbers of packages	7. Number and kind of packages; description of goods	8. Origin criterion (see Notes overleaf)	9. Gross weight or other quantity	10. Number and date of invoices
1	A97SE38000217 R.A.	FOUR HUNDRED & FIFTY (450) CTNS OF GARDEN TOOLS ******************************	"P"	10,150 KGS	97-380-2240 OCT.09, 1997

11. Certification It is hereby certified, on the basis of control carried out, that the declaration by the exporter is correct. GUANGZHOU OCT.10, 1997 Place and date, signature and stamp of certifying authority	12. Declaration by the exporter The undersigned hereby declares that the above details and statements are correct; that all the goods were produced in CHINA (country) and that they comply with the origin requirements specified for those goods in the Generalized System of Preferences for goods exported to SWEDEN (importing country) GUANGZHOU OCT.09, 1997 Place and date, signature of authorized signatory

样单：提交银行全套结汇单据7：汇票

F14

凭

Drawn under   UNION BANK OF SWITZERLAND HONG KONG

信用证   第   号

L/C   *No.*   ILC – 435289

日期   年   月   日

dated   AUG. 28,1997

按   息   付   款

Payable with interest @   *% per annum*

号码   汇票金额   中国   广州   年   月   日

No.   **Exchange** *for*   USD16,701.00   *Guangzhou, China*   20

见票   日 后（本 汇 票 之 副 本 未 付）付

At   * * * * * *   *sight of this* **FIRST** *of Exchange (Second of exchange being unpaid)*

pay to the order of   BANK OF CHINA   或 其 指 定 人

金   额   U.S DOLLARS SIXTEEN THOUSAND SEVEN HUNDRED &ONE ONLY
the sum of

此致
To: UNION BANK OF SWITZERLAND HONG   GUANGDONG MACHINERY IMPORT
       KONG   AND EXPORT CORPORATION
                                                      （签名）

第十二节 出口收汇核销和出口退税

一、出口收汇核销

为了防止出口商将外汇截留在境外，国家外汇管理部门通过海关对出口货物的监管，银行对出口货物收汇是否实际到账的监督，明了货、款的去向和比例是否合理，这就是出口收汇核销。出口收汇核销单是指国家外汇管理局制发，出口商和银行填写，海关凭此受理报关，外汇管理部门凭此核销收汇的凭证。

（一）出口收汇核销的特点

1. 以核销单为核心

外管部门的出口收汇核销管理贯穿发放和收回核销单并办理核销的全过程之中，出口单位凭核销单及其附件办理报关或委托报关和有关核销手续。海关凭核销单受理有关出口货物的"验讫"手续，出口退关时，海关在核销单上签注意见并盖章。

2. 以事后核为基调

出口收汇核销手续是在货物出口后，并且及时收汇或明确"去向"后，方可受理。换言之，出口单位除事先需向外管部门领取一定量的核销单外，出口货物能否报关，何时报关无须也不应经外管部门认可。

3. 以全方位为范畴

一方面覆盖面广，出口收汇核销是在全国各地贯彻执行；另一方面涉及点多，核销业务涉及所有的出口单位、外运、海关、金融机构、外管部门诸方面和渗透在货物出口、货款收妥、实物进口或明确"去向"的全过程。

4. 以增收汇为宗旨

出口收汇核销制度，通过核销单的发放和出口单位不同，报关地点不一，规定了不同的交回核销单的时间以及对不同的出口地区、贸易方式和结算方式，明确了不同的最迟收款日期和相同的核销工作日等办理核销环节，来全面、准确地掌握出口收汇实绩，并及时、有效地促进安全收汇、催促逾期收汇。

（二）出口收汇核销的原则

1. 属地管理

由出口单位向其注册所在地的外管部门申领核销单，一般地说，在何地申领的核销单，就在何地办理核销。

2. 专单专用

谁申领的核销单就由谁使用，不得相互借用。核销单的交回核销或作废遗失、注销手续也由原领用该核销单的出口单位向其所在地的外管部门办理。

3. 领用衔接

多用多发、不用不发——续发核销单的份数与已用核销单及其已核销情况和预计出口用单的增减量相"呼应"。

4. 单单对应

原则上一份核销单对应一份报关单。报关单、核销单、发票、汇票副本上的有关栏目的内容应一致，如有变动，应附有关的更改单或凭证。

（三）出口收汇核销程序

出口收汇核销程序一般可分为四个阶段：

（1）领单。出口商凭单位介绍信、出口核销员证或开户单位印鉴卡向外汇管理局领取核销单。

（2）使用。出口货物报关时向海关提交核销单。

（3）交单。出口商出口报关，海关对出口货物查验、放行，并在出口收汇核销单上加盖验讫章后，出口商收回核销单存根及其附件，并在报关之日起60天内，凭核销单、报关单、外贸商业发票到外汇管理局送交核销单存根。

（4）核销。出口商在收到外汇之日起30天内到外汇管理部门办理出口收汇核销。

（四）出口收汇核销单据

出口商到当地外汇管理部门办理出口收汇核销应提交如下单据：

（1）出口报关单。该出口报关单应贴有防伪标签并盖有海关"验讫章"。

（2）出口收汇核销单。该出口收汇核销单存根上应填写出口单位名称、出口单位代码、出口币种总价、收汇方式、预计收款日期、报关日期、报关单编号、出口货物名称和数量等内容。

（3）银行水单，即"出口收汇核销专用联"。

（4）出口发票，即"商业发票"。

二、出口退税

为帮助出口企业降低成本，增强出口产品的竞争力，鼓励出口，我国实行退税制。出口企业在货物出口报关离境后，可凭有关单证办理出口退税。退税包括出口产品各生产环节已缴纳的增值税或产品税。

根据2005年5月1日起实施的《出口货物退（免）税管理办法（试行）》，对出口退税管理办法介绍如下：

（一）出口企业的退税认定

对外贸易经营者按《中华人民共和国对外贸易法》和商务部《对外贸易经营者备案登记办法》的规定办理备案登记后，没有出口经营资格的生产企业委托出口自产货物（含视同自产产品，下同），应分别在备案登记、代理出口协议签订之日起30天内持有关资料，填写出口货物退（免）税认定表，到所在地税务机关办理出口货物退（免）税认定手续。

对外贸易经营者是指依法办理工商登记或者其他执业手续，经商务部及其授权单位赋予出口经营资格的从事对外贸易经营活动的法人、其他组织或者个人。其中，个人（包括外国人）是指注册登记为个体工商户、个人独资企业或合伙企业。

已办理出口货物退（免）税认定的出口商，其认定内容发生变化的，须自有关管理机关批准变更之日起30天内，持相关证件向税务机关申请办理出口货物退（免）税认定变更手续。

（二）出口退税的条件

出口产品只有同时满足下述四个条件才能办理退税：①必须是属于增值税、消费税及营业税征税范围内的产品；②必须已报关离境；③必须在财务上作出口销售；④必须是在国外消费的产品。

（三）出口产品的退税申报

出口企业应在规定期限内，收齐出口货物退（免）税所需的有关单证，使用国家税务总局认可的出口货物退（免）税电子申报系统生成电子申报数据，如实填写出口货物退（免）税申报表，向税务机关申报办理出口货物退（免）税手续。逾期申报的，除另有规定者外，税务机关不再受理该笔出口货物的退（免）税申报，该补税的应按有关规定补征税款。

出口退税附送的材料有：

（1）出口报关单（出口退税专用）；

（2）出口销售发票；

（3）增值税专用发票（抵扣联）；

（4）结汇水单或收汇通知书；

（5）属于生产企业直接出口或委托出口自制产品，凡以CIF结算的，应附送出口货物运单和出口保险单；

（6）有进料加工复出口产品业务的企业，还应向税务机关报送进口料件的合同编号、日期、进口料件名称、数量、复出口产品名称、进料成本金额和实纳各种税金等；

（7）税收（出口货物专用）缴款书或出口货物完税分割单。申请退消费税的企业，还应提供消费税专用缴款书；

（8）经外汇管理部门核销并签章的出口收汇核销单（出口退税专用）；

（9）与出口退税有关的其他材料。

（四）出口产品的退税受理

出口商申报出口货物退（免）税时，税务机关应及时予以接受并进行初审。经初步审核，出口商报送的申报资料、电子申报数据及纸质凭证齐全的，税务机关受理该笔出口货物退（免）税申报。出口商报送的申报资料或纸质凭证不齐全的，除另有规定者外，税务机关不予受理该笔出口货物的退（免）税申报，并要当即向出口商提出改正、补充资料、凭证的要求。

税务机关受理出口商的出口货物退（免）税申报后，应为出口商出具回执，并对出口货物退（免）税申报情况进行登记。

（五）税务机关的退税审核

税务机关受理出口商出口货物退（免）税申报后，应在规定的时间内，对申报凭证、资料的合法性、准确性进行审查，并核实申报数据之间的逻辑对应关系。根据出口商申报的出口货物退（免）税凭证、资料的不同情况，税务机关应当进行人工审核和计算机审核。

1. 人工审核

（1）税务机关重点审核的内容。

①申报出口货物退（免）税的报表种类、内容及印章是否齐全、准确。

②申报出口货物退（免）税提供的电子数据与出口货物退（免）税申报表是否一致。

③申报出口货物退（免）税的凭证是否有效，与出口货物退（免）税申报表明细内容是否一致等。

（2）税务机关重点审核的凭证。

①出口货物报关单（出口退税专用）。出口货物报关单必须是盖有海关验讫章，注明"出口退税专用"字样的原件（另有规定者除外），出口报关单的海关编号、出口商海关代码、出口日期、商品编号、出口数量及离岸价等主要内容应与申报退（免）税的报表一致。

②代理出口证明。代理出口货物证明上的受托方企业名称、出口商品代码、出口数量、离岸价等应与出口货物报关单（出口退税专用）上内容匹配并与申报退（免）税的报表一致。

③增值税专用发票（抵扣联）。增值税专用发票（抵扣联）必须印章齐全，没有涂改。增值税专用发票（抵扣联）的开票日期、数量、金额、税率等主要内容应与申报退（免）税的报表匹配。

④出口收汇核销单。出口收汇核销单的编号、核销金额、出口商名称应当与对应的出口货物报关单上注明的批准文号、离岸价、出口商名称匹配。

⑤消费税税收（出口货物专用）缴款书。消费税税收（出口货物专用）缴款书各栏

目的填写内容应与对应的发票一致，征税机关、国库（银行）印章必须齐全并符合要求。

2. 计算机审核

将出口商申报出口货物退（免）税提供的电子数据、凭证、资料与国家税务总局及有关部门传递的出口货物报关单、出口收汇核销单、代理出口证明、增值税专用发票、消费税税收（出口货物专用）缴款书等电子信息进行核对。审核、核对的重点是：

（1）出口报关单电子信息。出口报关单的海关编号、出口日期、商品代码、出口数量及离岸价等项目是否与电子信息核对相符。

（2）代理出口证明电子信息。代理出口证明的编号、商品代码、出口日期、出口离岸价等项目是否与电子信息核对相符。

（3）出口收汇核销单电子信息。出口收汇核销单号码等项目是否与电子信息核对相符。

（4）出口退税率文库。出口商申报出口退（免）税的货物是否属于可退税货物，申报的退税率与出口退税率文库中的退税率是否一致。

（5）增值税专用发票电子信息。增值税专用发票的开票日期、金额、税额、购货方及销售方的纳税人识别号、发票代码、发票号码是否与增值税专用发票电子信息核对相符。

在核对增值税专用发票时应使用增值税专用发票稽核、协查信息。暂未收到增值税专用发票稽核、协查信息的，税务机关可先使用增值税专用发票认证信息，但必须及时用相关稽核、协查信息进行复核；对复核有误的，要及时追回已退（免）税款。

（6）消费税税收（出口货物专用）缴款书电子信息。消费税税收（出口货物专用）缴款书的号码、购货企业海关代码、计税金额、实缴税额、税率（额）等项目是否与电子信息核对相符。

（六）税务机关的退税审批

出口货物退（免）税应当由设区的市、自治州以上（含本级）税务机关根据审核结果按照有关规定进行审批。税务机关在审批后应当按照有关规定办理退库或调库手续。

样单：出口收汇核销系列单据1：出口货物报关单

中华人民共和国海关出口货物报关单　　**收汇核销联**

××××××××
× 主页 ×
××××××编号：　　　　043171778-7　Page.　　　　　　　海关编号：　　045171776

出口口岸	043171778-7 Page.	备案号		出口日期	申报日期
经营单位　蛇口海关 (53／04) 广东省纺织品进出口棉织品有限公司		运输方式　运输工具名称		2002-04-05	2002-03-28
发货单位3008(44010423111627Q) 广东省纺织品进出口棉织品有限公司3008(44010423111627Q)		贸易方式　B000003FPA002002	征免性质	结汇方式　B420328175
批准文号	运抵国（地区）一般贸易		指运港	般征税 (0101) 境内货源地	电汇
合同协议号	成交方式利 (0307) 运费	意大利 保费 (0307)		杂费　惠州其他 (44130)
集装箱号CS08319	件数 000/ 包装种类 000/ 000/ 毛重（千克） 000/ 000/ 净重（千克）				000
随附单据	571 纸箱	10,735	生产厂家	10,164
× 1(2)			博罗石湾镇组辉电子文具厂		

项号	商品编号	商品名称、规格型号	数量及单位	最终目的国（地区）	单价	总价	币制	征免
01	42021290.10	拉链公文包　无牌	27,408.00个	意大利 (307)	830	22,748.64	USD 美元	照章

税费征收情况

报单申报单

接单环节查单核放
录入单位

录入员

报关员　深圳服务中心　海声BP机号

单位地址

邮编　　电话　　填制日期

合计总价：00022748

兹声明以上申报无讹并承担法律责任

申报单位（签章）

集结人找码：9999
申报单位（签章 经办人 计算机）
审核日期：20020328

海关审单批注及放行日期（签章）

深圳市联龙泰报关有限公司

2002/03/29 黄囷清

2002/03/28　　　　　　　045171776

样单：出口收汇核销系列单据2：出口收汇核销单

出口收汇核销单 存根

（粤）编号：44H597794

出口单位：广东省纺织品进出口锦纶品有限公司

单位代码3 1 1 1 6 2 7 - 0

出口币种总价：USD 22,748.64

收汇方式：电汇

预计收款日期：

报关日期：2002.03.28

备注：

此单报关有效期截止到

出口收汇核销单 监管联

（粤）编号：44H597794

出口单位：广东省纺织品进出口锦纶品有限公司

单位代码：2 3 1 1 6 2 7 - 0

类别	币种金额	日期
银行签注栏		

年 月 日（盖章）

海关签注栏：

外汇局签注栏：

出口收汇核销单 出口退税专用

（粤）编号：44H597794

出口单位：广东省纺织品进出口锦纶品有限公司

单位代码：2 3 1 1 6 2 7 - 0

货物名称	数量	币种总价
拉链公文包	571箱	USD 22,748.64

单位代码：

报关单编号：481711776

（海关盖章）

外汇局签注栏：

年 月 日（盖章）

未经核销此联不得撕开

BY2040.

2002335mlls

样单：出口收汇核销系列单据3：银行水单

中 国 银 行出口收汇核销专用联

日期：2002/28/02

客户全称：广东省纺织品进出口（集团）公司
帐　号：800105753808272011
核销单号：44H683573

摘　　要	货币及金额
我行编号：IR4008076/02　汇入号：0126040TT2000288 汇入日期：02/27/02　金额：USD15,033.12 汇款人名：KAM SHING ENTERPRISES 申报号码：4400000001 01 020228 N115 汇款附言：COTTON 三部 INV NO 　　　　2002272MCCS	USD15,033.12

制票　刘萃萍
复核　张玉玲

③ 中 国 银 行 出 口 收 汇 核 销 专 用 联

2002 年 3 月 6 日

广东省纺织品进出口（集团）公司
800105753808091001

时间：10:09:58

外汇金额	汇价	折合人民币金额
USD7,808.40	100:826.657923	￥CNY 64,548.76

票据托收业务结汇
票据编号：211784
国外收费：USD
核销单号：44H597794
票据如发生退票本行有追索权
该笔业务以优惠汇率结汇（当天公布价 100:826.41）
申报号码 440000 0001 01 020306 N007

我行编号：C40000301/02
(DRAFT) 票据金额 USD 7,808.40
编号(1)

会计　　复核 张玉玲　　记账　　制票 钟志军

样单：出口收汇核销系列单据 4：出口发票

广东省出口商品发票
Guangdong Province Export Goods Invoice

国税

出口专用
For Export
0009911770
No. 0361590

购货单位：
Purchaser:
地址：
Add:

电话：
Tel:

开票日期：　年　月　日
Issued date: Year Month Date

合同号码 Contract No.	8091MCCS08319	贸易方式 Trade Method	正常贸易	收汇方式 Foreign Exchange Collection Form	TT
开户银行及账号 Bank where Account opened &A/C Number	中行广东分行 800105753808091991	发送港 Port of Departure	蛇口	转运港 Port of Transshipment	***
信用证号 L/C No.		运输工具 Means of Transportation	B000003EPAB	目的港 Port of Destination	意大利

标记唛头号码 Marks & Nos	品 名 规 格 Description and Specification of Goods	单 位 Unit	数 量 Quantity	销售单价 Unit Price	销售总额 Total Sales Amount
N/M	拉链公文包	个	27,408	USD0.830	USD22,748.64
合计金额（币种：　　　） Total Amount（ Currency ）	美元贰万贰仟柒佰肆拾捌圆陆肆整				USD22,748.64
备 注 Notes	核 44H597794				

填票人：
Filler:

业户名称(盖章) Seller (Seal)
地址: Add:

粤国税征函[1999]24号 60万份　江门永华纸业有限公司印制

第五联：外汇管理局存查
Fifth copy For State Administration of Foreign Exchange

第十四章
外贸跟单案例

跟单说明

一、出口企业

中文名称：广东龙华贸易有限公司
英文名称：GUANGDONG LONGHUA TRADING CO.，LTD.
地址：广州政龙路 52 号（52，ZHENGLONG ROAD，GUANGZHOU，CHINA）
业务经理：李明
外贸跟单员：张三
电子邮箱：sales@ longhuacom. com
传真 Fax：08355668
电传 Telex：08355 GDLEA CN

广东龙华贸易有限公司主要从事家用电器的进出口业务，公司主要经营灯具、灯饰的出口，其客户遍及欧美和中东地区。广东龙华贸易有限公司在芬兰没有业务关系，因此，有意开拓芬兰的市场。通过广州出口商品交易会，广东龙华贸易有限公司与芬兰 ABC 有限公司的 Frank Smith 先生取得了联系，并有意以此为突破口，通过节能灯与 Frank Smith 先生建立全面的合作关系。

二、进口企业

中文名称：芬兰 ABC 有限公司
英文名称：ABC COMPANY LIMITED，FINLAND
地址：AKEDSANTERINK AUTO P. O. BOX 9，FINLAND
业务员：Frank Smith 先生
电子邮箱：fs123@ hotmail. com
传真 Fax：833 - 675

芬兰 ABC 有限公司是芬兰家用电器经销商，拥有比较广泛的营销网络。Frank Smith 先生通过交易会了解到，广东龙华贸易有限公司的家用电器物美价廉，有意拓展广东龙华贸易有限公司的家用电器在芬兰的业务。特别是"三角"牌节能灯，从款式、质量和价格，在芬兰都比较有竞争力，于是芬兰 ABC 有限公司的 Frank Smith 先生主动联系广东龙华贸易有限公司的业务经理李明先生。

三、商品介绍

货名："三角"牌节能灯（Triangle Brand 3U-Shape Electronic Energy Saving Lamp）
规格及收购价（包含17%增值税）：
TR－3U－A 　　110V 　5W　　 E27/B22　　　 RMB 12.00/只
TR－3U－A 　　110V 　7W　　 E27/B22　　　 RMB 15.00/只
商品编码：85393190　　 净重：每箱7.5千克　　 毛重：每箱9千克
包装：纸箱规格：50 厘米 ×50 厘米 ×28 厘米，每 50 只装 1 纸箱，每 1 个 20 英尺集装箱可装 400 纸箱
生产厂家：广东中山威威电器厂

四、其他

（1）运杂费（拖车费、报关费、码头费）。

拖车费、报关费、码头费合计表

单位：人民币元

工厂所在地	规　格	
	40'柜	20'柜
广州	1 800	1 550
顺德	2 200	1 750
中山	3 200	2 500
佛山	2 800	2 000

注：①以上费用为从工厂所在地拖至广州黄埔港装运的费用。
　　②以上规格的集装箱是指普通集装箱。

（2）公司办公费用：按外汇净收入中每 1 美元扣 0.30 人民币元计算。

（3）汇率：100 美元 = 683.78 ~ 685.88 人民币元。

（4）保险费率。

货物海洋运输保险费率表

洲别	目的地　　　　　　　险别　　　费率	平安险 FPA	水渍险 WA	一切险 AR
亚洲	港、澳、日本	0.18	0.22	0.33
	新加坡、马来西亚、约旦、巴基斯坦、菲律宾、巴林、阿拉伯联合酋长国	0.25	0.30	1.00
	印度			1.50
	尼泊尔、阿富汗			2.50
	南、北也门			3.50
	其他			0.60
欧美大	法国、英国、意大利、葡萄牙、芬兰	0.25	0.30	1.60
	美国、加拿大、大洋洲、欧洲			1.50
	中、南美洲	0.25	0.35	2.50
非洲	刚果、毛里求斯、贝宁、安哥拉、卢旺达	0.30	0.40	3.50
	尼日利亚、利比里亚、乌干达			5.00
	其他			2.00

（5）运价表。

集装箱运价表

航线　　港口	中译名	国家/地区	20′柜	40′柜
欧洲　HELSINKI	赫尔辛基	芬兰	2 688	3 850
AMSTERDAM	阿姆斯特丹	荷兰	2 350	3 400
STOCKHOLM	斯德哥尔摩	瑞典	2 350	3 530
LIVERPOOL	利物浦	英国	2 550	3 640
MANCHESTER	曼彻斯特	英国	2 550	3 640
OSLO	奥斯陆	挪威	2 380	3 600
ISTANBUL	伊斯坦布尔	土耳其	2 650	4 150
GOTHENBURG	哥德堡	瑞典	2 250	3 300
LONDON	伦敦	英国	2 500	3 520
DUBLIN	都柏林	爱尔兰	2 770	4 000
HAMBURG	汉堡	德国	2 160	3 200
ROTTERDAM	鹿特丹	荷兰	2 160	3 200

注：①该运价属 CY 价，不包括码头费及拖柜去仓库、工厂的费用。

　　②该运价的计价货币为美元。

（6）银行国际结算业务收费。

银行国际结算业务收费费率表

单位：人民币元

业务项目		费率/费额	最　低	最　高	备　注
一、跟单信用证					
1. 通知/转递费		200			
2. 修改/预通知/注销费		100			
3. 议付费/验单费		0.125%	200		
4. 保兑费		0.2%	300		每三个月收取一次，不足三个月按三个月计算，不另收通知费
5. 转证费	信用证条款不变	300			
	信用证条款改变	0.1%	300	1 000	
6. 付款费		0.15%	200		付款信用证
二、跟单托收					
1. 手续费		0.1%	100	2 000	
2. 免付款交单手续费		100			
3. 退单费		100			
三、光票托收					
1. 手续费		0.1%	20	1 000	
2. 退票费		50			
3. 收益人退汇/转汇		0.1%	50	1 000	按汇出汇款业务收费

第一节　出口接单

一、询盘

　　芬兰 ABC 有限公司业务员 Frank Smith 先生在 2008 年秋交会上参观了广东龙华贸易有限公司的展品，对该公司的家电产品很感兴趣，并与该公司的业务经理李明取得联系，索取了有关资料。回国后，经过市场调查，Frank Smith 先生于 2008 年 11 月 2 日向广东龙华贸易有限公司的业务经理李明发来询盘如下：

From：Frank Smith［fs123@ hotmail. com］
To：Mr. Li Ming［sales@ longhuacom. com］
Date：November 2，2008
Subject：An Enquiry for Electronic Energy Saving Lamps
Dear Mr. Li Ming，

We have seen your Triangle Brand Electronic Energy Saving Lamps in 2005' Guangzhou Autumn Fair and we are keenly interested in the following items and shall be glad if you kindly quote us your best price CIF Helsinki.
TR－3U－A　110V　5W　E27/B22　6,000pcs
TR－3U－A　110V　7W　E27/B22　6,000pcs

We should be pleased if you would inform us of your best terms and conditions.

We anticipate your early reply.

Best Regards,
Frank Smith

　　业务经理李明要求外贸跟单员张三负责该项业务的跟单。接到业务经理李明的任务后，外贸跟单员张三把芬兰 ABC 有限公司的询盘翻译如下：

李明先生：
　　在 2008 年秋交会上，获悉贵公司生产"三角"牌节能灯，我方对下述型号的产品感兴趣，请报 CIF 赫尔辛基。
　　TR－3U－A　110V　5W　E27/B22　6 000 只
　　TR－3U－A　110V　7W　E27/B22　6 000 只
　　我方渴望了解你公司最优惠的交易条件。
　　盼早复。

　　　　　　　　　　　　　　　　　　　　　　　　　　Frank Smith 敬上
　　　　　　　　　　　　　　　　　　　　　　　　　　2008 年 11 月 2 日

二、发盘

广东龙华贸易有限公司的外贸跟单员张三向业务经理李明汇报后，根据业务经理李明的指示，于 11 月 4 日发盘并建议增加订货数量，以便凑成一个 20 英尺的集装箱货柜。发盘的中文内容草拟如下：

Smith 先生：

很高兴收到你方 11 月 2 日询价来电。我公司经营"三角"牌节能灯已有 20 多年的历史，该产品在欧洲深受欢迎。建议你方将每种产品数量增加至 10 000 只，以便我们装一个 20 英尺集装箱整柜。现报价如下：

"三角"牌节能灯，CIF 赫尔辛基，数量、型号及价格如下：

TR－3U－A 110V 5W E27/B22 10 000 只 每只 3.00 美元
TR－3U－A 110V 7W E27/B22 10 000 只 每只 3.50 美元

不可撤销即期信用证支付，以我方为受益人。纸箱包装，每箱 50 只，收到信用证后 30 天内装运。

盼早来首次订单。

李明敬上
2008 年 11 月 4 日

外贸跟单员张三将上面的发盘翻译如下并电邮给 Frank Smith 先生：

From：Li Ming〔sales@ longhuacom. com〕
To：Frank Smith〔fs123@ hotmail. com〕
Date：November 4, 2008
Subject：An offer for Electronic Energy Saving Lamps

Dear Mr. Smith；

We are glad to have received your enquiry of 2nd November. You will be pleased to note that we have had over 20 years' experience in handling Electronic Energy Saving Lamps and they have popularly received in the European market. If possible, please increase the quantities of each item to 10,000 pieces so that we can put them in a container of 20′. As requested, we are offering as follows：

TRIANGLE BRAND 3U-SHAPE ELECTRONIC ENERGY SAVING LAMPS CIF HELSINKI

TR－3U－A 110V 5W E27/B22 10,000pcs USD 3.00/PC
TR－3U－A 110V 7W E27/B22 10,000pcs USD 3.50/PC

Payment：By irrevocable L/C at sight to be opened in our favour.

Packing：To be packed in cartons of 50 pcs each.

Shipment：30 days after receipt of L/C.

Looking forward to receiving your first order.

Yours sincerely,
Li Ming

三、还盘

Frank Smith 先生收到电邮后，认为价格太高，于 11 月 8 日致信李明先生，说明该公司的经营优势，要求降低价格。Frank Smith 先生的电邮如下：

From：Frank Smith［fs123@ hotmail. com］
To：Li Ming［sales@ longhuacom. com］
Date：November 8, 2008
Subject：A Counter-offer for Electronic Energy Saving Lamps
Dear Mr. Li Ming, Thank you for your letter of 4th November, and we think it is acceptable to increase the quantities of each item to 10,000 pieces, but we find your prices are rather on the high side. Since we have a thorough knowledge of the market and an extensive sales organization in Finland, we have confidence in promoting the sales of your products. Therefore, we hope you can quote us your favorable prices. We look forward to your early reply. Best regards, Frank Smith

外贸跟单员张三把该电邮的内容翻译如下：

李明先生： 　　你方 11 月 4 日信已收到，谢谢。你方要求将每种型号的数量增加到 10 000 只，我方没有异议。但价格偏高，我方难以接受。建议你方将价格降到与市场行情相符。 　　我方对本地区市场有充分的了解，并在芬兰拥有广泛的销售组织，我们有信心推广贵公司的产品。请你方报最优惠价。 　　盼早复。 <div style="text-align:right">Frank Smith 敬上 2008 年 11 月 8 日</div>

四、再还盘

张三根据电邮的内容向经理李明汇报后，经理指示张三降低报价，以便打开芬兰的市场。张三于11月10日通过电子邮件告知Frank Smith先生，其电子邮件中文内容草拟如下：

Smith先生：

你方11月8日信收悉，谢谢。我方在欧洲销售该产品的价格均不低于原来报价。但考虑到贵公司首次与我方合作，并对我方产品有信心，我方愿降低价格。现报价如下：

"三角"牌节能灯，数量、型号及价格如下：

TR－3U－A 110V 5W E27/B22 10 000只 每只2.50美元 CIF赫尔辛基

TR－3U－A 110V 7W E27/B22 10 000只 每只3.00美元 CIF赫尔辛基

包装和支付方式按11月4日来函所示。若你方能在本月底前下订单并开立信用证，我方可保证在12月底交货。

请贵方尽快答复。

李明敬上

2008年11月10日

张三把该电子邮件翻译成如下英语函电并发送给Frank Smith先生：

From：Li Ming〔sales@ longhuacom. com〕
To：Frank Smith〔fs123@ hotmail. com〕
Date：November 10，2008
Subject：Recounter-offer for Electronic Energy Saving Lamps

Dear Mr. Smith,

　　Thank you for your letter of 8th November and we would like to inform you that we always sell these items at the prices we quoted in the European countries. Considering the first order between us and your confidence in its selling, we are willing to bring down our price and offer as follows：

Commodity：TRIANGLE BRAND 3U-SHAPE ELECTRONIC ENERGY SAVING LAMPS

Quantities，Article Nos. & Prices：

TR－3U－A 110V 5W E27/B22 10,000pcs USD 2.50/PC CIF Helsinki

TR－3U－A 110V 7W E27/B22 10,000pcs USD 3.00/PC CIF Helsinki

Packing and payment terms are as per the letter of 4th November. If you place your order and open your L/C not later than the end of this month，we would guarantee delivery by the end of December this year.

Look forward to your early reply.

Yours sincerely,

Li Ming

五、接受

Frank Smith 先生收到广东龙华贸易有限公司的电子邮件后，认为其最新报价可以接受，马上回电子邮件给该公司的业务经理李明先生，表示接受 11 月 10 日电子邮件中所列的交易条件，同时要求李明先生尽快寄送销售合同。Frank Smith 先生的电文如下：

From：Frank Smith〔fs123@ hotmail. com〕
To：Li Ming〔sales@ longhuacom. com〕
Date：November 12，2008
Subject：Acceptance
Dear Mr. Li Ming, We've received your letter dated November 10th, and we're prepared to accept your prices and terms stated in your previous letter. Meanwhile, please note that the shipping advice must be sent to us within 2 days after shipment, advising number of packages, gross and net weight, vessel name, No. and date of Bill of Lading and Contract No. and value. Please send us your Sales Contract as soon as possible. If this order proves satisfactory to our customers, we can assure substantial orders will be placed. Yours sincerely, Frank Smith

外贸跟单员张三收到电子邮件后，翻译如下：

李明先生： 　你方 11 月 10 日来信收悉。 　我们很乐意接受你们在信中所列的价格和其他交易条款。另请在装船后两天内给我们发装船通知，告知包装件数、毛重、净重、船名、提单号码和日期、合同号码和货值。 　请你方尽快给我方寄送销售合同。如果这次订货令人满意的话，相信我方今后将大量订购。 　　　　　　　　　　　　　　　　　　　　　Frank Smith 敬上 　　　　　　　　　　　　　　　　　　　　　2008 年 11 月 12 日

六、合同订立

1. 拟订售货合同

业务经理李明要求外贸跟单员张三根据收到的接受通知拟订好合同。张三根据上面函电的内容，拟订如下售货合同：

售 货 合 同
SALES CONTRACT

卖方: GUANGDONG LONGHUA TRADING
Sellers: CO., LTD.

地址:
Address: 152, ZHENGLONG ROAD, GUANGZHOU, CHINA

Buyers: AKEDSANTERINK AUTO P.O. VOX 9, FINLAND
Address:

Contract No: 98SGQ468001
Date: NOV. 15, 2008
Signed at: GUANGZHOU
Telex: 08355　GDLEA CN
Fax: 08355668
Telex:
Fax: 833-675

This Sales Contract is made by and between the Sellers and the Buyers, whereby the Sellers agree to sell and the Buyers agree to buy the under-mentioned goods according to the terms and conditions stipulated below:

(1) 货号、品名及规格 Name of Commodity and Specifications	(2) 数量 Quantity	(3) 单位 Unit	(4) 单价 Unit Price	(5) 金额 Amount
TRIANGLE BRAND 3U-SHAPE ELECTRONIC ENERGY SAVING LAMP 　TR-3U-A　100V　5W　E27/B22 　TR-3U-A　100V　7W　E27/B22	10,000PCS 10,000PCS	PC PC	USD2.50/PC USD3.00/PC	USD25,000.00 USD30,000.00
5% more or less both in amount and quantity allowed	Total Amount			USD55,000.00

(6) Packing: CARTON　(7) Delivery From GUANGZHOU to HELSINKI　(8) Shipping Marks: N/M

(9) Time of Shipment: Within __30__ days after receipt of L/C allowing transshipment and partial shipment.

(10) Terms of Payment: By 100% Confirmed Irrevocable Letter of Credit in favor of the Sellers to be available by sight draft to be opened and to reach China before Dec. 1, 2008 and to remain valid for negotiation in China until the 15th days after the foresaid Time of Shipment. L/C must mention this contract number . L/C advised by BANK OF CHINA. GUANGZHOU BRANCH. TLX. :444U4K GZBC CN. All banking Charges outside China(the mainland of China) are for account of the Drawee.

(11) Insurance: To be effected by Sellers for 110% of full invoice value covering ____FPA____ up to __HELSINKI__
To be effected by the buyers.

(12) Quality/Quantity Discrepancy and Claim: In case the quality and / or quantity weight are found by the Buyers to be not on conformity with the Contract after arrival of the goods at the port of destination, the Buyers may lodge claim with the Sellers supported by survey report issued by an inspection organization agreed upon by both parties, with the exception, however, of those claims for which the insurance company and or the shipping company are to be held responsible. Claim for quality discrepancy should be filed by the Buyers within 30 days after arrival of the goods at the port of destination, while for quantity / weight discrepancy claim should be filed by the Buyers within 15 days after arrival of the goods at the port of destination, The Sellers shall, within 30 days after receipt of the notification of the claim, send rely to the Buyers.

(13) Force Majeure: In case of Force Majeure, the Sellers shall not be held responsible for late delivery or non-delivery of the goods but shall notify the Buyers by cable. The Sellers shall deliver to the Buyers by registered mail, if so requested by the Buyers, a certificate issued by the China Council for the Promotion of International Trade or/and competent authorities.

(14) Arbitration: All dispute arising from the execution of or in connection with this contract shall be settled amicably by negotiation. In case of settlement can be reached through negotiation the case shall then be submit China International Economic & Trade Arbitration Commission. In Shenzhen (or in Beijing) for arbitration in act with its sure of procedures. The arbitral award is final and binding upon both parties for setting the Dispute. The fee, for arbitration shall be borne by the losing party unless otherwise awarded.

(15) Shipping advice must be sent to buyer within 2 days after shipment advising number of packages, gross & net weight, vessel name, Bill of Lading No. and date, contract No. and Value.

The Seller 　李明　　　　　　　　　　　　　　The Buyer _____

2. 寄合同要求会签

拟订好售货合同，外贸跟单员张三当天（11 月 15 日）通过特快专递寄交芬兰 ABC 有限公司 Smith 先生会签，并通过电子邮件告知 Smith 先生。电子邮件的内容如下：

Smith 先生：

　　事由：第 98SGQ468001 号合同

　　今寄上标题合同正本一式两份，请会签后寄回一份，以便存档。

李明敬上
2008 年 11 月 15 日

张三将该电子邮件翻译如下：

From：Li Ming［sales@ longhuacom. com］

To：Frank Smith［fs123@ hotmail. com］

Date：November 15，2008

Subject：Sales Contract No. 98SGQ468001

Dear Mr. Smith,

　　We are sending you our Sales Contract No. 98SGQ468001 in duplicate. Please counter sign and return one copy to us for our file.

Yours truly,
Li Ming

---

3. 会签后寄回合同

Smith 先生于 2008 年 11 月 18 日收到合同后会签寄回一份，并通过电子邮件告知李明。其电子邮件如下：

From：Frank Smith［fs123@ hotmail. com］

To：Li Ming［sales@ longhuacom. com］

Date：November 18，2008

Subject：Your Sales Contract No. 98SGQ468001

Dear Mr. Li Ming,

We have duly received your Sales Contract No. 98SGQ468001 covering the Triangle Brand Electronic Energy Saving Lamps we ordered. Enclosed please find the duplicate with our counter-signature.

Yours faithfully,
Frank Smith

张三将该电子邮件翻译如下：

李明先生：

　　你方关于节能灯的第 98SGQ468001 号合同已收到。我们已会签，今寄回一份备存。

Frank Smith 敬上

2008 年 11 月 18 日

第二节　催证、审证和改证

一、催开信用证

　　外贸跟单员张三为了保证在 2008 年 12 月交货，于 2008 年 11 月 22 日以公司业务经理李明的名义向芬兰 ABC 有限公司的 Smith 先生发出催证邮件，其中文内容如下：

Smith 先生：

　　我方已收到贵方寄回的第 98SGQ468001 号合同，谢谢。请你方速开信用证，以便我方顺利执行该项订单。

　　为了避免随后的修改，务请注意信用证的规定事项与合同条款完全一致。

　　多谢合作。

李明敬上

2008 年 11 月 22 日

张三将该电子邮件翻译如下并电邮给 Smith 先生：

From：Li Ming ［sales@ longhuacom. com］
To：Frank Smith ［fs123@ hotmail. com］
Date：November 22，2008
Subject：urging establishment of L/C

Dear Mr. Smith,

　　We are pleased to inform you that we have received the counter-signed Sales Contract No. 98SGQ468001. Please do your utmost to establish the relative L/C so as to enable us to execute your order smoothly within the prescribed time.

　　In order to avoid subsequent amendments, please see to it that the L/C stipulations are in exact accordance with the terms of the contract.

　　Thank you for your co-operation.

Yours faithfully,

Li Ming

二、审证

开证行 METITA BANK LTD. ，FINLAND 根据芬兰 ABC 有限公司的申请开立如下信用证，由中国银行广州分行于 2008 年 11 月 25 日通知广东龙华贸易有限公司。

GUANGZHOU　INT'L　FINANCIAL
BUILDING.
197 Dengfeng Xi Lu, Guangzhou,
P. R. China

中国银行 广东省分行
BANK OF CHINA
GUANGDONG BRANCH
GUANGZHOU, CHINA

ORIGINAL

信 用 证 通 知 书

通知日：NOV 25， 2008
我行号码：DN4008276T02

致： 广东龙华贸易有限公司
GUANGDONG LONGHUA TRADING
CO.，LTD.

开 证 行：	转 递 行：
METITA BANK LTD., FINLAND	

信用证号：LRT9802457　　　　　　　　金　额：USD54,000.00
开证日期：081125　　　　　　　　　　来证方式：Full SWIFT/Telex
本证页数（不包面函）：
我行费用负担：Beneficiary Account　　我行是否加保：Unnecessary

敬启者：
　　兹通知贵司，我行收自上述银行的信用证一份，现随附通知，并请注意下列
打"×"条文：
（　）该行首次来证，请慎重处理。
（　）此证如需加保，请与我行联系。
（　）此证尚未生效，切勿出货。
（　）此证印押未符，请切勿出货。

注意事项：
1．贵司交单时，请将信用证及通知书一并提示；
2．我行保兑信用证，限向我行交单议付，否则保兑无效；
3．非我行保兑信用证，不构成我行任何责任；
4．费用由受益人负担时，对我行客户，我行会主动借记其账，收取我行费用；
5．请注意我行对信用证中有关条款的提示。

贵司负担费用：
通知费：CNY200.00
保兑费：CNY
预先通知费：CNY
电报费：CNY

备注：

————————————————————————————————————

中国银行广东省分行具
FOR BANK OF CHINA GUANGDONG BRANCH

下列项目仅供我行使用：
ADV-CHG:USD
CONFIRM:USD
PRE-ADV:USD
RLS-CHG:USD
（$）

```
2008NOV25                                                    Logical Terminal   GDPF
MT S700              Issue of a Documentary Credit          Page    00001
                                                            Func    JSRVPR1
```

User Header	Service Code		103:
	Bank Priority		113:
	Msg.User Ref.		108:
	Info. From CI		115:

Sequence of Total	*27	:	1 / 1
Form of Doc. Credit	*40	A :	IRREVOCABLE
Doc. Credit Number	*20	:	LRT9802457
Date of Issue	31	C :	081125
Expiry	*31	D :	090110, PLACE:CHINA
Applicant	*50	:	ABC CORP.
			AKEKSANTERINK AUTO
			P. O. BOX 9, FINLAND
Beneficiary	*59	:	GUANGDONG LONGHUA ELECTRICAL APPLIANCES CO., LTD.
			152, ZHENGLONG ROAD, GUANGZHOU, CHINA
Amount	*32	B :	Currency USD Amount 54,000.00
Pos. / Neg. Tol. (%)	39	A :	05 / 05
Available with/by	*41	D :	ANY BANK BY NEGOTIATION
Draft at …	42	C :	SIGHT
Drawee	42	D :	METITA BANK LTD., FINLAND.
Partial Shipments	43	P :	Not Allowed
Transhipment	43	T :	Allowed
Loading in Charge	44	A :	GUANGZHOU
For Transport to…	44	B :	HELSINKI
Shipment Period	44	C :	LATEST DEC 28，2008
Descript. of Goods	45	A :	

TRIANGLE BRAND 3U-SHAPE ELECTRONIC ENERGY SAVING LAMP，
　　TR-3U-A 100V　5W　E27/B22　10,000PCS　USD2.50/PC
　　TR-3U-A 100V　7W　E27/B22　10,000PCS　USD3.00/PC
　　CIF HELSINKI　AS PER S/C 98SGQ468001 DD 15，11，08

Documents required　　　46　A　:

+ COMMERCIAL INVOICE IN 5 COPIES

+ PACKING LIST IN 5 COPIES

+ FULL SET OF CLEAN ON BOARD MARINE BILLS OF LADING，MADE OUT TO ORDER , MARKED "FREIGHT PREPAID"　AND NOTIFY APPLICANT

+ GSP CERTIFICATE OF ORIGIN FORM A,CERTIFYING GOODS OF ORIGIN IN CHINA,ISSUED BY COMPETENT AUTHORITIES

+ INSURANCE POLICY COVERING RISKS FPA OF PICC.　INCLUDING WAREHOUSE TO WAREHOUSE CLAUSE UP TO FINAL DESTINATION AT HELSINKI ,FOR AT LEAST 110 PCT OF CIF-VALUE.

+ SHIPPING ADVICES MUST BE SENT TO APPLICANT WITHIN 2 DAYS AFTER SHIPMENT ADVISING NUMBER OF PACKAGES,GROSS & NET WEIGHT，VESSEL NAME, BILL OF LADING NO. AND DATE,CONTRACT NO.,VALUE.

+ BENEFICIARY'S CERTIFICATE CERTIFYING THAT ONE COPY EACH OF INVOICE, N/N B/L HAVE BEEN FAXED TO BUYER TO FAX NO. 833-675 WITHIN 3 DAYS AFTER SHIPMENT.

2008NOV25　　　　　　　　　　　　　　　　　　　　Logical Terminal：GDPF

MT S700　　　　　**Issue of a Documentary Credit**　　　　　Page：00002

　　　　　　　　　　　　　　　　　　　　　　　　　　Func：JSRVPR1

| Addition Cond. | 47 | A | : |
| | | | IF BILLS OF LADIGN ARE REQUIRED ABOVE, PLEASE FORWARD DOCUMENTS IN TWO MAILS, ORIGINALS SEND BY COURIER AND DUPLICATES BY REGISTERED AIRMAIL. |

Details of Charges　　　　　71　　B　　:　　BANK CHARGES EXCLUDING ISSUING
　　　　　　　　　　　　　　　　　　　　　　　BANKS ARE FOR ACCOUNT OF
　　　　　　　　　　　　　　　　　　　　　　　BENEFICIARY.

Presentation Period　　　　48　　　　:　　DOCUMENTS TO BE PRESENTED WITHIN
　　　　　　　　　　　　　　　　　　　　　　　15 DAYS FROM SHIPMENT DATE

Confirmation　　　　　　　　*49　　　:　　WITHOUT

Instructions　　　　　　　　78　　　:

DISCREPANT DOCUMENTS, IF ACCEPTABLE, WILL BE SUBJECT TO A
DISCREPANCY HANDLING FEE OF USD50.00 OR EQUIVALENT WHICH
WILL BE FOR ACCOUNT OF BENEFICIARY.

SPECIAL NOTE: ISSUING BANK WILL DISCOUNT ACCEPTANCES ON
REQUEST, FOR A/C OF BENEFICIARY (UNLESS OTHERWISE STATED)
AT APPROPRIATE LIBOR RATE PLUS 1.00 PER CENT MARGIN.

Send To Rec. Info.　　　　72　　　:　　THIS CREDIT IS ISSUED SUBJECT TO
　　　　　　　　　　　　　　　　　　　　　　2007 REVISION, ICC PUBLICATIONS
　　　　　　　　　　　　　　　　　　　　　　NO. 600

Trailer　　　　　　　　　　　　　　　　Order is <MAC:> <PAC:> <ENC:> <CHK:> <TNG:> <PDE:>

　　　　　　　　　　　　　　　　　　　　　MAC: ID20750E
　　　　　　　　　　　　　　　　　　　　　CHK: 5034662F74BC

外贸跟单员张三根据双方签订的第 98SGQ468001 号合同审核以上 LRT9802457 号信用证，并把发现的问题填写在如下的信用证审证单上：

信用证审证单

开证人	ABC CORP．AKEKSANTERINK AUTO			提交银行文件		文件要求
开证银行	METITA BANK LTD., FINLAND			☑	提单/货运单	3
开证时间	081125	信用证号	LRT9802457	☑	发票	5
受益人	GUANGDONG LONGHUA ELECTRICAL APPLIANCES CO., LTD.			☑	装箱单/重量单	5
开证金额	USD 54,000.00			☑	保险单	1
价格条款	CIF HELSINKI	分批	可/否	☐	产地证	
最迟装运期	081228	转船	可/否	☑	FORM A 产地证	1
议付有效期	060110	到期地点	中国	☐	质量单	
货运地	从 广州 经 到 赫尔辛基			☐	其他文件	装船通知 受益人证明书
品名 单价 描述	TRIANGLE BRAND 3U-SHAPE ELECTRONIC ENERGY SAVING LAMP TR-3U-A 100V 5W E27/B22 10,000PCS USD2.50/PC TR-3U-A 100V 7W E27/B22 10,000PCS USD3.00/PC			唛头要求		

特殊要求

1. IF BILLS OF LADIGN ARE REQUIRED ABOVE, PLEASE FORWARD DOCUMENTS IN TWO MAILS, ORIGINALS SEND BY COURIER AND DUPLICATES BY REGISTERED AIRMAIL.

2.

3.

4.

5.

6.

审证意见

1. 信用证的金额与合同不符，应改为 USD55,000.00。

2. 信用证禁止分批装运与合同要求不符，应修改为允许分批装运。

3.

4.

5.

6.

审证人： 张三

审证时间： 2008/11/26

三、改证

广东龙华贸易有限公司外贸跟单员张三经请示业务经理李明同意后，于 2008 年 11 月 27 日以李明的名义发电子邮件给 Frank Smith 先生，要求芬兰 ABC 有限公司通过开证行 METITA BANK LTD.，FINLAND 修改信用证。张三所拟电邮内容如下：

Smith 先生：

　　关于你方 11 月 25 日开出的 LRT9802457 号信用证，我方必须指出，该信用证有两点与合同不符，并请你方作出以下修改：①信用证的金额应为 USD 55,000.00；②信用证应允许分批装运。

　　由于装运期临近，希望你方立即修改信用证以便我方能按时安排发运。

　　此致

李明敬上

2008 年 11 月 27 日

张三翻译成如下的英语函电后电邮给 Smith 先生：

From：Li Ming〔sales@ longhuacom. com〕
To：Frank Smith〔fs123@ hotmail. com〕
Date：November 27, 2008
Subject：L/C No. LRT9802457

Dear Mr. Smith,

Regarding your L/C No. LRT9802457 issued on November 25, we regret to say that there are 2 points are not in conformity with the terms stipulated in our Sales Contract. Therefore, please make the following amendment:

1. The L/C amount should read "USD 55,000.00".
2. Partical shipments should be allowed.

As the time of shipment is approaching, please make the amendment as soon as possible so that we can ship the goods in time.

Yours faithfully,

Li Ming

四、接受开证行的改证通知

开证行 METITA BANK LTD. ，FINLAND 根据芬兰 ABC 有限公司改证申请，通过中国银行转来如下改证通知。外贸跟单员张三审核后确认与公司的要求相一致。

2008 NOV. 29					Logical Terminal	GDPF
MT S700		**Issue of a Documentary Credit**			Page	00001
					Func	JSRVPR1

User Header		Service Code		103	:
		Bank Priority		113	:
		Msg. User Ref.		108	:
		Info. From CI		115	:
Sender's Ref.	*20	:	1 / 1		
Receiver's Ref.	*21	:	LRT9802457		
Date of Issue	31	C	:	081125	
Date of Amendment	30		:	081129	
Number of Amendment	26	E		01	
Beneficiary	*59		:	GUANGDONG LONGHUA ELECTRICAL APPLIANCES CO., LTD. 52, ZHENGONG ROAD, GUANGZHOU, CHINA	
Increase Doc. Credit	32	B	:	Currency USD Amount 1,000.00	
New Amount	34	B	:	Currency USD Amount 55,000.00	
Pos. / Neg. Tol. (%)	39	A	:	05 / 05	
Narrative	79		:	*PARTIAL SHIPMENTS ARE ALLOWED *ALL OTHER TERMS AND CONDITIONS OF THIS CREDIT REMAIN UNCHANGED	
Trailer				Order is <MAC:> <PAC:> <ENC:> <CHK:> <TNG:> <PDE:> MAC: ID20750E CHK: 5034662F74BC	

第三节 出口托运

一、填制出口货物联合单证（九联单）

外贸跟单员张三根据货物已备妥进仓的情况，结合已签订的合同和信用证，设计唛头"ABC/HELSINKI/NO. 1 - 400"并填写公司的九联单交公司有关部门。

广东龙华贸易有限公司 出口货物联合单证

出口口岸：广州海关　运输工具名称：　核销单号：28/4782591
起运地点：广州　目的港：HELSINKI　收汇方式：信用证
贸易国别或地区：芬兰　对外合同号码：98SQ946B001　收货人：ABC COMPANY LIMITED, FINLAND
消费国别或地区：芬兰　装运日期：　地址及电挂：AKEDSANTERIINK AUTO P.O. BOX 9, FINLAND

商品货号	品名及规格	包装			数量		重量（千克）		价格		箱件尺寸	备注
		唛头	种类	件数	数量	单位	单位毛重	单位净重	单价	外币总值		
	"三角"牌节能灯											
	100V 5W E27/B22	N/M	箱	200	10 000	只	9千克/箱	7.5千克/箱	2.50美元/箱	25 000.00美元	60×34×30CM	
	100V 7W E27/B22			200	10 000	只	9千克/箱	7.5千克/箱	3.00美元/箱	30 000.00美元		
合计				400	20 000	重合计	3 600千克	3 000千克	总额	55 000美元		
险别	FPA	保费		总只码 24.48	外币运费	2 688美元	人民币杂费		FOB总值	55 000美元		

注意事项

填报单位：广东龙华贸易有限公司　日期：2008年12月1日　仓库：　要求出货日期：2008.12.12　托运日期：12.01
复核：　出货仓库　罗满仓库　业务：
出运：

二、填制托运单

外贸跟单员张三根据前面的九联单，于 12 月 1 日填写好如下托运单（装货单、收货单）：

Shipper（发货人） GUANGDONG LONGHUA TRADING CO., LTD. 52, ZHENGLONG ROAD, GUANGZHOU, CHINA			B/L No.		
Consignee（收货人） TO ORDER			中远集装箱运输有限公司 COSCO CONTAINER LINES		
Notify Party（通知人） ABC COMPANY LIMITED, FINLAND AKEDSANTERINK AUTO P.O. BOX 9, FINLAND			集装箱货物托运单		

Pre-carriage by（前程承运人）	Place of Receipt（收货地点）	装货单 SHIPPING ORDER
Ocean vessel（船名）Voy. No.(航次)	Port of Loading（装运港） GUANGZHOU	
Port of Discharge（卸货港） HELSINKI	Place of Delivery（交货地点）	Final Destination for the Merchant's Reference（目的地）

Container No.（集装箱号）	Seal No.（铅封号）Marks & Nos.（标记与号码）	No. of containers or p'kgs（箱数或件数）	Kind of Package; Description of Goods（包装种类与货名）	Gross Weight 毛重（千克）	Measurement 尺码（立方米）
	ABC HELSINKI NO. 1-400	400 CTNS	TRIANGLE BRAND 3U-SHAPE ELECTRONIC ENERGY SAVING LAMP FREIGHT PREPAID	3,600 KGS	28CBM

TOTAL NUMBER OF CONTAINERS OR PACKAGES(JIN WORDS) 集装箱数或件数合计（大写）	ONE (20') CONTAINER ONLY.				
FREIGHT & CHARGES（运费与附加费）	Revenue Tons（运费吨）	Rate（运费率）	Per（每）	Prepaid（运费预付）	Collect(运费到付)

Service Type on Receiving	Service Type on Delivery	Reeter Temperature Requred（冷藏温度）	℉	℃
TYPE OF GOODS（货类）	□Ordingary（普通）　□ Reeger（冷藏）　□ Dangerous（危险品）　□ Auto（裸装车辆） □Liquid（液体）　□ Live Animal（活动物）　□ Bulk（散货）	危险品	IMCO Class. UN No.: IMDG Code Page: Property:	

可否转船： ALLOWED	可否分批：　ALLOWED	装期： LATEST DEC. 28, 2008	Received by the Carrier the total number of containers or other packages or units stated above to be transported subject to the terms and conditions of the Carrier's regular form of Bill of Lading (for combined Transport to Port shipment) which shall be deemed to be incorporated herein.
货价：	信用证号码：LRT9802457	No. of original B(S)/L THREE	
特约事项：	合同号码：98SGQ468001	托运人盖章：	Date:　　　　　　　　as Agent only

三、船公司配舱

　　外贸跟单员张三于 12 月 3 日从船公司确认装运船名（SUISUN V. 103）和装运日期（2008 年 12 月 13 日），取回已签发的装货单，并向船公司提取空集装箱（集装箱号为 MAEU6150875）。

第四节　出口报检

　　外贸跟单员张三于 12 月 3 日填制商业发票和装箱单，同时根据合同和信用证的要求填制出境货物报检单和原产地证明书，并于当天将商业发票、装箱单、合同、信用证和出境货物报检单交出入境检验检疫局报检科，将商业发票、装箱单、合同、信用证和原产地证明书交出入境检验检疫局产地证科。

一、填制商业发票

广东龙华贸易有限公司
GUANGDONG LONGHUA TRADING COMPANY LIMITED
152, ZHENGLONG ROAD, GUANGZHOU, CHINA
商业发票
COMMERCIAL INVOICE

ORIGINAL

Messrs.:
ABC COMPANY LIMITED, FINLAND
AKEDSANTERINK AUTO P.O. BOX 9, FINLAND

Invoice No.: LH03-29038
Invoice date: DEC.3, 2008
S/C No.: 98SGQ468001

Transport details:
FROM GUANGZHOU TO HELSINKI
BY VESSEL

标记 Marks & numbers	货名 Description of goods	数量 Quantity	单价 Unit price	总值 Amount
ABC HELSINKI NO.1-400	TRIANGLE BRAND 3U-SHAPE ELECTRONIC ENERGY SAVING LAMP			
	TR-3U-A 100V 5W E27/B22	10,000PCS	USD2.50/PC	USD12,500.00
	TR-3U-A 100V 7W E27/B22	10,000PCS	USD3.00/PC	USD15,000.00
		20,000PCS	CIF HELSINKI	USD55,000.00

TOTAL QUANTITY: 20,000PCS　　　PACKING: 50PCS/CTN

TOTAL WEIGHT:　G.WT.: 3,600KGS　　N.WT.: 3,000KGS

TATAL: U.S. DOLLARS FIFTY-FIVE THOUSAND ONLY.

GUANGDONG LONGHUA TRADING COMPANY LIMITED
152, ZHENGLONG ROAD, GUANGZHOU, CHINA
（签章）

二、填制装箱单

广东龙华贸易有限公司
GUANGDONG LONGHUA TRADING COMPANY LIMITED
152, ZHENGLONG ROAD, GUANGZHOU, CHINA

装 箱 单
PACKING LIST

ORIGINAL

Exporter:

GUANGDONG LONGHUA TRADING CO., LTD.

52, ZHENGLONG ROAD, GUANGZHOU, CHINA

Date: DEC. 3, 2008

Invoice No.: LH03-29038

S/C No.: 98SGQ468001

Transport details:

FROM GUANGZHOU TO HELSINKI

BY VESSEL

标记 Shipping Marks	件数 Quantity		货名 Description			净重 N.W.	毛重 G.W.	尺码 Measurement
ABC			TRIANGLE BRAND 3U-SHAPE ELECTRONIC					
HELSINKI			ENERGY SAVING LAMP					
NO.1-400	200CTNS	TR-3U-A	100V	5W	E27/B22	@7.50KGS	@9KGS	@(50×50×28)CM
	200CTNS	TR-3U-A	100V	7W	E27/B22	@7.50KGS	@9KGS	@(50×50×28)CM
	400CTNS					3,000KGS	3,600KGS	28CBM

TOTAL QUANTITY: 20,000PCS

TATAL: FOUR HUNDRED CARTONS ONLY.

GUANGDONG LONGHUA TRADING COMPANY LIMITED
152, ZHENGLONG ROAD, GUANGZHOU, CHINA
（签章）

三、填制出境货物报检单

中华人民共和国出入境检验检疫
出境货物报检单

报检单位(加盖公章):　　广东省龙华贸易有限公司　　　　　　　　　　　　*编号＿＿＿＿＿＿＿

报检单位登记号:4401913490　　　联系人:李明　　电话:*** ***　　报检日期:2008 年 12 月 3 日

发货人	(中文)	广东省龙华贸易有限公司				
	(外文)	GUANGDONG LONGHUA TRADING CO., LTD.				
收货人	(中文)	芬兰 ABC 有限公司				
	(外文)	ABC COMPANY LIMITED, FINLAND				
货物名称(中外文)		H.S.编码	产地	数/重量	货物总值	包装种类及数量
节能灯 ELECTRONICS ENERGY SAVING LAMP		85393190	中山	20,000 只	55,000 美元	400 纸箱
运输工具名称号码		船舶 SUISUN V.103	贸易方式	一般贸易	货物存放地点	大朗仓库
合同号		98SGQ468001	信用证号	LRT9802457	用途	其他
发货日期		2008.12.13	输往国家(地区) 芬兰	许可证/审批号		/
起运地	广州	到达口岸	赫尔辛基	生产单位注册号		/
集装箱规格、数量及号码			1*20'FCL　MAEU6150875			

合同、信用证订立的检验 检疫条款或特殊要求	标记及号码	随附单据（画"√"或补填）	
	ABC HELSINKI NO.1-400	☑合同	□包装性能结果单
		☑信用证	□许可/审批文件
		☑发票	□
		□换证凭单	□
		☑装箱单	□
		□厂检单	□

需要证单名称（画"√"或补填）				*检验检疫费	
□品质证书	正　副	□植物检疫证书	正　副	总金额	
□重量证书	正　副	□熏蒸/消毒证书	正　副		
□数量证书	正　副	□出境货物换证凭单	正　副	(人民币元)	
□兽医卫生证书	正　副	☑出口通关单	1正 1副	计费人	
□健康证书	正　副	□			
□卫生证书	正　副	□		收费人	
□动物卫生证书	正　副	□			

报检人郑重声明: 　1. 本人被授权报检。 　2. 上列填写内容正确属实,货物无伪造或冒用他人的厂名、标志、认 证标志,并承担货物质量责任。 　　　　　　　　签名:＿＿李明＿＿＿	领 取 证 单	
	日期	
	签名	

注: 有"*"号栏由出入境检验检疫机关填写。

四、填制普惠制原产地证明书格式 A（FORM A 编号为 GZ8/80266/0113）

Original

1. Goods consigned from (Exporter's business name, address, country) GUANGDONG LONGHUA TRADING CO., LTD. 152, ZHENGLONG ROAD, GUANGZHOU, CHINA	Reference No. GZ8/80266/0113 **GENERALIZED SYSTEM OF PREFERENCES** **CERTIFICATE OF ORIGIN** (Combined declaration and certificate) **FORM A** issued in THE PEOPLE'S REPUBLIC OF CHINA

2. Goods consigned to (Consignee's name, address, country) ABC COMPANY LIMITED, FINLAND AKEDSANTERINK AUTO P. O. BOX 9, FINLAND	(COUNTRY) See Notes overleaf

3. Means of transport and route (as far as known) ON / AFTER DEC. 13, 2008 FROM GUANGZHOU TO HELSINKI BY VESSEL	4. For official use

5. item number	6. Marks and numbers of packages	7. Number and kind of packages; Description of goods	8. Origin criterion (see Notes overleaf)	9. Gross weight or other quantity	10. Number and date of invoices
01	ABC HELSINKI NO. 1-400	FOUR HUNDRED （400） CARTONS OF TRIANGLE BRAND 3U-SHAPE ELECTRONIC ENERGY SAVING LAMP ***********************************	"P"	20,000PCS	LH-29038 DEC. 3, 2008

11. Certification 　It is hereby certified, on the basis of control carried out, that the declaration by the exporter is correct. GUANGZHOU DEC. 04, 2008 .... Place and date, signature and stamp of certifying authority	12. Declaration by the export 　The ubdersigned hereby declares that the above Details and statements are correct; that all the goods were produced in 　　　CHINA .... (country) and that they comply with the origin requirements specified for those goods in the Generalized System of Preferences for goods exported to 　　　FINLAND .... (importing country) GUANGZHOU DEC. 03, 2008 Place and date, signature of authorized signatory

第五节　出口报关

外贸跟单员张三经报检，取得出境货物通关单和原产地证明书后，领取出口收汇核销单，于 2008 年 12 月 10 日通过新凤罗冲口岸向海关申报。

一、填制出口收汇核销单

二、填制装货单

Shipper（发货人）		B/L No.
GUANGDONG LONGHUA TRADING CO., LTD. 52, ZHENGLONG ROAD, GUANGZHOU, CHINA		

Consignee（收货人）	
TO ORDER	中远集装箱运输有限公司 COSCO CONTAINER LINES

Notify Party（通知人）	
ABC COMPANY LIMITED, FINLAND AKEKSANTERINK AUTO P.O. BOX 9, FINLAND	集装箱货物托运单

Pre-carriage by（前程承运人）	Place of Receipt（收货地点）	装货单 SHIPPING ORDER
Ocean vessel（船名） Voy. No.（航次） SUISUN V. 103	Port of Loading（装运港） GUANGZHOU	
Port of Discharge（卸货港） HELSINKI	Place of Delivery（交货地点） Final Destination for the Merchant's Reference （目的地）	

Container No.（集装箱号）	Seal No.（铅封号） Marks & Nos.（标记与号码）	No. of containers or p'kgs（箱数或件数）	Kind of Package; Description of Goods（包装种类与货名）	Gross Weight 毛重（千克）	Measurement 尺码（立方米）
1×20' FCL MAEU6150875	ABC HELSINKI NO. 1-400	400 CTNS	TRIANGLE BRAND 3U-SHAPE ELECTRONIC ENERGY SAVING LAMP FREIGHT PREPAID	3,600 KGS	28CBM

TOTAL NUMBER OF CONTAINERS OR PACKAGES(JIN WORDS) 集装箱数或件数合计（大写）	ONE (20') CONTAINER ONLY.

FREIGHT & CHARGES（运费与附加费）	Revenue Tons（运费吨）	Rate（运费率）	Per（每）	Prepaid（运费预付）	Collect（运费到付）

Service Type on Receiving	Service Type on Delivery	Reeter Temperature Requred（冷藏温度）		℉	℃

TYPE OF GOODS（货类）	□Ordinary（普通）　□ Reeger（冷藏）　□ Dangerous（危险品）　□ Auto（裸装车辆） □Liquid（液体）　□ Live Animal（活动物）　□ Bulk（散货）	危险品	IMCO Class. UN No.: IMDG Code Page: Property:

可否转船：ALLOWED	可否分批：ALLOWED	装期： LATEST DEC. 30, 2008	Received by the Carrier the total number of containers or other packages or units stated above to be transported subject to the terms and conditions of the Carrier's regular form of Bill of Lading (for combined Transport to Port shipment) which shall be deemed to be incorporated herein. Date: 　　　　　　　　　as Agent only
货价：	信用证号码：LRT9802457	No. of original B(S)/L THREE	
特约事项：	合同号码：98SGQ468001	托运人盖章：	

三、填制出口货物报关单

中华人民共和国海关出口货物报关单

预录入编号：　002102133　　　　　　　　　　　　　　　　　海关编号：

出口口岸 新凤罗冲（5102）		备案号		出口日期 08.12.13	申报日期 08.12.10
经营单位 广东龙华贸易有限公司 （4401A13217）		运输方式 江海（2）	运输工具名称 SUISUN V.103		提运单号 KEN-98-25401
发货单位 广东龙华贸易有限公司		贸易方式 一般贸易	征免性质 一般征免		结汇方式 信用证
许可证号		运抵国(地区) 芬兰	指运港 赫尔辛基		境内货源地 广东中山
批准文号 28HT82591	成交方式 CIF	运费 502/2688/3		保费 0.25/1	杂费
合同协议号 98SGQ468001	件数 400	包装种类 箱		毛重(千克) 3,600	净重(千克) 3,000
集装箱号 MAEU6150875*1（1）	随附单据			生产厂家 中山威威电器厂	
标记唛码及备注 　ABC 　HELSINKI 　NO.1-400 　　　　　　　　　　　　　FOB 总值: 64,626.38美元					

项号	商品编号	商品名称、规格型号	数量及单位	最终目的国(地区)	单价	总价	币制	征免
01	85393190	节能灯 TR-3U-A 110V 5W　E27/B22	10,000只	芬兰	2.50	25,000.00	美元	照章 征税
02	85393190	节能灯 TR-3U-A 110V 7W　E27/B22	10,000只	芬兰	3.00	30,000.00	美元	

税费征收情况

录入员 ***	录入单位 ***	兹声明以上申报无讹并承担法律责任		海关审单批注及放行日期(盖章)	
报关员 　　李明		申报单位(盖章)		审单	审价
单位地址 　广州政龙路152号		广东龙华贸易有限公司 报关专用章		征税	统计
邮编 ******　电话 ******		填制日期　08.12.10		查验	放行

第六节 投 保

外贸跟单员张三于 2008 年 12 月 10 日向海关申报，海关查验后在装货单上盖章放行。张三于 2008 年 12 月 12 日向保险公司投保。请你根据合同和信用证的要求替张三填制保险单。

中保财产保险有限公司
The People's Insurance(Property) Company of China, Ltd.
PICC PROPERTY

发票号码
Invoice No. LH-29038

保险单号次
Policy No. PICC-98-225

海 洋 货 物 运 输 保 险 单
MARINE CARGO TRANSPORTATION INSURANCE POLICY

被保险人： GUANGDONG LONGHUA TRADING CO., LTD.
Insured:...

中保财产保险有限公司(以下简称本公司)根据被保险人的要求，及其所缴付约定的保险费，按照本保险单承担险别和背面所载条款与下列特别条款承保下列货物运输保险，特签发本保险单。
This policy of Insurance witnesses that The People's Insurance (Property) Company of China, Ltd.(hereinafter called "The Company"), at the request of the Insured and in consideration of the agreed premium paid by the Insured, undertakes to insure the undermentioned goods in transportation subject to the conditions of this Policy as per the Clauses printed overleaf and other special clauses attached hereon.

保险货物项目 Descriptions of Goods	包装 单位 数量 Packing Unit Quantity	保险金额 Amount Insured
TRIANGLE BRAND 3U-SHAPE ELECTRONIC ENERGY SAVING LAMP	400 CTNS	USD60,500.00

承 保 险 别
Conditions

货 物 标 记
Marks of Goods

COVERING RISKS F.P.A. OF PICC. INCLUDING
WAREHOUSE TO WAREHOUSE CLAUSE UP TO FINAL
DESTINATION AT HELSINKI, FOR AT LEAST 110
PCT OF CIF-VALUE

ABC
HELSINKI
NO.1-400

总 保 险 金 额： U.S.DOLLARS SIXTY THOUSAND FIVE HUNDRED ONLY.
Total Amount Insured:..

保费   As arranged   载运工具 SUISUN V. 103   开航日期 DEC. 13, 2008
Premium.............................Per conveyance S.S...........................Slg. on or abt.................

起运港 GUANGZHOU   目的港 HELSINKI
From.......................................To...................................

所保货物，如发生本保险单项下可能引起索赔的损失或损坏，应立即通知本公司下述代理人查勘。如有索赔，应向本公司提交保险单正本(本保险单共有   份正本)及有关文件。如一份正本已用于索赔，其余正本则自动失效。
In the event of loss or damage which may result in a claim under this Policy, immediate notice must be given to the Company's Agent as mentioned hereunder. Claims, if any, one of the Original Policy which has been issued in 1 Original(s) together with the relevant documents shall be surrendered to the Company. If one of the Original Policy has been accomplished, the others to be void.

中保财产保险有限公司
THE PEOPLE'S INSURANCE(PROPERTY) COMPANY OF CHINA, LTD.

赔款偿付地点 HELSINKI
Claim payable at ....
日期 DEC. 12, 2008   在 GUANGZHOU
Date ....at ....
地址：
Address:

第七节　装运及制单

一、填制海运提单

外贸跟单员张三于 12 月 12 日将货物送至堆场，准备第二天装船，并预填制好如下的海运提单：

1. Shipper Insert Name, Address and Phone GUANGDONG LONGHUA TRADING CO., LTD. 152, ZHENGLONG ROAD, GUANGZHOU, CHINA		B/L NO.　KEN-98-25401

中远集装箱运输有限公司
COSCO CONTAINER LINES
TLX:　33057 COSCO CN
FAX: +86（021）6545 8984

ORIGINAL

Port-to Port or Combined Transport
BILL OF LADING

2. Consignee Insert Name, Address and Phone

TO ORDER

3. Notify Party Insert Name, Address and Phone

ABC COMPANY LIMITED, FINLAND
AKEDSANTERINK AUTO P. O. BOX 9, FINLAND

RECEIVED in external apparent good order and condition except as otherwise noted. The total number of packages or units stuffed in the container, the description of the goods and the weights shown in this Bill of Lading are furnished by the Merchants, and which the carrier has no reasonable means of checking and is not a part of this Bill of Lading contract. The carrier has issued the number of bills of lasing stated below, all of the tenor and date, one of the original Bills of Lading must be surrendered and endorsed or signed against the delivery of the shipment and whereupon any other original Bills of Lading shall be void. The Merchants agree to be bound by the terms and conditions of this Bill of Lading as if each had per personally signed this Bill of Lading.
SEE clause 4 on the back of the Bill of Lading (Terms continued on the back hereof, please read carefully)
*Applicable Only When Document Used as a Combined Transport Bill of Lading.

4. Combined Transport* Pre-carriage by	5. Combined Transort* Place of Receipt
6. Ocean Vessel Voy. No. SUISUN　V. 103	7. Port of Loading GUANGZHOU
8. Port of Discharge HELSINKI	9. Combined Transport* Place of Delivery

Marks & Nos. Container / Seal No.	No. of Containers Or Packages	Description of Goods (If Dangerous Goods, See Clause 20)	Gross Weight Kgs	Measurement
ABC HELSINKI NO. 1-400	400CTNS	TRIANGLE BRAND 3U-SHAPE ELECTRONIC ENERGY SAVING LAMP	3,600 KGS	28CBM
1×20' FCL MAEU6150875		FREIGHT PREPAID		
		Description of Contents for Shipper's Use Only (Not part of This B/L Contract)		

10. Total Number of containers and/or packages(in words)　TOTAL: FOUR HUNDRED CARTONS ONLY.
　　Subject to Clause 7 Limitation

11. Freight & Charges	Revenue Tons	Rate	Per	Prepaid	Collect
Declared Value Charge					

Ex. Rate:	Prepaid at	Payable at	Place and date of Issue GUANGZHOU　　DEC. 13, 2008
	Total Prepaid	No. of Original B(s)/L THREE	Signed for the Carrier, COSCO CONTAINER LINES

LADEN ON BOARD THE VESSEL
DATE　BY
(COSCON STANDARD FORM 9801)

二、填制装船通知

根据本笔业务信用证的要求，外贸跟单员张三制作装船通知如下：

广东龙华贸易有限公司

GUANGDONG LONGHUA TRADING COMPANY LIMITED

152, ZHENGLONG ROAD, GUANGZHOU, CHINA

FAX：   833-675
REF. NO.：   GDP982653
To MESSRS： ABC COPANY LIMITED, FINLAND
               AKEDSANTERINK AUTO P.O. BOX 9, FINLAND

ADVICE OF SHIPMENT

1. Name of Commodity:	TRIANGLE BRAND 3U—SHAPE ELECTRONIC ENERGY SAVING LAMP
2. Quantity:	400 CARTONS
3. Invoice Value:	USD55,000.00
4. Name of Carrying Steamer:	SUISUN V.103
5. Date of Shipment:	DEC.13, 2008
6. Credit No.:	LRT9802457
7. Shipping Marks:	ABC
	HELSINKI
	NO.1—400

GUANGDONG LONGHUA TRADING CO., LTD.
152, ZHENGLONG ROAD, GUANGZHOU, CHINA

三、填制汇票

F14

凭 METITA BANK LTD., FINLAND
Drawn under...

信用证　　　第　　　号
L/C　　　*No.* ......LRT9802457.....................

日期　　　年　　月　　日
dated.................NOV. 25, 2008........................

按　　　息　　　付　　款
Payable with interest @....................% per annum

号码　　　　汇票金额　　　　　中国　广州　年　月　日
No. .... **Exchange** *for* USD55,000.00 *Guangzhou China*.............20........

见票　　　　　　　　　　日　后（本汇票之副本未付）付
At ....*** ***........ *sight of this* **FIRST** *of Exchange*（*Second of exchange being unpaid*）
pay to the order of...........BANK OF CHINA............................ 或其指定人

金　额
the sum of U.S. DOLLARS FIFTY-FIVE THOUSAND ONLY.

此致 METITA BANK LTD., FINLAND
To...

　　　　　GUANGDONG LONGHUA TRADING CO., LTD.
　　　　　　152, ZHENGLONG ROAD, GUANGZHOU, CHINA
　　　　　（签章）
　　　　　...

四、填制受益人证明书

广东龙华贸易有限公司
GUANGDONG LONGHUA TRADING COMPANY LIMITED
152，ZHENGLONG ROAD，GUANGZHOU，CHINA

DEC. 14, 2008

BENEFICIARY'S CERTIFICATE

INVOICE NO.: LH-29038　L/C NO.: LRT9802457

WE HEREBY CERTIGY THAT ONE COPY EACH OF INVOICE, N/N B/L HAVE BEEN FAXED TO BUYER TO FAX NO. 833-675 WITHIN 3 DAY AFTER SHIPMENT.

　　　　　GUANGDONG LONGHUA TRADING CO., LTD.
　　　　　152, ZHENGLONG ROAD, GUANGZHOU, CHINA

五、填制客户交单联系单（通知行号为 DN4008276T02）

张三填制如下客户交单联系单，并于 2008 年 12 月 15 日凭全套结汇单证和出口收汇核销单向银行交单议付。

3053—②

客 户 交 单 联 系 单

致：中国银行

兹随附下列出口单据一套，信用证业务请按国际商会现行《跟单信用证统一惯例》办理，跟单托收业务请按国际商会现行《托收统一规则》办理。

信用证	开证行：METITA BANK LTD., FINLAND		信用证号：LRT9802457		
	通知行号：DN4002589A98	提单日期：KEN-98-25401	效期：09.01.25	交单期限： 15 天	

无证托收	付款人全名及详址：
	代收行外文名称及详址（供参考）：
	交单方式：（ ）D/P （ ）D/P 付款期限：

发票编号：LH-29038　　　　核销单编号：28HT82591　　　　金额：USD67 500.00

单据	名称	汇票	发票	海关发票	装箱/重量单	产地证	GSP FORM A	数量/质量/重量证	检验/分析证	出口许可证	保险单	运输单据	电抄	受益人证明	船公司证明		
		2	6		6		1				1	3	1	1			

委办事项（打"×"者）：
（ ）　上述单据请按我司与贵行签订之总质押书办理押汇。
（ ）　上述单据系代理出口项下业务，收妥后请原币划＿＿＿＿＿＿＿＿＿＿。
（ ）　开户行：＿＿＿＿＿＿＿＿＿＿＿，账号：＿＿＿＿＿＿＿＿＿＿＿。
（ ）　若付款人拒绝付款/承兑，不必作成拒绝证书，但须以电传通知我司。
（ ）　附信用证及修改书共＿＿＿＿＿＿＿纸。
（ ）　单据中有下列不符点：（ ）请向开证行寄单，我司承担一切责任。
　　　　　　　　　　　　　　（ ）请电询开证行同意后再寄单。
（ ）＿＿＿＿＿＿＿＿＿＿＿＿＿＿＿＿＿＿＿＿＿＿＿＿＿＿＿。
（ ）＿＿＿＿＿＿＿＿＿＿＿＿＿＿＿＿＿＿＿＿＿＿＿＿＿＿＿。
（ ）＿＿＿＿＿＿＿＿＿＿＿＿＿＿＿＿＿＿＿＿＿＿＿＿＿＿＿。

公司联系人：李明　　　　　联系电话：　　　　　　　公司盖章：

银行审单记录：	银行接单日期：		
	索汇金额：		BP NO.：
	寄单日期：		OC NO.：
	银行费用	通知/保兑：	索汇方式：
		议/承/付：	
		邮费：	
		电传：	寄单方式：
		小计：	
	费用由　　　　　承担		
退单记录：	银行经办：		银行复核：

第八节　交单结汇及出口核算

张三凭客户交单联系单所列全套单据、信用证和信用证修改通知向中国银行议付，并对如下指标进行核算。

（1）出口进货价款（含增值税）＝（12×10 000）＋（15×10 000）

$$=270\,000（人民币元）$$

（2）出口退税额＝［出口进货价款（含增值税）÷（1＋增值税率）］×出口退税率

$$=［270\,000÷（1＋17\%）］×13\%$$

$$=30\,000（人民币元）$$

（3）保险费＝CIF 总值×（1＋10%）×保险费率

$$=55\,000×（1＋10\%）×0.25\%$$

$$=151.25（美元）$$

（4）出口外汇净收入＝CIF 总值－运费－保险费

$$=55\,000－2\,688－151.25$$

$$=52\,160.75（美元）$$

（5）出口人民币净收入＝出口外汇净收入×我国外汇汇率买入价

$$=52\,160.75×6.837\,8$$

$$=356\,664.78（人民币元）$$

（6）办公费用＝出口外汇净收入×0.30

$$=52\,160.75×0.30$$

$$=15\,648.225（人民币元）$$

（7）出口前其他费用＝运杂费（拖车费、报关费、码头费）＋通知费＋议付费

$$=2\,500＋（200＋100）＋55\,000×8.000\,8×0.125\%$$

$$=3\,350.055（人民币元）$$

（8）出口总成本＝出口进货价款（含增值税）＋办公费用＋其他费用－出口退税额

$$=270\,000＋15\,648.225＋3\,350.055－30\,000$$

$$=258\,998.28（人民币元）$$

（9）出口商品换汇成本＝出口总成本÷出口外汇净收入

$$=258\,998.28÷52\,160.75$$

$$=4.965（人民币元）$$

（10）盈亏率＝（出口人民币净收入－出口总成本）÷出口总成本

$$=（356\,664.78－258\,998.28）÷258\,998.28$$

$$=37.71\%$$

第十五章
进口跟单

进口跟单与出口跟单程序大体相同。与出口货物交易一样，首先要进行进口交易前的准备，主要包括市场调查、进口成本估算、编制进口计划、申领进口许可证、报批用汇计划、选择交易对象、制订进口方案等。然后，与出口商进行进口交易的洽谈，经过双方洽谈达成交易后，即可签订合同。

进口商签订完进口合同后，要及时履行进口合同。由于我国的进口合同主要以 FOB 条件成交，进口商一般要经过开证、租船订舱、投保、审单付款、提货、报检、报关和索赔等环节。

一、申领进口许可证

进口许可证（Import License）制度是国际上普遍采用的对进口贸易实施管理的措施。进口许可证是国家管理货物进口的法律凭证。凡属于进口许可证管理的货物，除国家另有规定外，各类进出口企业应在进口前按规定向指定的发证机构申领进口许可证，海关凭进口许可证接受申报和验放。根据世界贸易组织《进口许可程序协议》和我国《对外贸易法》及《货物进出口管理条例》的规定，我国进口许可证管理实行非自动进口许可证与自动进口许可证分类管理办法。

进口许可证自签发之日起 1 年内有效。如 1 年内尚未对外签订合同不予展期，许可证作废。

（一）申领进口许可证应提交的一般文件和材料

各类进出口企业在申领进口许可证时，应向发证机关提供的一般文件和材料：

（1）进口许可证申请表。申请表（正本）需填写清楚并加盖申领单位公章，所填写内容必须规范。

（2）申领单位的公函或申领人的工作证。代办人员应出示委托单位的委托函。

（3）非外贸单位（指没有外贸经营权的机关、团体和企事业单位）申领进口许可证，需提供其主管部门（司、局级以上）证明。

（4）第一次办理进口许可证的申领单位，应提供外经贸部或经外经贸部授权的地方外经贸主管部门批准企业进出口经营权的文件（正本复印件）。

（5）外商投资企业第一次申领进口许可证，应提供政府主管部门的批准证书和营业执照（复印件），由发证机关存档备案。

（6）一般贸易项下进口机电产品，应提交商务部或各省经贸厅机电处签发的进口配额证明。

（二）进口许可证申请表填空规范

凡申领进口许可证的单位，应按以下规范填写进口许可证申请表。

（1）进口商：应填写经外经贸部批准或核定的进出口企业名称及编码。外商投资企业进口也应填写公司名称及编码；非外贸单位进口，应填写"自购"，编码为"00000002"；如接受国外捐赠，此栏应填写"赠送"，编码为"00000001"。

（2）收货人：应填写配额指标单位。配额指标单位应与批准的配额证明一致。

（3）进口许可证号：由发证机关编排。

（4）进口许可证有效截止日期：一般为一年（另有规定者除外）。

（5）贸易方式：此栏的内容有一般贸易、易货贸易、补偿贸易、协定贸易、进料加工、来料加工、外商投资企业进口、国际租赁、国际贷款进口、国际援助、国际招标、国际展销、国际拍卖、捐赠、赠送、边境贸易、许可贸易等。

（6）外汇来源：此栏的内容有银行购汇、外资、贷款、赠送、索赔、无偿援助、劳务等。外商投资企业进口、租赁等填写"外资"；对外承包工程调回设备和驻外机构调回的进口许可证管理商品、公用物品，应填写"劳务"。

（7）报关口岸：应填写进口到货口岸。

（8）出口国（地区）：即外商的国别（地区）。

（9）原产地国：应填写商品进行实质性加工的国别、地区。

（10）商品用途：可填写自用、生产用、内销、维修、样品等。

（11）商品名称和编码：应按外经贸部公布的实行进口许可证管理的商品目录填写。

（12）规格、型号：只能填写同一编码商品不同规格的4种型号，多于4种型号应另行填写许可证申请表。

（13）单位：单位指计量单位。各商品使用的计量单位由外经贸部统一规定，不得任意变动。合同中使用的计量单位与规定计量单位不一致时，应换算成统一计量单位。非限制进口商品，此栏以"套"为计量单位。

（14）数量：应按外经贸部规定的计量单位填写，允许保留一位小数。

（15）单价（币值）：应填写成交时用的价格或估计价格，并与计量单位一致。

（三）进口许可证更改、展期、遗失的处理

（1）各类进出口企业领取进口许可证后，因故需要对进口许可证更改、延期时，应按以下规定办理：①申领单位因故需要更改进口许可证，应在有效期内进行。申领单位应填写进口许可证更改申请表，按表中要求填写清楚后，连同原许可证第一、二联交原发证

机关。②更改进口商、收货单位、商品名称、规格和数量等内容，须重新申领进口许可证。③进口许可证有效期需要延期的，申领单位一般应在有效期内提出申请并提供进口合同。如确实签订了进口合同，发证机关可视情况给予延期，最长延期半年，延期后不得再展期；如在有效期内未签订合同，不得再申请展期。

（2）申领单位如丢失许可证，应及时向发证机关和该证的报关口岸海关挂失。由发证机关审查确属丢失后按规定办理。

（四）申领单位的法律责任

申领单位不得伪造、变造、买卖进口许可证，对违反者，将按《中华人民共和国对外贸易法》和《中华人民共和国海关法》追究刑事责任。

二、申请开证

根据进口合同，对采用信用证付款方式的，进口商应按合同规定的期限，填写开证申请书、进口付汇核销单，连同合同副本、进口许可证和进口用汇证明等单证向银行提出开证申请。银行经审核同意后，开立信用证。

（一）申请开证应注意的问题

（1）申请开证前，要落实进口批准手续及外汇来源。

（2）开证时间的掌握应以卖方在收到信用证后能在合同规定的装运期内出运为原则。具体为：

①若合同规定开证日期，就必须在规定期限内开立信用证。

②若合同有装运期的起止日期，则最迟必须让卖方在装运期的第一天就能收到信用证。

③若合同只规定最后装运期，则买方应在合理的时间内开证。一般掌握在合同规定的交货期前一个月或一个半月。

（3）开证时要注意证同一致。必须以对外签订的正本合同（包括修改后的正本合同）为依据，合同中规定要在信用证上明确的条款都必须列明，不能使用"参阅第×××号合同"或"第×××号合同项下货物"等条款，也不能将有关合同作为信用证附件附在信用证后，因为信用证是一个独立的文件，不依附于贸易合同。

（4）合同规定为远期付款时，要明确汇票期限，价格条款必须与相应的单据要求以及费用负担、表示方法等相吻合。如 CIF 价格条件下，开证申请书应表明要求卖方提交"运费已付"的提单，并要求卖方提交保险单，表明保险内容、保险范围及投保金额。

（5）由于银行是凭单付款，而不管货物质量如何，也不受买卖合同的约束，所以，为使货物质量符合合同规定，买方可在开证时规定要求对方提供商品检验机构出立的装船前检验证明，并明确规定货物的规格品质，指定检验机构（合同中应事先订明）。这样，交单时如发现检验结果与信用证内容不一致，可拒付货款。

（6）信用证内容必须明确无误，明确规定各类单据的出单人（商业发票、保险单和运输单据除外），明确规定各单据应表述的内容。

（7）在信用证支付方式下，只要单据表面与信用证条款相符合，开证行就必须按规定付款。所以，进口人对卖方的要求，在申请开证时，应按合同有关规定转化成有关单据，具体规定在信用证中。如信用证申请书中含某些条件而未列明应提交与之相应的单据，银行将认为未列此条件而不予理睬。

（8）一般信用证都应明确表示可撤销或不可撤销。如无此表示，根据《UCP 600》的规定，跟单信用证都视为不可撤销信用证。

（9）国外通知行由开证行指定，进口方不能指定。但如果出口商在订立合同时，坚持指定通知行，进口商可在开证申请书上注明，供开证行在选择通知行时参考。

（10）不准分批装运、不准中途转运、不接受第三者装运单据，均应在信用证中明确规定，否则，将被认为是允许分批、允许转运、接受第三者装运单据。

我方开出的信用证，如对方（出口人）要求其他银行保兑或由通知行保兑，我方原则上不能同意（在订立合同时，应说服出口人免除保兑要求，以免开证时被动）。

我国银行一般不开立可转让信用证（因为对第一受益人资信难以了解，特别是对跨地区和国家的转让更难以掌握）。但在特殊情况下，如大额合同项下开证要求多家出口商交货，根据实际需要可与银行协商开出可转让信用证。

我国银行一般也不开立载有电报索偿条款（T/T reimbursement clause）的信用证。

（二）申请开立信用证的具体手续

（1）递交有关合同的副本及附件。进口人在向银行申请开证时，要向银行递交进口合同的副本以及所需附件，如进口许可证、进口配额证、某些部门的审批文件等。

（2）填写开证申请书。进口人按照银行统一的开证申请书格式，填写一式三份，一份留业务部门，一份留财务部门，一份交银行。填写时必须按合同条款的具体规定，写明信用证的各项要求，内容要明确、完整，无词意不清的记载。

（3）缴付保证金。按照国际贸易的习惯做法，进口人向银行申请开立信用证时，应向银行缴付一定比例的保证金，金额一般为信用证金额的百分之几到百分之几十，一般根据进口人的资信情况而定。在我国的进口业务中，开证行根据不同企业和交易的情况，要求开证申请人缴付一定比例的人民币保证金，然后再开证。

（三）信用证申请书的填制

（1）申请开证日期：在申请书的右上角填写申请日期。

（2）传递方式：申请书已列出四种传递方式，分别是信开（航空邮寄）、电开（电报）、快递、简电后随寄电报证实书。申请人只需在选中的传递方式前面的方框中打"×"即可。

（3）信用证性质：不可撤销跟单信用证申请书已列明，不必重新填写。如增加保兑或可转让等内容，须自己加上，同时填写信用证的有效期及到期地点。信用证号码由开证行填写。

（4）申请人：填写申请人的全称及详细地址，并注明联系电话、电传等号码。

（5）受益人：填写受益人的全称及详细地址，并注明联系电话、电传等号码。

（6）通知行：由开证行填写。

（7）信用证金额：填写合同规定的总值，分别用数字和文字两种形式表示，并且要表明币种。如果有一定比率的上下浮动幅度，也要在信用证中明确表示出来。

（8）分批与装运：根据合同的规定，在选择项目前的方框中打上"×"。

（9）装运条款：根据合同的规定填写装运地（港）及目的地（港）的名称、最迟装运日期，如有转运地（港）也应列明。

（10）价格术语：信用证申请书上有 FOB、CFR、CIF 及"其他条件"4 个备选项目，根据合同成交的价格术语在该项前的方框中打"×"。如果是其他价格术语如 FCA、CIP 等，则在该项目后面填写清楚。

（11）付款方式：信用证申请书上有 4 种选择，即即期支付、承兑支付、议付、延期支付，根据合同规定的付款方式，在该项前的方框中打"×"。

（12）汇票要求：

主要有三方面的内容：

①汇票金额：根据合同的规定填写信用证项下应支付发票金额的百分之几。如合同规定所有货款都用信用证支付，则应填写信用证项下汇票金额是发票金额的 100%；如合同规定该笔货款由信用证和托收两种方式各付 50%，则应填写信用证项下汇票金额是全部金额的 50%。

②支付期限：支付期限主要有即期、远期。如果是远期汇票，必须填写具体的天数，如 30 天、60 天、90 天等。

③付款人：汇票的付款人不能填写开证人。根据《UCP 600》的规定，信用证项下汇票的付款人必须是开证行或指定付款行。

（13）单据条款：信用证申请书已印制好单据要求共 13 条，其中第 1 条至第 12 条是具体的单据，第 13 条是"其他单据"，前面 12 条中没有提到的单据可全部填写在该处。

填制单据条款时应注意：

①在所在单据前的括号里打"×"。

②然后在该单据条款后填上具体的要求，如一式几份，应包括什么内容等。若信用证申请书印制好的要求不完整，可在该单据条款后面填写清楚。

③申请人必须根据合同规定填写单据条款，不能随意提出超出合同规定的要求，也不能降低或减少合同规定的要求。

（14）合同项下的货物包括货物的名称、规格、数量、包装、单价条款、唛头等。所有内容必须与合同规定一致，尤其是单价条款、数量条款不得有误。包装条款如有特殊要求的（如包装规格、包装物的要求等），应具体、明确地表示清楚。

（15）附加条款：信用证申请书已印制好 7 条。其中第 1 条至第 6 条是具体的条款要求，如需要可在括号里打"×"；内容不完整的，可根据合同规定和买方的需要填写清楚。第 7 条是"其他条款"，前面没有提到的条款，可填写在该条款中。

（16）申请书下面有关申请人的开户银行（填银行名称）、账户号码、执行人、联系电话、申请人（法人代表）签字等内容。

三、租船订舱

若采用 FOB 或 FCA 条件成交，根据《2000 年通则》的规定，进口商应负责指派船只到装运港接运货物，并给予卖方充分的通知，即告知卖方接运货物船只的船名、航次、船期，以便卖方做好装船准备。

四、进口投保

在常用的六种贸易术语（FOB、CFR、CIF、FCA、CPT、CIP）中，除 CIF 和 CIP 外，其余四种要进口商自己办理保险。

进口货物运输保险一般采用预约投保。所谓预约投保，是指进口商预先与保险公司签订进口预约保险合同，在合同中预先规定货物投保的险别、保险加成率、保险适用条款、保险费率及赔款的支付办法等。

用于进口货物的预约保险单，要求进口公司在收到出口商的装船通知后即填制国际货物起运通知书交给保险公司。保险公司据此自动承保。

五、审单付款

当开证行收到议付行寄来的全套结汇单证后，应对照信用证核对审据的份数和内容。如果单证相符，即对外付款。

同时，开证行按照付款当天的外汇牌价折算成人民币向进口方索款交单。进口商买汇赎单。

如果单证不符，应停止对外付款，并及时通知国外改正。因为《UCP 600》规定，无论开证行或保兑行或其他被指定的银行决定接受单据，都应在收到单据次日起 5 个工作日内，以电信方式或其他快捷方式通知寄单银行，说明银行拒收单据的所有不符点，还须说明单据是否保留，以待交单人处理或退回交单人。

六、进口报检

若进口的货物属于国家法定检验的范围，则进口商必须凭提单、发票、合同等单据向当地检验检疫部门申请报检备案，海关方接受报关申请。

（1）对入境货物，应在入境前或入境时向入境口岸指定的或到达站的检验检疫机构办理报检手续；入境的运输工具及人员应在入境前或入境时申报。

（2）入境货物需对外索赔出证的，应在索赔有效期前不少于 20 天内向到货口岸或货物到达地的检验检疫机构报检。

（3）输入微生物、人体组织、生物制品、血液及其制品或种畜、禽及其精液、胚胎、受精卵的，应当在入境前 30 天报检。

（4）输入其他动物的，应当在入境前15天报检。

（5）输入植物、种子、种苗及其繁殖材料的，应当在入境前7天报检。

七、进口报关

（一）进口报关单的填制

进口货物到货后，进口商填写进口货物报关单向海关申报，并随附发票、提单及装箱单等单据。经海关查验无误后进口货物才能放行。进口报关单的填制规范如下：

1. **预录入编号**

预录入编号指申报单位或预录入单位对该单位填制录入的报关单的编号。预录入编号用于该单位与海关之间引用其申报后尚未批准放行的报关单。

报关单预录入凭单的编号规则由申报单位自行决定。预录入报关单及 EDI 报关单的预录入编号由接受申报的海关决定编号规则，计算机自动打印。

2. **海关编号**

海关编号指海关接受申报时给予报关单的编号。

海关编号由各海关在接受申报环节时确定，应标识在报关单的每一联上。

报关单海关编号为9位数码，其中前2位为分关（办事处）编号，第3位由各关自定义，后6位按顺序编号。

3. **进口口岸**

进口口岸指货物实际进口的我国关境口岸海关的名称。

本栏目应根据货物实际进口的口岸海关选择填报关区代码表中相应的口岸海关名称及代码。

加工贸易合同项下的货物必须在海关核发的登记手册限定或指定的口岸海关办理报关手续。登记手册限定或指定的口岸与货物实际进出境口岸不符的，应向合同备案主管海关办理登记手册的变更手续后填报。

进口转关运输货物应填报货物进境地海关名称及代码。

其他未实际进境的货物，填报接受申报的海关名称及代码。

4. **备案号**

备案号指进出口企业在海关办理加工贸易合同备案或征、减、免税审批备案等手续时，海关给予的进料加工登记手册、来料加工及中小型补偿贸易登记手册、外商投资企业履行产品出口合同进口料件及加工出口成品登记手册或其他有关备案审批文件的编号。

一份报关单只允许填报一个备案号。具体填报要求如下：

（1）加工贸易合同项下货物，必须在报关单备案号栏目填报登记手册的12位编号。

加工贸易货物转为享受减免税或需审批备案后办理形式的进口货物，进口报关单填报征免税证明等审批证件备案编号，出口报关单填报登记手册编号。

（2）凡涉及减免税备案审批的报关单，本栏目填报征免税证明编号，不得为空。

（3）无备案审批文件的报关单，本栏目免于填报。

备案号号码为12位，其中第1位是标记代码。备案号的标记代码必须与"贸易方式"及"征免性质"栏目相协调。例如，贸易方式为来料加工，征免性质也应当是来料加工，备案号的标记代号应为"B"。

5. 进口日期

进口日期指运载所申报货物的运输工具申报进境的日期。本栏目填报的日期必须与相应的运输工具进境日期一致。

无实际进出境的报关单填报办理申报手续的日期。

本栏目为6位数，顺序为年、月、日各2位。如2005年9月15日应填为05.09.15，不能填为05.9.15。

6. 申报日期

申报日期指海关接受进口货物的收、发货人或其代理人申请办理货物进口手续的日期。

预录入及EDI报关单填报向海关申报的日期与实际情况不符时，由审单关员按实际日期修改批注。

本栏目为6位数，顺序为年、月、日各2位。

7. 经营单位

经营单位指对外签订并执行进出口贸易合同的中国境内企业或单位。

本栏目应填报经营单位名称及经营单位编码。经营单位编码为10位数字，指进口企业在所在地主管海关办理注册登记手续时，海关给企业设置的注册登记编码。

8. 运输方式

运输方式指载运货物进出关境时所使用的运输工具的分类，包括江海、铁路、汽车、航空、邮递和其他运输等10大类。

本栏目应根据实际运输方式按海关规定的运输方式代码表选择填报相应的运输方式。

9. 运输工具名称

运输工具名称指载运货物进出境的运输工具的名称或编号。本栏目填制内容应与运输部门向海关申报的载货清单所列相应内容一致。一份报关单只允许填报一个运输工具名称。

10. 提运单号

提运单号指进出口货物提单或运单的编号。本栏目填报的内容应与运输部门向海关申报的载货清单所列相应内容一致。一份报关单只允许填报一个提运单号，一票货物对应多个提运单时，应分单填报。

11. 收货单位

收货单位指已知的进口货物在境内的最终消费、使用单位，包括：① 自行从境外进口货物的单位；② 委托有外贸进出口经营权的企业进口货物的单位。

本栏目应填报收货单位的中文名称或其海关注册编码。加工贸易报关单的收货单位应与登记手册的"货主单位"一致。

12. 贸易方式

本栏目应根据实际情况按照海关规定的贸易方式代码表选择填报相应的贸易方式简称或代码。一份贸易报关单只允许填报一种贸易方式。

13. 征免性质

征免性质指海关对进口货物实施征、减、免税管理的性质类型。

本栏目应按照海关核发的征免税证明中批注的征免性质填报，也可以根据实际情况按海关规定的征免性质代码表选择填报相应的征免性质简称或代码。

加工贸易报关单本栏目应按照海关核发的登记手册中批注的征免性质填报相应的征免性质简称或代码。

一份报关单只允许填报一种征免性质。

14. 征税比例

征税比例仅用于"非对口合同进料加工"贸易方式下（代码"0715"）进口料、件的进口报关单，填报海关规定的实际应征税比率。例如，5%填报"5"，15%填报"15"。

15. 许可证号

应申领进口许可证的货物，必须在此栏目填报外经贸部及其授权发证机关签发的进口货物许可证的编号，不得为空。

一份报关单只允许填报一个许可证号。

16. 起运国（地区）

起运国（地区）指进口货物起始发出的国家（地区）。

对发生运输中转的货物，如在中转地未发生任何商业性交易，则起、抵地不变；如在中转地发生商业性交易，则以中转地作为起运国（地区）填报。

本栏目应按海关规定的国别（地区）代码表选择填报相应的起运国（地区）中文名称或代码。

无实际进出境的，本栏目填报"中国"（代码"142"）。

17. 装货港

装货港指进口货物在运抵我国关境前的最后一个境外装运港。

本栏目应根据实际情况按海关规定的港口航线代码表选择填报相应的港口中文名称或代码。

无实际进境的，本栏目填报"中国境内"（代码"0142"）。

18. 境内目的地

境内目的地指已知的进口货物在国内的消费、使用地或最终运抵地。

本栏目应按海关规定的国内地区代码表选择填报进口货物收货单位所属国内地区的名称或代码。

19. 批准文号

进口报关单本栏目用于填报进口付汇核销单编号。

20. 成交方式

本栏目应根据实际成交价格条款按海关规定的成交方式代码表选择填报相应的成交方式代码。

无实际进境的，进口填报 CIF 价。

21. 运费

本栏目用于成交价格中不包含运费的进口货物，应填报该份报关单所含全部货物的国际运输费用。可选择运费单价、总价或运费率三种方式中的一种填报，同时注明运费标记，并按海关规定的货币代码表选择填报相应的币种代码。运保费率合并计算的，运保费填报在本栏目中。

运费标记"1"表示运费率，"2"表示每吨货物的运费单价，"3"表示运费总价。

22．保费

本栏目用于成交价格中不包含保险费的进口货物，应填报该份报关单所含全部货物国际运输的保险费用。可按保险费总价或保险费率两种方式之一填报，同时注明保险费标记，并按海关规定的货币代码表选择填报相应的币种代码。运保费合并计算的，运保费填报在运费栏目中。

保险费标记"1"表示保险费率，"3"表示保险费总价。

23．杂费

杂费指成交价格以外的、应计入完税价格或应从完税价格中扣除的费用，如手续费、佣金、回扣等。可按杂费总价或杂费率两种方式之一填报，同时注明杂费标记，并按海关规定的货币代码表选择填报相应的币种代码。

应计入完税价格的杂费填报为正值或正率，应从完税价格中扣除的杂费填报为负值或负率。杂费标记"1"表示杂费率，"3"表示杂费总价。

24．合同协议号

本栏目应填报进口货物合同（协议）的全部字头和号码。

25．件数

本栏目应填报有外包装的进口货物的实际件数。特殊情况填报要求如下：

（1）舱单件数为集装箱（TEU）的，填报集装箱个数。

（2）舱单件数为托盘的，填报托盘数。

本栏目不得填报为"0"，裸装货物填报为"1"。

26．包装种类

本栏目应根据进口货物的实际外包装种类按海关规定的包装种类代码表选择填报相应的包装种类代码。

27．毛重（千克）

实际货物及其包装材料的重量之和。

本栏目填报进口货物实际毛重，计量单位为千克，不足1千克的填报为"1"。

28．净重（千克）

净重指货物的毛重减去外包装材料后的重量，即商品本身的实际重量。

本栏目填报进口货物的实际净重，计量单位为千克，不足1千克的填报为"1"。

29．集装箱号

集装箱号是在每个集装箱体两侧标示的全球唯一的编号。本栏目用于填报和打印集装箱编号及数量。集装箱数量四舍五入填报整数，非集装箱货物填报为"0"。在多于1个集装箱的情况下，其余集装箱编号打印在备注栏或随附清单上。

30．随附单据

随附单据指随进口货物报关单一并向海关递交的单证或文件。合同、发票、装箱单、许可证等必备的随附单证不在本栏目填报。

本栏目应按海关规定的监管证件名称代码表选择填报相应证件的代码，并填报每种证件的编号（编号打印在备注栏下半部分）。

31．**用途**

进口货物填报用途，应根据进口货物的实际用途按海关规定的用途代码表选择填报相应的用途代码，如"以产顶进"填报"13"。

32．**标记唛码及备注**

本栏目下部供打印随附单据栏中监管证件的编号，上部用于打印以下内容：

（1）标记唛码中除图形以外的文字、数字。

（2）一票货物多个集装箱的，在本栏目打印其余的集装箱号。

（3）受外商投资企业委托，代理其进口投资设备、物品的外资企业名称。

（4）加工贸易结转货物所对应的备案号应填报在"备注"栏目。如出口报关单应填报"转出至××××××号手册"。

（5）其他申报时必须说明的事项。

33．**项号**

本栏目分两行填报及打印。

第一行打印报关单中的商品排列序号。

第二行专用于加工贸易等已备案的货物，填报和打印该项货物在登记手册中的项号。

加工贸易合同项下进口货物，必须填报与登记手册一致的商品项号，所填报项号用于核销对应项号下的料件或成品数量。

34．**商品编号**

商品编号指按海关规定的商品分类编码规则确定的进口货物的商品编号。

加工贸易登记手册中商品编号与实际商品编号不符的，应按实际商品编号填报。

35．**商品名称和规格型号**

本栏目分两行填报和打印。第一行打印进口货物规范的中文商品名称，第二行打印规格型号，必要时可加注原文。具体填报要求如下：

（1）商品名称和规格型号应据实填报，并与所提供的商业发票相符。

（2）商品名称应当规范，规格型号应当足够详细，以能满足海关归类、审价以及监管的要求为准。禁止、限制进出口等实施特殊管制的商品，其名称必须与交验的批准证件上的商品名称相符。

（3）加工贸易等已备案的货物，本栏目填报录入的内容必须与备案登记中同项号下货物的名称和规格型号一致。

36．**数量及单位**

数量及单位指进口商品的实际数量及计量单位。

本栏目分3行填报及打印。具体填报要求如下：

（1）进口货物必须按海关法定计量单位填报。法定第1计量单位及数量打印在本栏目第1行。

（2）凡海关列明第2计量单位的，必须报明该商品第2计量单位及数量，打印在本栏目第2行。无第2计量单位的，本栏目第2行为空。

（3）成交计量单位与海关法定计量单位不一致时，还需填报成交计量单位及数量，打印在商品名称、规格型号栏下方（第3行）。成交计量单位与海关法定计量单位一致的，本栏目第 3 行为空。

加工贸易等已备案的货物，成交计量单位必须与备案登记中同项号下货物的计量单位一致，不相同时必须修改备案或转换一致后填报。

37．原产国（地区）

原产国（地区）指进口货物进行生产、开采或加工制造的国家（地区）。

38．单价

本栏目应填报同一项号下进口货物实际成交的商品单位价格。无实际成交价格的，本栏目填报货值。

39．总价

本栏目应填报同一项号下进口货物实际成交的商品总价。

无实际成交价格的，本栏目填报货值。

40．币制

币制指进口货物实际成交价格的币种。

本栏目应根据实际成交情况按海关规定的货币代码表选择填报相应的货币名称或代码，如货币代码表中无实际成交币种，需转换后填报。

41．征免

征免指海关对进口货物进行征税、减税、免税或特案处理的实际操作方式。

本栏目应按照海关核发的征免税证明或有关政策规定，对报关单所列每项商品选择填报海关规定的征减免税方式代码表中相应的征减免税方式。

加工贸易报关单应根据登记手册中备案的征免规定填报。

42．税费征收情况

本栏目供海关批注进口货物税费征收及减免情况。

43．录入员

本栏目用于预录入和 EDI 报关单，打印录入人员的姓名。

44．录入单位

本栏目用于预录入和 EDI 报关单，打印录入单位名称。

45．申报单位

本栏目指报关单左下方用于填报申报单位有关情况的总栏目。

申报单位指对申报内容的真实性直接向海关负责的企业或单位。自理报关的，应填报进口货物的经营单位名称及代码；委托代理报关的，应填报经海关批准的专业或代理报关企业名称及代码。

本栏目还包括报关单位地址、邮编和电话等分项目，由申报单位的报关员填报。

46．填制日期

填制日期指报关单的填制日期。预录入和 EDI 报关单由计算机自动打印。

本栏目为 6 位数，顺序为年、月、日各 2 位。

47．海关审单批注栏

本栏目指供海关内部作业时签注的总栏目，由海关关员手工填写在预录入报关单上。其中"放行"栏填写海关对接受申报的进出口货物作出放行决定的日期。

（二）进口报关期限

报关期限是指货物运到口岸后，法律规定收货人或其代理人向海关报关的时间。根据我国海关法的规定，进口货物的报关期限为：从运输工具申报进境之日起 14 天内，由收货人或其代理人向海关报关。超过这个期限报关，由海关征收滞报金。

进境货物滞报金的起收日期为运输工具申报进境的第 15 天，其中邮运进境的货物滞报金为收件人接到邮局通知之日起的第 15 天。此外，转关运输进境货物滞报金的起收期有两个：一是运输工具申报进境之日起的第 15 天，二是货物运抵指运地之日起的第 15 天。

滞报金的征收对象是进口货物的收货人或其代理人。方式为按日征收，日征金额为进口货物到岸价格的 5‰，起征点为人民币 10 元，不足者不征。进口货物的到岸价格以外币计价的，海关按征收滞报金之日国家外汇牌价的买卖中间价折合成人民币计算。

八、换单提货

海关放行后，进口方凭提单向船公司换取提货单提货。

如进口货物运达港口卸货时发现短缺，应及时填制"短卸报告"交由船方签认，并根据短缺情况向船方提出保留索赔权的书面声明。卸货时如发现残损，货物应存放于海关指定仓库，待保险公司会同商品检验检疫部门检验后再作出处理。

如进口货物有残损，凭商品检验检疫部门出具的证书对外索赔。合同规定在卸货港检验的货物，或已发现残损短缺有异状的货物，或合同规定的索赔期即将期满的货物等，都需要在港口进行检验。

九、进口索赔

进口方常因交货期、品质、数量、包装等不符合合同的规定，而需向有关方面提出索赔。

（一）索赔的类型

根据损失的原因和责任的不同，索赔有三种不同的情况：

1．向贸易违约方索赔

凡属买卖合同当事人的责任造成的损失，可向责任方提出索赔。索赔的基础为双方签订的货物买卖合同。

（1）向卖方索赔的情况主要有：原装数量不足；货物的品质、规格与合同规定不符；包装不良致使货物受损；未按期交货或拒不交货；FOB、CFR 情况下，由于卖方没有及时发出装船通知，买方没有及时投保，致使货物在运输途中受损而得不到保险公司的赔偿；FOB 情况下，买方指派的船舶已按期到达指定的装运港，而卖方未备妥货，造成滞期费、港口费等费用的增加。

（2）向买方索赔的情况主要有：买方无理不按期收货或拒不收货；FOB 情况下，买方指派的船舶未按期到达指定的装运港，造成卖方货物在港口仓管等费用的增加；在托收、汇付方式下，买方已受领货物，但不按期付款。

2. 向保险公司索赔

如果是承保范围内的货物损失，应向保险公司索赔。如：由于自然灾害、意外事故或运输途中其他事故致使货物发生承保险别范围以内的损失；有关损失既在承保范围之内，又属于船公司的责任，但船公司赔偿金额不足抵补损失的。

3. 向承运人索赔

如果是承运人的责任造成的货物损失，则应向承运人索赔。如：收货数量少于提单所载数量；提单是清洁的，而货物却有残损短缺情况，且属于船方责任造成的；货物所受的损失，根据租船合约有关条款应由船方负责的。

案例： 我土产进出口公司向国外客户出口 500 箱香菇，即期信用证付款。土产进出口公司根据信用证规定于 8 月 10 日装运完毕，8 月 12 日凭已装船清洁提单和投保一切险的保险单向银行办理议付，在单证相符的情况下收妥货款。货到目的港后，买方复验发现：（1）买方实际只收到 497 箱，短少 3 箱；（2）有 30 箱香菇的黄曲霉素含量超过进口国标准；（3）10 箱货物外表状况良好，但箱内共短少 40 千克。请问：以上情况买方应分别向谁索赔？为什么？

分析： 第（1）种情况应向承运人索赔，因承运人签发了清洁提单，在目的港就应如数向收货人交货。第（2）种情况应向卖方索赔，因卖方所交货物存在内在缺陷。第（3）种情况可向保险公司索赔，属保险责任范围内。但如进口人能举证卖方交货数量不足，也可向卖方索赔。

（二）索赔的依据和索赔期限

1. 索赔依据

索赔依据又称为索赔应具备的条件。一方当事人违约后，另一方当事人在提出索赔时，必须要有充分的合法证据，如买卖合同、货损证明、缺货证明等。索赔依据包括法律依据和事实依据。前者是指买卖合同和适用的法律规定，后者则指违约的事实、情节及书面证明。

2. 索赔期限（Duration for a Claim）

索赔期限是指受损害一方有权向违约方提出索赔的有效期限。按照法律和国际惯例，受损害一方只能在索赔有效期限内提出索赔，否则即丧失索赔权。索赔的期限有约定与法定两种。

一般来说，约定期限比较短，主要适用于货物外观状况如包装、外形、数量、规格等的约定。容易变质的商品如食品、新鲜水产、新鲜蔬菜等，一般规定货到目的港（地）后 1~10 天；普通商品一般规定货到目的港（地）后 30~45 天；特殊商品如机械设备等可规定货到目的港（地）后 60 天以上，但一般不得超过 6 个月。

法定期限比较长。《联合国国际货物销售合同公约》规定，买方向卖方提出索赔的期限是自买方实际收到货物之日起两年之内。

（三）索赔单证

索赔时需要准备好有关的单证。国际货物买卖合同索赔的单证一般包括：

（1）提单（或其他装运单据）；

（2）商业发票；

（3）保险单（或保险凭证）；

（4）装箱单（或尺码单、重量单）；

（5）商检机构出具的货损检验证明（或船长签字的短缺残损证明）；

（6）索赔清单；

（7）索赔文函；

（8）索赔金额。

（四）索赔的一般手续

索赔要依照一定的手续，一般为：

（1）立即向保险公司发出损失通知，以示索赔行为的开始，并不再受索赔时效的制约。

（2）立即向第三者责任方提出索赔并要保留追偿权利。

（3）及时采取合理的施救、整理措施。

（4）备齐索赔单证。包括：

①保险单或保险凭证；

②运输契约；

③发票；

④装箱单；

⑤向承运人等第三者责任方请求赔偿的函电或其他单证和文件；

⑥检验报告；

⑦海事报告摘录或海事申明书（不可抗力海难事件）；

⑧货损、货差证明；

⑨索赔清单。

（5）等候结案。

例题： 我某公司向西班牙商人出口某商品 2 000 公吨，每公吨单价为 CIF VIGO（维哥）2 566 美元，加一成投保一切险。货到目的港后，西班牙商人发现只有 1 975 公吨的货物完好，其余 25 公吨货物因意外事故已失去原有的用途。请问：保险公司应赔偿多少？

解： 因货物已失去原有的用途，保险公司必须对 25 公吨的货物给予赔偿。

$25 \times 2\ 566 \times 110\% = 70\ 565$（美元）

答： 保险公司应赔偿 70 565 美元。

（五）进口索赔应注意的问题

在进口业务中，办理对外索赔时一般应注意以下几个方面的问题：

（1）索赔证据。对外提出索赔需要提供证据。首先，应制备索赔清单，并随附商检局签发的检验证书、发票、装箱单、单副本。其次，对不同的索赔对象要另附相关证件。向卖方索赔时，应在索赔证件中提出确切根据和理由，如是 FOB 或 CFR 合同，尚需随附保险单一份；向轮船公司索赔时，需另附由船长及港务局理货员签证的理货报告，船长签证短卸或残损证明；向保险公司索赔时，需另附保险公司与买方的联合检验报告等。

（2）索赔金额。索赔金额，除受损商品的价值外，有关的费用也可一并提出。如商品检验费、装卸费、银行手续费、仓租、利息等，都可包括在索赔金额内。至于包括哪几项，应根据具体情况确定。

（3）索赔期限。对外索赔必须在合同规定的索赔有效期限内提出，过期无效。如果商检工作可能需要更长的时间，可向对方要求延长索赔期限。

（4）卖方的理赔责任。进口货物发生了损失，除属于轮船公司及保险公司的赔偿责任外，如属卖方必须直接承担的职责，应直接向卖方要求赔偿，防止卖方制造借口向其他方面推卸理赔责任。

目前，我国的进口索赔工作，属于船方和保险公司责任的由外运公司代办；属于卖方责任的由进出口公司直接办理。为了做好索赔工作，要求进出口公司、外运公司、订货部门、商检局等各有关单位密切协作，要做到检验结果正确、证据属实、理由充实、赔偿责任明确，并要及时向有关方面提出，力争把货物所受到的损失如数取得补偿。

案例： 我某进出口公司以 CIF 广州从国外进口一批初级产品，即期信用证付款。卖方发货后交单到银行议付，开证行及我公司也已审单付款，并且我公司提取货物后就将收到的货物向银行作了抵押贷款。事后，我公司发现该批货物的提单日期是倒签的。请问：我方是否仍有权提出索赔？

分析： 我公司仍有权向卖方或承运人索赔。CIF 方式下，买方有审查和拒收单据、货物两方面的权利。买方虽已付款并处理了货物，但在有充分证据证明卖方和承运人倒签提单的情况下，仍有权提出索赔。

（六）索赔英语函电

1. **写信要点**（Writing Skills）

（1）提及有关货物；

（2）抱怨到货损失；

（3）提出索赔。

2. **常用句型**（Sentence Patterns）

句型 1：抱怨/投诉

（1）We regret to inform you that the goods delivered to us are not in good condition/up to standard.

很遗憾地通知你方，我方收到的货物不符合出口标准。

（2）We feel regretful that the goods are not in accordance with your samples.

我们感到很遗憾，货物与样品不符。

（3）Much to our regret, we have found that there were only 3,780 pegs instead of the 3,800 pegs shipped by you.

令我们遗憾的是，你方只发了 3 780 桶而不是应发的 3 800 桶。

句型 2：提出索赔

（1）We have to lodge a claim against you on this shipment for USD 2,000 on account of short weight.

我们不得不因该货的短重向你方索赔 2 000 美元。

（2）We ask for replacement by the correct number as soon as possible.

我们要求尽快运来数量无误的更换货物。

（3）In order to settle the problem, we ask for compensation for the loss we suffered.

为了解决问题，我们要求赔偿我们所遭受的损失。

3. **信函示例及译文**（Sample Letters and Chinese Versions）

Dear Sirs,

We have received your shipment covering our Order No. 123 for 100 cartons of Children's Clothing which you shipped by S/S "Dolphin", but much to our regret we have to inform you that we have found the goods were short by 5 cartons.

As you know, we are in urgent need of these items as we have only a few stock in hand. Therefore, we ask for replacement by the correct number as soon as possible.

Yours faithfully,

参考译文

敬启者：

　　由"海豚"号轮运送的我方第 123 号订单项下 100 箱童装已经收到。很遗憾我们发现货物短少了 5 箱。

　　如你所知，本公司因为所剩存货不多，故急需这些货品。因此，我们要求尽快运来数量无误的更换货物。

　　　　　　　　　　　　　　　　　　　　　　　　　　　　　　　　　　谨上

样单：信用证申请书

不可撤销跟单信用证申请书
APPLICATION FOR IRREVOCABLE DOCUMENTARY CREDIT

ATTENTION: NO NET WEIGHT

To: THE INDUSTRIAL AND COMMERCIAL BANK OF CHINA, GUANGZHOU BRANCH   Dated: <u>FEB. 12, 2001</u>

Please establish [X] By SWIFT/Telex [ ] By airmail   an Irrevocable Credit as per followings

Advising Bank INDUSTRIAL AND COMMERCIAL BANK OF CHINA, TOKYO BRANCH	(20) IRREVOCABLE DOCUMENTARY CREDIT No. (31D) Expiry Date 2001/04/10 Expiry Place TOKYO, JAPAN
(50) Applicant GUANGZHOU HONDA AUTOMOBILE CO., LTD. HENGSHA, HUANGPU, GUANGZHOU P.R. CHINA	(59) Beneficiary HONDA MOTOR CO., LTD. NO.1-1, 2-CHOME, MINAMI-AOYAMA, MINATO-KU, TOKYO, JAPAN

(32B) Currency code, Amount (in figures): USD3,258,393.60

    (In words): SAY IN U.S.DOLLARS THREE MILLION TWO HUNDRED FIFTY-EIGHT THOUSAND THREE HUNDRED AND NINETY-THREE AND CENTS SIXTY ONLY

    Quantity and Credit amount tolerance _____ %

(41a) Credit available with [X] ANY BANK [ ] Issuing Bank

    By [X] Negotiation [ ] Acceptance [X] Sight Payment [ ] Deferred Payment at _____

(42C) Draft at   <u>sight</u>   For   <u>100</u> % of Invoice Value.

(43P) Partial Shipment [ ] allowed [X] not allowed   (43T) Transhipment [X] allowed [ ] not allowed

(44A) Loading on board From Any Japanese sea port   (44B) For Transportation to XINGANG, HUANGPU, GUANGZHOU, CHINA

(44C) Latest Date of Shipment: 2001/03/20

(45A) Description of Goods: Automobile Parts as per proforma invoice/contract No.001-32A-5202-12.

Price term: CIF XINGANG, HUANGPU, GUANGZHOU, CHINA

Packing: IN CONTAINERS

(46A) Documents required: (marked with x)

(X) Signed Commercial invoice in <u>3 originals</u> copies indicating L/C.No.and Contract No. as mentioned above.

(X) 2/3 set of clean on board ocean Bills of Lading made out to order and blank endorsed marked "freight <u>prepaid</u>

    [ ] showing freight amount"notifying [X] Applicant

( ) Air Waybills showing "freight [ ] to collect [ ] prepaid [ ] indicating freight amount" and consigned to [ ] Applicant

[ ] Issuing Bank

(X) Insurance Policy/Certificate in <u>2 originals</u> for 110 % of the invoice value showing claims payable in Guangzhou China in currency of the draft

    blank endorsed, covering [X] Ocean Marine Transportation [ ] Air Transportation [ ] Over Land Transportation) All

Risks,War Risks <u>Strike Risks</u>, including <u>warehouse to warehouse</u> as per <u>Institute Cargo</u> Clauses (A), Institute Strike Clauses, Institute

(X) Packing List/Weight Memo in <u>2 originals</u> Copies indicating quantity/gross and net weights of each package and packing conditions <u>War Clauses</u>

    as called for by the L/C.

( ) Certificate of Quantity/Weight in   Copies.

(X) Certificate of Quality in   2   Copies issued by [X] Beneficiary [ ] public recognized surveyor [ ] manufacturer

( ) Beneficiary's certified copy of cable/telex dispatched to the accountees within   hours after shipment advising [ ] name of

    vessel [ ] B/L No [ ] flight No. [ ] wagon No. [ ] Shipping date [ ] contract No. [ ] L/C No. ,commodity,

    quantity ,weight and value of shipment.

( ) Certificate of origin in copies   Beneficiary's certificate certifying that they have sent documents to the applicant by courier

service including 1/3 set of original B/L,commercial invoice in one original and one copy, packing list in one original and one copy

indicating cases'No.,parts'No./description/quantity of each case and gross weights of each case,certificate of

Origin in one original,insurance policy/certificate in one copy and the courier receipt should be attached for negotiation.

(X) Plant Inspection Certificate issued by Inspection and Quarantine Department of Official Authority in the country of the shipper

if the goods are packed into coniferous wood package; Statement of non- coniferous wood packing material issued by the shipper in

the use of non-coniferous wood packing material; Statement of no wood packing material issued by the shipper in the use of non-

wood packing material.

All documents must be issued in English.

(47A) Additional conditions

( ) Documents issued earlier than L/C issuing date are not acceptable.

(X) All banking charges and interest if any outside opening bank are for account of beneficiary.

(X) All documents to be forwarded in one cover, unless otherwise stated.

( ) The remaining _____ % of invoice value _____

( ) Third party as shipper is not acceptable.

(48) Period for presentation: Documents to be presented within <u>21</u> days after the date of issuance of the transport document(s) but within the validity of the credit

(71B) Charges [X] Beneficiary [ ] Applicant'

样单：进口报关单

中华人民共和国海关进口货物报关单

预录入编号：54856625478　　　　　　　海关编号：510878207

进口口岸 新凤罗冲(5102)		备案号	进口日期 98.02.15	申报日期 98.02.18
经营单位 广东纺织品进出口广通贸易有限公司 (4401913490)	运输方式 江海运输 (2)	运输工具名称 JI CHANG/AL IHSA 'A'		提运单号 JT98－1778
收货单位 广东纺织品进出口广通贸易有限公司	贸易方式 一般贸易	征免性质 一般征税		征税比例
许可证号	起运国(地区) 阿联酋	装货港 迪拜		境内目的地 广州
批准文号　　2918306	成交方式 CIF	运费 502/1070.00/3	保费 502/15.51/3	杂费
合同协议号 C215－98－GD	件数 40	包装种类 箱	毛重(千克) 2 400.00	净重(千克) 1 200.00
集装箱号 MAEU6150015 * 1(2)	随附单据		用途 外贸自营内销	

标记唛码及备注

MAHALAJA DEIRA
ANAND
264553
DUBAI

项号	商品编号	商品名称、规格型号	数量及单位	原产国 (地区)	单价	总价	币制	征免
01	6104.6300	女装尼龙长裤 LADIES LYCRA LONG PANT	200 打 600 千克	阿联酋	23.00	4 600.00	美元	照章征税
02	6104.6300	女装尼龙长裤 LADIES LYCRA LONG PANT	200 打 600 千克	阿联酋	24.00	4 800.00	美元	照章征税

税费征收情况

录入员　　　录入单位	兹声明以上申报无讹并承担法律责任	海关审单批注及放行日期(签章)	
	申报单位(签章)	审单	审价
报关员			
单位地址 广州小北路 168 号广东粤纺 大厦 7 楼	广东纺织品进出口广通贸易有限公司报关 专用章	征税	统计
邮编 510000　电话　　填制日期 98.02.18		查验	放行

样单：进口装箱单

PACKING LIST

ALBRIGHT & WILSON Place of registration England Registered number 36833	Albright & Wilson UK Limited Registered Office:- P.O. Box 3, 210-222 Hagley Road West, Oldbury, Warley, West Midlands B68 0NN England Telephone 0121-429-4942 Telex 336291 ALBRIW G Fax 0121-420-5151

V.A.T. Registration No. GB 238 7123 58

Invoice Reference / A&W Order No.
281948　418888　14.04.99

Customer Reference: GZ046/99

Consignee
COAL INDUSTRIAL OVERSEAS DEVELOPME
CORPORATION OF GUANGDONG PROVINCE
ROOM 3006 193 DONG XIAO RD
GUANGZHOU
CHINA

Buyer (if not Consignee)
ALBRIGHT & WILSON ASIA (CHINA) LTD
ROOM 1703
NO 9 WING HONG STREET
CHEUNG SHA WAN
KOWLOON　　　　HONG KONG

Import Licence No.　　Movement Certificate No.

Country of Origin: UNITED KINGDOM
Country of Destination: CHINA

Vessel/Aircraft: RIVER WISDOM　　Port of Loading: FELIXSTOWE
Port of Discharge: XINFENG　　Final Destination: XINFENG

Marks and Numbers	No. and Kind of Packages : Description of Goods	Quantity
COAL INDUSTRIAL OVERSEAS DEV. GUANGZHOU EMPICOL LXV-100 GZ046/99 D990330C A & W LIMITED WTS IN KILOS MADE IN UK Insured by Policy No. 87UK220128 of Cigna Insurance Co. of Europe S.A N.V. Certificate for Claim purpose can be supplied on request.	500x25KG PAPER SACKS on　20 pallets EMPICOL* LXV100 D990330C HS No. 340211 90 0	12.5 MT

Unit Gross Weight:　656.78 KG
Total Gross Weight:　13,136 KG
Dimensions:　120 × 100 × 135 cms

The above package details have been verified and are certified correct.

Place and Date of Issue: WHITEHAVEN　14.04.99
Signature

样单：进口提单

& WILSON UK LIMITED HAGLEY ROAD WEST ...EY ...ST MIDLANDS ...68 ONN		B/L NO. COSU612316804
2.Consignee Insert Name, Address and Phone COAL INDUSTRIAL OVERSEAS DEVELOPMENT CORPORATION OF GUANGDONG PROVINCE ROOM 3006 193 DONG XIAO RD GUANGZHOU CHINA		中远集装箱运输有限公司 COSCO CONTAINER LINES TLX: 33057 COSCO CN FAX:+86(021)6545 8984　ORIGINAL
3.Notify Party Insert Name, Address and phone (It is agreed that no responsibility shall attach to the carrier or his agents for failure to notify) COAL INDUSTRIAL OVERSEAS DEVELOPMENT CORPORATION OF GUANGDONG PROVINCE ROOM 3006 193 DONG XIAO RD GUANGZHOU CHINA, TEL 8620 8423 7033 FAX: 8620 8423 3997		Port-to-Port or Combined Transport **BILL OF LADING** RECEIVED in external apparent good order and condition except as otherwise noted. The total number of packages or units stuffed in the container, the description of the goods and the weights shown in this Bill of Lading are furnished by the Merchants, and which the carrier has no reasonable means of checking and is not a part of this Bill of Lading contract. The carrier has issued the number of Bills of Lading stated below, all of this tenor and date, one of the Original Bills of lading must be surrendered and endorsed or signed against the delivery of the shipment and whereupon the other Original Bills of Lading shall be void. The Merchants agree to be bound by the terms and conditions of this Bill of Lading as if each had personally signed this Bill of Lading. See clause 4 on the back of this Bill of Lading (Terms continued on the back hereof, please read carefully) * Applicable Only When Document Used as a Combined Transport Bill of lading
4.Combined Transport Pre-carriage by	**5. Combined Transport** Place of Receipt WHITEHAVEN	
6.Ocean Vessel Voy.No. 0076E RIVER WISDOM	**7. Port of Loading** FELIXSTOWE	
8.Port of Discharge HONG KONG	**9. Combined Transport** Place of Delivery XIN FENG	

Marks & Nos. Container .Seal No.	No.of Containers or Pkgs	Description of Goods (if Dangerous Goods, See Clause 20)	Gross Weight (kgs)	Measurment (M3)
		1 X 20' CONTAINER SAID TO CONTAIN		
	(NF2)	ALBRIGHT & WILSON ASIA (CHINA) LTD ROOM 1703 NO 9 WING HONG STREET CHEUNG SHA WAN KOWLOON　HONG KONG		
COAL INDUSTRIAL OVERSEAS DEV. GUANGZHOU EMPICOL LXV-100 GZ046/99 D990330C A & W LIMITED WTS IN KILOS MADE IN UK	20 PALLETS	500 X 25KG PAPER SACKS ON 20 UNWRAPPED PALLETS EMPICOL* LXV100 D990330C A & W REF: 418888 FREIGHT PREPAID	13136.0	32.400
FBZU0031009/BA050998	(20'GP)			
		CLEAN SHIPPED ON BOARD, SHIPPERS LOAD, STOW, COUNT, WEIGHT AND SEAL.		
		FCL　　　FCL　　　DR-CY Description of Contents for Shipper's Use Only (Not Part of This B/L Contract)		

10.Total Number of containers and / or packages (in words) Subject to Clause 7 Limitation	ONE　　(1)

11.Freight & Charges "FREIGHT PREPAID" OCEAN FRT. 20' DV LINE HAULAGE 20' DV TERM HANDLING	Revenue Tons	Rate PREPAID PREPAID PREPAID	Per	Prepaid	Collect

Declared Value Charge				
Ex. Rate:	**Prepaid at** LONDON	**Payable at**	**Place and date of Issue** MANCHESTER	16-04-99
	Total Prepaid	**No. of Original B(s) / L** THREE　(3)	Signed for the Carrier, COSCO CONTAINER LINES COSCO (UK) L...	

DATE　　16-04-99　　LADEN ON BOARD THE VESSEL

By　unaiying

COSCON STANDARD FORM 9801

第十六章
生产跟单

第一节　制造企业部门职能概述

一、行政部

行政部的职能是负责处理企业内外部的各种文件及对外的接待与联系；处理企业总经理交办的各项任务；草拟及发布企业的有关文件和通知；协调企业内部各部门的联动，使整个企业能正常高效运作。

二、人事部

人事部的职能是负责企业员工的聘任及考核、企业员工人事档案的管理、企业员工的考勤管理、企业员工工资的核算及制表报批以及企业员工教育培训计划的制定和实施；根据企业的需要，负责新员工的招聘、办理企业解聘员工的手续以及负责办理企业员工的社会保险和落实有关的国家计划生育政策。

三、财务部

财务部的职能是负责企业会计和出纳的财务管理工作、企业应收和应付账款；发放企业员工的工资；报销一般的业务费用；进行企业产品的成本核算；缴纳企业应付的有关税费；编制企业每月的资产负债表和损益表；编制企业年度总预算和决算报告；协助会计师事务所出具税缴清算报告；配合有关部门的审计和财务检查。

四、总务部

总务部的职能是负责企业水电管理、食堂和工厂宿舍管理；负责企业"三防"（防火、防毒、防盗）；负责企业保安队伍的建设与管理；负责企业交通运输工具的管理；负责企业新基建和原有厂房及宿舍的维修；负责企业的绿化和工厂环境卫生管理；按月报送水、电、绿化、基建维修、交通运输等费用统计表。

五、销售部

销售部的职能是负责企业的市场调查与分析，设计企业的营销组合；负责企业新产品的营销活动；负责业务的洽谈和购销合同的订立，进出口货物报检、报关、运输、保险，进出口许可证申领；负责客户的开发及管理；负责客户意见与企业内部各生产、工程、物控、采购、品质等部门的沟通和反馈；按月报送销售统计表。

六、工程部

工程部的职能是负责新产品的开发设计；负责客户来样的分析、样品试做及样品的审核，并结合产品的实际特性，提出良性建议；负责模具的设计（特殊工厂有专门的模具部）；负责量产物料表的制订及生产流程、生产标准的制定；负责量产中技术问题的处理及品质不良的处理。

七、生产部

生产部的职能是负责制定产品的生产计划，并向各个车间安排生产任务；负责生产进度的控制及调整；负责车间员工管理和培训；负责机器设备的保养和维修；与工程部及时处理生产中出现的技术问题及品质不良问题；按日、按月报送生产统计表。

八、物控部

物控部的职能是负责在库物料和在库成品管理；根据本企业工程部制订的物料表，负责检查物料在库情况，提出物料采购计划；负责外采物料的验收入库，及时登记入账；负责生产部物料领用并及时登记入账；负责生产部完工产品的入库验收，及时登记入账；按月报送物料及成品库存统计表。

九、采购部

采购部的职能是负责物料的适时采购；根据物控部的采购计划，与供应商签订采购合同，按时按质按量完成直接材料、辅助材料和杂料的采购；及时向供应商反馈物料的质量问题，办理不良物料的退换货；物色及评估新的供应商，出具评估报告；按月报送物料采购统计表。

十、品质部

品质部的职能是负责企业采购物料的检验和测试；负责生产过程中产品质量的监控；负责制成品的检验；向工程部提出改进质量的建议；就新供应商向采购部门提供意见并对供应商进行必要的辅导。

十一、储运部

储运部的职能是负责成品包装、仓储管理；按客户的要求组织送货；对于国外的客户，自行或委托代理公司办理货物的报检、报关、投保、托运、拖柜出货；收集有关国际货运代理公司、代理报检公司、报关行、保险公司、船公司船期、航线和运价表等资料，优选服务好、收费低的代理公司进行委托。

第二节　制造企业订单生产跟单

中小制造企业订单生产的流程，一般要经过客户、销售部、工程部、生产部、采购部、物控部、品质部、仓储部等环节。根据企业规模的大小及产品特点的不同，其订单生产流程有所不同，但大体的环节是相同的。

一、中小制造企业订单生产流程图

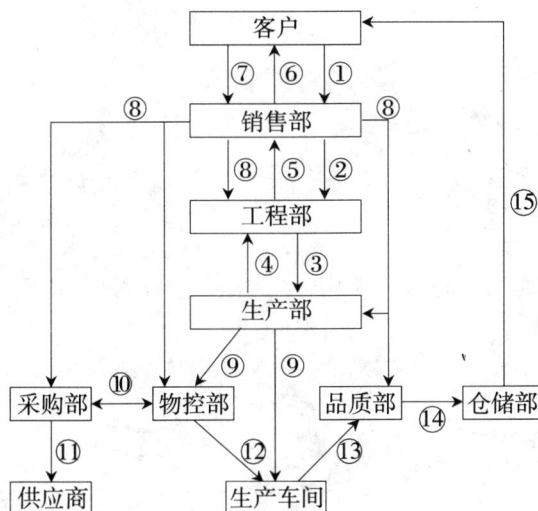

中小制造企业订单生产流程图

图中各环节分别表示为：

①客户提供实物样板或设计图纸。

②销售部接到客户提供的实物样板或设计图纸以后，填写样品生产通知单或工作申请（变更）单，交给工程部进行样板或图纸存档登记，并对图纸或样板进行审核，提出意见。

③工程部确认样板和图纸后，通知销售部。经销售部负责人及上级经理在工作申请（变更）单上签名确认，通知生产部生产样品。

④生产部生产出首件样品后，交工程部进行首件样品的内部确认。

⑤工程部确认样品后，交给销售部。

⑥销售部向客户提交样品。

⑦将公司的样品确认单传真或发电子邮件给客户。客户在样品确认单上确认回传后，销售部拟订销货合同，请客户签章。

⑧销售部与客户签订销货合同后，销售部通知工程部进行详细登记，并书面通知生产部、物控部、采购部、品质部。

⑨生产部安排生产计划，下达生产任务到生产车间，通知物控部备料。

⑩物控部根据仓库发料通知单，检查各仓库现有库存数量的物料，对不足的库存物料提出申请，填写有关单据（通常为采购单），交采购部审核。

⑪采购部经上级负责人批准后，联系供应商，签订购货合同，按时完成采购任务。

⑫物控部向生产车间供料。

⑬各生产车间按生产流程和生产标准进行生产，产品加工完成后，提交品质部检验。

⑭品质部检验合格后，贴上合格证，产品进入成品仓库。仓储部根据客户订单要求，负责货物的运输包装，刷制唛头，通知销售部，准备出货。

⑮销售部填写有关单据（通常为送货单），配合仓储部出货。对于国外的客户，由仓储部负责联系国际货代公司，委托其他公司报检、报关、投保、托运、拖柜出货。

二、订单生产常用单据

样品生产通知单

编号：

递交部门：　　　　　　　　　　　　　　　　　年　月　日　时

项　目			要求完成时间	
具体要求	1		5	
	2		6	
	3		7	
	4		8	
接单时间		年　月　日　时	当前未完成工作	
备注			预计耗时数	
			实际耗时数	
			完成交单时间	
			签收	

申请部门：　　　　　申请人：　　　　　部门主管：　　　　　接单人：

订单接单统计表

填表日期：　　　年　月　日　　　　　　　　　统计月份：

接单日期	签约日期	客户名称	客户订单号	货　名	数　量	订单出货日期	实际出货日期

主管：　　　　　审核：　　　　　填表人：

出货统计表

填表日期：　　　年　　月　　日　　　　　　　　　　　统计月份：

出货日期	客户名称	合同号	货　名	数　量	单　价	金　额
金额合计						

主管：　　　　　　　　　　　审核：　　　　　　　　　　　填表人：

采 购 单

编号：

供应商：　　　　　　　　　　　　　　　联系人：
电话：　　　　　　　　　　　　　　　　传真：

型　号	规　格	颜　色	单　位	数　量	金　额
合计：					
备注：					
订货日期		交货日期			
采购员		审核			

供 应 商 资 料 表

编号：

公司名称	（中文）			
	（英文）			
联系方式	Tel:	Fax:		E-mail:
公司地址				
工厂地址				
营业执照号码		注册资金		
法人代码		法人代表		
固定资产		年营业额		
厂房面积		占地面积		
公司人数		管理人员		
		生产人员		
主要设备				
主要产品				
主要客户				
公司通过认证标准				
备注				

生　产　单

编号：

部门：　　　　　　　　　　　　　　　　　　　　　负责人：

型　号	规　格	颜　色	数　量	交货日期	备　注
经手人			审核		

仓库发料通知书

编号：

生产通知单号：　　　　　　　　　　　　　　　　　　耗损率：

货　号	品　名	规　格	发放数量	备　注

审核：　　　　　　　　　　　　　　　　　　　　　　制表：

材料耗用明细单

编号：

生产通知单号： 耗损率：

货 号	品 名	规 格	发放数量	备 注

审核： 制表：

出 货 单

编号：

客户名称： 年 月 日

单 号	名称及规格	数 量	单 位	箱 数	单 价	金 额
合计（人民币）		万 仟 佰 拾 元 角 分				￥：
备 注						

主管： 审核： 填表人：

送　货　单

编号：

客户名称：　　　　　　　　　　　　　　　　　　　　　　　　　年　　月　　日

单　号	名称及规格	数　量	单　位	箱　数	单　价	金　额
合计（人民币）		万　仟　佰　拾　元　角　分　￥：				
备　注						
收货单位 及经手人	（盖章）		送货单位及 经手人		（盖章）	

收货确认单

编号：

客户名称：

合同号：

序　号	名称及规格	数　量	单　位	箱　数	运输方式	到货时间
备　注	贵顾客，请确认本单中所列货品是否如数收到，如收到请在下面签名盖章处签名盖章，并回传我公司，谢谢！					

客户签名盖章：　　　　　　　　　审核：　　　　　　　　填表人：

三、塑胶五金工艺厂跟单流程

（1）客户提供实物样板或设计图纸。

（2）销售部接到客户样板或图纸后，填写工作申请（变更）单，交给工程部进行样板或图纸存档登记，并对图纸或样板进行审核，结合产品的实际特性情况，给予良性建议。

（3）工程部确认样板或图纸后，通知销售部，由销售部负责人及上级经理在工作申请（变更）单上签名确认。

（4）把开模设计图及客户对产品的特殊要求，交给模具部负责人负责开模。

（5）为模具完成后进行首次试捭，加工成首件样品，由工程部进行首件样品内部确认，确认后，交给销售部客户确认。

（6）客户认可后，签样板或传真签名确认函，并下达实际产品订购合同，通知销售部正式生产。

（7）销售部接到客户订单以及样板确认函后，通知工程部进行详细登记，并书面通知生产部，可以安排正式生产。

（8）销售部根据客户订单的相关内容，下达客户订单给生产部、采购部、物控部、品质部。

（9）生产部接到客户订单，根据订单内容，下达生产单给相关生产车间以及物控部。

（10）物控部根据客户订单、生产单，查看各仓库现有库存数量。如果不够交货数量，提出申请，填写采购单给采购部审核并负责外发采购部分配件或辅助料。

（11）需要内部生产的半成品、成品由生产部负责内部生产，下达生产单到机铸部、打沙部、车钻部、磨房部、喷油部、包装部等相关部门。

（12）各工序部门依据各部门的生产单安排生产。

（13）成品加工完成后，经品质部检验合格并贴上合格证，进入成品仓库，由成品仓管理员根据客户订单，安排出货事宜。

（14）销售部在成品出货时，填写送货单，配合成品仓管理员工作，力求准确无误。

（15）成品出货后，销售部定时对客户进行售后服务的跟踪，为客户提供优质服务。

样单：工作申请（变更）单

成明塑胶五金厂
工作申请(变更)单

递交部门：工程部	2006 年 4 月 15 日　　时
项目 福州恒鑫开模	要求完成时间

现客户要将我司产品外加上单孔用锌合金开模做成珍珠叻颜色.
客户要下单5000pcs　请帮忙安排开模生产. 谢谢！

接单时间　　　　年　月　日　时	当前未完成工作
	硬中拖叻数
备	实际耗时数
注	完成交单时间
	签 收

申请部门：销售部　　申请人：　　　　部门主管：　　　　接单人：康

样单：生产单1

深圳市成明塑胶五金工艺厂
生 产 单　　　　№ 0010473

部门：　　　　　　　　负责人：李兰

型　号	规　格	颜　色	数　量	交货日期	备　注
		福州恒鑫			
外加上	单孔	×	5000		

①加上面数量以现为准, 横截积约为φ80"
②冰贸不能有沙眼色, 精读 虎仔汇等不离现货.
③交货定成为 4月28日

经手人：　　　　　　　　审　核：　　　　　　　　2006年 4月26日

样单：生产单2

深圳市成明塑胶五金工艺厂
生　产　单
№ 0010474

部门：喷油部　　　　　　　负责人：刘凌荣

型　号	规　格	颜　色	数　量	交货日期	备　注	
						第一联·存根
矾过	单孔	福州佰鑫				
		榆磁抛＋功架	5000			
备注：以实际、以货物为准为5000个						
2、客户质量要求，产品表面不能积油、积涂料等						
3、交货期为1月6日						

经手人：　　　　　　　审核：
2008.26/4　　　　　　　　　年　月　日

样单：生产单3

深圳市成明塑胶五金工艺厂
生　产　单
№ 0010472

部门：收件　　　　　　　负责人：庆福红

型　号	规　格	颜　色	数　量	交货日期	备　注	
		福州佰鑫				第一联·存根
矾过	单孔	榆磁抛	5000	交货期 12/6日		
备注：时间紧，先紧此批货，请尽量做						

经手人：　　　　　　　审核：
2008.26/4　　　　　　　　　年　月　日

样单：生产单4

深圳市成明塑胶五金工艺厂
生 产 单　　　　№ 0010472

部门：＿＿＿＿＿＿　　　　负责人：＿＿＿＿＿＿

型　号	规　格	颜　色	数　量	交货日期	备　注

经手人：　　　　　　　　审核：　　　　　　年　月　日

第二联，部门

样单：生产单5

深圳市成明塑胶五金工艺厂
生 产 单　　　　№ 0010473

部门：＿＿＿＿＿＿　　　　负责人：＿＿＿＿＿＿

型　号	规　格	颜　色	数　量	交货日期	备　注

经手人：　　　　　　　　审核：　　　　　　年　月　日

第二联，部门

样单：采购单1

深圳市成明塑胶五金厂
采购单　　　№ 0000253

供应商：聚发玩具厂　　　联系人：湛S
电话：27508681　　　　传真：27508218

型 号	规 格	颜 色	单位	数 量	金 额
白水晶盒			个	25×0.5	12.5
红色纸箱	30.5×26.5×24.5cm		个	7×1.92	13.44
合计：					￥25.94

备注：保证货期　准时接货，谢！

订货日期：	06.4.27	交货日期：	06.4.30
采购员：	林S	审核：	

厂址：深圳市宝安区福永镇高新技术工业园福园二路东西丰成工业园
电话：0755-61180609　61180688　传真：0755-61184511

样单：采购单2

深圳市成明塑胶五金厂
采购单　　　№ 0000252

供应商：速丰胶袋　　　联系人：蔡R
电话：27172073　　　　传真：27173087

型 号	规 格	颜 色	单位	数 量	金 额
PE白胶袋	0.04×45×10		个	5500×0.015	82.5
合计：					￥82.5

备注：保证货期、关于面准封，准时交货，谢！

订货日期：	06.4.27	交货日期：	06.4.30
采购员：	林S	审核：	

厂址：深圳市宝安区福永镇高新技术工业园福园二路东西丰成工业园
电话：0755-61180609　61180688　传真：0755-61184511

样单：采购单 3

深圳市成明塑胶五金厂
采购单　　　　№ 0000251

供应商：＿＿＿汉昌＿＿＿　　　联系人：朱R
电话：26068289　　　　　　　传真：26068825

型号	规格	颜色	单位	数量	金额
螺丝	4×22	白锌	个	5000×0.026	130.
合计：					￥140.

备注：保证质量，准时交货，谢谢！

订货日期：	06.4.27	交货日期：	06.4.29
采购员：	林S	审核：	

第一联白色存根第二联红色客户

厂址：深圳市宝安区福永镇高新技术工业园福园二路东西丰成工业园
电话：0755-61180609　61180688　　传真：0755-61184511

样单：送货单

深圳市成明塑胶五金工艺厂
深圳市宝安区西乡镇共乐工业区铁行路38号
Tel:(0755)27908176　27907750　Fax:(0755)27918550
№

客户名称：福州顺驰　　送货单　2006 年 5 月 6 日

单号	名称及规格	颜色	单位	数量	单价	金额
	XF225	功禄功	个	19	2.35	44.65
合计(人民币)	万 仟 佰 肆拾 肆元 陆角 伍分					44.65
备注						

收货单位
及经手人：(盖章)　　　　　　送货单位
　　　　　　　　　　　　　　及经手人：(盖章)　　陈政势

附录一
外贸跟单常用（缩）语和词组

A

@	at 以（价格）
a considerable market	广阔的市场
a definite delivery date	确切交货日期
a thorough knowledge of	在（某方面）非常精通
AA	Automatic Approval 自动许可证
A. A. R.	Against All Risks 保一切险
a. a.	after arrival 到达以后
abt.	about 大约
A/C，acct.	account 账户，入……账
Acc.	acceptance 承兑
accompanied by the following documents	随附下列单据
accompanied against to documents hereinafter	随附下列单据
Accountee	开证人（记入该户账下）
Accreditor	开证人（委托开证人）
Actual weight	实际重量
Additional quantity	追加数量
Advising Bank	通知行
Advised by cable through ABC bank	通过 ABC 银行电报通知
Advanced B/L	预借提单
Advance Payment	预付货款
A. D.	Anno Domini（拉丁文）公元（后）
a. d.	after date 期后
add.	address 地址
Ad val.	Ad valoren 从价（计算运费）
adv.	advance/advice 预付/通知

A. F.	Advanced Freight 预付运费
After considering it carefully	经仔细考虑后
A general introduction	概况，简介
A great variety of samples	样品种类繁多
Agrt.	agreement 协定
agt.	agent 代理人
A. H.	After Hatch 后舱
A. I. R	All in Rate （集装箱）包干费率，全包价
Air transportation policy	空运保险单
Air transportation risk	空运险
Al	At Lloyd's 英国劳埃德商船协会商船注册 第一级
all drafts drawn under this credit	本信用证项下开具的汇票
amt.	amount 数额金额
amdt.	amendment 修改，修改书
amendment to	对……修正
an upward tendency	上涨（升）趋势
Anticipatory L/C	预支信用证
Anti dated B/L	倒签提单
A. N.	Arrival Notice 到货通知
A/O	account of... 由……付账
A. P.	Additional Premium 额外保费
A/P	Authority to Purchase 委托购买证
Applicant	开证申请人，开证人
approx.	approximate 大约
A. R.	1. All Risks 一切险
	2. Account Receivable 应收款
arr.	arrival 到达
art.	article 条款，货号
arbitration	仲裁
Art. No.	article number 货号
As a result	结果是
As per	根据，按照
As request	按照要求（或请求）
Assured	被保险人
a. s.	at (after) sight 见票后（……天付款）
at one's level	按某人的价格
at one's request	应某人的要求
at favourable prices	以合适的价格

at the prices quoted	以所报的价格
at the request of Messrs...	应（某人）请求
at your earliest convenience	请你们早日……
A. T. L.	Actual Total Loss 实际海损
att.	attach 附加，随附
attached sheet	附表
atten.	attention 注意
A. V.	Ad Valoren 从值（从价）
av.	average 平均海损
available by drafts at sight	凭即期汇票付款
Ave.	Avenue 大街
A/W	Actual Weight 实际重量，净重
AWB	Air Way Bill 空运提单

B

B/ - b/s	Bag(s)，bale(s)包，袋
Back to back L/C	背对背信用证
BAF	Bunker Adjustment Factor 燃油附加费
Bal.	Balance 余额，平衡
Basket	篓
Bay（Hatch or Hold）	舱位，舱口，舱内
B. B. C.	Bareboat Charter 光船租赁
B. B. Clause	Both to Blame Collision Clause 船舶互撞条款（险）
B/C	Bill for Collection 托收汇票
B/D	1. Bank Draft 银行汇票 2. Bill Discounted 贴现汇票
b. d. i.	both days inclusive 包括头尾两天
bdl(s)	bundle(s) 捆，把
B/E	1. Bill of Exchange 汇票 2. Bill of Entry 进口报告书
Beneficiary	受益人
Beneficiary's Statement	受益人声明
Beneficiary's Certificate	受益人证明
Berth	泊位
Best firm offer	最优惠实盘
Best possible terms	最优惠价格
Beyond our control	非我方所能控制的

Beyond our help	是我方无能为力的
b/f	brought forward 承前页
bg.	bag 袋
B/G	Bonded Goods 保税货物
B/H	Bill of Health 健康证明书
Bid	出价，报价
Bill of Exchange	汇票
BIMCO	Baltic and International Maritime Council 波罗的海国际海事协会
Bk.	bank 银行
bkt.	basket 篮，筐
bl.	bale 包
B/L	Bill of Lading 提单
Black list	黑名单
Blank endorsed	空白背书
bldg.	building 大楼
blvd.	boulevard 大街
B/N	Booking Note 托运单，订舱单
B/O	1. Buyer's Option 买方选择 2. Branch Office 分公司
BOC	Bank of China 中国银行
BOM	Beginning of Month 月初
Bonded warehouse	关栈
Bookings	订货
bot.	bottle 瓶
BOY	Beginning of Year 年初
B/P	1. Bill of Payable 付票据 2. Bill Purchased 出口押汇
br.	branch 分行，分支机构
branch house(office)	分公司，分行
brkge.	breakage 破碎
brl.	barrel 桶
breakbulk	散装货
b/s	bags, bales 袋，包（复数）
BS, BSC	Bunker Surcharge 燃油附加费
B. T.	Berth Terms 班轮条款
btl.	bottle 瓶
B. T. N.	Brussels Tariff Nomenclature 布鲁塞尔税则分类

Bulk cargo	散装货
bu.	bushel 蒲式耳
business association	业务往来
bx(s)	box(es) 箱，盒
By order of Messrs...	奉（某人）之命
by airplane	飞机装运
by courier	用快递
by parcel post	邮包装运
by registered airmail	用航空挂号
by return	立即，收信后立即
by vessel/sea/seafreight	海运
by train	火车装运
by truck	卡车装运

C

c/-, c/s	case(s) 箱
ca.	circa（拉丁文）大约
CAAC	General Administration of Civil Aviation of China 中国民航
C. A. D.	Cash Against Documents 凭单据付款
CAF	Currency Adjustment Factor 货币贬值附加费
Capacity	容积
canc.	cancelled, cancellation 取消
Capt.	captain 船长
Cargo Board	托板
Cardboard box	纸盒箱
Cargo capacity	载货能力，载货舱容
Cargo Receipt	货物承运收据
Caricom	Caribbean Community 加勒比海共同体
Carrier	承运人
Catalogue	商品目录
Carton	纸盒箱
Cat.	Catalogue 目录
C. B. D.	Cash Before Delivery 付现交货
C. C.	Carbon Copy 副本印送
CCCN	Customs Co-operative Council 海关合作理事会税则目录

CCIB	China Commodity Inspection Bureau 中国商品检验局
CCPIT	China Council for the Promotion of International Trade 中国国际贸易促进委员会
C. C. V. O.	Combined Certificate of Value and Origin 价值、产地联合证明书（海关发票）
C/D	Cash Against Documents 凭单据付款
Cert.	Certificate 证明书
Certificate of Age of Vessel	船龄证明
Certificate of Registry	注册证明（船泊）
Certificate of Quantity	数量证明
Certificate of Origin	产地证明
Certificate of Fumigation	熏蒸证书
Certificate of Plant Quarantine	植物检疫证书
Certificate of Nonaflatoxin	黄曲霉素证书
Certificate of Damaged Cargo	验残证书
c/f	carried forward 续后页
CFR	Cost and Freight 成本加运费价
C&I	Cost and Insurance 成本加保险价
CFS	Container Freight Station 集装箱货运站
cft.	Cubic Feet 立方英尺
cgo.	Cargo 货物
C. H.	Custom House 海关
Charter party	租船合同，租船契约
Checks(Tally Men)	理货员
chg.	charge 费用
Circuitous Routing	迂回航线
C/I	1. Certificate of Inspection 检验证书 2. Certificate of Insurance 保险证明书
C. I.	Consular Invoice 领事发票
C. I. A.	Cash in Advance 预付现款
C. I. C.	China Insurance Clause 中国保险条款
CIF	Cost, Insurance, Freight 成本、保险加运费价
CIFC	Cost, Insurance, Freight, Commission 成本保险运费加佣金价
C. I. O.	Cash in Order 订货时付款
CIP	Freight or Carriage & Insurance Paid to. . . 运费保险费付至……价

ck.	1．check 支票
	2．cask 桶
CL	Container Load 集装箱装载
Claim	索赔，要求赔偿
Claim compensation	索取赔偿
Claim reimbursement	索取货款
Clean bill collection	光票托收
Clean Bill of Lading	清洁提单
Clearance of Goods	结关
CLP	Container Load Plan 集装箱装箱单
cm	centimeter 公分，厘米
CMI	Committee Maritime International 国际海事委员会
C/N	1．Case No. 箱号
	2．Contract No. 合同号
	3．Cover Note 暂保单
	4．Credit Note 贷项账单（贷记通知单）
CNCC	China National Chartering Corp. 中国租船公司
CNFTTC	China National Foreign Trade Transportation Corp. 中国对外贸易运输公司
CNY	China National Yuan 中国元
Co.	Company 公司
CO	1．Certificate of Origin 产地证书
	2．Care of 由……转交
	3．Cash Order 本票
COA	Contract of Affreightment 包运租船
COC	Carrier's Own Container 承运人集装箱
C. O. D.	Cash on Delivery 货到付款
COFC	Container on Flatcar 铁路运集装箱
Collection	托收，托收款
Commercial Counsellor's Office	商务参赞处
Commercial Invoice	商业发票
Combined Invoice	联合发票
Comm.	Commission 佣金
Conclude a Contract	签订合同
Confirming Bank	保兑行
Confirmed L/C	保兑信用证
Congested	拥挤

Conference(Steamship)	航运公会
Considerable quantities	为数众多，数量很大
Consignee	收货人
Consignor	发货人，托运人
Cont.	Contract 合同
Contracted specifications	合同规定的规格
Contd.	continued 继续，未完
Container Seal Number	集装箱铅封号
Cooperate with sb.	与某人合作
Cost	成本
Cost of raw material	原料成本
COSA	China Ocean Shipping Agency 中国外轮代理公司
COSCO	China Ocean Shipping Company 中国远洋运输公司
Cover	（保险）包括，关于；给（货物等）保险
Covering	包括……的，涉及……的，有关……的
C/P	Charter Party 租船契约，租船合同
CQD	Customary Quick Dispatch 习惯快速装卸
Cr.	Credit 贷方
C/R	Cargo Receipt 货物承运收据
CR	Current Rate 现行费率
crate	板条箱
Credit Limit	信用额度
c/s	cases 箱
CSC	Container Service Charges 集装箱服务费
Csk	Cask 木桶
ct.	centiliter 毫升
C. T. B/L	Combined Transport Bill of Lading 联运提单
ctn.	carton 纸箱
Current Price	时价
Customs exercises supervision	海关监管
Customs Broker	报关行
Customs duty	关税
Customs Invoice	海关发票
CWS	Currency weakly surcharge 货币软化附加费
Cwt.	Hundred weight 亨特威（英制100磅）
CY	Container Yard 集装箱堆场
CY to CY	Container Yard/ Container Yard

集装箱堆场至集装箱堆场

C. Z.　　　　　　　　　　　　Canal Zone 运河地带

D

D/A	1. Documents against acceptance 承兑交单
	2. Documents attached 随附单据
	3. . . . days after acceptance
	承兑后……天（付款）
D. A.	Direct Additional 直航附加费
DC	Dry cargo container 干货集装箱
d/d	1. dated 日期是……
	2. . . . days after date
	开票日后……天（付款）
D. D.	1. demand draft 即期汇票（银行汇票）
	2. documentary draft 跟单汇票
DDC	Destination Delivery Charge
	目的地交货费（北美地区港口）
Dealings	业务交往
Deal in	经营
Debit note	借方结账单
Deduction	扣除，扣除款
Deferred payment	延期付款
Delivery schedule	交货期
Demand	需求，要求
Demand for	对……的需求
Desire	期望，渴望；要求，请求
DESTN.	Destination 目的地
Description of goods	商品名称
Detailed information	详细报告，详细情况
Deferred payment L/C	延付信用证
d. f.	Dead Freight 空舱费
D. G.	Dangerous Goods 危险货物
Difference in price	价格差额
Direct Routing	最短航线
Direct port	直达港
Divisible L/C	可分割信用证
Dispatch	发送，迅速办理
Dispute	争议，争论

Discharge	卸货
Discrepancy	不符点
Distribution Center	分配（运销）中心
Direct additional	直航附加费
Disc.	discount 折扣，贴现
D/N	Debit Note 借项账单
D/O	Delivery Order 提货单
DOCDEX Rules	Documentary Credit Dispute Resolution Expertise Rules
	国际商会跟单票据争议专家解决规则
Documents	单据
Door to door	门到门（集装箱运输）
DOC.	Documentary 跟单的
Documentary L/C	跟单信用证
documents required	单据要求
Dock	码头
Dockage Rate	停泊费，码头费
Dockmen	码头工人
D/P	1. Documents against payment 付款交单
	2. Delivery against payment 付款交货
	3. Deferred payment 延期付款
D/P · T/R	Documents against Payment with Trust Receipt 付款交单凭信托收据借贷
D/R	Dock Receipt 场站收据
Drum	桶
Draw（a draft on sb. for）	开出向某人索取若干金额之汇票
Drawn on	以（某人）为付款人
Drawee	受票人，付款人
Drawer	出票人，收款人
Draft	船的吃水，汇票
Drawn on（upon）us	以我们为付款人，向我们出票
Drayage or Cartage	本地运费或运费
D/S	Deviation Surcharge 绕航附加费
DTD	dated 日期是……
Due to	由于，因为
D/W	Dead Weight 总载重量
D. W. T.	Deadweight Tonnage 载重吨位
DZ.	dozen 打

E

E. A. O. N.	Except as otherwise noted 除非另有记载
Eastbound	东向运输
Easy terms	易于接受的条件
EBS	Emergency Bunker Surcharge 应急燃油附加费
E. C.	East Coast 东海岸（指美国）
E/D	Export Declaration 出口申报书
EEC	European Economic Community 欧洲经济共同体
Effect	有效的
e. g.	exempligratia = for example 例如
E/L	Export License 出口许可证
Encl.	Enclosure 附件
Enclosed herein	随函附上
Endorsement	背书，保险批单
Endorsement in black	空白背书
E. & O. E.	Errors and Omissions Excepted 有错当查
E. O. M.	End of the Month 月底
E. O. S.	End of the Season 季底
E. O. Y.	End of the Year 年底
ERC	Equipment Reposition Charge 空箱调运费
E. S. C.	Economic and Social Council 联合国经济社会理事会
Establishing Bank	开证行
ETA	Estimated Time of Arrival 预定到达时间
etc.	et cetera = and others 等等
ETD	Estimated Time of Departure 预定开航时间
ETS	Estimated Time of Sailing 预定开航时间
Ex	1.（合同、运输上）表示"出自""在……（交货）" 2.（证券、股票上）表示"没有""免除"
Excellent quality and low prices	物美价廉
Excellent value of money	货真价实
EXP.	Export 出口
Export duties	出口税
Export License	出口许可证

Export Declaration	出口声明书
Exceptions	溢短残损，除外
Expenses	花费，支出/开支，经费
Expiry date	期满日，到期日
Express	快件

F

F. A.	Freight Agent 货运代理行
FAK	Rates Freight All Kind Rates 不分品种运价
Fancy goods	general merchandise = 杂货
FAQ（2004 crop）	（2004 年收成的）大路货
FAS	Free Alongside Ship 船边交货
Favouring yourselves	以你本人为受益人
FBL	FIATA Bill of Lading 菲亚塔提单
FCR	Forwarder's Cargo Receipt 运输行货物收据
FCB	Freight for Class and Basis 包箱费率
FEU	Forty-foot Equivalent Unit 40 英尺箱
F. I.	Free in 船方不负担装货费
File a claim against you	对你方提出索赔
F. I. O. S. T.	Free In and Out and Stowed and Trimmed 船方不负担装卸费、理舱费和平舱费
FIATA	Federation Internationale des Associations de Transitaires et Assimiles 国际运输商协会联合会
Financial standing	财务状况，资金状况，财务信誉
F. I. O.	free in & out 船方不负担装卸货费
Flatcar	铁路平车
FMC	Federal Maritime Commission 美国联邦海运委员会
F/O	In favour of 以…… 为受益人
F. O.	Free out 船方不负担卸货费
F. O. C.	Free of Charge 免费
FOB	Free on Board 离岸价格
For account of	付（某人）款
for an amount	金额
for a sum	金额
For one's account	由某人支付
For our file（records）	以便我方存档

For the amount of	出或收某人的账
For the time being	暂时，眼下
For your information	For your reference 以供你方参考
Force majeure	不可抗力
Forwarding agent	运输代理
FPA	Free from Particular Average
	单独海损不赔、平安险
Freight Forwarder	运输行
Fragile	易碎商品
Frank opinion	坦率、直率的看法、意见
Freight	运费
Free port	自由港
Free trade zone	自由贸易区
Free perimeter	自由过境区
Freight prepaid	运费预付
FT	Freight Ton 运费吨
FTL	Full truck load 整车货
FTZ	Foreign-Trade Zone 对外贸易区
Fully illustrated	详尽说明
Future business	今后的业务
F. Y. I.	For Your Information 供你参考
F. Z.	Free Zone 自由区

G

G. A. G/A	1. General Agent 总代理
	2. General Average 共同海损
Gang	装卸班
GATT	General Agreement On Tariff and Trade
	关税与贸易协定
General terms and conditions	一般贸易条款
GMT	Greenwich Mean Time 格林尼治标准时间
Good standing and reliability	信誉可靠
GP	General Propose Container 通用集装箱
GPO	General Post Office 邮政总局
Gr. Wt.	Gross Weight 毛重
GRI	General Rate Increase 整体费率上调
Gross for net	以毛作净
Growing demand	不断上升的需求量

GRT	Gross Registered Tonnage
	总登记吨（总容积吨）
GSP	Generalize System of Preference 普遍优惠制
GST	Goods and Service Tax 商品及服务税
Gunny bag	麻袋
Gvt.	government 政府

H

Handle	经营
Handle with care	小心轻放
Have an advantage over sb.	比某人占优势
Have the pleasure of	有幸，荣幸
Heavy demand	大量需求
HAWB	House Air Way Bill 空运代理提单/分提单
Hereinafter	以下
H/H	House to House 厂到厂（集装箱运输）
H. O.	Head Office 总公司
Hold Men	舱内装卸工

I

IATA	International Air Transport Association
	国际航空运输协会
I. B.	In Bond 保税仓库
ICC	1. International Chamber of Commerce
	国际商会
	2. Institute Cargo Clause
	伦敦学会货物保险条款
ICS	International Chamber of Shipping
	国际航运公会
ID	idem the same 同前
i. e.	idest = that is 即是
I/E	Import-Export 进出口
I/L	Import License 进口许可证
ILA	International Law Association 国际法协会
Illustrated catalogue	有图片的商品目录
IMF.	International Monetary Fund 国际货币基金

IMP	International Market Price 国际市场价格
IMP.	Import 进口
In accordance with（to）	与……一致，按照，根据
In addition to	除……之外
In apparent good order and Condition	所装货物完整，外表情况良好
In a position to	能够
In connection with	关于，有关
In due course	如期地，在适当的时候
In Duplicate	一式两份
In favour of	以（某人）为受益人，以……为抬头
In large quantities	大量的
In one's favour	以（某人）为受益人，以……为抬头
In person	亲自，面谈
In respect of	关于，谈到，偿付，作为……的酬劳
In return	作为报答
In stock	有存货
In the market for	想要购买
In the foreseeable future	在短期内，不久
in two consecutive lots	两个连续的分包
In Triplicate	一式三份
In urgent need	急需
In view of	considering 鉴于
In your district	在你方所处地区
In your interest	为你方着想，考虑到你方利益
INCOTERMS	International Rules for the Interpretation of Trade Terms 国际贸易术语解释通则
Including Packing Charges	包括包装费
Inconsistent	不一致的，矛盾的
Indicate	指出，表明
Inland	内陆
Inland Transportation Agent	内陆运输代理商
Inspection certificate	证明书
Insurance	保险
Inst.	instant（this month）本月
Installment	分期
Interchange Point	联运交接点
Interline Freight	内陆货运
International Department	国际部
International shipping line	国际航运公司

International practices	国际惯例
Inspection of vessel holds	船舱检验
Instead of	代替，而不是
Insurance Declaration	保险声明
Inquiry for	询购
I. O. P.	Irrespective of Percentage 无免赔率
I. P. I.	Interior Point Intermodal 内陆公共点多式联运
I. Q.	Import Quota 进口配额
irrevocable L/C	不可撤销信用证
ISBP	International Standard Banking Practice 关于审核跟单信用证项下单据的国际标准银行实务
ISO	the International Organization for Standardization 国际标准化组织
Issued on	以（某人）为付款人
Issuing Bank	开证行

J

JMP	Japan's Main Ports 日本的主要港口

K

Keep an offer pen until/till	保留发盘到……有效
Keep cool	放在凉处
Keep dry	切勿受潮
Keep flat	必须平放
Keep in hold	装在舱内
Keep on deck	甲板装运
Keep sb. posted（of）	随时告知某人
Keep upright	切勿倒置
Kg. Kilo.	kilogram 千克，公斤

L

LASH	Lighter-aboard-ship 载驳船，子母船
Lb.	Libra = Pound 磅（重量单位）
L/C	Letter of Credit 信用证

LCL	Less than Container Load 拼装货（集装箱）
Leading exporter	主要出口商
Leakage and breakage	漏损和破损
L/G	Letter of Guarantee 担保书
L. H.	Lower Hold 底舱
L/I	Letter of Indemnity
	赔偿保证书
LIBOR	London InterBank Offered Rate
	伦敦同业拆放利率
Lkge.	Leakage 渗漏
L. M. C.	Lloyd's Machinery Certificate 劳氏船机证书
Loading	装货，装载
Longshoreman	码头搬运工人
Look forward to	期待
L/T	Long Ton 长吨
LTL	Less than Truck Load 拼装货

M

Mail transfer	信汇
Make out	填写，开列
Malicious Damage Clauses	恶意损害险条款
Marine insurance policy	海洋保险单
Max.	maximum 最高
M/F	Manifest 舱单
Min.	minimum 最低，起码
Minimum export quantities	最低出口起订量
M. I. P.	Marine Insurance Policy 海运保险单
M. L. B.	Mini-Land Bridge Service 小陆桥运输
Modes of transportation	运输方式
M/R	Mate's Receipt 收货单，大副收据
Mr	先生
Mrs	夫人
Miss	小姐
M/S	Motor Ship 轮船
M/T	1. Metric ton 公吨
	2. Mail transfer 信汇
	3. Multimodal Transport 多式联运
MTD	Multimodal Transport Document

	多式联运单据
M. V.	Motor Vessel 机动船，轮船
Measurement list	尺码单
Microbribge	微陆桥运输
MOL	More or Less Clause 溢短条款
Most favoured nation treatment	最惠国待遇
Most prominent houses	最知名的商号

N

N.	number 数，数目，号码
N. A. , N/A	1. Not Applicable 不适用
	2. Not Available 无供
	3. No Acceptance 拒绝承兑
N. B.	Nota Bene = Note Well 注意
N. C. V.	No Commercial Value 无商业价值
N/M	No Mark 无标记
N/N	Non-Negotiable, Not Negotiable
	不可转让，不可议付
n. o. s.	not otherwise specified 未列名
Neg.	Negative（数）负的
Negotiation bank	议付行
Negotiating bank	议付行
Negotiation	议付
NO turning over	切勿倾倒
NO dumping	切勿投掷
Non-negotiable Bill of Lading	不可转让提单
NRT	Net Registered Tonnage
	净登记吨（净容积吨）

O

Obligation	责任，义务
O/C	Outward Collection 出口托收
Ocean Marine Cargo Clauses	海洋运输货物保险条款
O. C. P.	Overland Common Point 陆上共同点
O. P.	Open Policy 预约保单
On account of	由于，因为

On behalf of	代表某人，为了某人
On Board B/L	已装船提单
On deck B/L	甲板提单
On deck risk	舱面险
On/in hand	现有（指货物）
On our behalf	代表我们，为了我们
On receipt of	收到
On request	承蒙
On thirty day's approval	试销期为 30 天
On (the) usual terms	按照惯常的条款
On the high side	偏高（指价格）
Open policy	预约保单，船名未确定保单
Opener	开证人
Opening Bank.	开证银行
Option	选择
Optional charge	选港费
Order B/L	指示提单
Origin	原产地，起运点
ORE	Original Receiving Charge 原产地接货费
Original B/L	正本提单
Our bankers	业务往来银行
Outer packing	外包装
Overland transportation policy	陆运保险单
Owing to	由于，因为

P

p. a.	per annum 每年，按年
P/A	1. Particular Average 单独海损
	2. Payment on Arrival 货到付款
Packed in cases	装入箱内
Pallet	托盘
Palletize	货托盘化
Parcel post risk	邮包险
Parcel Receipt	邮包收据
Partial shipment allowed	允许分批装运
Pay the claim	提出索赔
Payee	受款人
Payer	付款人

Paying bank	付款行
Payment	支付
pcl	parcel 包，包裹
pct.	percent 百分比
P. D.	Port Dues 港务费
Photographs：Please Do Not Bend	内附照片，请勿折叠
PICC	People's Insurance Co. of China 中国人民保险公司
P&I. PIA	Protection and Indemnity Association 保险及赔偿协会
Pkg.	Package 包，件
Plywood case	胶合板箱
P. M.	Post Meridien = afternoon 下午
PMA	Pacific Maritime Association 太平洋海运协会
P. O. C.	Port of Call 停靠港
P. O. B.	Post Office Box 邮政信箱
P. O. D.	Paid on Delivery 交货时付讫
Poly bag	塑料袋
Port congestion surcharge	港口拥挤费
Pos.	Positive（数）正的
p. p.	picked ports 选定港
ppt.	prompt 即时的
pr.	pair 双，对
P. R. C.	The People's Republic of China 中华人民共和国
Premium	保险费
Price terms	价格条件
Principal	开证人，委托开证人
Proceeds	收入，收益
Proforma Invoice	形式发票，预开发票
Prompt shipment	即装
Prospective buyer	有潜力的买主
prox.	proximo = next month 下月
P. S.	Postcript 附言，再启
P. T. O.	Please Turn Over 请阅后页
Purchase Confirmation	订购确认书

Q

Qlty.	Quality 质量，品质
Quty.	Quantity 数量
Qy.	Quay 码头
Qualification	限制条件，限制
Quantity discount	数量折扣
Quotation	行市，报价

R

Railroad Trailer	铁路拖车
Railway Bill	铁路运单
Rate for freight	航运费率
Rate for the cover	保险费率
Re	（拉丁文）关于
Ream	令（500 sheets）
Remainder	剩下的部分，其余的
Rebate	回佣，回扣
Recourse	求助，追索权
REF.	Reference 参考，资信情况
Reimbursement	索偿
Reimbursing bank	偿付行
Remit	汇寄，汇款
Retail price	零售价
Rev.	Revocable 可撤销的
Revised price	修正价格
Revocable L/C	可撤销信用证
Revolving L/C	循环信用证
R. F. W. D.	Rain and/or Fresh Water Damage 雨淋淡水险
Risk of contamination	沾污险
Risk of mold（mould）	发霉险
Risk of Shortage	短缺险
Risk of rusting	锈损险
River Barging	内河驳运
Roll	卷

Routing	运输路线
Ro-Ro	Roll-on/Roll-off 滚装船
RR	Rail Road 铁路

S

S. A.	Societe Anonyme(Fr.) = Corp. 公司
	Societa Anonima(Italy) = Corp. 公司
	Sociedade Anonima(Spanish) = Corp. 公司
Sailings	航运班期
Scheduled Service	定期班轮
S/C	1. Sales Contract 销货合同
	2. Service Charge 服务费
	3. Sales Confirmation 销货确认书
SCI	Special Customs Invoice 美国特别海关发票
S/D	1. Short Delivery 交货短缺
	2. Sight Draft 即期汇票
	3. Sea Damage 海上损失
SDR	Special Drawing Right 特别提款权
Sea-worthy packing	适合海运的包装
Send you herewith	随函附去
Settlement of account	清算账目，结算账目
S/F	Stowage Factor 积载因素
S. G.	Ship and Goods 船与货
Sgd.	signed 签字
Sheet	张
Shipowner	船主
Shpt.	shipment 装运
Shipper (Consigner, Consignor)	托运人
Shipping Company's Certificate	船公司证明
Shipping space	舱位
Shipping order	装货单
sig.	signature 签字
sight drafts	即期汇票
Sight L/C	即期信用证
SINOTRANS	China National Foreign Trade Transportation Corporation 中国外运公司
Sk.	sack 袋

S. L. & C. （SLAC）	Shipper's Load and Count 托运人装载、计数
SLACS	Shipper's Load and Count and Seal 托运人装载、计数、加封
S. N.	Shipping Note 装船通知书，托运单
S/O	1. Shipping Order 装货单
	2. Seller's Option 卖方选择
	3. Shout Out 退关
SOC	Shipper's Own Container 货主集装箱
Space Charter	订船
SPC	Shanghai Port Charge 上海港附加费
Specification	规格
Special additional risk	特别附加险
Special preference	优惠关税
Specification list	规格明细表
Spot price	现货价
SRCC	Strike，Riot and Civil Commotion 罢工险
S. S.	steamship 轮船
St.	street 街
S/T	Short Ton 短吨
State-operated corporation	国有公司
Statement of claim	索赔清单
S. T. C	Said to Contain 据称包括
Std.	standard 标准
Stg.	Sterling 英镑
Stipulation	规定，条款
Stuffing	装箱
Subject to	以……为条件的，以……为有效的
Supercargo	押运员
Survey report	检验报告，公证报告
SWB	Sea Waybill 海运单
S. W. D.	Sea Water Damage 海水损失险
SWIFT	Society for Worldwide Interbank Financial Telecommunication 环球同业银行金融电讯协会

T

T. A.，T/A	1. Telegraphic Address 电报挂号
	2. Transhipment Additional 转船附加费

Take into account	考虑
Take note of	注意
Take urgent measures	采取紧急措施
Tare	皮重
Tariff	运费表，税则
TAT	Train-Air-Truck 陆空陆联运
TBD	Policy to be declared
	待报保险单（船名航期不填须待报者）
TCT	Time Charter on Trip Basis 航次租船
T. D.	Tween deck 二层舱
Terms of payment	支付方式
Terminal	码头，水陆交接点，终点站
TEU	Twenty-foot Equivalent Unit
	相当于 20 英尺标准集装箱
tgm.	telegram 电报
the above effect	按以上的意思
the lowest quotations	最低报价
The notifying bank	通知行
The prevailing market level	现行市场价格，现行的行市水平
The scope of business	业务范围
The supreme quality	优良的品质
The terms and conditions	交易条款
THC	Terminal Handling Charge
	码头作业（操作）费
This is to inform you that...	兹通知你方……
This Side Up	此端向上
Through B/L	联运提单
Time charter	定期租轮
Time drafts	远期汇票
Time of delivers	交货时间
Time of payment	付款期限
Time of shipment	装运日期
Time policy	期限保险单
T. L. O.	Total Loss Only 全损险
Tlx.	Telex 电传
T. M. O.	Telegraphic Money Order 电汇单
To apologize for sth.	为某事而道歉
To avail oneself of this opportunity to do sth.	利用这个机会做某事
To assure you of	使你方放心，向你方保证

To be appreciative of	感谢
To be available	可得到的，有……
To be discrepant from	与……不符，不一致
To be in urgent need of	急需
To be in great demand	需求量很大
To be obliged to	非常感激，非常感谢
To be of interest	颇有兴趣
To be overdue	过期的
To be up to the standard	达到标准，符合标准
To be urgently required	急需
To book the order	接纳（受）订货
To close business	成交
To comply with	依从，按照，符合
To cover these increases	补上涨的差异
To cut the price	降低价格
To do our utmost to do sth.	竭尽全力做某事
To enter into direct business	建立直接的业务联系
To effect early shipment	尽早装船
To enjoy a high reputation	享有盛名
To execute the order	执行订单
To expand the market	开拓市场
To find your price too high	认为你方的价格太高
To follow the instructions	按照要求（指示）
To give you advance information	事先向你方提供信息
To hear from	接到……的信（电报、电邮等）
To hold you to your contract	要求你方履行合同
To insure	投保
To keep accounts for credit information	有财务往来
To keep an offer open until（till）...	保留发盘到……有效
To keep sb. posted of	随时告知某人
To let me down	使我方失望
To make a reduction in the price	降低价格
To make a concession	作出让步
To meet with	赞成，得到
To meet your requirements	满足你方的需要（要求）
To place a large order	发出大量订单
To place a trial order	试订
To reach the specifications	达到规格
To reduce your limit by say 10%	减低你方的价格，比方说10%

To regret to inform sb.	遗憾地通知某人
To take into consideration	考虑到，顾及
To transact with sb.	与某人做交易
TOFC	Trailer on Flatcar 铁路平车拖运
total value	总价
total amount	总金额
T. P. N. D.	Theft Pilferage and Non-Delivery 偷盗及提货不着险
T/R	Trust Receipt 信托收据
transferable L/C	可转让信用证
transshipment allowed	允许转船
transshipment B/L	转船提单
transloading	交接转运
transship	转船，转运
transit zone	自由贸易区
trial order	试购（单），试订
tr. wt.	tare weight 皮重
T. T. （T/T）	Telegraphic Transfer 电汇
T/T reimbursement clause	电汇索偿条款
TTL.	Total 总计

U

UCP	Uniform Customs & Practice 统一惯例
U/D	Under Deck 甲板下
U. K.	United Kindom 联合王国（英国）
ULT	ultimo = last month 上月
U/M	under-mentioned 下述
Unconfirmed L/C	不保兑信用证
undivisible L/C	不可分割信用证
under offer	在出售中
under separate cover	另邮，另寄
under your own name	以你方的名义
underwriter	保险商
unit	单位
unitize	成组化（运输）
unscheduled service	不定期班轮
untransferable L/C	不可转让信用证
US	United States 美国

Usance L/C	远期信用证
use no hooks	切勿用钩
usual practice	习惯做法
U/T	Unlimited Transshipment 无限制转船

V

V.	vide 参阅
val.	value 价值
Value on	以（某人）为付款人
VIA	by way of 经由
Via Air Mail Registered	航空挂号
Viz.	namely 即是
Volume	容量
Voy.	voyage 航程
Voyage Charter	定程租轮
V. V.	Vice Versa = interchange 反过来

W

W. A.	With Average 水渍险，单独海报赔偿
W. C.	West Coast 西海岸
Weight memo	磅码单，重量单
Westbound	西向运输
Wharfage	码头费
Wharfage Rate	码头收费率
Whf.	wharf 码头
Whse	Warehouse 仓库，栈房
WIPON	Whether in Port or Not 无论是否抵港
With regard to	有关，关于
With the least possible delay	毫无延误地
With the scope of legal inspection	在法定检验的范围
With particulars	详尽的或详细的情况
With/in reference to	关于
Without any delay	毫不迟意地，立即
Without charge	免费
Without fail	务必，一定不误
Without recourse	无追索权

W/M	Weight or Measurement
	重量或体积（按高者计算运费）
W. O.	Washing Overboard 浪击落海
Wooden case	木箱
W. P. A.	With Particular Average 水渍险
W. R.	War Risks 战争险
Wt.	weight 重量
wtd.	warranted 保证
wty.	warranty 保证条款
W/T	With Transshipment at... 在……转船
w. w.	Warehouse Warrant 栈单
W/W	Warehouse to Warehouse Clause
	仓至仓条款
WWD	Weather Working Day 晴天工作日

Y

Y. A. R.	York-Antwerp Rules
	约克—安特卫普规则（国际共同海损规则）
Yd(s)	yard(s) 英码
Yours faithfully(truly)	你忠实的

Z

Z.	Zone 地区
Zip	Zoning Improvement Plan 美国邮区号

附录二
世界主要港口一览表

港口名称	中译名	所属国家或地区
Aabenraa	奥本罗	丹麦
Aalborg	奥尔堡	丹麦
Aalesund	奥勒松	挪威
Aarhus	奥尔胡斯	丹麦
Abadan	阿巴丹	伊朗
Abu Dhabi	阿布扎比	阿拉伯联合酋长国
Acapulco	阿卡普尔科	墨西哥
Accra	阿克拉	加纳
Adelaide	阿德莱德	澳大利亚
Aden	亚丁	也门
Alexandria	亚历山大	埃及
Algiers	阿尔及尔	阿尔及利亚
Amsterdam	阿姆斯特丹	荷兰
Anacortes	安那柯的斯	美国
Ancona	安科纳	意大利
Annaba	安纳巴	阿尔及利亚
Antofagasta	安托法加斯塔	智利
Antwerp	安特卫普	比利时
Apapa	阿帕帕	尼日利亚
Aqaba	亚喀巴	约旦
Arica	阿里卡	智利
Athens	雅典	希腊
Auckland	奥克兰	新西兰
Augusta	奥古斯塔	意大利
Avonmouth	阿芬默思	英国
Bahia Blanca	布兰卡港	阿根廷

港口名称	中译名	所属国家或地区
Bahrain	巴林	巴林
Bandar Abbas	阿巴斯港	伊朗
Bandar Khomeini	霍梅尼	伊朗
Bangkok	曼谷	泰国
Barcelona	巴塞罗那	西班牙
Barranquilla	巴兰基亚	哥伦比亚
Barrow	巴罗	英国
Barry	巴里	英国
Basra	巴士拉	伊拉克
Bassein	勃生	缅甸
Beirut	贝鲁特	黎巴嫩
Belawan	勿拉湾	印度尼西亚
Belfast	贝尔法斯特	英国
Belize	伯利兹	伯利兹
Benghazi	班加西	利比亚
Berbera	柏培拉	索马里
Bergen	卑尔根	挪威
Bilbao	毕尔巴鄂	西班牙
Birkenhead	伯肯黑德	英国
Bombay	孟买	印度
Bordeaux	波尔多	法国
Boston	波士顿	美国（英国有同名港口）
Bourgas	布尔加斯	保加利亚
Bremen	不来梅	德国
Bremerha	不来梅哈芬	德国
Brest	布雷斯特	法国
Brindisi	布林迪西	意大利
Brisbane	布里斯班	澳大利亚
Bristol	布里斯托尔	英国
Brunei	文莱	文莱
Brussels	布鲁塞尔	比利时
Buenaventura	布埃纳文图拉	哥伦比亚
Buenos Aires	布宜诺斯艾利斯	阿根廷
Buffalo	布法罗	美国
Bunbury	邦伯里	澳大利亚
Bushire	布什尔	伊朗
Butterworth	巴特沃思	马来西亚

港口名称	中译名	所属国家或地区
Cadiz	加的斯	西班牙（菲律宾有同名港口）
Calcutta	加尔各答	印度
Callao	卡亚俄	秘鲁
Cambridge	坎布里奇	美国
Cam Pha	锦普	越南
Cape Town	开普敦	南非
Caracas	加拉加斯	委内瑞拉
Cardiff	加的夫	英国
Cartagena	卡塔赫纳	哥伦比亚（西班牙有同名港口）
Cebu	宿务	菲律宾
Ceuta	休达	摩洛哥
Chalna	查尔纳	孟加拉
Charteston	查尔斯顿	美国
Charlotte Amalie	夏洛特阿马利亚	维尔京群岛（美属）
Cheribon	井里文	印度尼西亚
Chiba	千叶	日本
Chicago	芝加哥	美国
Chittagong	吉大港	孟加拉
Chris Church	克赖斯特彻奇	新西兰
Christiansted	克里斯琴斯特德	维尔京群岛（美属）
Churchill	彻奇尔	加拿大
Cienfuegos	西恩富戈斯	古巴
Cleveland	克利夫兰	美国
Cochin	科钦	印度
Colchester	科尔切斯特	英国
Colombo	科伦坡	斯里兰卡
Colon	科隆	巴拿马
Constantsa	康斯坦察	罗马尼亚
Copenhagen	哥本哈根	丹麦
Corinto	科林托	尼加拉瓜
Cork	科克	爱尔兰
Cotonou	科托努	贝宁
Cristobal	克里斯巴尔	巴拿马
Croatia	克罗地亚	克罗地亚
Crua Grande	克鲁斯格兰德	智利
Dacca	达卡	孟加拉
Damman	达曼	沙特阿拉伯

港口名称	中译名	所属国家或地区
Da Nang	岘港	越南
Darwin	达尔文	澳大利亚
Detroit	底特律	美国
Djakarta（Jakarta）	雅加达	印度尼西亚
Doha	多哈	卡塔尔
Douala	杜阿拉	喀麦隆
Dover	多佛尔	英国
Dubai	迪拜	阿拉伯联合酋长国
Dublin	都柏林	爱尔兰
Dunedin	达尼丁	新西兰
Dunkirk	敦刻尔克	法国
Durban	德班	南非
Durresi	都拉斯	阿尔巴尼亚
Dusseldorf	杜塞尔多夫	德国
East London	东伦敦	南非
Ensenada	恩塞纳尔	墨西哥
Felixstowe	费力克斯托	英国
Fleetwood	弗利特伍德	英国
Frankfurt	法兰克福	德国
Freemantle	弗里曼特尔	澳大利亚
Fukuo	福冈	日本
Garston	加斯顿	英国
Gdynia	格丁尼亚	波兰
Gelaka	杰拉	意大利
Geneva	热那亚	意大利
Ghent	根特	比利时
Gibraltar	直布罗陀	直布罗陀（英属）
Gijon	希洪	西班牙
Glasgow	格拉斯哥	英国
Goole	古尔	英国
Gothenburg	哥德堡	瑞典
Grangemouth	格兰杰默斯	英国
Grays Harbor	格雷斯港	美国
Grimsby	格里姆斯比	英国
Guaymas	瓜伊马斯	墨西哥
Gwadur	瓜达尔	巴基斯坦
Haifa	海法	以色列

港口名称	中译名	所属国家或地区
Hai Phong	海防	越南
Hakodate	函馆	日本
Halifax	哈利法克斯	加拿大
Halmstad	哈尔姆斯塔德	瑞典
Hamburg	汉堡	德国
Hamilton	哈密尔顿	百慕大群岛(英属)(加拿大有同名港口)
Hamina	哈米纳	芬兰
Hanoi	河内	越南
Haugesund	豪格松	挪威
Havana	哈瓦那	古巴
Helsingborg	赫尔辛堡	瑞典
Helsingor	赫尔辛格	丹麦
Helsinki	赫尔辛基	芬兰
Hiroshima	广岛	日本
Ho Chi Minh City	胡志明市（西贡）	越南
Hobart	霍巴特	澳大利亚
Hodeida（Hudaydak Al）	荷台达	也门
Hongay	鸿基	越南
Hong Kong	香港	中国
Honiara	霍尼亚拉	所罗门群岛
Honolulu	火奴鲁鲁（檀香山）	美国
Houston	休斯敦	美国
Hull	赫尔	英国
Hungnam	兴南	朝鲜
Immingham	伊明翰	英国
Inchon	仁川	韩国
Iquique	伊基克	智利
Iskenderun（Alexandretta）	伊斯肯德伦	土耳其
Istanbul	伊斯坦布尔	土耳其
Izmir	伊兹密尔	土耳其
Jakarta	雅加达	印度尼西亚
Jiddah（Jeddah）	吉达	沙特阿拉伯
Jilong	基隆	中国
Jogjakarta	日惹	印度尼西亚
Johore Bahru	柔佛巴鲁	马来西亚
Kagoshima	鹿儿岛	日本
Kakinada	卡基纳达	印度

港口名称	中译名	所属国家或地区
Kalama	卡拉玛	美国
Kaliningrad	加里宁格勒	俄罗斯
Karachi	卡拉奇	巴基斯坦
Kawasaki	川崎	日本
Kemi	盖密	芬兰
Kholmsk	霍尔姆斯克	俄罗斯
Khorramshahr	霍拉姆沙赫尔	伊朗
Kiel	基尔	德国
Kingston	金斯敦	牙买加（加拿大、澳大利亚有同名港口）
Kismayu	基斯马尤	索马里
Kitakyushu	北九州	日本
Kobe	神户	日本
Kokkola	科科拉	芬兰
Kompong Som	磅逊	柬埔寨
Kota Kinabalu	亚庇（哥基纳巴卢）	马来西亚
Kotka	科特卡	芬兰
Kuching	古晋	马来西亚
Kudat	库达特	马来西亚
Kure	吴港	日本
Kuwait	科威特	科威特
Labuan	拉布安（纳闽）	马来西亚
Lagos	拉各斯	尼日利亚
La Guaira	拉瓜伊拉	委内瑞拉
Lancaster	兰开斯特	英国
La Paz	拉巴斯	墨西哥
La Plata	拉普拉塔	阿根廷
La Spezia	拉斯佩齐亚	意大利
Latakia	拉塔基亚	叙利亚
Launceston	朗塞斯顿	澳大利亚
Leghorn（Livorno）	里窝那	意大利
Le Havre	勒阿弗尔	法国
Leningrad	列宁格勒	俄罗斯
Lisbon	里斯本	葡萄牙
Liverpool	利物浦	英国（加拿大有同名港口）
Lome	洛美	多哥
London	伦敦	英国
Londonderry	伦敦德里	英国

港口名称	中译名	所属国家或地区
Long Beach	长滩	美国
Los Angeles	洛杉矶	美国
Lowestoft	洛斯托夫特	英国
Lubeck	吕贝克	德国
Lyttelton	利特尔顿	新西兰
Macao	澳门	中国
Madras	马德拉斯布	印度
Mahe	马赫	印度
Majunga	马任加	马达加斯加
Makasar	马加撒	印度尼西亚
Malacca	马六甲	马来西亚
Malaga	马拉加	西班牙
Malmo	马尔默	瑞典
Malta	马耳他	马耳他
Manchester	曼彻斯特	英国
Manila	马尼拉	菲律宾
Manzanillo	曼萨尼略	墨西哥（古巴有同名港口）
Maracaibo	马拉开波	委内瑞拉
Mardel Plata	马德普拉塔	阿根廷
Marseilles	马赛	法国
Matadi	马塔迪	扎伊尔
Melborne	墨尔本	澳大利亚
Menado	万鸦老	印度尼西亚
Messina	墨西拿	意大利
Miami	迈阿密	美国
Middlesbrough	米德尔斯布勒	英国
Midland	米德兰	加拿大
Miri	米里	马来西亚
Mobile	莫比尔	美国
Mogadiscio	摩加迪沙	美国
Moji	门司	日本
Mokha	穆哈	也门
Mokpo	木浦	韩国
Mombasa	蒙巴萨	肯尼亚
Monrovia	蒙罗维亚	利比里亚
Montevideo	蒙特维的亚	乌拉圭
Montreal	蒙特利尔	加拿大

港口名称	中译名	所属国家或地区
Moulmein	毛淡棉	缅甸
Mukalla	木卡拉	也门
Membai	孟买	印度
Murmansk	摩尔曼斯克	俄罗斯
Muscat（Mina Qaboos）	马斯喀特	阿曼
Mutsamudu	木察木杜	科摩罗
Nagasaki	长崎	日本
Nagoya	名古屋	日本
Naha	那霸	琉球群岛（日属）
Nakhodka	纳霍德卡	俄罗斯
Nampo	南浦	朝鲜
Nantes	南特	法国
Napier	纳皮尔	新西兰
Naples（Napoli）	那不勒斯（那波利）	意大利
New Castle	纽卡斯尔	英国（美国、加拿大、澳大利亚有同名港口）
New Orleans	新奥尔良	美国
New Plymouth	新普利默斯	新西兰
Newport	纽波特	英国（美国有同名港口）
New York	纽约	美国
Nicosia	尼科西亚	塞浦路斯
Norfolk	诺福克	美国
Oakland	奥克兰	美国
Odessa	敖德萨	乌克兰
Oran	奥兰	阿尔及利亚
Osaka	大阪	日本
Oslo	奥斯陆	挪威
Otaru	小樽	日本
Oulu	奥鲁	芬兰
Owendo	奥文多	加蓬
Padang	巴东	印度尼西亚
Palembang	巨港	印度尼西亚
Panama City	巴拿马城	巴拿马
Paramaribo	帕拉马里博	苏里南
Paranagua	巴拉那瓜	巴西
Penang	槟城	马来西亚
Perth	珀斯	澳大利亚（美国有同名港口）

港口名称	中译名	所属国家或地区
Philadedlphia	费拉德尔菲亚（费城）	美国
Phom Penh	金边	柬埔寨
Pietsarsaari	彼太萨立	芬兰
Piraeus	比雷埃夫斯	希腊
Pondicherry	本地治里	印度尼西亚
Pontlanak	坤甸	印度尼西亚
Pori	波里	芬兰
Port Adelaide	阿德雷德港	澳大利亚
Portau Prince	太子港	海地
Port Elizabeth	伊丽莎白港	南非
Port Harcourt	哈科特港	尼日利亚
Port Kelang	巴生港	马来西亚
Port Kembla	肯布兰港	澳大利亚
Portland（Maine 州）	波特兰	美国
Portland（Oregon 州）	波特兰	美国（英国、澳大利亚有同名港口）
Port of Argentina	阿根廷港	阿根廷
Porto Novo	波多诺伏	贝宁
Port Said	塞得港	埃及
Portsmouth	朴次茅斯	英国（美国有同名港口）
Port Stanley	斯坦利港	福克兰群岛
Port Sudan	苏丹港	苏丹
Priolo	辟利洛	意大利
Puerto Cabello	卡贝略港	委内瑞拉
Punta Arensa	彭塔阿雷纳斯	智利
Pusan（Busan）	釜山	韩国
Quebec	魁北克	加拿大
Raahe	腊黑	芬兰
Rabat	拉巴特	摩洛哥
Rangoon	仰光	缅甸
Ravenna	拉韦纳	意大利
Recife	累西腓	巴西
Reykjavik	雷克雅未克	冰岛
Rijeka	里耶卡	克罗地亚
Rio de Janeiro	里约热内卢	巴西
Rio Grande	里奥格兰德	巴西
Rostock	罗斯托克	德国
Rotterdam	鹿特丹	荷兰

港口名称	中译名	所属国家或地区
Sabang	沙璜	印度尼西亚
Sakata	酒田	日本
Salerno	萨累诺	意大利
Salvador	萨尔瓦多	巴西
Sandakan	山打根	马来西亚
San Diego	圣迭戈	美国
San Francisco	旧金山	美国（巴西有同名港口）
San Jose	圣何塞	危地马拉
San Juan	圣胡安	波多黎各（秘鲁、阿根廷有同名港口）
San Juan del Sur	南圣胡安	尼加拉瓜
San Lorenzo	圣洛伦索	阿根廷
Santa Cruz del Sur	南圣克鲁斯	古巴
Santander	桑坦德	西班牙
Santos	桑托斯	巴西
Savannah	萨凡纳	美国
Seattle	西雅图	美国
Semarang	三宝垄	印度尼西亚
Sete	塞特	法国
Sharjah	沙迦	阿拉伯联合酋长国
Sibu	泗务	马来西亚
Silloth	锡洛斯	英国
Singapore	新加坡	新加坡
Sola	苏拉	挪威
Southampton	南安普敦	英国
Split	斯普利特	克罗地亚
Stavanger	斯塔万格	挪威
St. Georges	圣乔治	百慕大群岛
St. John	圣约翰	加拿大
St. Lawrence	圣劳伦斯	加拿大
Stockholm	斯德哥尔摩	瑞典
Stockton	斯托克顿	美国
St. Thomas	圣托马斯	维尔京群岛（美属）
Suez	苏伊士	埃及
Sur	苏尔	黎巴嫩（阿曼有同名港口）
Surabaya	泗水	印度尼西亚
Suva	苏瓦	斐济
Swansea	斯旺西	英国

港口名称	中译名	所属国家或地区
Sydney	悉尼	澳大利亚（加拿大有同名港口）
Szozecin	什切青	波兰
Tabaco	塔巴科	菲律宾
Tacoma	塔科马	美国
Takoradi	塔科拉迪	加纳
Taibot	泰尔柏特	英国
Tallin	塔林	爱沙尼亚
Tamatave	塔马塔夫	马达加斯加
Tampico	坦皮科	墨西哥
Tandjungpriok	丹戎不碌	印度尼西亚
Tanga	坦噶	坦桑尼亚
Tangier	丹吉尔	摩洛哥
Tarawa	塔拉瓦	基里巴斯
Tarragona	塔腊戈纳	西班牙
Tawau	斗湖	马来西亚
Tel Aviv-Yafo	特拉维夫—雅法	以色列
Tema	特马	加纳
Thessaloniki	塞萨洛尼基	希腊
Tjirebon	井里汶	印度尼西亚
Tokyo	东京	日本
Tornio	托尔尼奥	芬兰
Toronto	多伦多	加拿大
Toulon	土伦	法国
Trieste	的里雅斯特	意大利
Trincomalee	亭可马里	斯里兰卡
Tumaco	图马科	哥伦比亚
Turku	图尔库	芬兰
Umm Said	乌姆赛义德	卡塔尔
Ust-Luga	乌斯特—鲁戈	俄罗斯
Valencia	巴伦西亚	西班牙
Valona	发罗拉	阿尔巴尼亚
Valparaiso	瓦尔帕莱索	智利
Vancouver	温哥华	加拿大（美国有同名港口）
Varna	瓦尔纳	保加利亚
Vasa	瓦沙	芬兰
Venice	威尼斯	意大利

港口名称	中译名	所属国家或地区
Victoria	维多利亚	喀麦隆（加拿大、巴西、几内亚、智利、马耳他、塞舌尔群岛均有同名港口）
Vigo	维哥	西班牙
Visby	维斯比	瑞典
Vladivostok	海参崴	俄罗斯
Vostochny	东方港	俄罗斯
Wallhamn	瓦尔汉姆	瑞典
Wellington	惠灵顿	新西兰
Whitby	惠特比	英国
Willmington	威尔明顿	美国
Wismar	维斯马	德国
Wonsan	元山	朝鲜
Yalta	雅尔塔	俄罗斯
Yokohama	横滨	日本
Zeebrugge	塞布律格	比利时

参考文献

1. 全国国际商务专业人员职业资格考试指定用书编委会. 国际商务基础理论与实务. 中国对外经济贸易出版社，2003
2. 安民. 国际经济贸易理论与实务. 对外经济贸易大学出版社，2001
3. 余世明，丛凤英. 国际商务单证. 暨南大学出版社，2001
4. 余世明. 国际贸易实务. 暨南大学出版社，2005
5. 余世明. 国际商务单证实务. 暨南大学出版社，2005
6. 余世明. 国际商务操作理论与实务. 岭南美术出版社，2005
7. 余世明，冼燕华. 国际商务模拟实习教程（上下册）. 暨南大学出版社，2004
8. 余世明. 全国外销员资格考试辅导. 暨南大学出版社，2002
9. 赖瑾瑜. 国际商务理论基础. 暨南大学出版社，2006
10. 杨青. 国际金融. 暨南大学出版社，2006
11. 杨青，李仁芬. 国际商务企业理财. 中国商务出版社，2005
12. 刘生峰. 国际市场营销. 暨南大学出版社，2006
13. 刘生峰. 顾问式推销. 深圳海天出版社，2002
14. 冼燕华. 国际商务英语函电. 暨南大学出版社，2006
15. 黎孝先. 国际贸易实务. 对外经济贸易大学出版社，1994
16. 吴百福. 进出口贸易实务教程. 上海人民出版社，1999
17. 刘端朗，方振富. 国际贸易实务. 广西人民出版社，1992
18. 万晓兰. 新编国际货物贸易实务与操作. 经济科学出版社，2001
19. 张亚芬. 国际贸易实务与案例. 高等教育出版社，2003
20. 廖力平，廖庆薪. 进出口业务与报关. 中山大学出版社，1999
21. 袁永友，柏望生. 国际贸易实务案例评析. 湖北人民出版社，1999
22. 中国纺织品进出口总公司. 外贸出口单证实务大全. 对外经济贸易大学出版社，1996
23. 中国轻工业品进出口总公司. 外贸易出口运输单证实务. 1988
24. 林泽拯. 出口单证范本选. 中国对外经济贸易出版社，1997
25. 王芬. 进出口单证. 中国轻工业出版社，1999
26. 姚大伟. 新编对外贸易单证实务. 复旦大学出版社，1995
27. 张玲. 国际贸易单证实务操作. 华中理工大学出版社，1996
28. 许罗丹，王集寨. 出口单据业务. 中山大学出版社，1992
29. 杨如顺. 市场营销学. 中国商业出版社，1998
30. 何永祺. 市场营销学. 东北财经大学出版社，2001

31. 徐美荣. 外贸英语函电. 对外经济贸易大学出版社，2002
32. 李静雅等. 涉外经贸英语函电. 青岛海洋大学出版社，1997
33. 檀文茹，徐静珍. 外贸函电. 中国人民大学出版社，2004
34. 王乃彦. 外贸英语函电. 中国对外经济贸易出版社，2002
35. 冯祥春. 外经贸英语函电一本通. 对外经济贸易大学出版社，2003
36. 冯祥春，李敬梅. 外经贸英语函电句型和写作一本通. 中国商务出版社，2003
37. 徐健，朱永生. 国际商务英语用法词典. 清华大学出版社，1999
38. 隋思忠，李志坚，吴定祥. 外贸英语函电习题与解答. 东北财经大学出版社，2005
39. 黄宪西，阎兴伯. 商务英语函电. 高等教育出版社，2001
40. 梁晓玲. 国际商务英语函电. 对外经济贸易大学出版社，2005
41. 凌华倍，朱佩芬. 外经贸英语函电与谈判习题与解答. 中国对外经济贸易出版社，2004
42. 王文贤. 英文对外经贸业务函电. 青岛海洋大学出版社，1993
43. 曹菱. 外贸英语实务. 外语教育与研究出版社，2000
44. 顾乾毅. 商贸英语. 华南理工大学出版社，1997
45. 上海对外贸易学院外语系. 外经贸英语函电. 上海科学技术文献出版社，1990
46. 文放怀. 优秀外贸跟单员. 广东经济出版社，2005
47. 陈光. 跟单员完全手册. 中国市场出版社，2005
48. 李泽尧. 跟单员工作手册. 广东经济出版社，2006
49. 苗述风. 外贸商品学概论. 对外贸易教育出版社，1993
50. 国际商会. 2010 年国际贸易术语解释通则.